建设工程质量检测人员培训丛书
城市道路检测从业人员培训教材

城市道路检测技术

河南省住房和城乡建设厅　编

黄河水利出版社
·郑州·

内容提要

本书为建设工程质量检测人员培训教材，共分九章，主要内容包括：城市道路工程概述、城市道路检测基础知识、原材料检测、土工检测、水泥混凝土与砂浆检测、路面基层检测、沥青及沥青混合料检测、路基路面现场检测、预制件及排水管道检测等。

本书可作为市政道路工程建设单位、监理单位、施工单位从业人员及工程质量监督、检测等人员的参考用书和培训教材。

图书在版编目(CIP)数据

城市道路检测技术/河南省住房和城乡建设厅编，—郑州：黄河水利出版社，2014.10

(建设工程质量检测人员培训丛书)

城市道路检测从业人员培训教材

ISBN 978－7－5509－0954－0

Ⅰ.①城… Ⅱ.①河… Ⅲ.①城市道路－道路工程－检测－技术培训－教材 Ⅳ.①U415.12

中国版本图书馆 CIP 数据核字(2014)第 238506 号

组稿编辑：王路平　电话：0371－66022212　E－mail：hhslwlp@126.com

出 版 社：黄河水利出版社

地址：河南省郑州市顺河路黄委会综合楼 14 层　邮政编码：450003

发行单位：黄河水利出版社

发行部电话：0371－66026940、66020550、66028024、66022620(传真)

E－mail：hhslcbs@126.com

承印单位：郑州市安泰印刷有限公司

开本：787 mm×1 092 mm　1/16

印张：24.5

字数：570 千字　印数：1—2 000

版次：2014 年 10 月第 1 版　印次：2014 年 10 月第 1 次印刷

定价：80.00 元

《城市道路检测技术》

编 委 会

主　　编　刘利军　邢振贤

副 主 编　李增亮　路耀东　左小海

　　　　　王学军

编写人员　杨　博　陈渊召　郭浩鹏

　　　　　何延刚　王世虎　温　雨

　　　　　王长宝　张　项　杨青云

前 言

城市是人类创造文明和聚集财富最主要的地域，是社会进步和发展的象征。城市道路是居民生活、工作及文化娱乐活动的场所之一，又是与外界交流的主要载体。我国都市化发展，新型城镇化建设，都要求市政道路工程建设先行，以满足日益增长的城市人口出行需要。为了配合市政道路工程建设，提高市政道路检测机构从业人员理论和操作技能，河南省住房和城乡建设厅组织相关专家编写了这套《城市道路检测从业人员培训教材》。本书主要依据《中华人民共和国建筑法》、《建设工程质量管理条例》、《河南省建设工程质量管理条例》、《建设工程质量检测管理办法》编写，强调教学内容的实用性。

本书主要介绍城市道路的基本概念，道路检测基础知识，原材料、土工材料、水泥混凝土、砂浆、沥青混合料、路基路面、预制构件、排水管道的室内试验及现场检测的目的、主要仪器设备、检测方法和结果处理等方面的知识。本书由河南省住房和城乡建设厅主持编写，由河南省建设工程质量监督总站、华北水利水电大学、焦作市恒信市政工程质量检测有限公司、河南省交通规划勘察设计院有限责任公司、郑州市市政工程管理处、郑州市市政工程总公司共同编写。

本书在编写过程中，参考了近年来出版的相关著作内容，同时也吸收了一些检测生产单位的成果资料，在此对相关文献的作者及有关单位表示诚挚的谢意！

虽经全体编者努力工作，但书中难免存在错误及疏漏之处，恳请读者批评指正。

编 者

2014 年 6 月

目 录

第一章　城市道路工程概述

城市是人类创造文明和聚集财富最主要的地域，是社会进步和文明发展的象征。城市是生产力发展、社会分工细化和生产关系变革的体现，是社会经济发展到一定历史阶段的必然产物。城市具有为生产、生活和提高人的素质提供服务的基本功能，是当地的政治中心、经济中心、文化中心和交通中心。交通中心表现在，城市往往位于水、陆、空交通便利的地理位置上，从而节约了人口、物资流动的运输费用，而且依托便利的交通网络使其与全国乃至世界联系起来，进一步加强了城市的政治、经济、文化中心地位。

第一节　城市道路基本概念

城市道路是通达城市的各地区，供城市内交通运输及行人使用，便于居民生活、工作及文化娱乐活动，并与市外道路连接负担着对外交通的道路。1949 年以来，中国城市道路建设取得了重大成就。全国许多大城市改建、兴建了大量道路，铺筑了多种类型的沥青路面和水泥混凝土路面，新兴的中小工业城镇也新建了大批整洁的干道，改善了市内交通状况，促进了对外联系。

一、城市道路与公路的区别

城市道路一般较公路宽阔，为适应复杂的交通工具，多划分机动车道、公共汽车优先车道、非机动车道等。道路两侧有高出路面的人行道和房屋建筑，人行道下多埋设公共管线。为美化城市而布置绿化带、雕塑艺术品。为保护城市环境卫生，要少扬尘、少噪声。公路则在车行道外设路肩，两侧种行道树，边沟排水。

二、城市道路的要求

现代的城市道路是城市总体规划的主要组成部分，它关系到整个城市的有机活动。为了适应城市的人流、车流顺利运行，城市道路要具有如下要求：

(1)适当的路幅以容纳繁重的交通；

(2)坚固耐久、平整抗滑的路面，以利车辆安全、舒适、迅捷地行驶；

(3)少扬尘、少噪声以利于环境卫生；

(4)便利的排水设施以便将雨雪水及时排除；

(5)充分的照明设施以利居民晚间活动和车辆运行；

(6)道路两侧要设置足够宽的人行道、绿化带、地上杆线、地下管线。

三、城市道路的特殊性

城市道路繁多，又集中在城市的有限面积之内，纵横交错，形成网状，出现了许多影响着相交道路的交通流畅的交叉路口，所以需要采取各种措施，如设置色灯信号管制、环形交叉、渠化交通、立体交叉等以利交通流畅。城市交通工具种类繁多，速度快慢悬殊，为了避免互相阻碍干扰，要组织分道行驶，用隔离带、隔离墩、护栏或画线方法加以分隔。城市公共交通乘客上下须设置停车站台，还须设置停车场以备停驻车辆。要为行人横穿交通繁忙的街道设置过街天桥或地道，既保障行人安全又避免干扰车辆交通。在交通不繁忙的街道上可画过街横道线，行人伺机沿横道线通过。

此外，城市道路还为城市地震、火灾等灾害提供隔离地带、避难处所和抢救通道（地下部分并可作人防之用）；为城市绿化、美化提供场地，配合城市重要公共建筑物前庭布置，为城市环境需要的光照、通风提供空间；为市民散步、休息和体育锻炼提供方便。

四、城市道路的分类

我国《城市道路工程设计规范》(CJJ 37－2012)规定，城市道路应按道路在道路网中的地位、交通功能以及对沿线的服务功能等，分为快速路、主干路、次干路和支路四个等级，并应符合下列规定：

(1)快速路应中央分隔、全部控制出入、控制出入口间距及形式，应实现交通连续通行，单向设置不应少于两条车道，并应设有配套的交通安全与管理设施。

快速路两侧不应设置吸引大量车流、人流的公共建筑物的出入口。

(2)主干路应连接城市各主要分区，应以交通功能为主。主干路两侧不宜设置吸引大量车流、人流的公共建筑物的出入口。

(3)次干路应与主干路结合组成干路网，应以集散交通的功能为主，兼有服务功能。

(4)支路宜与次干路和居住区、工业区、交通设施等内部道路相连接，以解决局部地区交通，应以服务功能为主。

五、城市道路工程施工质量控制及验收

城镇道路工程施工质量控制及验收参照《城镇道路工程施工与质量验收规范》(CJJ 1－2008)执行，排水工程施工质量控制及验收参照《给排水管道工程施工及验收规范》(GB 50268－2008)执行。

城市道路工程开工前，施工单位应该会同建设单位、监理工程师确认构成建设项目的单位工程、分部工程、分项工程和检验批。

并以此为基础分别对检验批、分项工程、分部工程、单位工程进行验收。

(一)检验批质量验收

检验批质量验收合格应符合下列规定：

(1)主控项目的质量应经抽样检验合格。

(2)一般项目的质量应经抽样检验合格；当采用计数检验时，除有专门要求外，一般项目的合格点率应达到80%及以上，且不合格点的最大偏差值不得大于规定允许偏差值的1.5倍。

(3)具有完整的施工操作依据和质量检查记录。

(二)分项工程质量验收

分项工程质量验收合格应符合下列规定：

(1)分项工程所含检验批均应符合合格质量的规定。

(2)分项工程所含检验批的质量验收记录应完整。

(三)分部工程质量验收

分部工程质量验收合格应符合下列规定：

(1)分部工程所含分项工程的质量均应验收合格。

(2)质量控制资料应完整。

(3)涉及结构安全和使用功能的质量应按规定验收合格。

(4)外观质量验收应符合要求。

(四)单位工程质量验收

单位工程质量验收合格应符合下列规定：

(1)单位工程所含分部工程的质量均应验收合格。

(2)质量控制资料应完整。

(3)单位工程所含分部工程验收资料应完整。

(4)影响道路安全使用和周围环境的参数指标应符合规定。

(5)外观质量验收应符合要求。

第二节　城市道路发展现状

中国古代营建都城，对道路布置极为重视。当时都城有纵向、横向和环形道路以及郊区道路并各有不同的宽度。中国唐代(618～907 年)都城长安，明、清两代(1368～1911 年)都城北京的道路系统皆为棋盘式，纵横井井有条，主干道宽广，中间以支路连接便利居民交通。

随着历史的演进，世界各大城市的道路都有不同程度的发展，自汽车出现以后，为保证汽车快速安全行驶，城市道路建设发生了新的变化。除了道路布置有了多种形式外，路面也由土路改变为石板、块石、碎石以至沥青和水泥混凝土路面，以承担繁重的车辆交通，并设置了各种控制交通的设施。

1949 年以来，中国城市道路建设取得了重大成就。全国许多大城市改建、兴建了大量道路，铺筑了多种类型的沥青路面和水泥混凝土路面，新兴的中小工业城镇也新建了大批整洁的干道。如北京市展宽了狭窄的旧街道，修建了二、三环路及通达卫星城镇的放射性道路，并修建了一些互通式立体交叉及机动车、非机动车分行的三幅车行道的道路，既改善了市内交通状况，又便利了对外联系，改变了旧北京的交通面貌。又如中国工业城市上海，新中国成立以来也新建、改建了大批道路，并建成横跨黄浦江的大桥和黄浦江打浦路隧道，两岸交通得到进一步的改善。

河南历史悠久，是中华民族和华夏文明的重要发祥地。河南是全国人口第一大省，2011 年底总人口 10 489 万人，其中居住在城镇的人口 4 255万人，占总人口的 40.6%；居住在乡村的人口 6 234 万人，占总人口的 59.4%。2011 年底全省常住人口 9 388 万人。

河南辖郑州、开封、洛阳、平顶山、安阳、鹤壁、新乡、焦作、濮阳、许昌、漯河、三门峡、南阳、商丘、信阳、周口、驻马店等 17 个省辖市，济源 1 个省直管市，21 个县级市，88 个县。

近几年，河南省城市建设用地进入了快速扩张期。随着产业集聚区和城市新区的开发建设，各地市中心城区建成区规模扩张迅速。《河南省城乡建设统计资料汇编(2010—2012)》表明，河南省 18 个城市中 15 个城市规模在增加，其中郑州市、南阳市增加明显(见表 1-1、图 1-1)。

随着城市化水平迅速提高，中心城区人口规模增加较快，外来人口比重日渐增大。以郑州市为例，2012 年中心城区户籍人口 316.66 万人，暂住人口 275 万人，外来人口占总人口的比例达到 46.8%。

2010～2012 年河南省各地市中心城区户籍人口规模见表 1-2、图 1-2。

表 1-1　2010～2012 年河南省各地市建成区规模一览表

序号	名称	建成区面积(km^2)		
		2010 年	2011 年	2012 年
1	郑州	342.66	354.66	373
2	开封	95.05	96.78	98
3	洛阳	180.54	186.85	187
4	平顶山	71	71	72
5	安阳	76	77	78
6	鹤壁	50.9	58.45	61
7	新乡	97.05	106.9	110
8	焦作	94.9	96.69	102
9	濮阳	37.15	44	46
10	许昌	80	80	80
11	漯河	60	60	60
12	三门峡	30	30	30
13	商丘	60	61	62
14	周口	51	56	60
15	驻马店	53	55.23	65
16	南阳	99	104.8	147
17	信阳	68	72.5	77
18	济源	32	34.04	38

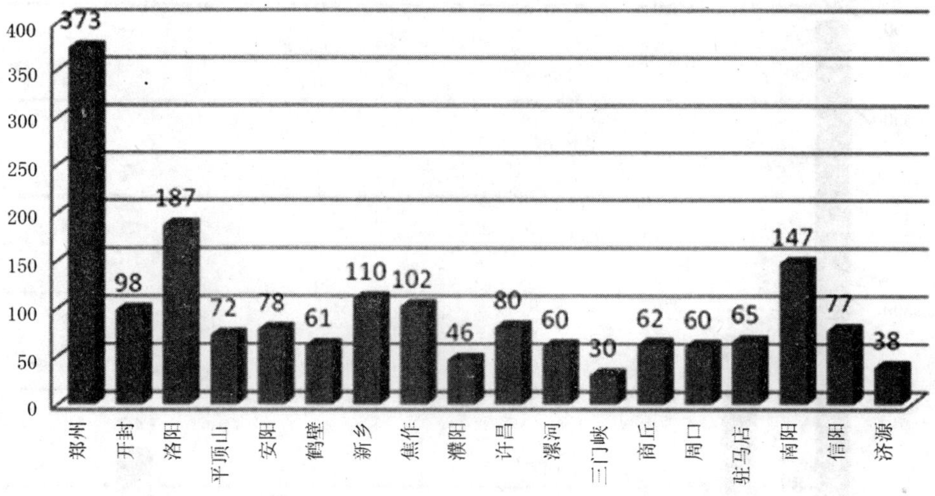

图 1-1 2012 年河南省各地市建成区面积 （单位：km^2）

表 1-2 2010～2012 年河南省各地市中心城区人口规模一览表

序号	名称	中心城区人口(万人)		
		2010 年	2011 年	2012 年
1	郑州	499.93	515.7	591.66
2	开封	87.16	87.87	88.86
3	洛阳	243.2	243.09	263.09
4	平顶山	100.39	104.42	88.87
5	安阳	70.45	71.09	71.17
6	鹤壁	41.89	43.35	45.35
7	新乡	75.1	75.6	75.8
8	焦作	75.6	76.08	76.54
9	濮阳	43.6	44.2	44.35
10	许昌	44.32	52.19	48.61
11	漯河	54.33	55.27	55.27
12	三门峡	30.02	29.51	31.1
13	商丘	96.5	98.3	97.3
14	周口	30	30.4	30.61
15	驻马店	42.6	44.47	46.06
16	南阳	121.57	108.28	149.28
17	信阳	47	47.03	47.8
18	济源	26.35	26.56	27.08

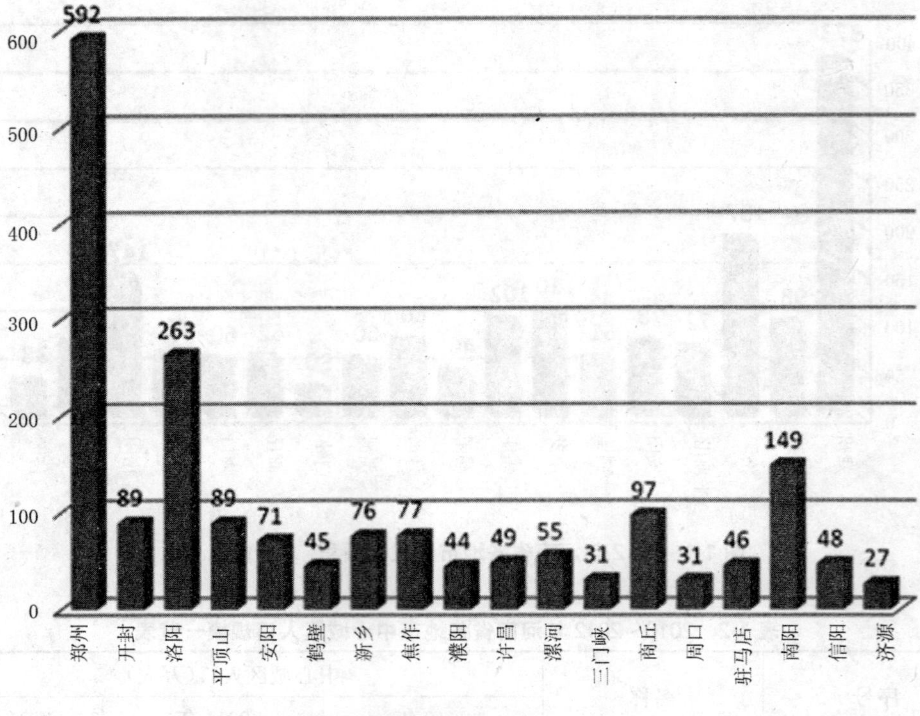

图 1-2 2012 年河南省各地市人口数量 （单位：万人）

由于城市的发展、人口的集中，各种交通工具大量增加，城市交通日益拥挤，公共汽车行驶速度缓慢，道路堵塞，交通事故频繁，人民生活环境遭到废气、噪声的严重污染。解决日益严重的城市交通问题已成为当前重要课题，已开始实施或正在研究的措施有：

(1)改建地面现有道路系统，增辟城市高速干道、干路、环路，以疏导、分散过境交通及市内交通，减轻城市中心区交通压力，以改善地面交通状况；

(2)发展地上高架道路与路堑式地下道路，供高速车辆行驶，减少地面交通的互相干扰；

(3)研制新型交通工具，如气垫车、电动汽车、太阳能汽车等速度快、运量大的车辆，以加大运输速度和运量；

(4)加强交通组织管理，如利用电子计算机建立控制中心，研制自动调度公共交通的电子调度系统、广泛采用绿波交通(汽车按规定的速度行驶至每个平交路口时，均遇绿灯，不需停车而连续通过)、实行公共交通优先等；

(5)开展交通流理论研究，采用新交通观测仪器以研究解决日益严重的交通问题。

河南省也在大力修建城市道路，加强城市道路网建设，以便缓解城市交通压力。2012 年河南省城市道路为 10 798.13 km，道路面积为 25 457.93 万 m^2(见表 1-3)。图 1-3 是河南省各地市城市道路，快速路、主干路、次干路和支路分布图。按照城市规模与人口＞200 万人，快速路 0.4～0.5 km/km^2，主干路 0.8～1.2 km/km^2，次干路1.2～1.4 km/km^2，支路 3～4 km/km^2；城市规模与人口≤200 万人，快速路 0.3～0.4 km/km^2，主干路 0.8～1.2 km/km^2，次干路 1.2～1.4 km/km^2，支路 3～4 km/km^2；中等城市，主干路 1.0～1.2 km/km^2，次干路 1.2～1.4 km/km^2，支路 3～4 km/km^2 的标准来看，河南省城市道路建设主要集中在城市主干道和新区道路，主干道比例偏高，支路密度偏低，道路网级配不够合理。另外，三门峡、许昌、鹤壁、洛阳、郑州5市修建了城市快速路，疏解了部分塞车压力。

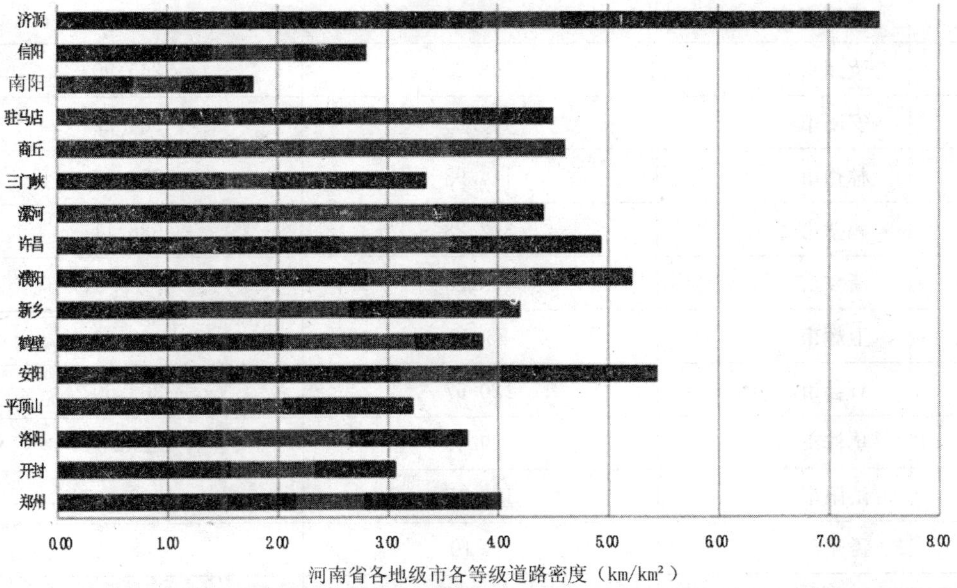

	郑州	开封	洛阳	平顶山	安阳	鹤壁	新乡	濮阳	许昌	漯河	三门峡	商丘	驻马店	南阳	信阳	济源
■快速路	0.59	0.00	0.09	0.00	0.00	0.34	0.00	0.00	0.56	0.00	0.43	0.00	0.00	0.00	0.00	0.00
■主干路	1.57	1.57	1.40	1.49	3.11	1.70	1.18	2.81	2.00	1.92	0.11	1.64	2.58	0.69	1.40	3.86
■次干路	0.63	0.77	1.16	0.56	0.92	1.19	1.48	1.48	1.00	1.50	0.42	2.94	1.10	0.45	0.75	0.71
■支路	1.23	0.73	1.06	1.18	1.42	0.62	1.55	0.93	1.38	1.00	1.39	0.00	0.82	0.64	0.65	2.89

图1-3　2012年河南省各地市城市道路类型分布图

表1-3　2012年河南省各地市城市道路里程与面积一览表

地区名称	道路长度(km)	道路面积(万 m²)
河南省	10 798.13	25 457.93
郑州市	1 446.38	3 564.49
巩义市	91.84	271.14
荥阳市	120.04	253.84
新密市	94.00	247.12
新郑市	108.53	341.36
登封市	145.47	295.63
开封市	447.67	1 258.34
洛阳市	634.62	2 040.87
偃师市	86.04	132.44
平顶山市	265.91	999.19

续表 1-3

地区名称	道路长度(km)	道路面积(万 m^2)
舞钢市	108.81	208.37
汝州市	128.25	265.90
安阳市	440.25	964.22
林州市	144.93	256.55
鹤壁市	312.28	688.11
新乡市	458.20	1 070.04
卫辉市	85.52	163.36
辉县市	120.57	263.60
焦作市	429.40	1 193.00
沁阳市	173.17	368.43
孟州市	83.10	268.01
濮阳市	249.84	582.93
许昌市	270.10	596.86
禹州市	129.26	373.58
长葛市	166.89	355.87
漯河市	343.17	787.83
三门峡市	151.10	288.90
义马市	122.60	249.10
灵宝市	85.00	210.00
南阳市	1295.22	1 858.84
邓州市	161.93	340.25
商丘市	380.25	888.46
永城市	192.07	430.84
信阳市	402.40	828.08
周口市	212.86	657.93
项城市	167.17	341.40
驻马店市	333.90	1 020.70
济源市	209.39	532.35

图 1-4 是河南省各地市道路桥梁建设投资占财政收入的比例。总体来看，道路桥梁建设投资占财政收入的比例较高。其中，南阳市投资占财政收入比例最高，其次为郑州、开封、漯河和焦作，均接近于财政收入的 10%，可见各地对城市道路建设普遍重视。

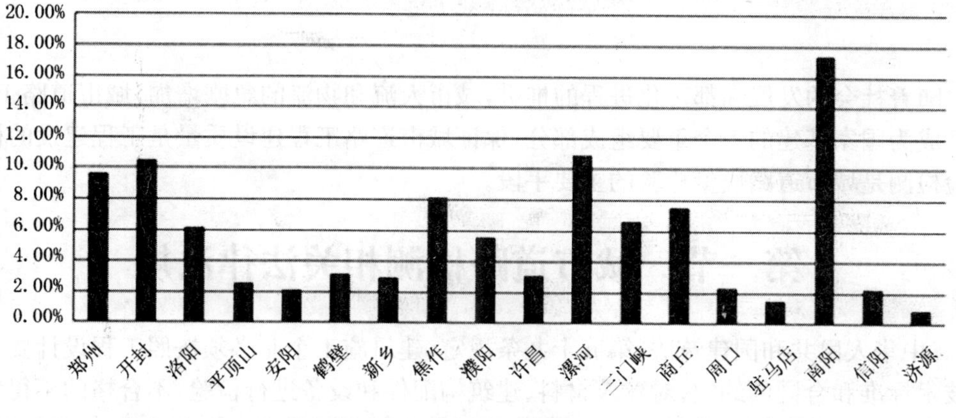

图 1-4　2012 年河南省各地市城市道路建设投资占财政收入的比例

第二章 城市道路检测基础知识

随着社会的发展和都市化进程的推进，城市人流和物流的急剧增加，城市道路工程建设已成为国家基建的一个重要组成部分，保证城市道路工程建设质量是工程建设的核心，试验检测是城市道路质量检验的主要手段。

第一节 城市道路检测相关法律法规

《中华人民共和国建筑法》第五十九条规定，建筑施工企业必须按照工程设计要求、施工技术标准和合同的约定，对建筑材料、建筑构配件和设备进行检验，不合格的不得使用。

《中华人民共和国计量法》第二十二条规定，为社会提供公正数据的产品质量检验机构，必须经省级以上人民政府计量行政部门对其进行计量检定、测试的能力和可靠性考核合格。

《建设工程质量管理条例》第三十一条规定，施工人员对涉及结构安全的试块、试件以及有关材料，应当在建设单位或者工程监理单位监督下现场取样，并送具有相应资质等级的质量检测单位进行检测。第三十七条规定，工程监理单位应当选派具备相应资格的总监理工程师和监理工程师进驻施工现场。未经监理工程师签字，建筑材料、建筑构配件和设备不得在工程上使用或者安装，施工单位不得进行下一道工序的施工。第十四条规定，按照合同约定，由建设单位采购建筑材料、建筑构配件和设备的，建设单位应当保证建筑材料、建筑构配件和设备符合设计文件和合同要求。建设单位不得明示或者暗示施工单位使用不合格的建筑材料、建筑构配件和设备。第十六条规定，竣工验收要有工程使用的主要建筑材料、建筑构配件和设备的进场试验报告。

《实验室资质认定评审准则》规定，在中华人民共和国境内，对从事向社会出具具有证明作用的数据和结果的实验室资质认定(计量认证、授权、验收)的评审应当遵守本准则。本准则所称的实验室资质认定评审，是指国家认证认可监督管理委员会和各省、自治区、直辖市人民政府质量技术监督部门对实验室的基本条件和能力是否符合法律、行政法规规定以及相关技术规范或者标准实施的评价和承认活动。实验室应依法设立或注册，能够承担相应的法律责任，保证客观、公正和独立地从事检测或校准活动。

《河南省建设工程质量检测机构从业人员管理暂行办法(试行)》规定，检测从业人员要严格按照国家及河南省有关的法律、法规、标准规范、操作规程、部门规章和相关文件开展检测工作，坚持原则，秉公办事；要具备良好的职业道德，保证建设工程检测报告数据的准确性、真实性和有效性；不得从事培训证书规定的检测项目以外的检测工作，也不得同时在两个及两个以上检测机构供职；检测从业人员不得向工程参建各方推荐或者监制建筑材料、构配件和设备。质量、技术负责人及报告审核人负责本单位的技术管理工作，贯彻推行本单位的质量方针、质量目标，确保检测质量，对技术规范、标准执行情况进行监督管理，及时解决检测工作过程中遇到的技术问题，负责本单位的业务学习及培训工作。报告审核人要组织实施单位的质量方针、目标、质保体系的有效实行，认真做好报告审核工作，保证报告信息的真实性和完整性，配合做好管理体系文件的编号、修订、审核工作。检测从业人员应在培训证书有效期时间内，参加不少于 24 学时的继续教育。《房屋建筑工程和市政基础设施工程实行见证取样和送检的规定》（建建〔2000〕211 号）规定，凡从事房屋建筑工程和市政基础设施工程的新建、扩建、改建等有关活动，应当执行见证取样。见证取样和送检是指在建设单位或工程监理单位人员的见证下，由施工单位的现场试验人员对工程中涉及结构安全的试块、试件和材料在现场取样，并送至经过省级以上建设行政主管部门对其资质认可和质量技术监督部门对其计量认证的质量检测单位（以下简称“检测单位”）进行检测。涉及结构安全的试块、试件和材料见证取样和送检的比例不得低于有关技术标准中规定应取样数量的 30%。下列试块、试件和材料必须实施见证取样和送检：

(1)用于承重结构的混凝土试块；

(2)用于承重墙体的砌筑砂浆试块；

(3)用于承重结构的钢筋及连接接头试件；

(4)用于承重墙的砖和混凝土小型砌块；

(5)用于拌制混凝土和砌筑砂浆的水泥；

(6)用于承重结构的混凝土中使用的掺加剂；

(7)地下、屋面、厕浴间使用的防水材料；

(8)国家规定必须实行见证取样及送检的其他试块、试件和材料。

第二节　抽样知识

抽样又称取样，是从欲研究的全部样品中抽取一部分样品单位。其基本要求是要保证所抽取的样品单位对全部样品具有充分的代表性。抽样的目的是从被抽取样品单位的分析、研究结果来估计和推断全部样品特性，是科学实验、质量检验、社会调查普遍采用的一种经济有效的工作和研究方法。

一、随机抽样

一般地，设一个总体含有 N 个个体，从中逐个不放回地抽取 n 个个体作为样本（$n \leqslant N$），如果每次抽取使总体内的各个个体被抽到的机会都相等，就把这种抽样方法叫做简单随机抽样。

(一)抽签法

一般地，抽签法就是把总体中的 N 个个体编号，把号码写在号签上，将号签放在一个容器中，搅拌均匀后，每次从中抽取一个号签，连续抽取 n 次，就得到一个容量为 n 的样本。抽签法简单易行，适用于总体中的个数不多时。当总体中的个体数较多时，将总体“搅拌均匀”就比较困难，用抽签法产生的样本代表性差的可能性很大。

(二)随机数法

随机抽样中,另一个经常被采用的方法是随机数法,即利用随机数表、随机数骰子或计算机产生的随机数进行抽样。

二、分层抽样

分层抽样主要特征是分层按比例抽样,主要使用于总体中的个体有明显差异,其共同点是每个个体被抽到的概率都相等(N/M)。

一般地,在抽样时,将总体分成互不交叉的层,然后按照一定的比例,从各层独立地抽取一定数量的个体,将各层取出的个体合在一起作为样本,这种抽样方法是一种分层抽样。

三、整群抽样

整群抽样又称聚类抽样,是将总体中各单位归并成若干个互不交叉、互不重复的集合,称之为群;然后以群为抽样单位抽取样本的一种抽样方式。

应用整群抽样时,要求各群有较好的代表性,即群内各单位的差异要大,群间差异要小。整群抽样的优点是实施方便、节省经费;缺点是由于不同群之间的差异较大,抽样误差往往大于简单随机抽样。

(一)实施步骤

先将总体分为 i 个群,然后从 i 个群中随即抽取若干个群,对这些群内所有个体或单元均进行调查。抽样过程可分为以下几个步骤:

(1)确定分群的标注。

(2)总体(N)分成若干个互不重叠的部分,每个部分为一群。

(3)据各样本量,确定应该抽取的群数。

(4)采用简单随机抽样或系统抽样方法,从 i 群中抽取确定的群数。

例如,调查中学生患近视眼的情况,抽某一个班做统计;进行产品检验;每隔 8 h 抽 1 h 生产的全部产品进行检验等。

(二)与分层抽样的区别

整群抽样与分层抽样在形式上有相似之处,但实际上差别很大。分层抽样要求各层之间的差异很大,层内个体或单元差异小,而整群抽样要求群与群之间的差异比较小,群内个体或单元差异大;分层抽样的样本是从每个层内抽取若干单元或个体构成,而整群抽样则是要么整群抽取,要么整群不被抽取。

四、系统抽样

当总体中的个体数较多时,采用简单随机抽样显得较为费事。这时,可将总体分成均衡的几个部分,然后按照预先定出的规则,从每一部分抽取一个个体,得到所需要的样本,这种抽样叫做系统抽样(systematic sample)。

一般地,假设要从容量为 N 的总体中抽取容量为 n 的样本,我们可以按下列步骤进行系统抽样。

(1)先将总体的 N 个个体编号。有时可直接利用个体自身所带的号码,如学号、准考证号、门牌号等。

(2)确定分段间隔 k,对编号进行分段。当 N/n(n 是样本容量)是整数时,取 $k=N/n$。

(3)在第一段用简单随机抽样确定第一个个体编号 $l(l\leqslant k)$。

(4)按照一定的规则抽取样本。通常是将 l 加上间隔 k 得到第 2 个个体编号 $(l+k)$,再加 k 得到第 3 个个体编号 $(l+2k)$,依次进行下去,直到获取整个样本。

五、取样

在进行试验之前,首先要选取试样,试样必须具有代表性,取样原则为随机抽样,即在若干(捆、包)材料中,对任意堆放材料随机抽取试样。取样方法视材料而定。

第三节　资质认定基本知识

《中华人民共和国计量法》第八十一条规定,向社会提供数据的技术机构,为社会提供有关贸易结算、安全防护、医疗卫生、环境监测、资源保护、法定评价方面公证数据的技术机构,经省级以上人民政府计量行政主管部门对其计量能力和可靠性考核合格,颁发计量能力和可靠性合格证书。《计量法实施细则》中将对检测机构的考核称之为资质认定(计量认证),内容包括:

(1)计量检定、测试设备的性能;

(2)计量检定、测试设备的工作环境和人员的操作技能;

(3)保证量值统一、准确的措施及检测数据公正可靠的管理制度。

一、资质认定工作程序

国家认证认可监督管理委员会和各省、自治区、直辖市质量技术监督部门(简称发证部门)实施计量认证评审工作。

检测机构向发证部门提出申请;发证部门组织对申请材料的真实性、规范性进行审查,符合要求后受理申请;发证部门制定现场评审计划,指定评审组长,选配陪审员,组成评审组;现场评审,形成评审结论,评审结论为“符合”“基本符合”“基本符合,需现场复核”“不符合”四种;发证部门对评审材料进行审查,对符合要求的颁发计量认证合格证书,允许检测机构使用“CMA”标志;发证部门对年度通过评审的检测机构及检测项目以公报(或公告)形式予以公布,并汇编成名录,归档保管。

二、实验室资质认定评审准则

按照《实验室资质认定评审准则》要求,在中华人民共和国境内,从事向社会出具具有证明作用的数据和结果的实验室,都要进行资质认定(计量认证、授权、验收)评审,评审指标包括管理要求和技术要求两个方面。管理要求包括组织、管理体系、文件控制、检测和/或校准分包、服务和供应品的采购、合同评审、申诉和投诉、纠正措施预防措施及改进、记录、内部审核、管理评审 11 个分项；技术要求包括人员、设备和环境条件、检测和校准方法、设备和标准物质、量值溯源、抽样和样品处理、结果质量控制、结果报告 8 个分项。其中组织分项包括 12 个子项，人员分项包括 7 个子项，设备和环境条件分项包括 6 个子项，检测和校准方法分项包括 7 个子项，设备和标准物质分项包括 10 个子项，量值溯源分项包括 7 个子项，抽样和样品处置分项包括 7 个子项，结果质量控制分项包括 2 个子项，结果报告包括 7 个子项。所以，评审指标包括 2 个大项、19 个分项、75 个子项。

第四节　检测数据处理及检测报告编写要求

一、测试技术

(一)取样

在进行试验之前，首先要选取试样。试样必须具有代表性，取样原则为随机取样，即在若干堆(捆、包)材料中，对任意堆放材料随机抽取试样。

(二)仪器的选择

试验仪器设备的精度要与试验规程的要求一致，并且有实际意义。试验需要称量时，称量要有一定的精确度，如试样称量精度要求为 0.1 g，则应选择感量 0.1 g 的天平。对试验机量程也有选择要求，根据试件破坏荷载的大小，应使指针停在试验机读盘的第二、三象限内为好。

(三)试验

试验前一般应将取得的试样进行处理、加工或成型，以制备满足试验要求的试样或试件。试验应严格按试验规程进行。

(四)结果计算与评定

对各次试验结果进行数据处理，一般取 n 次平行试验结果的算术平均值作为试验结果。试验结果应满足精确度与有效数字的要求。

试验结果经计算处理后应给予评定，看是否满足标准要求或评定其等级，在某种情况下还应对试验结果进行分析，并得出结论。

二、试验条件

同一材料在不同的试验条件下，会得出不同的试验结果，因此要严格控制试验条件，以保证测试结果的可比性。

(一)温度

实验室的温度对某些试验结果影响很大，如石油沥青的针入度、延度试验，一定要控制在 25 ℃的恒温水浴中进行。

(二)湿度

试验时试件的湿度也明显影响试验数据，试件的湿度越大，测得的强度越低。因此，实验室的湿度应控制在规定的范围内。

(三)试件的尺寸与受荷面平整度

对同一材料,小试件强度比大试件强度高。相同受压面积的试件,高度小的比高度大的试件强度高。因此,试件尺寸要合乎规定。

试件受荷面的平整度也影响测试强度,如果试件受荷面粗糙,会引起应力集中,降低试件强度,所以试件表面要找平。

(四)加荷速度

加荷速度越快,试件的强度越高。因此,对材料的力学性能试验时,都有加荷速度的规定。

三、检测数据处理与分析

在工程施工中,要对大量的原材料和半成品进行试验检测,在取得了原始的观测数据之后,为了达到所需要的科学结论,常需要对观测数据进行一系列的分析和处理,最基本的方法是数学处理方法。

(一)数值修约规则

在材料试验中,各种试验数据应保留的有效位数,在各自的试验标准中均有规定。为了科学地评价数据资料,首先应了解数据修约规则,以便确定测试数据的可靠性与精确性。数据修约时,除另有规定者外,应按着国家标准《数值修约规则》(GB 8170—2008)给定的规则进行。规则规定如下:

(1)拟舍弃数字的最左一位数字小于 5 时,则舍去,即保留的末位数字不变。

(2)拟舍弃数字的最左一位数字大于 5 时,或者是 5,而其后跟有并非全部为 0 的数字时,则进 1,即保留的末位数字加 1。

(3)拟舍弃数字的最左一位数字是 5,而右面无数字或皆为 0 时,若所保留的末位数字为奇数则进 1,为偶数则舍去。

(4)负数修约时,先将它的绝对值按上述规定进行修约,然后在修约值前面加上负号。

(二)平均值、标准差、变异系数

进行观测的目的,是要求得某一物理量的真值。但是,真值是无法测定的,所以要设法找出一个可以用来代表真值的最佳值。

1. 平均值

将某一未知量 x 测定 n 次,其观测值为 x_1、x_2、x_3、…、x_n,将它们平均得:

$$\bar{x}=\frac{x_1+x_2+x_3+\cdots+x_n}{n}=\frac{1}{n}\sum_{i=1}^{n}x_i \tag{2-1}$$

算术平均值是一个经常用到的很重要的数值,当观测数值越多时,它越接近真值。平均值只能用来了解观测值的平均水平,而不能反映其波动情况。

2. 标准差

观测值与平均值之差的平方和的平均值称为方差,用符号 σ^2 表示。方差的平方根称为标准差,用 σ 表示:

$$\sigma=\sqrt{\frac{\sum_{i=1}^{n}(x_i-\bar{x})^2}{n}} \tag{2-2}$$

σ 是表示测量次数 $n\to\infty$ 时的标准差，而在实测中只能进行有限次的测量，其标准差可用 s 表示。即：

$$s=\sqrt{\frac{\sum_{i=1}^{n}(x_i-\overline{x})^2}{n-1}} \tag{2-3}$$

标准差是衡量波动性的指标。

3. 变异系数

标准差只能反映数值绝对离散的大小，也可以用来说明绝对误差的大小，而实际上更关心其相对误差的大小，即相对离散的程度，这在统计学上用变异系数 C_v 来表示。计算式为：

$$C_v=\frac{\sigma}{\overline{x}} \quad 或 \quad C_v=\frac{s}{\overline{x}} \tag{2-4}$$

如同一规格的材料经过多次试验得出一批数据后，就可通过计算平均值、标准差与变异系数来评定其质量或性能的优劣。

四、检测报告

试验的主要内容，都应在检测报告中反映，报告的形式可以不尽相同，但其内容都应包括试验名称、内容，目的与原理，试样编号、测试数据与计算结果，结果评定与分析，试验条件与日期，试验人、校核人、技术负责人签名。按照《实验室资质认定评审准则》要求，检测报告应至少包括以下信息：

(1)标题；

(2)实验室的名称和地址，以及与实验室不同的检测地点；

(3)检测报告的唯一性标识(如系列号)和每一页上的标识，以及报告结束的清晰标识；

(4)客户(或委托人)的名称和地址(必要时)；

(5)所用标准或方法的识别；

(6)样品的状态描述和标识；

(7)样品接收日期和进行检测的日期；

(8)如与结果的有效性或应用相关时，所用抽样计划的说明；

(9)检测的结果；

(10)检测和校准人员及其报告批准人签字或等效的标识；

(11)必要时，结果仅与被检测样品有关的声明。

需要对检测结果做出说明的，报告中还可包括下列内容：

(1)对检测方法的偏离、增添或删节，以及特定检测条件信息；

(2)符合(或不符合)要求和(或)规范说明；

(3)当不确定度与检测结果的有效性有关，或客户有要求，或不确定度影响到对结果符合性的判定时，报告中还需要包括不确定度的信息；

(4)特定方法、客户或客户群体要求的附加信息。

对含抽样的检测报告，还应包括下列内容：

(1)抽样日期；

(2)与抽样方法或程序有关的标准或规范，以及对这些规范的偏离、增添或删节；

(3)抽样位置，包括任何简图、草图或照片；

(4)抽样人；

(5)列出所用的抽样计划；

(6)抽样过程中可能影响检测结果解释的环境条件的详细信息。

试验报告是经过数据整理、计算、编制的结果，而不是原始记录，也不是试验过程的罗列。经过整理计算后的数据，可用图、表等表示，达到一目了然的效果。为了编写出符合要求的试验报告，在整个试验过程中必须认真做好有关现象、原始数据的记录，以便于分析、评定测试结果。

五、材料的技术标准

技术标准主要是对产品与工程建设的质量、规格及其检验方法等所作的技术规定，是从事生产、建设、科学研究工作与商品流通的一种共同的技术依据。

(一)技术标准的分类

技术标准通常分为基础标准、产品标准和方法标准。

1. 基础标准

基础标准是指在一定范围内作为其他标准的基础，并普遍使用的具有广泛指导意义的标准，如《水泥的命名、定义和术语》(GB/T 4131—1997)。

2. 产品标准

产品标准是衡量产品质量好坏的技术依据，如《通用硅酸盐水泥》(GB 175—2007)。

3. 方法标准

方法标准是指以试验、检查、分析、抽样、统计、计算、测定作业等各种方法为对象制定的标准，如《水泥胶砂强度检验方法(ISO 法)》(GB 17671—1999)。

(二)技术标准的等级

根据发布单位与适用范围，土木工程材料技术标准分为国家标准、行业标准(含协会标准)、地方标准和企业标准四级。

各级标准分别由相应的标准化管理部门批准并颁布，我国国家质量监督检验检疫总局是国家标准化管理的最高机关。国家标准和部门行业标准都是全国通用标准，分为强制性标准和推荐性标准；省、自治区、直辖市有关部门制定的工业产品的安全、卫生要求等地方标准在本行政区域内是强制性标准；企业生产的产品没有国家标准、行业标准和地方标准的，企业应制定相应的企业标准作为组织生产的依据。企业标准由企业组织制定，并报请有关主管部门审查备案。鼓励企业制定各项技术指标均严于国家、行业、地方标准的企业标准在企业内使用。

(三)技术标准的代号与表示方法

各级标准都有自己的部门代号，常见的有：GB—中华人民共和国国家标准，GBJ—国家工程建设标准，GB/T—中华人民共和国推荐性国家标准，ZB—中华人民共和国专业标准，ZB/T－中华人民共和国推荐性专业标准，JC－中华人民共和国建筑材料工业局行业标准，JG/T－中华人民共和国建设部建筑工程行业推荐性标准，JGJ－中华人民共和国建设部建筑工程行业标准，YB－中华人民共和国冶金工业部行业标准，SL－中华人民共和国水利部行业标准，JTJ－中华人民共和国交通部行业标准，CECS－工程建设标准化协会标准，JJG－国家计量局计量检定规程，DB－地方标准，Q/×××－×××－企业标准。

各个国家均有自己的国家标准代号，例如 ASTM－美国材料试验标准，JIS－日本国家标准，BS－英国国家标准。另外，在世界范围内统一执行的标准为国际标准，其代号为 ISO。我国是国际标准化协会成员国，当前我国各项技术标准都正在向国际标准靠拢，以便于科学技术的交流与提高。例如我国制定的《水泥胶砂强度检验方法（ISO 法）》（GB 17671－1999），其主要内容与 ISO 679 完全一致，其抗压强度检验结果与 ISO 679:1989 等同。

标准的表示方法，系由标准名称、部门代号、编号和批准年份等组成。例如我们常用的国家标准《通用硅酸盐水泥》（GB 175—2007）。标准名称为硅酸盐水泥、普通硅酸盐水泥，部门代号为 GB，编号为 175，批准年份为 2007 年。

第三章　原材料检测

第一节　水　泥

水泥的品种很多，常按不同方式对其进行分类。根据国家标准对水泥命名原则的规定，水泥分为三大类：用于一般土木工程的水泥称为通用水泥，如硅酸盐水泥、普通硅酸盐水泥、矿渣硅酸盐水泥、火山灰质硅酸盐水泥等；适用专门用途的水泥称为专用水泥，如道路水泥、砌筑水泥、油井水泥等；具有某种突出性能的水泥称为特种水泥，如抗硫酸盐水泥、膨胀型水泥、快硬硅酸盐水泥等。水泥按其主要水硬性物质种类又可分为硅酸盐水泥、硫铝酸盐水泥及氟铝酸盐水泥等。虽然水泥品种繁多，分类方法各异，但我国水泥产量的 90％仍属于以硅酸盐为主要水硬性物质的硅酸盐类水泥，其中又以硅酸盐水泥的组成最为简单，它也是最为基本的水泥。

一、常用水泥及其特性

(一)硅酸盐水泥

按国家标准 GB 175—2007《通用硅酸盐水泥》规定，凡由硅酸盐水泥熟料、0～5％石灰石或粒化高炉矿渣、适量石膏磨细制成的水硬性胶凝材料，称为硅酸盐水泥。硅酸盐水泥分为两种类型，不掺加混合材料的为Ⅰ型硅酸盐水泥，代号为 P. Ⅰ；掺加不超过水泥质量 5％的石灰石或粒化高炉矿渣混合材料的为Ⅱ型硅酸盐水泥，代号为 P. Ⅱ。

1. 硅酸盐水泥熟料的组成

1)化学组成

硅酸盐水泥熟料由含量在 95％以上的 CaO、SiO_2、Al_2O_3、Fe_2O_3 等氧化物和 5％以下的 MgO、SO_2、TiO_2、K_2O、Na_2O 等氧化物所组成。据统计，各主要氧化物含量的波动范围为 CaO 62％～67％、SiO_2 20％～24％、Al_2O_3 4％～7％、Fe_2O_3 2.5％～6％。

在水泥熟料中，CaO、SiO_2、Al_2O_3、Fe_2O_3 不是以单独的氧化物存在，而是以两种或两种以上的氧化物互相反应生成的多种矿物的集合体存在的，它结晶比较细小(一般小于 100 μm)。因此，水泥熟料是一种多矿物组成的、结晶细小的人造岩石。

2)矿物组成

由于硅酸盐水泥熟料是一个复杂体系，从化学组成中很难区分不同厂家及品种水泥的技术性质，故研究硅酸盐水泥一般从其矿物组成来进行研究。共有四种矿物：硅酸三钙 $3CaO \cdot SiO_2$，简写为 C_3S，含量为 37％～60％；硅酸二钙 $2CaO \cdot SiO_2$，简写为 C_2S，含量为 15％～37％；铝酸三钙 $3CaO \cdot Al_2O_3$，简写为 C_3A，含量为 7％～15％；铁铝酸四钙 $4CaO \cdot Al_2O_3 \cdot Fe_2O_3$，简写为 C_4AF，含量为 10％～18％。

由于水泥熟料中，硅酸三钙和硅酸二钙(即硅酸盐)总含量在 70％以上，故以其生产的水泥称为硅酸盐水泥。除主要熟料矿物外，水泥中还含有少量游离氧化钙、游离氧化镁和一定的碱，但其总含量一般不超过水泥质量的10%。

2. 硅酸盐水泥的凝结硬化

水泥加水拌和最初形成可塑性的浆体，然后逐渐变稠失去塑性但尚不具备强度的过程，称为水泥的“凝结”。随后，开始产生强度并逐渐发展而形成坚硬的石状固体——水泥石，这一过程称为水泥的“硬化”。水泥的凝结和硬化是人为划分的，它实际上是一个连续而复杂的物理化学变化过程。凝结硬化过程示意图如图3-1所示。

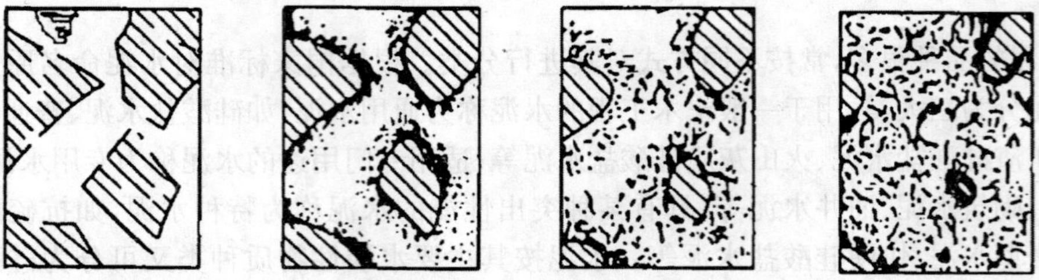

(a) 水泥颗粒分散于水中　(b) 水泥颗粒表面有水化产物出现　(c) 水化物长大连接共生（凝结）　(d) 产物进一步长大密实（硬化）

图3-1　水泥凝结硬化过程示意图

首先，当水和水泥颗粒接触时，水泥颗粒则发生水化反应，从而生成相应的水化物。随着水化物的增多和溶液浓度的增大，一部分水化物就呈胶体或晶体析出，并包在水泥颗粒的表面。在水化初期，水化物不多时，水泥浆尚具有可塑性。

随着时间的推移，水泥颗粒不断水化，水化产物不断增多，使包在水泥颗粒表面的水化物膜层增厚，并形成凝聚结构，使水泥浆开始失去可塑性，这就是水泥的初凝，但这时还不具有强度。再随着固态水化物不断增多，其结晶体和胶体相互贯穿形成的网状结构不断加强，固相颗粒间的空隙和毛细孔不断减小，结构逐渐紧密，使水泥浆体完全失去塑性，并开始产生强度，也就是水泥出现终凝。水泥进入硬化期后，水化速度逐渐减慢，水化物随时间增长而逐渐增加，并扩展到毛细孔中，使结构更趋致密，强度进一步提高。如此不断进行下去，直到水泥颗粒完全水化，水泥石的强度才停止发展，从而达到最大值。

3. 影响水泥凝结硬化的主要因素

1) 矿物组成

熟料各矿物单独与水作用后的特性是不同的，它们相对含量的变化，将导致不同的凝结硬化特性。比如，当水泥中C_3A含量高时，水化速率快，但强度不高；而C_2S含量高时，水化速率慢，早期强度低，后期强度高。

2) 细度

水泥颗粒愈细，比表面积增加，与水反应的区域增多，水化速度加快，从而加速水泥的凝结、硬化，早期强度较高。

3) 水灰比

水灰比是影响水泥石强度的关键因素之一，水泥水化的理论需要水量约占水泥质量的23%，但实际使用时，用这样的水量拌制的水泥浆非常干涩，无法成型为密实的水泥石结构。理论上，在水灰比为0.38时，水泥可以完全水化，此时的水成为化学结合水或凝胶水，而无毛细孔水。在实际工程中，水灰比多为 0.4～0.8，适当的毛细孔，可提供水分向水泥颗粒扩散的通道，可作为水泥凝胶增长时填充的空间，对水泥石结构以及硬化后强度有利。水灰比为 0.38 的水泥浆实际上要完全水化还是比较困难的，因为水分扩散受到限制，水泥无法全水化。但随着水灰比的增加，自由水逐步增加，此时，在水泥水化过程中，水泥石中由于自由水的蒸发等形成的孔隙增加，造成水泥石的密实度降低，其强度也随之下降。

4）石膏

石膏影响铝酸盐水化产物凝聚结构形成的速率和结晶的速率与形状，未加石膏的水泥将很快形成凝聚结构，由于水化铝酸钙从过饱和溶液中很快结晶出来，使结构坚硬，导致水泥不正常急凝（即闪凝）。加入石膏后，在水泥颗粒上形成难溶于水的硫铝酸钙覆盖在未水化水泥颗粒表面，阻碍了水泥的进一步水化，从而延长了凝结硬化时间。

石膏的掺量必须严格控制，掺量太少时缓凝作用小；掺量过多时会因在水泥浆硬化后继续水化生成高硫型水化硫铝酸钙而导致水泥石产生体积膨胀，使硬化的水泥石开裂而破坏。其掺量原则是保证在凝结硬化前（约加水后 24 h 内）全部耗尽。适宜的掺量主要取决于水泥中 C_3A 含量和石膏中 SO_3 的含量。国家标准规定 SO_3 不得超过 3.5%，石膏掺量一般为水泥质量的 3%～5%。

5）温度和湿度

对 C_3S 和 C_2S 来说，温度对水化反应速度的影响遵循一般的化学反应规律，温度升高，水化加速，特别是对 C_2S 来说，由于 C_2S 的水化速率低，所以温度对它的影响更大。C_3S 在常温时水化就较快，放热也较多，所以温度影响较小。当温度降低时，水泥水化速率减慢，凝结硬化时间延长，尤其对早期强度影响很大。在 0 ℃以下，水化会停止，强度不仅不增长，还会因为水泥浆体中的水分发生冻结膨胀，而使水泥石结构产生破坏，强度大大降低。

6）龄期

水泥加水拌和之日起至实测性能之日止，所经历的养护时间称为龄期。硅酸盐水泥早期强度增长较快，后期逐渐减慢。水泥加水后，起初 3～7 d 强度发展快，大约 4 周后显著减慢。但是，只要维持适当的温度和湿度，水泥强度在几个月、几年，甚至几十年后还会持续增长。

(二)硅酸盐水泥的特性与应用

(1)强度高。硅酸盐水泥具有凝结硬化快、早期强度高以及强度等级高的特性，因此可用于地上、地下和水中重要结构的高强及高性能混凝土工程中，也可用于有早强要求的混凝土工程中。

(2)抗冻性好。硅酸盐水泥水化放热量高，早期强度也高，因此可用于冬季施工及严寒地区遭受反复冻融的工程。

(3)抗碳化性能好。硅酸盐水泥水化后生成物中有 20%～25%的 $Ca(OH)_2$，因此水泥石中碱度不易降低，对钢筋有保护作用，故抗碳化性能好。

(4)水化热高。因为硅酸盐水泥的水化热高，所以不宜用于大体积混凝土工程。

(5)耐腐蚀性差。由于硅酸盐水泥石中含有较多的易受腐蚀的氢氧化钙和水化铝酸钙，因此其耐腐蚀性能差，不宜用于水利工程、海水作用和矿物水作用的工程。

(6)不耐高温。当水泥石受热温度到250～300 ℃时，水泥石中的水化物开始脱水，水泥石收缩，强度开始下降；当温度达700～800 ℃时，强度降低更多，甚至破坏。水泥石中的氢氧化钙在547 ℃以上开始脱水分解成氧化钙，当氧化钙遇水，则因熟化而发生膨胀导致水泥石破坏。因此，硅酸盐水泥不宜用于有耐热要求的混凝土工程以及高温环境。

(三)掺混合材料的硅酸盐水泥

凡在硅酸盐水泥熟料中，掺入一定量的混合材料和适量石膏共同磨细而制成的水硬性胶凝材料，均属掺混合材料的硅酸盐水泥。按掺加混合材料的品种和数量不同，掺混合材料的硅酸盐水泥可分为普通硅酸盐水泥、矿渣硅酸盐水泥、火山灰质硅酸盐水泥、粉煤灰硅酸盐水泥和复合硅酸盐水泥。

1. 普通硅酸盐水泥

凡由硅酸盐水泥熟料、6%～20%混合材料、适量石膏磨细制成的水硬性胶凝材料，称为普通硅酸盐水泥，简称普通水泥，其代号为P·O。

活性混合材料掺加量为＞5%且≤20%，其中允许用不超过水泥质量5%的窑灰或不超过水泥质量8%的非活性混合材料来代替。

普通水泥按照国家标准《通用硅酸盐水泥》(GB 175－2007)的规定分为42.5、42.5R、52.5和52.5R四个强度等级，其各龄期强度不得低于表3-1中的数值；初凝时间不小于45 min，终凝时间不大于600 min，烧失量不得大于5.0%；安定性用沸煮法检验必须合格；细度、氧化镁、三氧化硫、碱含量等均与硅酸盐水泥规定相同。

表3-1　普通硅酸盐水泥各龄期的强度要求(GB 175—2007)

<table>
<tr><th rowspan="2">强度等级</th><th colspan="2">抗压强度(MPa)</th><th colspan="2">抗折强度(MPa)</th></tr>
<tr><th>3 d</th><th>28 d</th><th>3 d</th><th>28 d</th></tr>
<tr><td>42.5</td><td>17.0</td><td rowspan="2">42.5</td><td>3.5</td><td rowspan="2">6.5</td></tr>
<tr><td>42.5R</td><td>22.0</td><td>4.0</td></tr>
<tr><td>52.5</td><td>23.0</td><td rowspan="2">52.5</td><td>4.0</td><td rowspan="2">7.0</td></tr>
<tr><td>52.5R</td><td>27.0</td><td>5.0</td></tr>
</table>

普通水泥中所掺入混合材料较少，绝大部分仍为硅酸盐水泥熟料，其成分与硅酸盐水泥相近，因而其性能和应用与同强度等级的硅酸盐水泥也极为相近；但毕竟所掺混合材料稍多一些，因而与硅酸盐水泥相比，早期硬化速度稍慢，抗冻性与耐磨性能也略差。它被广泛用于各种混凝土或钢筋混凝土工程，是我国的主要水泥品种之一。

2. 矿渣硅酸盐水泥

凡由硅酸盐水泥熟料和粒化高炉矿渣、适量石膏磨细制成的水硬性胶凝材料称为矿渣硅酸盐水泥，简称矿渣水泥。水泥中粒化高炉矿渣掺加量按质量百分比计为＞20%且≤70%，根据矿渣掺量的不同，还可以分为A型矿渣水泥(代号P·S·A)和B型矿渣水泥(代号P·S·B)。其中，A型矿渣水泥中矿渣掺量＞20%且≤70%，B型矿渣水泥中矿渣掺量＞50%且≤70%，允许用石灰石、窑灰、火山灰质混合材料中的一种代替矿渣，但代替数量不得超过水泥质量的8%，替代后水泥中粒化高炉矿渣不得少于20%。

按照国家标准《通用硅酸盐水泥》(GB 175—2007)的规定，矿渣硅酸盐水泥分为32.5、32.5R、42.5、42.5R、52.5和52.5R六个强度等级，各强度等级水泥的各龄期强度不得低于表3-2中的数值；细度要求80 μm方孔筛上的筛余不大于10%或45 μm方孔筛上的筛余不大于30%，凝结时间及沸煮安定性的要求均与普通硅酸盐水泥相同，但如水泥经压蒸安定性试验合格，则水泥熟料中氧化镁的含量允许放宽到6.0%，水泥中三氧化硫的含量不得超过4.0%。

表3-2　矿渣水泥、火山灰水泥、粉煤灰水泥及复合硅酸盐水泥的强度要求(GB 175—2007)

强度等级	抗压强度(MPa)		抗折强度(MPa)	
	3 d	28 d	3 d	28 d
32.5	10.0	32.5	2.5	5.5
32.5R	15.0		3.5	
42.5	15.0	42.5	3.5	6.5
42.5R	19.0		4.0	
52.5	21.0	52.5	4.0	7.0
52.5R	23.0		4.5	

3.火山灰质硅酸盐水泥

凡由硅酸盐水泥熟料和火山灰质混合材料、适量石膏磨细制成的水硬性胶凝材料称为火山灰质硅酸盐水泥，简称火山灰水泥，其代号为P·P，水泥中火山灰质混合材料掺加量按质量百分比计为大于20%且不大于40%。

按国家标准规定，火山灰水泥中三氧化硫的含量不得超过3.5%，其细度、凝结时间、强度、沸煮安定性和氧化镁含量的要求均与矿渣硅酸盐水泥相同。

4.粉煤灰硅酸盐水泥

凡由硅酸盐水泥熟料和粉煤灰混合材料、适量石膏磨细制成的水硬性胶凝材料称为粉煤灰硅酸盐水泥，简称粉煤灰水泥，其代号为P·F，水泥中粉煤灰掺加量按质量百分比计为大于20%且不大于40%。

按国家标准规定，粉煤灰硅酸盐水泥的细度、凝结时间、体积安定性和强度的要求与火山灰水泥完全相同。

5.复合硅酸盐水泥

凡由硅酸盐水泥熟料、两种或两种以上规定的混合材料、适量石膏磨细制成的水硬性胶凝材料，称为复合硅酸盐水泥，简称复合水泥，其代号为P·C。水泥中混合材料总掺量按质量百分比计应大于20%且不大于50%。允许用不超过8%的窑灰代替部分混合材料。掺矿渣时，混合材料掺量不得与矿渣硅酸盐水泥重复。

按照国家标准规定，复合硅酸盐水泥分为32.5、32.5R、42.5、42.5R、52.5和52.5R六个强度等级，各强度等级水泥的各龄期强度不得低于表3-2中的数值。水泥熟料中氧化镁的含量不得超过 5.0%。如经压蒸安定性试验合格，则熟料中氧化镁的含量允许放宽到 6.0%。水泥中三氧化硫的含量不得超过 3.5%，对细度、凝结时间及体积安定性的要求与普通水泥相同。

复合硅酸盐水泥由于在水泥熟料中掺入了两种或两种以上规定的混合材料，因此其特性主要取决于所掺混合材料的种类、掺量及相对比例，既与矿渣水泥、火山灰水泥、粉煤灰水泥有相似之处，又有其本身的特性，而且较单一混合材料的水泥具有更好的技术效果，故它也广泛适用于各种混凝土工程。

6. 掺混合材料的硅酸盐水泥特性

普通硅酸盐水泥由于掺加的混合材料较少，因此它的性质与硅酸盐水泥的性质基本上相同。

矿渣水泥、火山灰水泥、粉煤灰水泥与硅酸盐水泥或普通水泥的组成成分相比，都有一个共同点，即所掺入的混合材料较多，水泥中熟料相对较少，这就使得这三种水泥的性能之间有许多相近的地方，但与硅酸盐水泥或普通水泥的性能相比则有许多不同之处，具体来讲，这三种水泥相对于硅酸盐水泥有以下主要特点。

1)凝结硬化速度较慢

早期强度较低，但后期强度增长较多，甚至可超过同强度等级的硅酸盐水泥。这是因为相对硅酸盐水泥，这三种水泥熟料矿物较少而活性混合材料较多，其水化反应是分两步进行的。首先是熟料矿物水化，此时所生成的水化产物与硅酸盐水泥基本相同。由于熟料较少，故此时参加水化和凝结硬化的成分较少，水化产物较少，凝结硬化较慢，强度较低；随后，熟料矿物水化生成的氢氧化钙和石膏分别作为混合材料的碱性激发剂和硫酸盐激发剂，与混合材料中的活性成分发生二次水化反应，从而在较短时间内有大量水化物产生，进而使其凝结硬化速度大大加快，强度增长较多。

2)水化放热速度慢，放热量少

这也是因为熟料含量相对较少，其中所含水化热大、放热速度快的铝酸三钙、硅酸酸钙含量较少。

3)对温度较为敏感

温度低时硬化较慢，当温度达到 70 ℃以上时，硬化速度大大加快，甚至可超过硅酸盐水泥的硬化速度。这是因为，温度升高加快了活性混合材料与熟料水化析出的氢氧化钙的化学反应。

4)抗侵蚀能力强

由于熟料水化析出的氢氧化钙本身就少，再加上与活性混合材料作用时又消耗了大量的氢氧化钙，因此水石中所剩余的氢氧化钙就更少了。所以，这三种水泥抵抗软水、海水和硫酸盐腐蚀的能力较强，宜用于水工和海港工程。

5)抗冻性和抗碳化能力较差

根据上述特点，这些水泥除适用于地面工程外，特别适宜用于地下和水中的一般混凝土、大体积混凝土结构，以及蒸汽养护的混凝土构件，也适用于一般抗硫酸盐侵蚀的工程。

由于这三种水泥所掺混合材料的类型或数量的不同，这就使得它们在特性和应用上也各有其特点，从而可以满足不同的工程需要。矿渣水泥耐热性好，可用于耐热混凝土工程，但保水性较差，泌水性较大，干缩性较大；火山灰水泥使用在潮湿环境后，会吸收$Ca(OH)_2$而产生膨胀胶化作用使结构变得致密，因而有较高的密实度和抗渗性，适宜用于抗渗要求较高的工程，但耐磨性比矿渣水泥差，干燥收缩较大，在干热条件下会起粉，故不宜用于有抗冻、耐磨要求和干热环境的工程；粉煤灰水泥的干燥收缩小，抗裂性较好，其拌制的混凝土和易性较好。

硅酸盐水泥、普通水泥、矿渣水泥、火山灰水泥、粉煤灰水泥和复合水泥是土木工程中广泛使用的水泥品种，主要用来配制混凝土和砂浆，选用见表 3-3。

表 3-3 掺混合材料硅酸盐水泥的选用

混凝土工程特点及所处环境条件			优先选用	可以选用	不宜选用
普通混凝土	1	在一般环境中的混凝土	普通硅酸盐水泥	矿渣水泥、火山灰水泥、粉煤灰水泥、复合水泥	
	2	在干燥环境中的混凝土	普通硅酸盐水泥	矿渣水泥	火山灰水泥、粉煤灰水泥
	3	在高湿环境中或长期处于水中的混凝土	矿渣水泥、火山灰水泥、粉煤灰水泥、复合水泥	普通硅酸盐水泥	
	4	厚大体积的混凝土	矿渣水泥、火山灰水泥、粉煤灰水泥、复合水泥		硅酸盐水泥
有特殊要求的混凝土	1	要求快硬、高强（＞C40）的混凝土	硅酸盐水泥	普通硅酸盐水泥	矿渣水泥、火山灰水泥、粉煤灰水泥、复合水泥
	2	严寒地区的露天混凝土，寒冷地区处于水位升降范围内的混凝土	普通硅酸盐水泥	矿渣水泥	火山灰水泥、粉煤灰水泥
	3	严寒地区处于水位升降范围内的混凝土	普通硅酸盐水泥		矿渣水泥、火山灰水泥、粉煤灰水泥、复合水泥
	4	有抗渗要求的混凝土	火山灰水泥		矿渣水泥
	5	有耐磨性要求的混凝土	硅酸盐水泥、普通水泥	普通硅酸盐水泥	火山灰水泥、粉煤灰水泥
	6	受侵蚀介质作用的混凝土	矿渣水泥、火山灰水泥、粉煤灰水泥、复合水泥		硅酸盐水泥、普通硅酸盐水泥

二、硅酸盐水泥的技术性质

根据国家标准《通用硅酸盐水泥》（GB 175－2007），硅酸盐水泥的技术性质主要有细度、凝结时间、体积安定性、强度等。

(一)细度(选择性指标)

细度是指水泥颗粒的粗细程度,它是影响水泥性能的重要指标。水泥颗粒粒径一般在7～200 μm范围内,颗粒愈细,与水反应的表面积愈大,水化反应快而且较完全,早期强度和后期强度都较高。但在空气中硬化时收缩性较大,成本较高,在储运过程中也易受潮而降低活性。若水泥颗粒过粗则不利于水泥活性的发挥,一般认为水泥颗粒小于40 μm时,才具有较高活性,大于90 μm后其活性就很小了。因此,为保证水泥具有一定的活性和具有一定的凝结硬化速度,须对水泥提出细度要求。

国家标准规定,水泥的细度可用筛析法和比表面积法检验。筛析法是采用孔径为80 μm的方孔筛或45 μm方孔筛对水泥试样进行筛析试验,用筛余百分率表示。比表面积法是根据一定量空气通过一定空隙率和厚度的水泥层时,所受阻力不同而引起流速的变化来测定水泥的比表面积(单位质量的水泥颗粒所具有的总表面积),以 m^2/kg 表示。国家标准规定,硅酸盐水泥的细度采用比表面积法检验,其比表面积应大于300 m^2/kg。

(二)标准稠度用水量

水泥的技术性质中有体积安定性和凝结时间,为了使其检验的结果有可比性,国家标准规定必须采用标准稠度的水泥净浆来测定。获得这一稠度时所需的水量称为标准稠度用水量,以水与水泥质量的比值来表示。影响标准稠度用水量的因素有熟料的矿物组成、水泥的细度、混合材料品种(如沸石粉需水性大)和数量等。

(三)凝结时间

水泥凝结时间是指水泥从开始加水拌和到失去流动性所需要的时间,分初凝时间和终凝时间。

初凝时间为水泥从开始加水拌和起至水泥浆开始失去可塑性所需要的时间;终凝时间是从水泥开始加水拌和起至水泥浆完全失去可塑性并开始产生强度所需的时间。水泥的凝结时间对施工有重要实际意义,其初凝时间不宜过早,以便在施工中有足够的时间完成混凝土或砂浆的搅拌、运输、浇捣和砌筑等操作;终凝时间不宜过迟,以使水泥能尽快硬化和产生强度,进而缩短施工工期。国家标准规定:硅酸盐水泥初凝时间不得早于45 min,终凝时间不得迟于390 min。

(四)体积安定性

水泥体积安定性是反映水泥浆体在硬化过程中或硬化后体积是否均匀变化的性能。安定性不良的水泥,在浆体硬化过程中或硬化后可能产生不均匀的体积膨胀,甚至引起开裂,并进而影响和破坏工程质量,甚至引起严重工程事故。因而体积安定性不良的水泥应按不合格品处理,不能用于工程中。

造成水泥安定性不良的主要原因如下:

(1)熟料中游离氧化钙含量过多。游离氧化钙是熟料煅烧时,没有被吸收形成熟料矿物所形成的,这种过烧的氧化钙水化慢,而且水化生成 $Ca(OH)_2$ 时体积膨胀,给硬化的水泥石造成破坏。国家标准规定:用沸煮法检验水泥中游离氧化钙是否会引起安定性不良。

(2)熟料中游离氧化镁含量过多。熟料中游离氧化镁正常水化的速度更缓慢,且体积膨胀，同样会造成膨胀破坏。水泥中游离氧化镁是否会引起安定性不良，是用物理方法——压蒸法来检验，只有这样才能加速 MgO 的水化。国家标准规定：用化学分析法检验其含量是否超标。

(3)水泥中三氧化硫含量过多。SO_3 过多同样也会造成膨胀破坏。石膏带来的危害用物理检验方法需长期在常温水中才能确定安定性是否不良。同游离氧化镁一样，物理检验不便于快速检验。因此，国家标准规定用化学分析法检验水泥中 SO_3 含量是否超标。

国家标准规定，用沸煮法检验水泥的体积安定性。具体测试时可用饼法，也可用雷氏法。其通过观察水泥净浆经沸煮 3 h 后所产生的变形或膨胀值来检验安定性。由于沸煮法只能对氧化钙熟化起加速作用，所以无论是饼法还是雷氏法，只能检测出游离氧化钙所引起的体积安定性不良。而游离氧化镁只有在压蒸下才加速熟化，石膏的危害则需在长期的常温水中才能发现，两者均不便于快速检验。因此，国家标准规定，水泥熟料中游离氧化镁含量不得超过 5.0%，若经压蒸检测安定性合格，可放宽到 6.0%；水泥中三氧化硫含量不得超过 3.5%。

(五)强度及强度等级

水泥的强度是水泥的重要力学性质，它与水泥的矿物组成、水灰比大小、水化龄期和环境温湿度等密切相关，同一水泥在不同条件下所测得的强度值不同。因此，为使试验结果具有可比性，水泥强度须按国家标准《通用硅酸盐水泥》(GB 175—2007)和《水泥胶砂强度检验方法(ISO 法)》(GB/T 17671－1999)的规定来测量。根据测量结果，将硅酸盐水泥分为 42.5、42.5R、52.5、52.5R、62.5 和 62.5R 六个强度等级，其中代号 R 表示早强型水泥。各强度等级硅酸盐水泥的各龄期强度不得低于表 3-4 中的数值。

表 3-4　硅酸盐水泥的强度要求(GB 175—2007)

品　种	强度等级	抗压强度(MPa)		抗折强度(MPa)	
		3 d	28 d	3 d	28 d
硅酸盐水泥	42.5	17.0	42.5	3.5	6.5
	42.5R	22.0	42.5	4.0	6.5
	52.5	23.0	52.5	4.0	7.0
	52.5R	27.0	52.5	5.0	7.0
	62.5	28.0	62.5	5.0	8.0
	62.5R	32.0	62.5	5.5	8.0

(六)烧失量和不溶物

烧失量是指水泥在一定灼烧温度和时间内，烧失的量占原质量的百分数。烧失量愈大，说明水泥质量愈差。国家标准规定，Ⅰ型硅酸盐水泥的烧失量不得大于 3.0%，Ⅱ型硅酸盐水泥的烧失量不得大于 3.5%。

不溶物是指经盐酸处理后的残渣，再以氢氧化钠溶液处理，经盐酸中和过滤后所得的残渣经高温灼烧所剩的物质。不溶物含量高对水泥质量有不良影响。Ⅰ型硅酸盐水泥中不溶物不得超过 0.75%，Ⅱ型硅酸盐水泥中不溶物不得超过 1.50%。

(七)水化热

水泥在水化过程中放出的热量称为水泥的水化热。水泥的水化放热量和放热速度主要决定于水泥的矿物组成和细度。水泥中铝酸三钙和硅酸三钙的含量愈高，颗粒愈细，则水化热愈大，放热速度也愈快。这对一般工程的冬季施工是有利的，但对于大体积混凝土工程是有害的。因为在大体积混凝土工程中，水泥水化放出的热量积聚在内部不易散失，使内部温度上升到 60～70 ℃，内外温差所引起的温度应力，使混凝土产生裂缝。

(八)碱含量(选择性指标)

当骨料中含有活性二氧化硅、水泥的碱含量又较高时，则水泥会与骨料发生碱—骨料反应，在骨料表面生成复杂的碱—硅酸凝胶，凝胶吸水体积膨胀，从而导致混凝土开裂破坏。为抑制碱—骨料反应，水泥中的碱含量按 $Na_2O+0.658K_2O$ 计，不得大于 0.6%。

(九)密度及堆积密度

在计算组成混凝土的各项材料用量和储运水泥时，往往需要知道水泥的密度和堆积密度。硅酸盐水泥的密度一般在 3.0～3.2 g/cm³。堆积密度除与矿物组成及粉磨细度有关外，主要取决于水泥堆积的紧密程度，松堆状态为 1 000～1 100 kg/m³，紧密状态时可达 1 600 kg/m³。在配制混凝土和砂浆时，水泥堆积密度可取 1 200～1 300 kg/m³。

三、水泥胶砂强度检测

(一)检测依据

本试验方法的依据是 GB/T 17671—1999《水泥胶砂强度检验方法(ISO 法)》，测定水泥胶砂硬化到一定龄期后的抗压、抗折强度的大小，是确定水泥强度等级的依据。

(二)主要仪器设备

(1)水泥胶砂搅拌机：符合 JC/T 681—2005《行星式水泥胶砂搅拌机》的规定，其搅拌叶片既绕自身轴线作顺时针自转(见图 3-2)，又沿搅拌锅周边作逆时针公转。

(2)胶砂振实台：振实台(见图 3-3)的振幅为(15±0.3) mm，振动频率为 60 次/(60±2) s。

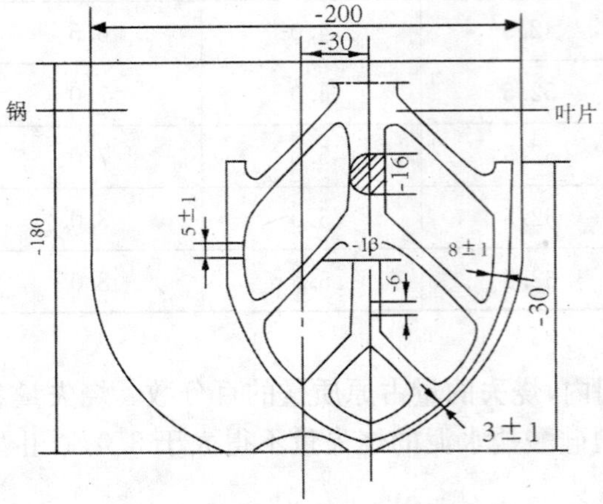

图 3-2 水泥胶砂搅拌机

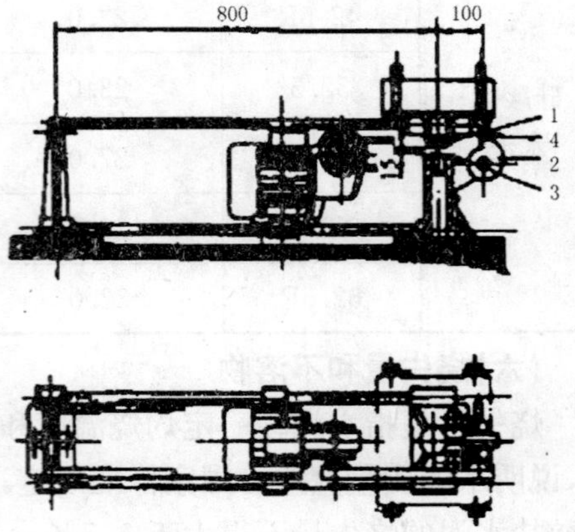

图 3-3 振实台

(3)胶砂振动台：是胶砂振实台的代用设备，振动台的全波振幅为 0.75±0.02mm，振动频率为 2 800～3 000 次/min。

(4)胶砂试模：可装拆的三联模(见图 3-4)，模内腔尺寸为 40 mm×40 mm×160 mm，附有下料漏斗或播料器。

(5)下料漏斗、刮平直尺。

(6)抗压试验机和抗压夹具：抗压试验机的量程为 200～300 kN，示值相对误差不超过±1%；抗压夹具应符合 JC/T 683－2005 要求，试件受压面积为 40 mm×40 mm。

(7)抗折强度试验机：一般采用双杠杆式电动抗折试验机，也可采用性能符合标准要求的专用试验机(见图 3-5)。

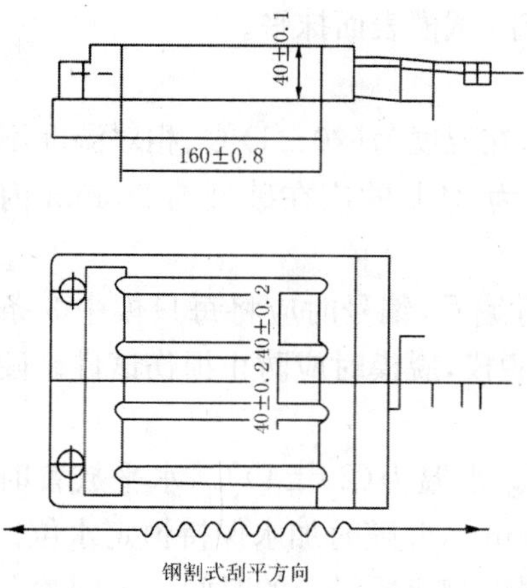

图 3-4　胶砂试模

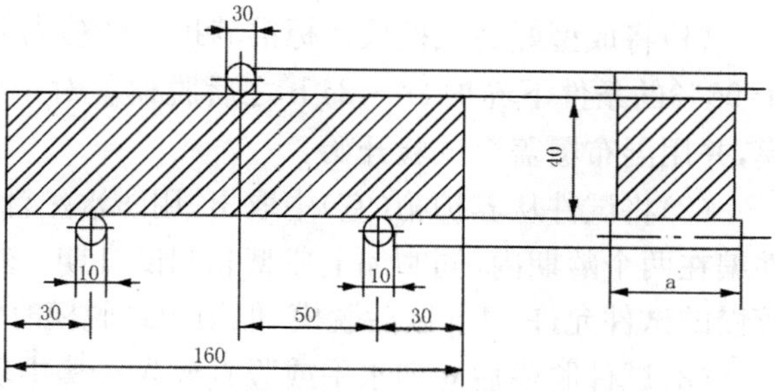

图 3-5　抗折强度测定加荷图

(三)试件制备

(1)试验前，将试模擦净，模板四周与底座的接触面上应涂黄油，紧密装配，防止漏浆。内壁均匀刷一层薄机油。搅拌锅、叶片和下料漏斗(播料器)等用湿布擦干净(更换水泥品种时，必须用湿布擦干净)。

(2)标准砂应符合 GB/T 17671—1999 中国 ISO 标准砂的质量要求。试验采用的灰砂比为 1∶3，水灰比为 0.5。一锅胶砂成型三条试件的材料用量：水泥(450±2) g；ISO 标准砂(1 350±5) g；拌和水(225±1) mL。配料中规定称量用天平精度为±1 g，量水器精度±1 mL。

(3)胶砂搅拌时先将水加入锅内，再加入水泥，把锅放在固定架上，上升至固定位置。立即开动机器，低速搅拌 30 s 后，在第二个 30 s 开始的同时均匀加入标准砂，30 s 内加完，高速再拌 30 s。接着停拌 90 s，在刚停的 15 s 内用橡皮刮具将叶片和锅壁上的胶砂刮至拌和锅中间。最后高速搅拌 60 s。各个搅拌阶段，时间误差应在±1 s 以内。

(四)试件成型

1. 用振实台成型

(1)胶砂制备后立即进行成型。把空试模和模套固定在振实台上，用勺子将搅拌好的胶砂分二层装入试模。装第一层时，每个槽内约放 300 g 胶砂，用大播料器垂直架在模套顶部，沿每个模槽来回一次将料层播平，接着振实 60 次；再装入第二层胶砂，用小播料器播平，再振实 60 次。

(2)振实完毕后,移走模套,取下试模,用刮平直尺以近似 90 °的角度,架在试模的一端,沿试模长度方向,以横向锯割动作慢慢向另一端移动,一次刮去高出试模多余的胶砂。最后用同一刮尺以近似水平的角度将试模表面抹平。

2. 用振动台成型

(1)将试模和下料漏斗卡紧在振动台的中心。胶砂制备后立即将拌好的全部胶砂均匀地装入下料漏斗内。启动振动台,胶砂通过漏斗流入试模的下料时间为 20～40 s(下料时间以漏斗三格中的两格出现空洞时为准),振动(120±5) s 停机。

下料时间如大于 20～40 s,须调整漏斗下料口宽度或用小刀划动胶砂以加速下料。

(2)振动完毕后,自振动台取下试模,移去下料漏斗,试模表面抹平。

(五)试件养护

(1)将成型好的试模放入标准养护箱(室)内养护,在温度为(20±1)℃、相对湿度不低于 90%的条件下养护 20～24 h 之后脱模。对于龄期为 24 h 的应在破型前 20 min 内脱模,并用湿布覆盖至试验开始。

(2)将试件从养护箱(室)中取出,用防水墨汁进行编号,编号时应将每只模中 3 条试件编在两个龄期内,同时编上成型和测试日期。然后脱模,脱模时应防止损伤试件。硬化较慢的试件允许 24 h 以后脱模,但须记录脱模时间。

(3)试件脱模后立即水平或竖直放入水槽中养护。水温为(20±1)℃,水平放置时刮平面朝上,试件之间应留有空隙,水面至少高出试件 5 mm,并随时加水保持恒定水位。

(4)试件龄期是从水泥加水搅拌开始时算起,至强度测定所经历的时间。不同龄期的试件,必须相应地在 24 h±15 min,48 h±30 min,72 h±45 min,7 d±2 h,28 d±8 h 的时间内进行强度试验。到龄期的试件应在强度试验前 15 min 从水中取出,擦去试件表面沉积物,并用湿布覆盖至试验开始。

(六)强度检测

1. 水泥抗折强度检测

(1)将抗折试验机夹具的圆柱表面清理干净,并调整杠杆处于平衡状态。

(2)用湿布擦去试件表面的水分和砂粒,将试件放入夹具内,使试件成型时的侧面与夹具的圆柱面接触。调整夹具,使杠杆在试件折断时尽可能接近平衡位置。

(3)以(50±10) N/s 的速度进行加荷,直到试件折断,记录破坏荷载。

(4)保持两个半截棱柱体处于潮湿状态,直至抗压试验开始。

(5)按式(3-1)计算每条试件的抗折强度值 R_f(精确至 0.1 MPa):

$$R_f=\frac{1.5F_f l}{b^3} \tag{3-1}$$

式中　F_f——折断时施加于棱柱体中部的荷载,N;

l——支撑圆柱之间的距离,mm;

b——棱柱体正方形截面的边长,mm。

(6)取 3 条棱柱体试件抗折强度测定值的算术平均值作为试验结果(精确至 0.1 MPa)。当 3 个测定值中有超出平均值的±10%时,应剔除后再取平均值作为抗折强度试验结果。

2. 水泥抗压强度检测

(1)立即在抗折后的 6 个断块(应保持潮湿状态)的侧面上进行抗压试验。抗压试验须用抗压夹具,使试件受压面积为 40 mm×40 mm。试验前,应将试件受压面与抗压夹具清理干净,试件的底面应紧靠夹具上的定位销,断块露出上压板外的部分应不少于 10 mm。

(2)在整个加荷过程中,夹具应位于压力机承压板中心,以(2.4±0.2) kN/s 的速率均匀地加荷至破坏,记录破坏荷载 P(单位:kN)。

(3)按式(3-2)计算每块试件的抗压强度 R_c(精确至 0.1 MPa):

$$R_c=\frac{F_c}{A} \tag{3-2}$$

式中　F_c——破坏时的最大荷载,N;

　　A——受压面积,40 mm×40 mm=1 600 mm^2。

(4)每组试件以 6 个抗压强度测定值的算术平均值作为检测结果。如果 6 个测定值中有 1 个超出平均值的±10%,应剔除这个结果,而以剩下 5 个的平均值作为检测结果。如果 5 个测定值中再有超过它们平均数±10%的,则此组结果作废,应重做。

根据上述测得的抗折、抗压强度的试验结果,按相应的水泥标准确定其水泥强度等级(见表 3-5)。

表 3-5　硅酸盐水泥和普通硅酸盐水泥各龄期强度的最低值

品种	强度等级	抗压强度(MPa)		抗折强度(MPa)	
		3 d	28 d	3 d	28 d
硅酸盐水泥	42.5	≥17.0	≥42.5	≥3.5	≥6.5
	42.5R	≥22.0		≥4.0	
	52.5	≥23.0	≥52.5	≥4.0	≥7.0
	52.5R	≥27.0		≥5.0	
	62.5	≥28.0	≥62.5	≥5.0	≥8.0
	62.5R	≥32.0		≥5.5	
普通硅酸盐水泥	42.5	≥17.0	≥42.5	≥3.5	≥6.5
	42.5R	≥22.0		≥4.0	
	52.5	≥23.0	≥52.5	≥4.0	≥7.0
	52.5R	≥27.0		≥5.0	
矿渣硅酸盐水泥 火山灰硅酸盐水泥 粉煤灰硅酸盐水泥 复合硅酸盐水泥	32.5	≥10.0	≥32.5	≥2.5	≥5.5
	32.5R	≥15.0		≥3.5	
	42.5	≥15.0	≥42.5	≥3.5	≥6.5
	42.5R	≥19.0		≥4.0	
	52.5	≥21.0	≥52.5	≥4.0	≥7.0
	52.5R	≥23.0		≥4.5	

四、水泥细度检测(筛析法)

(一)检测依据

GB/T 1345—2005《水泥细度检验方法筛析法》中规定了三种检验方法:负压筛析法、水筛法及手工筛析法。当试验结果有矛盾时,以负压筛法为准。三种检验方法都采用 80 μm 或 45 μm 筛作为试验用筛,用筛网上所得筛余物的质量占试样原始质量的百分数来表示水泥样品的细度。试验时,80 μm 筛析试验称取试样 25 g,45 μm 筛析试验称取试样 10 g。

(二)负压筛法

(1)负压筛析仪:采用气流筛析仪(又称负压筛析仪)。主要由筛座、筛子、真空源及收尘器等组成。利用气流作为筛分的动力和介质,通过旋转的喷嘴喷出的气流作用使筛网里的待测粉状物料呈流态化,并在整个系统负压的作用下将细颗粒通过筛网抽走,从而达到筛分的目的。气流筛析仪示意图如图 3-6 所示。

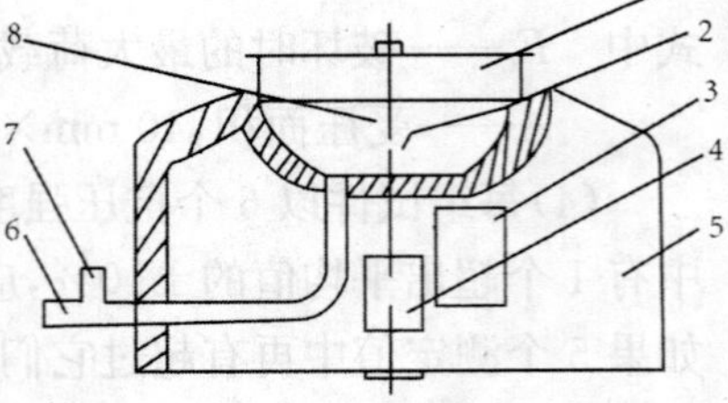

1—45 μm 方孔筛;2—橡胶垫圈;3—控制板;4—微电机;5—壳体;6—抽气口(接收尘器);7—风门(调节负压);8—喷气嘴

图 3-6　气流筛析仪示意图

(2)天平:最大称量为 100 g,感量 0.01 g。

(三)试验方法

(1)筛析试验前,将负压筛放在筛座上,盖上筛盖,接通电源,检查控制系统,调节负压至 4～6 kPa 范围内。

(2)称取试样精确至 0.01 g,置于洁净的负压筛中,盖上筛盖放在筛座上,开动筛析仪连续筛析 2 min,筛析期间如有试样附着在筛盖上,可轻轻敲击,使试样落下。

(3)用天平称量筛余物,精确至 0.01 g。

(四)试验结果

水泥试样筛余百分数按式(3-3)计算

$$F=\frac{R_t}{W} \tag{3-3}$$

式中　F——水泥试样的筛余百分数(%);

R_t——水泥筛余物的质量,g;

W——水泥试样的质量,g。

计算结果应精确至 0.1%。

评定时,每个样品应称取两个试样分别筛析,取筛余平均值为筛析结果。若两次筛余结果绝对误差大于 0.5%(筛余值大于 5.0%时可放至 1.0%),应再做一次试验,取两次相近结果的算术平均值,作为最终结果。

五、水泥标准稠度用水量检测

(一)检测依据

本试验按 GB/T 1346－2011《水泥标准稠度用水量、凝结时间、安定性检验方法》进行。

(二)主要仪器设备

(1)水泥净浆搅拌机:由搅拌锅、搅拌叶片组成。

(2)标准法维卡仪:如图 3-7 所示,标准稠度测定用试杆由有效长度(50±1) mm、直径为(10±0.05) mm的圆柱形耐腐蚀金属制成。测定凝结时间时取下试杆,用试针代替试杆。试针为由钢制成的圆柱体,其有效长度初凝针(50±1) mm、终凝针(30±1) mm,直径为(1.13±0.05) mm。滑动部分的总质量为(300±1) g。与试杆、试针连接的滑动杆表面应光滑,能靠重力自由下落,不得有紧涩和旷动现象。

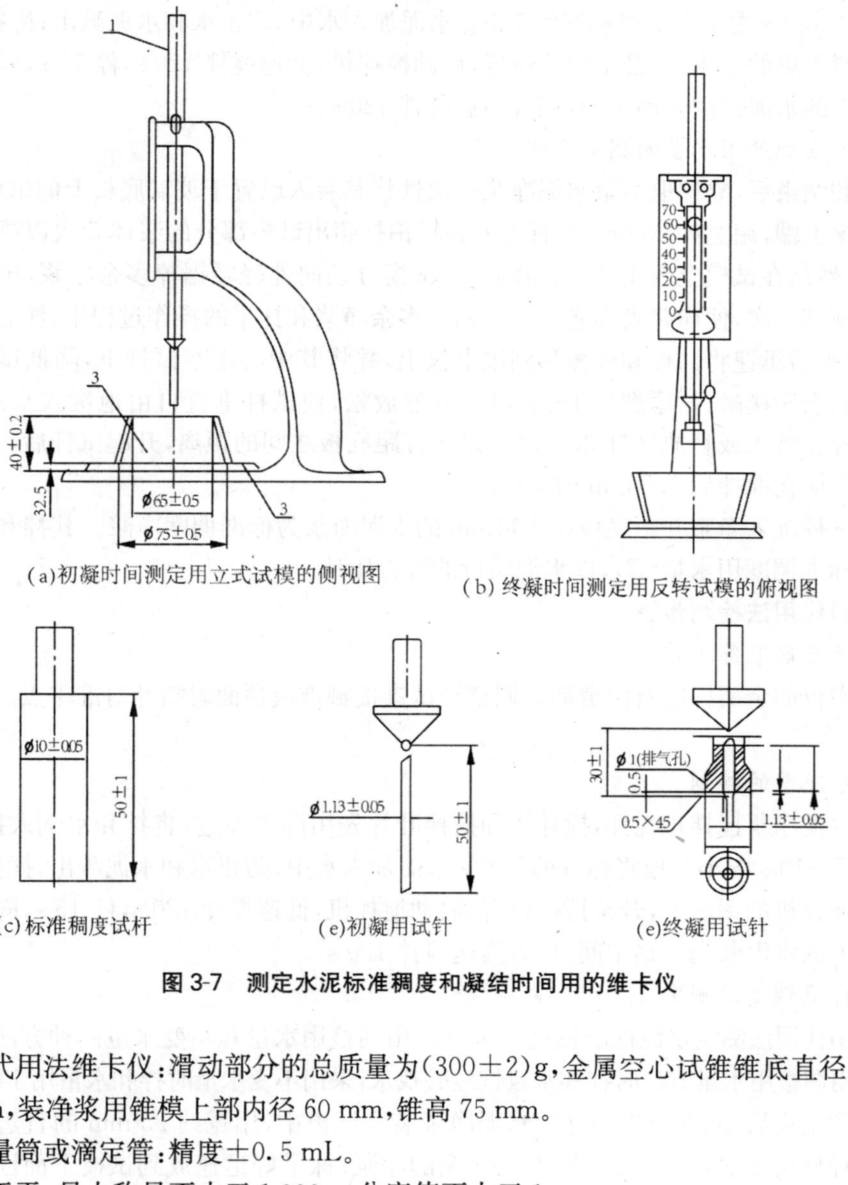

(a)初凝时间测定用立式试模的侧视图　(b)终凝时间测定用反转试模的俯视图

(c)标准稠度试杆　(e)初凝用试针　(e)终凝用试针

图 3-7　测定水泥标准稠度和凝结时间用的维卡仪

(3)代用法维卡仪:滑动部分的总质量为(300±2)g,金属空心试锥锥底直径 40 mm,高 50 mm,装净浆用锥模上部内径 60 mm,锥高 75 mm。

(4)量筒或滴定管:精度±0.5 mL。

(5)天平:最大称量不小于 1 000 g,分度值不大于 1 g。

(6)水泥净浆试模,盛装水泥的试模应由耐腐蚀的、有足够硬度的金属制成,形状为截顶圆锥体,每只试模应配备一块厚度不小于 2.5 mm、大于试模底面的平板玻璃底板。

(三)标准法检测步骤

1. 试验前准备工作

维卡仪的滑动杆能自由滑动。试模和玻璃底板用湿布擦拭，将试模放在底板上。调整至试杆接触玻璃板时指针对准零点。搅拌机运行正常。

2. 水泥浆的拌制

用水泥净浆搅拌机搅拌，搅拌锅和搅拌叶片先用湿布擦过，将拌和水倒入搅拌锅内，然后在5～10 s内小心地将称好的500 g水泥加入水中，防止水和水泥溅出；搅拌时，先将锅放在搅拌机的锅座上，升至搅拌位置，启动搅拌机，低速搅拌120 s，停15 s，同时将叶片和锅壁上的水泥浆刮入锅中间，接着高速搅拌120 s。

3. 标准稠度用水量的测定步骤

拌和结束后，立即取适量水泥净浆一次性将其装入已置于玻璃底板上的试模中，浆体超过试模上端，用宽约25 mm的直边刀轻轻拍打超出试模部分的浆体5次以排除浆体中的孔隙，然后在试模上约1/3处，略倾斜于试模分别向外轻轻锯掉多余净浆，再从试模边沿轻抹顶部一次，使净浆表面光滑。在锯掉多余净浆和抹平的操作过程中，注意不要压实净浆；抹平后迅速将试模和底板移到维卡仪上，并将其中心定在试杆下，降低试杆直至与水泥净浆表面接触，拧紧螺丝1～2 s后，突然放松，使试杆垂直自由地沉入水泥净浆中。在试杆停止沉入或释放试杆30 s时记录试杆距底板之间的距离，升起试杆后，立即擦净；整个操作应在搅拌后1.5 min内完成。

以试杆沉入净浆并距底板(6±1)mm的水泥净浆为标准稠度净浆。其拌和水量为该水泥的标准稠度用水量(P)，以水泥质量的百分比计。

(四)代用法检测步骤

1. 试验前准备工作

维卡仪的金属棒能自由滑动。调整至试锥接触锥模顶面时指针对准零点。搅拌机运行正常。

2. 水泥浆的拌制

用水泥净浆搅拌机搅拌，搅拌锅和搅拌叶片先用湿布擦过，将拌和水倒入搅拌锅内，然后在5～10 s内小心地将称好的500 g水泥加入水中，防止水和水泥溅出；搅拌时，先将锅放在搅拌机的锅座上，升至搅拌位置，启动搅拌机，低速搅拌120 s，停15 s，同时将叶片和锅壁上的水泥浆刮入锅中间，接着高速搅拌120 s。

3. 标准稠度的测定

采用代用法测定水泥标准稠度用水量可用调整用水量和不变水量两种方法中的任一种。采用调整用水量方法时拌和水量按经验找水，采用不变水量时拌和水量用142.5 mL。

拌和结束后，立即将拌制好的水泥净浆装入试模中，用宽约25 mm的直边刀在浆体表面轻轻插捣5次，再轻振5次，刮去多余的净浆；抹平好迅速放到试模下面固定的位置上，将试锥降至净浆表面，拧紧螺丝1～2 s后，突然放松，让试锥垂直自由地沉入水泥净浆中。在试锥停止下沉或释放试杆30 s时记录试锥下沉深度，整个操作应在搅拌后1.5min内完成。

用调整水量方法测定时，以试锥下沉深度(30±1) mm时的净浆为标准稠度净浆。其拌和水为该水泥的标准稠度用水量(P)，按水泥质量的百分比计。如下沉深度超出范围，需另取试样，调整用水量，重新试验，直至达到(30±1) mm为止。

用不变水量的方法测定时，根据式(3-4)(或仪器上对应标尺)计算得到标准稠度用水量P。当试锥下沉深度小于13 mm时，应改用调整用水量法测定。

$$P=33.4-0.185S \tag{3-4}$$

式中 P——标准稠度用水量(%)。

S——试锥下沉深度，mm。

如超出范围，须另称试样，调整水量，重新试验，直至达到(28±2) mm时为止。

六、水泥凝结时间的检测

(一)检测依据：

本试验方法按GB/T 1346—2011《水泥标准稠度用水量、凝结时间、安定性检验方法》进行，测定水泥加水后至开始凝结(初凝)以及凝结终了(终凝)所用的时间，以检验水泥是否满足国家标准技术要求。

(二)主要仪器设备

(1)标准维卡仪：与测定标准稠度用水量时的测定仪相同，只是将试锥换成试针，装水泥净浆的锥模换成圆模。

(2)水泥净浆搅拌机。

(3)人工拌和圆形钵及拌和铲等。

(4)量筒或滴定管：精度±0.5 mL。

(5)天平：最大称量不小于1 000 g，分度值不大于1 g。

(三)检测步骤与检测结果

(1)调整凝结时间：测定仪的试针接触玻璃板时指针对准零点。

(2)用水泥净浆搅拌机搅拌，搅拌锅和搅拌叶片先用湿布擦过，将拌和水倒入搅拌锅内，然后在5～10 s内小心地将称好的500 g水泥加入水中，防止水和水泥溅出；搅拌时，先将锅放在搅拌机的锅座上，升至搅拌位置，启动搅拌机，低速搅拌120 s，停15 s，同时将叶片和锅壁上的水泥浆刮入锅中间，接着高速搅拌120 s。

拌和结束后，立即取适量水泥净浆一次性将其装入已置于玻璃底板上的试模中，浆体超过试模上端，用宽约25 mm的直边刀轻轻拍打超出试模部分的浆体5次以排除浆体中的孔隙，然后在试模上约1/3处，略倾斜于试模分别向外轻轻锯掉多余净浆，再从试模边沿轻抹顶部一次，使净浆表面光滑。在锯掉多余净浆和抹平的操作过程中，注意不要压实净浆。

记录水泥全部加入水中的时间作为凝结起始时间。

(3)初凝时间的测定：试件在湿气养护箱养护至加水后30 min时进行第一次测定。测定时从湿气养护箱中取出试模放在试针下，使试针与水泥净浆面接触，拧紧螺丝1～2 s后，突然放松，试针自由沉入水泥净浆，观察试针停止下沉或释放30 s时指针的读数。临近初凝时间时每隔5 min(或更短时间)测定一次，当试针沉至距底板(4±1) mm时，为水泥达到初凝状态，由水泥全部加入水中至初凝状态的时间为水泥的初凝时间，用min来表示。

(4)终凝时间的测定：为了准确观测试针沉入的状况，在终凝针上安装了一个环形附件，在完成初凝时间测定后，立即将试模连同浆体以平移的方法从玻璃板上取下，翻转

180°，试模直径大端朝上、小端朝下放在玻璃板上，再放入养护箱继续养护，临近终凝时间时每隔 15 min(或更短时间)测定一次，当试针沉入试体 0.5 mm 时，即环形附近开始不能在试体上留下痕迹时，认为水泥达到终凝状态，由水泥全部加入水中至终凝状态的时间为水泥的终凝时间，用 min 表示。

(5)测定时应注意：在最初测定的操作时应轻轻扶持金属柱，使其徐徐下降，以防试针撞弯，但结果以自由下落为准；在整个测试过程中试针沉入的位置至少要距试模 10 mm。临近初凝时，每隔 5 min(或更短时间)测试 1 次；临近终凝时，每隔 15 min(或更短时间)测试一次。到达初凝时应立即复测一次，当两次结论相同时才能确定达到初凝状态。到达终凝时，需要在试体另外两个不同点测试，确认结论相同才能确定到达终凝状态。每次测试不得让试针落入原针孔。每次测试完毕须将将试针擦净，并将试模放回湿气养护箱，整个测试过程要防止试模受振。

注：可以使用能得出与标准中规定方法相同结果的凝结时间自动测定仪，有矛盾时以标准规定方法为准。

七、水泥体积安定性的检测

(一)检测依据

GB/T 1346－2011《水泥标准稠度用水量、凝结时间、安定性检验方法》检验游离 CaO 危害性的测定方法是沸煮法，沸煮法又可以分为标准法(雷氏法)和代用法(试饼法)两种，有争议时以标准法为准。雷氏法是测定装有水泥净浆的雷氏夹沸煮后的膨胀值，试饼法是观察试饼沸煮后的外形变化。

(二)主要仪器设备

沸煮箱(篦板与箱底受热部位的距离不得小于 20 mm)、雷氏夹(见图 3-8)、雷氏夹膨胀值测量仪(见图 3-9)、水泥净浆搅拌机、标准养护箱、直尺、小刀等。

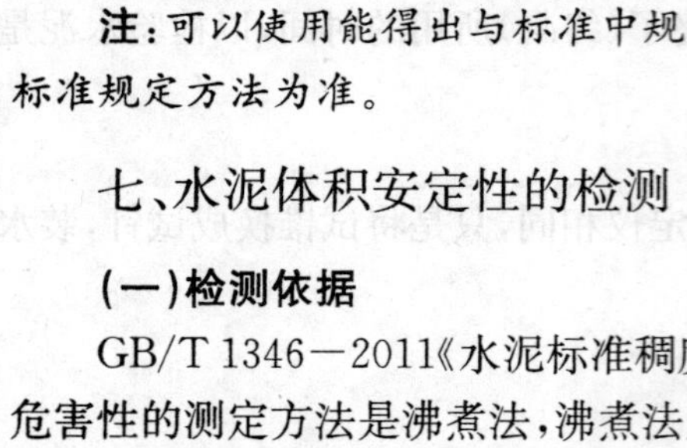

图 3-8　雷氏夹

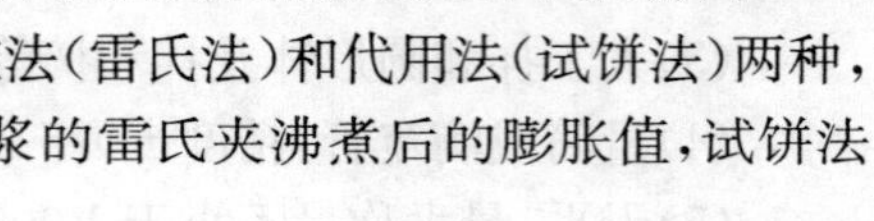

1—底座；2—模子座；3—测弹性的标尺；4—立柱；5—测膨胀值的标尺；6—悬臂；7—悬丝

图 3-9　雷氏夹膨胀值测定仪

(三)标准法(雷氏法)

(1)每个试样需成型两个试件,每个雷氏夹配备两个边长或直径约 80 mm、厚度 4～5 mm 的玻璃板。凡与水泥净浆接触的玻璃板雷氏夹内表面都要稍稍涂上一层油。

(2)将预先准备好的雷氏夹放在已稍擦油的玻璃板上,并立即将已制好的标准稠度净浆一次装满雷氏夹,装入净浆时一只手轻扶雷氏夹,另一只手用宽约 25 mm 的直边刀在浆体表面轻轻插捣 3 次,盖上稍涂油的玻璃板。接着立即将试件移至湿气养护箱内,养护(24±2) h。

(3)调整好煮沸箱内的水位,既要保证在整个煮沸过程中水都超过试件,不需中途添补试样用水,同时又能保证在(30±5) min 内升至沸腾。

(4)脱去玻璃板取下试件,先测量测雷氏夹指针尖端间的距离 A,精确到 0.5 mm,接着将试件放在沸煮箱内水中的试件架上,指针朝上,然后在(30±5) min 内加热至沸,并恒沸(180±5) min。

(5)煮沸结束后,立即放掉沸煮箱中的热水,打开箱盖,待箱体冷却至室温,取出试件进行判别,测量试件指针尖端的距离 C,精确至 0.5 mm。

(6)当两个试件煮后增加距离($C-A$)的平均值不大于 5.0 mm 时,即认为该水泥安全性合格。当两个试件煮后增加距离($C-A$)的平均值大于 5.0 mm 时,应用同一样品重做一次试验。以复检结果为准。

(四)代用法(试饼法)

(1)每个试样需准备两块边长约 100 mm 的玻璃板,凡与水泥净浆接触的玻璃板雷氏夹内表面都要稍稍涂上一层油。

(2)将制好的标准稠度净浆取出一部分分成两等份,使之成球形,放在预先准备好的玻璃板上,轻轻振动玻璃板并用湿布擦过的小刀由边缘向中央抹,做成直径为 70～80 mm、中心厚约 10 mm、边缘渐薄、表面光滑的试饼,接着将试饼放入湿气养护箱内养护(24±2) h。

(3)调整好煮沸箱内的水位,既要保证在整个煮沸过程中水都超过试件,不需中途添补试样用水,同时又能保证在(30±5) min 内升至沸腾。

(4)脱去玻璃板取下试饼,在试饼无缺陷的情况下将试饼放在沸煮箱内水中的篦板上,然后在(30±5) min 内加热至沸,并恒沸(180±5) min。

(5)煮沸结束后,立即放掉煮沸箱内的热水,打开箱盖,待箱体冷却至室温。取出试饼进行判别。

(6)目测试饼未发现裂缝,用钢直尺检查也没有弯曲(使钢直尺和试饼底部紧靠,以两者间不透光为不弯曲)的试饼为安定性合格;反之为不合格。当两个试饼的判断结果有矛盾时,该水泥的安定性为不合格。

八、水泥的储运与验收

(一)水泥的储运

1. 储运应注意的问题

(1)水泥在储存时应按不同品种、不同强度等级及不同出厂日期分别存放,不得混杂。

散装水泥应分库存放。

(2)水泥堆放高度一般不应超过10袋，遵循先来的水泥先用的原则。

(3)一般储存条件下，水泥会吸收空气中的水分和二氧化碳，使颗粒表面水化甚至碳化，丧失胶凝能力，强度降低。经3个月后，水泥强度降低10%～20%；经6个月后，降低15%～30%；1年后，降低25%～40%。因此，水泥在储存时，既要防潮，也不可储存过久，存放期一般不应超过3个月，而且要考虑先存先用。存放期超过6个月的水泥，必须经过试验才能使用。

水泥在运输过程中不得受潮和混入杂物，不同品种、不同强度等级的水泥不能混装。

2. 水泥受潮程度的鉴别与处理

对于受潮水泥的鉴别、处理和使用可参照表3-6进行。

表3-6 受潮水泥的鉴别、处理和使用

受潮情况	处理方法	使用
有粉块，用手可捏成粉末	将粉块压碎	经试验后，根据实际强度使用
部分结成硬块	将硬块筛除、粉块压碎	经试验后，根据实际强度使用，对于受力小的部位，或强度要求不高的工程可用于配置砂浆
大部分结成硬块	将硬块粉碎磨细	不能作为水泥使用，可掺入新水泥中作为混合材料使用（掺量应小于25%）

(二)水泥的验收

1. 外观和数量的验收

水泥验收时应注意核对包装上所注明的工厂名称、生产许可证编号、水泥品种、代号、混合材料名称、出厂日期及包装标志等项。

另外，还可以通过水泥包装袋上文字的颜色来分辨水泥的品种（见表3-7）。

表3-7 通用水泥的外观（颜色）鉴别

水泥品种	颜色	水泥品种	颜色	水泥品种	颜色
硅酸盐水泥 普通硅酸盐水泥	红色	矿渣水泥	绿色	粉煤灰水泥 火山灰水泥 复合水泥	黑色 蓝色

通用水泥的数量验收，可以根据国家标准GB 175－2007规定进行，一般袋装水泥，每袋净重50 kg，且不得少于标志质量的98%。随机抽取20袋，水泥总质量不得少于1 000 kg。

2. 水泥的质量验收

1)水泥质量等级评定

依据《通用水泥质量等级》(JC/T 452－2009)的规定，通用水泥产品质量水平分为三个质量等级，即优等品、一等品、合格品。优等品要求产品标准必须达到国际先进水平，且水泥实物的质量水平与国外同类产品相比，达到其近5年内的先进水平；一等品要求水泥产品标准必须达到国际一般水平，且水泥实物的质量水平达到国际同类产品的一般水平；

合格品要求按我国现行水泥产品标准组织生产，水泥实物的质量水平必须达到产品标准的要求。我国通用水泥产品标准实物质量等级要求见表 3-8。

表 3-8　通用水泥实物质量等级(JC/T452—2009)

<table>
<tr><td colspan="2" rowspan="2">质量
等级
项目</td><td colspan="2">优等品</td><td colspan="2">一等品</td><td>合格品</td></tr>
<tr><td>硅酸盐水泥；
普通硅酸盐水泥</td><td>矿渣硅酸盐水泥；
火山灰质硅酸盐水泥；
粉煤灰硅酸盐水泥；
复合硅酸盐水泥</td><td>硅酸盐水泥；
普通硅酸盐水泥</td><td>矿渣硅酸盐水泥；
火山灰质硅酸盐水泥；
粉煤灰硅酸盐水泥；
复合硅酸盐水泥</td><td>硅酸盐水泥；
普通硅酸盐水泥；
矿渣硅酸盐水泥；
火山灰质硅酸盐水泥；
粉煤灰硅酸盐水泥；
复合硅酸盐水泥</td></tr>
<tr><td rowspan="3">抗压
强度
(MPa)</td><td>3 d</td><td>≥24.0
(≥24.0)</td><td>≥22.0
(≥21.0)</td><td>≥20.0
(≥19.0)</td><td>≥17.0
(≥16.0)</td><td rowspan="4">符合通用水泥各品种的技术要求</td></tr>
<tr><td rowspan="2">28 d</td><td>≥48.0
(≥46.0)</td><td>≥48.0
(≥46.0)</td><td>≥46.0
(≥36.0)</td><td>≥38.0
(≥36.0)</td></tr>
<tr><td colspan="4">$\leqslant 1.1\overline{R}$</td></tr>
<tr><td colspan="2">终凝
时间(min)</td><td>≤300(≤390)</td><td>≤330(≤390)</td><td>≤360(≤390)</td><td>≤420(≤480)</td></tr>
<tr><td colspan="2">Cl 含量(%)</td><td colspan="5">≤0.06</td></tr>
</table>

注：① $\overline{R}$ 为同品种同强度等级水泥 28 d 抗压强度上月平均值，至少以 20 个编号平均，不足 20 个编号时，可两个月或三个月合并计算，对于 62.5 以上(含 62.5)水泥，28 d 抗压强度不大于 1.1 的要求不作规定。

②括号中数据为 JC/T 452—2002 规定的数据。

2)水泥质量的评定

(1)合格：通用水泥的化学指标、凝结时间、安定性、强度均满足现行规范要求为合格。

(2)不合格：通用水泥的化学指标、凝结时间、安定性、强度任何一项不满足现行规范要求即为不合格。

第二节　粉煤灰及矿粉

一、基层用粉煤灰

(一)适用范围

本方法适用于测定粉煤灰中二氧化硅、氧化铝和氧化铁的含量。

(二)仪器设备

(1)分析天平：不应低于四级，量程不小于 100 g，感量 0.000 1 g。

(2)氧化铝、铂、瓷坩埚：带盖，容量15～30 mL。

(3)瓷蒸发皿：容量50～100 mL。

(4)马福炉：隔焰加热炉，在炉膛外围进行电阻加热。应使用温度控制器，准确控制炉温，并定期进行校验。

(5)玻璃容量器皿：滴定管、容量瓶、移液管。

(6)玻璃棒、沸水浴、玻璃三角架、干燥器、玛瑙研钵、精密pH试纸(酸性)。

(7)分光光度计：可在400～700 nm范围内测定溶液的吸光度，带有10 nm、20 nm比色皿。

(三)试样准备

分析过程中，只应用蒸馏水或同等纯度的水；所用试剂应为分析纯或优级纯试剂。用于标定与配制标准溶液的试剂，除另有说明外，均应为基准制剂。

除另有说明外，%表示质量分数。JTGE 50－2006规程中使用的市售浓液体试剂具有下列密度ρ(20℃，单位g/cm³或%)：

盐酸(HCl)	1.18～1.19 g/cm³ 或36%～38%；
氢氟酸(HF)	1.13 g/cm³ 或40%；
硝酸(HNO_3)	1.39～1.41 g/cm³ 或65%～68%；
硫酸(H_2SO_4)	1.84 g/cm³ 或95%～98%；
氨水($NH_3 \cdot H_2O$)	0.90～0.91 g/cm³ 或25%～28%。

在化学分析中，所用酸或氨水，凡未标注浓度者均指市售的浓度或浓氨水。用体积比表示试剂稀释程度。

注：盐酸(1＋2)表示1份体积的浓盐酸与2份体积的水相混合。

(1)盐酸：(1＋1)；(1＋2)；(1＋4)；(1＋11)；(3＋97)。

(2)硝酸：(1＋9)。

(3)硫酸：(1＋4)；(1＋1)。

(4)氨水：(1＋1)；(1＋2)。

(5)硝酸银溶液(5 g/L)：将5 g硝酸银($AgNO_3$)溶于水中，加10 mL硝酸(HNO_3)，用水稀释至1 L。

(6)氯化铵(NH_4Cl)。

(7)无水乙醇(C_2H_5OH)：体积分数不低于99.5%；乙醇，体积分数95%；乙醇(1＋4)。

(8)无水碳酸钠(Na_2CO_3)：将无水碳酸钠用玛瑙研钵研细至粉末状保存。

(9)1-(2-吡啶偶氮)-2-萘酚(PAN)指示剂溶液：将0.2 PAN溶于100 mL体积分数为95%的乙醇中。

(10)钼酸铵溶液(50 g/L)：将5 g钼酸铵[$(NH_4)_6Mo_7O_{24} \cdot 4H_2O$]溶于水中，加水稀释至100 mL，过滤后储存于塑料瓶中。此溶液可保存约一周。

(11)抗坏血酸溶液(5 g/L)：将0.5 g抗坏血酸(V·C)溶于100 mL水中，过滤后使用，用时现配。

(12)氢氧化钾溶液(200 g/L)：将200 g氢氧化钾(KOH)溶于水中，加水稀释至1 L，储存于塑料瓶中。

(13)焦硫酸钾($K_2S_2O_7$):将市售焦硫酸钾在蒸发皿中加热熔化,待气泡停止发生后,冷却、砸碎,储存于磨口瓶中。

(14)钙黄绿素-甲基百里香酚蓝-酚酞混合指示剂溶液(简称CMO混合指示剂):称取1.000 g钙黄绿素、1.000 g甲基百里香酚蓝、0.200 g酚酞与50 g已在105℃烘干过的硝酸钾(KNO_3)混合研细,保存在磨口瓶中。

(15)碳酸钙标准溶液[$C(CaCO_3)=0.024$ mol/L]:

称取0.6 g已于105～110 ℃烘过2 h的碳酸钙($CaCO_3$),精确至0.000 1 g,置于400 mL烧杯中,加入约100 mL水,盖上表面皿,沿杯口滴加盐酸(1+1)至碳酸钙全部溶解,加热煮沸数分钟;将溶液冷却至室温,移入250 mL容量瓶中,用水稀释至标线,摇匀。

(16)EDTA二钠标准溶液[$C(EDTA)=0.015$ mol/L]。

①标准滴定溶液的配制:称取EDTA二钠(乙二胺四乙酸二钠盐)约5.6 g置于烧杯中,加约200 mL水,加热溶解,过滤,用水稀释至1 L。

②EDTA二钠标准溶液浓度的标定:吸取25.00 mL碳酸钙标准溶液置于400 mL烧杯中,加水稀释至约200 mL,加入适量的CMP混合指示剂,在搅拌下加入氢氧化钾溶液至出现绿色荧光后再过量2～3 mL,以EDTA二钠标准溶液滴定至绿色荧光消失并呈现红色。

EDTA二钠标准溶液的浓度按式(3-5)计算。

$$C(EDTA)=\frac{m_1\times25\times10\,000}{250\times V_4\times100.09}=\frac{m_1}{V_4}\times\frac{1}{1.000\,9} \tag{3-5}$$

式中　$C(EDTA)$——EDTA二钠标准溶液的浓度,mol/L;

V_4——滴定时消耗EDTA二钠标准溶液的体积,mL;

m_1——配制碳酸钙标准溶液的碳酸钙的质量,g;

100.09——$CaCO_3$的摩尔质量,g/mol。

③EDTA二钠标准溶液对各氧化物滴定度的计算

EDTA二钠标准溶液对三氧化二铁、三氧化二铝、氧化钙、氧化镁的滴定度分别按式(3-6)～式(3-9)计算。

$$T_{Fe_2O_3}=C(EDTA)\times79.84 \tag{3-6}$$

$$T_{Al_2O_3}=C(EDTA)\times50.98 \tag{3-7}$$

$$T_{CaO}=C(EDTA)\times56.08 \tag{3-8}$$

$$T_{MgO}=C(EDTA)\times40.31 \tag{3-9}$$

式中　$T_{Fe_2O_3}$——每毫升EDTA二钠标准溶液相当于三氧化二铁的毫克数,mg/mL;

$T_{Al_2O_3}$——每毫升EDTA二钠标准溶液相当于三氧化二铝的毫克数,mg/mL;

T_{CaO}——每毫升EDTA二钠标准溶液相当于氧化钙的毫克数,mg/mL;

T_{MgO}——每毫升EDTA二钠标准溶液相当于氧化镁的毫克数,mg/mL;

79.84——($1/2Fe_2O_3$)的摩尔质量,g/mol;

50.98——($1/2Al_2O_3$)的摩尔质量,g/mol;

56.08——CaO的摩尔质量,g/mol;

40.31——MgO 的摩尔质量，g/mol。

(17) pH4.3 的缓冲溶液：将 42.3 g 无水乙酸钠(CH_3COONa)溶于水中，加 80 mL 冰乙酸(CH_3COOH)，用水稀释至 1 L，摇匀。

(18) 硫酸铜标准溶液[$C(CuSO_4)=0.015$ mol/L]。

①标准溶液的配制：将 3.7 g 硫酸铜($CuSO_4 \cdot 5H_2O$)溶于水中，加 4~5 滴硫酸(1+1)，用水稀释至 1 L，摇匀。

②EDTA 二钠标准溶液与硫酸铜标准溶液体积比的标定：从滴定管缓慢放出[C(EDTA)=0.015 mol/L]EDTA 二钠标准溶液 10~15 mL 于 400 mL 烧杯中，用水稀释至约 150 mL，加 15 mL pH4.3 的缓冲溶液，加热至沸，取下稍冷，加 5~6 滴 PAN 指示剂溶液，以硫酸铜标准溶液滴定至亮紫色。

EDTA 二钠标准溶液与硫酸铜标准溶液的体积比按式(3-10)计算。

$$K_2=\frac{V_5}{V_6} \tag{3-10}$$

式中 K_2——每毫升硫酸铜标准溶液相当于 EDTA 二钠标准溶液的毫升数；

V_5——EDTA 二钠标准溶液的体积，mL；

V_6——滴定时消耗硫酸铜标准溶液的体积，mL。

(19) EDTA-铜溶液：按[C(EDTA)=0.015 mol/L]EDTA 二钠标准溶液与[$C(CuSO_4)=0.015$ mol/L]硫酸铜标准溶液见(18)的体积比，标准配置成等浓度的混合溶液。

(20) 溴酚蓝指示剂溶液：将 0.2 g 溴酚蓝溶于 100 mL 乙醇(1+4)中。

(21) 磺基水杨酸钠指示剂溶液：将 10 g 磺基水杨酸钠溶于水中，加水稀释至 100 mL。

(22) pH3 的缓冲溶液：将 3.2 g 无水乙酸钠(CH_3COONa)溶于水中，加 120 mL 冰乙酸(CH_3COOH)，用水稀释至 1 L，摇匀。

(23) 二氧化硅(SiO_2)标准溶液。

①标准溶液的配制：称取 0.200 0 g 经 1 000~1 100 ℃新灼烧过 30 min 以上的二氧化硅(SiO_2)，精确至 0.000 1 g，置于铂坩埚中，加入 2 g 无水碳酸钠，搅拌均匀，在 1 000~1 100 ℃高温下熔融 15 min。冷却，用热水将熔块浸出于盛有热水 300 mL 的塑料杯中，待全部溶解后冷却至室温，移入 1 000 mL 容量瓶中，用水稀释至标线，摇匀，移入塑料瓶中保存。此标准溶液每毫升含有 0.2 mg 二氧化硅。

吸取 10.00 mL 上述标准溶液于 100 mL 容量瓶中，用水稀释至标线，摇匀，移入塑料瓶中保存。此标准溶液每毫升含有 0.02 mg 二氧化硅。

②工作曲线的绘制：吸取每毫升含有 0.02 mg 二氧化硅的标准溶液 0 mL、2.00 mL、4.00 mL、5.00 mL、6.00 mL、8.00 mL、10.00 mL 分别放入 100 mL 的容量瓶中，加水稀释至约 40 mL，依次加入 5 mL 的盐酸(1+11)、8 mL 体积分数为 59%的乙醇、6 mL 钼酸铵溶液。放置 30 min 后，加入 20 mL 盐酸(1+1)、5 mL 抗坏血酸溶液，用水稀释至标线，摇匀。放置 1 h 后，使用分光光度计、10 mm 比色皿，以水作参比，于 660 nm 处测定溶液的吸光度。用测得的吸光度作为相对应的二氧化硅含量的函数，绘制工作曲线。

(四)试验准备

1. 灼烧

将滤纸和沉淀物放入已灼烧并恒量的坩埚中，烘干，在氧化性气氛中慢慢灰化，不使其产生火焰，灰化至无黑色炭颗粒后，放入马福炉中，在规定的温度950～1 000 ℃下灼烧。在干燥器中冷却至室温，称量。

2. 检查Cl^-离子(硝酸银检验)

按规定洗涤沉淀数次后，用数滴水淋洗漏斗的下端，用数毫升水洗涤滤纸和沉淀，将滤液收集在试管中，加几滴硝酸银溶液，观测试管中溶液是否浑浊，继续洗涤并定期检查，直至硝酸银检验不再浑浊为止。

3. 恒量

经第一次灼烧、冷却、称量后，通过连续15 min的灼烧，然后冷却、称量的方法来检查质量是否恒定。当连续两次称量之差小于0.000 5 g时，即达到恒量。

(五)试验步骤

1. 二氧化硅的测定(碳酸钠烧结、氯化铵重量法)

以无水碳酸钠烧结，盐酸溶解，加固体氯化铵于沸水浴上加热蒸发，使硅酸凝聚(经过滤、灼烧后称量)。用氢氟酸处理后，失去的质量即为胶凝性二氧化硅的质量，加上从滤液中比色回收的可溶性二氧化硅质量即为二氧化硅的总质量。

1)胶凝性二氧化硅的测定

(1)称取约0.5 g试样(m_1)，精确至0.000 1 g，置于铂坩埚中，将盖斜置于坩埚上，在950～1 000 ℃下灼烧5 min，冷却。用玻璃棒仔细压碎块状物，加入(0.3±0.01) g无水碳酸钠混匀，再将坩埚置于950～1 000 ℃下灼烧10 min，放冷。

(2)将烧结块移入瓷蒸发皿中，加少量水湿润，用平头玻璃棒压碎块状物，盖上表面皿，从皿口滴入5 mL盐酸及2～3滴硝酸，待反应停止后取下表面皿，用平头玻璃棒压碎块状物使其分解完全，用热盐酸(1+1)清洗坩埚数次，洗液合并于蒸发皿中。将蒸发皿置于沸水浴上，皿下放玻璃三角架，再盖上表面皿。蒸发至糊状后，加入1 g氯化铵，充分搅匀，在蒸汽水浴上蒸发至干后继续蒸发10～15 min，蒸发期间用平头玻璃棒仔细搅拌并压碎大颗粒。

(3)取下蒸发皿，加入10～20 mL热盐酸(3+97)，搅拌使可溶性盐酸溶解，用中速滤纸过滤，用胶头擦棒擦洗玻璃棒及蒸发皿，用热盐酸(3+97)洗涤沉淀3～4次，然后用热水充分洗涤沉淀，直至检验无氯离子为止。滤液及洗液保存在250 mL容量瓶中。

(4)将沉淀连同滤纸一并移入铂坩埚，盖斜置于坩埚上，在电炉上干燥灰化完全后放入950～1 000 ℃的马福炉内灼烧1 h，取出坩埚置于干燥器中冷却至室温，称量。反复灼烧，直至衡量(m_2)。

(5)向坩埚中加数滴水湿润沉淀，加三滴硫酸(1+4)和10 mL氢氟酸，放于通风橱内电热板上缓慢蒸发至干，升高温度继续加热至三氧化硫白烟完全逸尽。将坩埚放入950～1 000 ℃的马福炉内灼烧30 min，取出坩埚置于干燥器中冷却至室温，称量。反复灼烧，直至恒量(m_3)。

2)经氢氟酸处理后的残渣分解

向经过氢氟酸处理后得到的残渣中加入 0.5 g 焦硫酸钾熔融，熔块用热水和数滴盐酸(1+1)溶解，溶液并入分离二氧化硅后得到的滤液和洗液中，用蒸馏水稀释至标线，摇匀。此溶液 A 供测定滤液中残留的可溶性二氧化硅、三氧化二铁、三氧化二铝用。

3)可溶性二氧化硅的测定(硅钼蓝光度法)

从溶液 A 中吸取 25.00 mL 溶液放入 100 mL 容量瓶中。用水稀释至 40 mL，依次加入 5 mL 盐酸(1+11)、95%(V/V)乙醇 8 mL、6 mL 钼酸铵溶液，放置 30 min 后加入 20 mL 盐酸(1+1)、5 mL 抗坏血酸溶液，用水稀释至标线，摇匀。放置 1 h 后，使用分光光度计、10 mm 比色皿，以水作参比，于 660 nm 处测定溶液的吸光度。在工作曲线上查出二氧化硅的质量 m_4。

4)计算

胶凝性二氧化硅的含量按式(3-11)计算。

$$X_{胶凝性SiO_2}=\frac{m_2-m_3}{m_1}\times 100 \tag{3-11}$$

式中　$X_{胶凝性SiO_2}$——胶凝性二氧化硅的含量(%)；

m_2——灼烧后未经氢氟酸处理的沉淀及坩埚的质量，g；

m_3——用氢氟酸处理并灼烧后的残渣及坩埚的质量，g；

m_1——试料的质量，g。

可溶性二氧化硅的含量按式(3-12)计算。

$$X_{可溶性SiO_2}=\frac{m_4\times 250}{m_1\times 25\times 1\,000}\times 100=\frac{m_4}{m_1} \tag{3-12}$$

式中　$X_{可溶性SiO_2}$——可溶性二氧化硅的含量(%)；

m_4——按该法测定的 100 mL 溶液中所含的二氧化硅的质量，g；

m_1——试料的质量，g。

5)结果表示

SiO_2 总含量按式(3-13)计算。

$$X_{总SiO_2}=X_{胶凝性性SiO_2}+X_{可溶性SiO_2} \tag{3-13}$$

6)结果整理

平行试验两次，允许重复性误差为 0.15%。

2. 三氧化二铁的测定(基准法)

1)目的和适用范围

在 pH1.8～2.0、温度为 60～70℃的溶液中，以硫基水杨酸钠为指示剂，用 EDTA 二钠标准溶液滴定。

2)操作流程

从溶液 A 中吸取 25.00 mL 溶液放入 300 mL 烧杯中，加水稀释至约 100 mL，用氨水(1+1)和盐酸(1+1)调节溶液 pH 值在 1.8～2.0(用精密 pH 试纸检验)。将溶液加热至 70 ℃，加 10 滴硫基水杨酸钠指示剂溶液，此时溶液为紫红色。用[C(EDTA)＝0.015 mol/L]EDTA 二钠标准溶液缓慢滴定至亮黄色(终点时溶液温度应不低于 60 ℃，如终点前溶液温度降至近 60 ℃时，应再加热至 60～70 ℃)。保留此溶液供测定三氧化二铝用。

3)计算

按式(3-14)计算三氧化二铁的含量。

$$X_{Fe_2O_3}=\frac{T_{Fe_2O_3}\times V_1\times 10}{m_1\times 1\,000}\times 100=\frac{T_{Fe_2O_3}\times V_1}{m_1} \tag{3-14}$$

式中 $X_{Fe_2O_3}$——三氧化二铁的含量(%)

$T_{Fe_2O_3}$——每毫升 EDTA 二钠标准溶液相当于三氧化二铁的毫克数，mg/L；

V_1——滴定时消耗 EDTA 二钠标准溶液的体积，mL；

m_1——试料的质量，g。

4)结果整理

平行试验两次，允许重复性误差为 0.15%。

3. 三氧化二铝的测定

1)目的和适用范围

将滴定三氧化二铁后的溶液 pH 值调整至 3，在煮沸状态下用 EDTA—铜和 PAN 为指示剂，用 EDTA 二钠标准溶液滴定。

2)操作流程

将测完三氧化二铁的溶液用水稀释至约 200mL，加 1～2 滴溴酚蓝指示剂溶液，滴加氨水(1+1)至溶液出现蓝紫色，再滴加盐酸(1+1)至黄色，加入 pH3 的缓冲溶液 15mL，加热至微沸并保持 1 min，加入 10 滴 EDTA—铜溶液，及 2～3 滴 PAN 指示剂，用[C(EDTA)=0.015mol/L]EDTA 二钠标准溶液滴定至红色消失，继续煮沸，滴定，直至溶液经煮沸后红色不再出现，呈稳定的亮黄色为止。记下 EDTA 二钠标准溶液消耗量 V_3。

3)计算

按式(3-15)计算三氧化二铝的含量。

$$X_{Al_2O_3}=\frac{T_{Al_2O_3}\times V_3\times 10}{m_1\times 1\,000}\times 100=\frac{T_{Al_2O_3}\times V_3}{m_1} \tag{3-15}$$

式中 $X_{Al_2O_3}$——三氧化二铝的含量(%)；

$T_{Al_2O_3}$——每毫升 EDTA 二钠标准溶液相当于三氧化二铝的毫克数，mg/L；

V_3——滴定时消耗 EDTA 二钠标准溶液的体积，mL；

m_1——试料的质量，g。

4)结果整理

平行试验两次，允许重复性误差为 0.20%。

(六)报告

试验报告应包括以下内容：

粉煤灰来源，试验方法名称，三氧化硅的含量，三氧化二铁的含量，三氧化二铁的含量。

二、混凝土用粉煤灰

拌制水泥混凝土和砂浆时，作掺合料的粉煤灰成品应满足表 3-9 的要求。

表 3-9 拌制水泥混凝土和砂浆用粉煤灰技术要求

项目		技术要求		
		Ⅰ级	Ⅱ级	Ⅲ级
细度(45 μm 方孔筛筛余,%)不大于	F类粉煤灰	12.0	20.0	45.0
	C类粉煤灰			
需水量比,% 不大于	F类粉煤灰	95	105	115
	C类粉煤灰			
烧失量,% 不大于	F类粉煤灰	5.0	8.0	15.0
	C类粉煤灰			
含水量,% 不大于	F类粉煤灰	1.0		
	C类粉煤灰			
三氧化硫,% 不大于	F类粉煤灰	3.0		
	C类粉煤灰			
游离氧化钙,% 不大于	F类粉煤灰	1.0		
	C类粉煤灰	4.0		
安定性雷氏夹煮沸后增加距离,mm 不大于	C类粉煤灰	5.0		

注:F类粉煤灰—由无烟煤或烟煤煅烧收集的粉煤灰;

C类粉煤灰—由褐煤或次烟煤煅烧收集的粉煤灰,其氧化钙含量一般大于10%。

水泥生产中作活性混合材料的粉煤灰应满足表3-10要求。

表 3-10 水泥活性混合材料用粉煤灰技术要求

项目		技术要求
烧失量,% 不大于	F类粉煤灰	8.0
	C类粉煤灰	
含水量,% 不大于	F类粉煤灰	1.0
	C类粉煤灰	
三氧化硫,% 不大于	F类粉煤灰	3.5
	C类粉煤灰	
游离氧化钙,% 不大于	F类粉煤灰	1.0
	C类粉煤灰	4.0
安定性雷氏夹煮沸后增加距离,mm 不大于	C类粉煤灰	5.0
强度活性指数,% 不小于	F类粉煤灰	70.0
	C类粉煤灰	

(一)粉煤灰细度测定方法

1. 适用范围

本方法适用于粉煤灰细度的测定。

2. 仪器设备

采用负压筛析仪(见图3-10、图3-11)。主要由筛座、筛子、真空源及收尘器等组成,利用气流作为筛分的动力和介质,通过旋转的喷嘴喷出的气流作用使筛网里的待测粉状物料呈流态化,并在整个系统负压的作用下将细颗粒通过筛网抽走,从而达到筛分的目的。

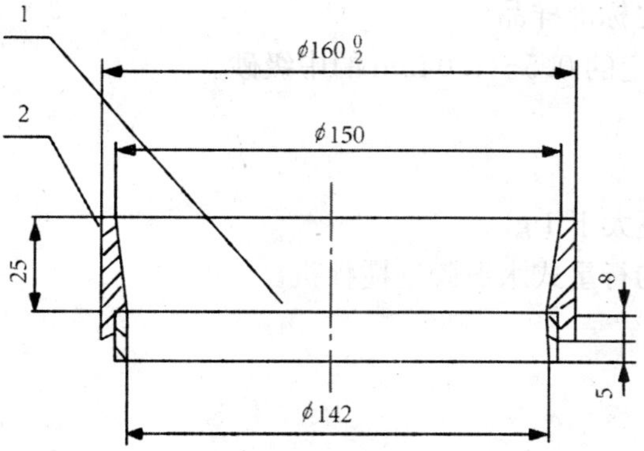

1—筛网;2—筛框

图3-10　45μm方孔筛示意图

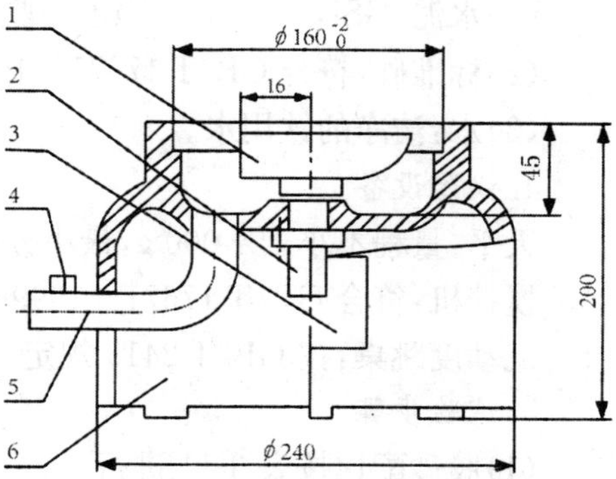

1—喷气嘴;2—微电机;3—控制板开口;4—负压表接口;5—负压源及收尘器接口;6—壳体

图3-11　筛座示意图

天平:量程不小于50 g,最小分度值不大于0.01 g。

3. 试验步骤

(1)将测试用粉煤灰样品置于温度为105～110 ℃的烘箱内烘干至恒重,取出放在干燥器中冷却至室温。称取试样约10 g,精确至0.01 g。倒入45 μm方孔筛筛网上,将筛子置于筛座上,盖上筛盖。

(2)接通电源,将定时开关开到3 min,开始筛析。

(3)开始工作后,观察负压表,使负压稳定在4 000～6 000 Pa。若负压小于4 000 Pa,则应停机,清理收尘器中的积灰后再进行筛析。

(4)在筛析过程中,可用轻质木棒或硬橡胶棒轻轻敲打筛盖,以防吸附。

(5)3 min后筛析自动停止,停机后筛网内的筛余物,如出现颗粒成球、粘筛或有细颗粒沉积在筛框边缘,用毛刷将细颗粒轻轻刷开,将定时开关固定在手动位置,再筛析1～3 min直至筛分彻底为止。将筛网内的筛余物收集并称量,准确至0.01 g。

4. 结果计算

45 μm方孔筛筛余按式(3-16)计算:

$$F=(G_1/G)\times 100 \tag{3-16}$$

式中　F——45 μm方孔筛筛余(%);

G_1——筛余物的质量,g;

G——称取试样的质量,g;

计算至0.1%。

(二)粉煤灰需水量比测定方法

1.适用范围

本方法适用于粉煤灰需水量比的测定。

2.方法原理

本方法测定试验胶砂和对比胶砂的流动度,以二者流动度达到130～140 mm时的加水量之比确定粉煤灰的需水量比。

3.材料

(1)水泥:GSB 14－1510强度检验用水泥标准样品。

(2)标准砂:符合GB/T 17671－1999规定的0.5～1.0 mm的中级砂。

(3)水:洁净的饮用水。

4.仪器设备

天平:量程不小于1 000 g,最小分度值不大于1 g。

搅拌机:符合GB/T 17671－1999规定的行星式水泥胶砂搅拌机。

流动度跳桌:按GB/T 2419规定。

5.试验步骤

(1)胶砂配比按表3-11进行。

表3-11　胶砂配比

胶砂种类	水泥(g)	粉煤灰(g)	标准砂(g)	加水量(mL)
对比胶砂	250		750	125
试验胶砂	175	75	750	按流动度达到130～140 mm调整

(2)试验胶砂按GB/T 17671－1999规定进行搅拌。

(3)搅拌后的试验胶砂按GB/T 2419测定,当流动度在130～140 mm范围内,记录此时的加水量;当流动度小于130 mm或大于140 mm时,重新调整加水量,直至流动度达到130～140 mm为止。

6.结果计算

粉煤灰需水量比按式(3-17)计算:

$$X=(L_1/125)\times 100 \tag{3-17}$$

式中　X——需水量比(%);

L_1——试验胶砂流动度达到130～140 mm时的加水量,mL;

125——对比胶砂的加水量,mL。

计算至1%。

(三)粉煤灰安定性的检测

1.检测依据

按GB/T 1346－2011《水泥标准稠度用水量、凝结时间、安定性检验方法》进行。

2.主要仪器设备

沸煮箱(篦板与箱底受热部位的距离不得小于20 mm)、雷氏夹、雷氏夹膨胀值测量仪、水泥净浆搅拌机、标准养护箱、直尺、小刀等。

3. 试验样品制备

水泥与粉煤灰按 7∶3 质量比混合而成。

4. 试验方法

同本章第一节水泥安定性试验。

(四)粉煤灰烧失量检测

1. 检测依据

本方法依据 GB/T 176—2008《水泥化学分析方法》测定粉煤灰烧失量。

2. 主要仪器设备

(1)天平:称量 1 g,精确至 0.000 1 g。

(2)瓷坩埚。

(3)高温炉,隔焰加热炉,在炉膛外围进行电阻加热。应使温度控制器准确控制炉温,可控温度(700±25) ℃、(800±25) ℃、(950±25) ℃。

(4)干燥器。

3. 检测步骤

称取约 1 g 试样,精确至 0.000 1 g,置于已灼烧恒量的瓷坩埚中,将盖斜置于坩埚上,放在高温炉内从低温开始逐渐升高温度,在(950±25) ℃下灼烧 15～20 min,取出坩埚置于干燥器中冷却至室温,称量。反复灼烧,直至恒量。

4. 结果处理

烧失量的质量百分数 W_{101} 按式(3-18)计算:

$$W_{101}=\frac{m_1-m_2}{m_1}\times 100 \tag{3-18}$$

式中　W_{101}——烧失量的质量百分数(%);

m_1——试样的质量,g;

m_2——灼烧后试样的质量,g。

三、混凝土用矿渣粉

(一)矿渣粉活性指数及流动度比的测定

1. 方法原理

(1)测定试验样品和对比样品的抗压强度,采用两种样品同龄期的抗压强度之比评价矿渣粉活性指数。

(2)测定试样样品和对比样品的流动度,用两者流动度之比评价矿渣粉流动度比。

2. 样品

1)对比水泥

符合 GB 175 规定的强度等级为 42.5 的硅酸盐水泥或普通硅酸盐水泥,且 7 d 抗压强度 35～45 MPa,28 d 抗压强度 50～60 MPa,比表面积 300～400 m^2/kg,SO_3 含量(质量分数)2.3%～2.8%,碱含量($Na_2O+0.685K_2O$)(质量分数)0.5%～0.9%。

2)试验样品

由对比水泥和矿渣粉按质量比 1∶1 组成。

3. 试验方法及计算

1)砂浆配比

对比胶砂和试验胶砂配比见表3-12。

表3-12 胶砂配比

胶砂种类	对比水泥(g)	矿渣粉(g)	中国ISO标准砂(g)	加水量(mL)
对比胶砂	450	—	1 350	225
试验胶砂	225	225	1 350	225

2)砂浆搅拌程序

按GB/T 17671—1999规定进行搅拌。

3)矿渣粉活性指数试验及计算

分别测定对比胶砂和试验胶砂的7 d、28 d抗压强度。

矿渣粉7 d活性指数按式(3-19)计算,计算结果保留至整数:

$$A_7=\frac{R_7\times 100}{R_{07}} \tag{3-19}$$

式中 A_7——矿渣粉7 d活性指数(%);

R_7——对比胶砂7 d抗压强度,MPa;

R_{07}——试验胶砂7 d抗压强度,MPa。

矿渣粉28 d活性指数按式(3-20)计算,计算结果保留至整数:

$$A_{28}=\frac{R_{28}\times 100}{R_{028}} \tag{3-20}$$

式中 A_{28}——矿渣粉28 d活性指数(%);

R_{028}——对比胶砂28 d抗压强度,MPa;

R_{28}——试验胶砂28 d抗压强度,MPa。

4)矿渣粉的流动度比试验

按表3-12胶砂配比和GB/T 2419—2005进行试验,分别测定对比胶砂和试验胶砂的流动度,矿渣粉的流动度比按式(3-21)计算,计算结果保留至整数。

$$F=\frac{L\times 100}{L_m} \tag{3-21}$$

式中 F——矿渣粉的流动度比(%);

L_m——对比样品胶砂流动度,mm;

L——试验样品胶砂流动度,mm。

(二)矿渣粉含水量的测定

1. 原理

将矿渣粉放入规定温度的烘箱内烘干至恒重,以烘干前和烘干后的质量之差与烘干前的质量之比确定矿渣粉的含水量。

2. 仪器

烘箱:可控制温度不低于110 ℃,最小分度值不大于2 ℃。

天平:量程不小于50 g,最小分度值不大于0.01 g。

3. 试验步骤

(1)称取矿渣粉试样约 50 g,准确至 0.01 g,倒入蒸发皿中。

(2)将烘箱温度调整并控制在 105 ~110 ℃。

(3)将矿渣粉试样放入烘箱内烘干至恒重,取出后放在干燥器中冷却至室温后称量,准确至 0.01 g。

4. 结果结算

含水量按式(3-22)计算,计算结果保留至 0.1%:

$$w=\frac{(w_1-w_0)\times 100}{w_1} \tag{3-22}$$

式中　w——矿渣粉含水量(质量分数,%);

w_1、w_0——试样烘干前、烘干后的质量,g。

四、沥青混合料用矿粉

沥青混合料的矿粉必须采用石灰岩或岩浆岩中的强基性岩石等憎水性石料经磨细得到的矿粉,原石料中的泥土杂质应除净。矿粉应干燥、洁净,能自由地从矿粉仓流出,其质量应符合表 3-13 的技术要求。

表 3-13　沥青混合料用矿粉质量要求

项目	单位	高速公路、一级公路	其他等级公路
表观相对密度　不小于	t/m^3	2.50	2.45
含水量　不大于	%	1	1
粒度范围<0.6 mm <0.15 mm <0.075 mm	% % %	100 90~100 75~100	100 90~100 70~100
外观		无团粒结块	
亲水系数		<1	
塑性指数		<4	
加热安定性		实测记录	

拌和机的粉尘可作为矿粉的一部分回收使用。但每盘用量不得超过填料总量的 25%,掺有粉尘填料的塑性指数不得大于 4%。

粉煤灰作为填料使用时,用量不得超过填料总量的 50%,粉煤灰的烧失量应小于 12%,与矿粉混合后的塑性指数应小于 4%,其余质量要求与矿粉相同。高速公路、一级公路的沥青面层不宜采用粉煤灰作填料。

(一)矿粉筛分试验(水洗法)

1. 目的与适用范围

测定矿粉的颗粒级配。同时适用于测定供拌制沥青混合料用的其他填料如水泥、石灰、粉煤灰的颗粒级配。

2. 仪具与材料

(1)标准筛:孔径为 0.6 mm、0.3 mm、0.15 mm、0.075 mm。

(2)天平:感量不大于 0.1 g。

(3)烘箱:能控温在 105 ℃±5 ℃。

(4)搪瓷盘。

(5)橡皮头研杵。

3. 试验步骤

(1)将矿粉试样放入 105 ℃±5 ℃烘箱中烘干至恒重,冷却,称取 100 g,准确至 0.1 g。如有矿粉团粒存在,可用橡皮头研杵轻轻研磨粉碎。

(2)将 0.075 mm 筛装在筛底上,仔细倒入矿粉,盖上筛盖。手工轻轻筛分,至大体上筛不下去为止。存留在筛底上的小于 0.075 mm 部分可弃去。

(3)除去筛盖和筛底,按筛孔大小顺序套成套筛。将存留在 0.075 mm 筛上的矿粉倒回 0.6 mm 筛上,在自来水龙头下方接一胶管,打开自来水,用胶管的水轻轻冲洗矿粉过筛,0.075 mm 筛下部分任其流失,直至流出的水色清澈为止。水洗过程中,可以适当用手扰动试样,加速矿粉过筛,待上层筛冲干净后,取去 0.6 mm 筛,接着从 0.3 mm 筛或 0.15 mm 筛上冲洗,但不得直接冲洗 0.075 mm 筛。

注:①自来水的水量不可太大太急,防止损坏筛面或将矿粉冲出,水不得从两层筛之间流出,自来水龙头宜装有防溅水龙头。当现场缺乏自来水时,也可由人工浇水冲洗。

②如直接在 0.075 mm 筛上冲洗,将可能使筛面变形,筛孔堵塞,或者造成矿粉与筛面发生共振,不能通过筛孔。

(4)分别将各筛上的筛余反过来用小水流仔细冲洗入各个搪瓷盘中,待筛余沉淀后,稍稍倾斜搪瓷盘。仔细除去清水,放入 105 ℃烘箱中烘干至恒重。称取各号筛上的筛余量,准确至 0.1 g。

4. 计算

各号筛上的筛余量除以试样总量的百分率,即为各号筛的分计筛余百分率,精确至 0.1%。用 100 减去 0.6 mm、0.3 mm、0.15 mm、0.075 mm 各筛的分计筛余百分率,即为通过 0.075 mm 筛的通过百分率,加上 0.075 mm 筛的分计筛余百分率即为 0.15 mm 筛的通过百分率,依次类推,计算出各号筛的通过百分率,精确至 0.1%。

5. 精密度或允许差

以两次平行试验结果的平均值作为试验结果。各号筛的通过率相差不得大于 2%。

(二)矿粉密度试验

1. 目的与适用范围

用于检验矿粉的质量,供沥青混合料配合比设计计算使用,同时适用于测定供拌制沥青混合料用的其他填料如水泥、石灰、粉煤灰的相对密度。

2. 仪具与材料

(1)李氏比重瓶:容量为 250 mL 或 300 mL。

(2)天平:感量不大于 0.01 g。

(3)烘箱：能控温在 105 ℃±5 ℃。

(4)恒温水槽：能控温在 20 ℃±0.5 ℃。

(5)其他：瓷皿、小牛角匙、干燥器、漏斗等。

3. 试验步骤

(1)将代表性矿粉试样置瓷皿中，在 105 ℃烘箱中烘干至恒重(一般不少于 6 h)，放入干燥器中冷却后，连同小牛角匙、漏斗一起准确称量(m_1)，准确至 0.01 g，矿粉质量应不少于 200 g。

(2)向比重瓶中注入蒸馏水，至刻度 0～1 mL 之间，将比重瓶放入 20 ℃的恒温水槽中，静放至比重瓶中的水温不再变化为止(一般不少于 2 h)，读取比重瓶中水面的刻度(V_1)，准确至 0.02 mL。

(3)用小牛角匙将矿粉试样通过漏斗徐徐加入比重瓶中，待比重瓶中水的液面上升至接近比重瓶的最大读数时为止，轻轻摇晃比重瓶，使瓶中的空气充分逸出。再次将比重瓶放入恒温水槽中，待温度不再变化时，读取比重瓶的读数(V_2)，准确至 0.02 mL。整个试验过程中，比重瓶中的水温变化不得超过 1 ℃。

(4)准确称取牛角匙、瓷皿、漏斗及剩余矿粉的质量(m_2)，准确至 0.01 g。

注：对亲水性矿粉应采用煤油作介质测定，方法相同。

4. 计算

按式(3-23)及式(3-24)计算矿粉的密度和相对密度，精确至小数点后 3 位。

$$\rho_f=\frac{m_1-m_2}{V_2-V_1} \tag{3-23}$$

$$\gamma_f=\frac{\rho_f}{\rho_w} \tag{3-24}$$

式中　ρ_f——矿粉的密度，g/cm³；

γ_f——矿粉对水的相对密度，无量纲；

m_1——牛角匙、瓷皿、漏斗及试验前瓷器中矿粉的干燥质量，g；

m_2——牛角匙、瓷皿、漏斗及试验后瓷器中矿粉的干燥质量，g；

V_1——加矿粉以前比重瓶的初读数，mL；

V_2——加矿粉以后比重瓶的终读数，mL；

ρ_w——试验温度时水的密度。

5. 精密度或允许差

同一试样应平行试验两次，取平均值作为试验结果。两次试验结果的差值不得大于 0.01 g/cm³。

(三)矿粉亲水系数试验

1. 目的与适用范围

矿粉的亲水系数即矿粉试样在水(极性介质)中膨胀的体积与同一试样在煤油(非极性介质)中膨胀的体积之比，用于评价矿粉与沥青结合料的黏附性能。本方法也适用于测定供拌制沥青混合料用的其他填料如水泥、石灰、粉煤灰的亲水系数。

2. 仪具与材料

(1)量筒：50 mL 两个，刻度至 0.5 mL。

(2)研钵及有橡皮头的研杵。

(3)天平:感量不大于 0.01 g。

(4)煤油:在温度 270 ℃分馏得到的煤油,并经杂黏土过滤而得到(过滤用杂黏土应先经加热至 250 ℃3 h,待其冷却后使用)。

(5)烘箱。

3. 试验步骤

(1)称取烘干至恒重的矿粉 5 g(准确至 0.01 g),将其放在研钵中,加入 15～30 mL 蒸馏水,用橡皮研杵仔细磨 5 min,然后用洗瓶把研钵中的悬浮液洗入量筒中,使量筒中的液面恰为 50 mL。然后用玻璃棒搅和悬浮液。

(2)同上法将另一份同样重的矿粉,用煤油仔细研磨后将悬浮液冲洗移入另一量筒中,液面亦为 50 mL。

(3)将上两量筒静置,使量筒内液体中的颗粒沉淀。

(4)每天两次记录沉淀物的体积,直至体积不变为止。

4. 计算

(1)亲水系数按式(3-25)计算。

$$\eta=\frac{V_B}{V_H} \tag{3-25}$$

式中 η——亲水系数,无量纲;

V_B——水中沉淀物体积,mL;

V_H——煤油中沉淀物体积,mL。

(2)平行测定两次,以两次测定值的平均值作为试验结果。

(四)矿粉加热安定性试验

1. 目的与适用范围

(1)矿粉的加热安定性是矿粉在热拌过程中受热而不产生变质的性能。

(2)矿粉的加热安定性用于评价矿粉(除石灰石粉、磨细生石灰粉、水泥外)易受热变质的成分的含量。

2. 仪具与材料

(1)蒸发皿或坩埚:可存放 100 g 矿粉。

(2)加热装置:煤气炉或电炉。

(3)温度计:最小刻度为 1 ℃。

3. 试验步骤

(1)称取矿粉 100 g,装入蒸发皿或坩埚中,摊开。

(2)将盛有矿粉的蒸发皿或坩埚置于煤气炉或电炉火源上加热,将温度计插入矿粉中,一边搅拌石粉,一边测量温度,加热到 200 ℃,关闭火源。

(3)将矿粉在室温中放置冷却,观察石粉颜色的变化。

4. 报告

报告石粉在受热后的颜色变化,判断石粉的变质情况。

第三节 集料试验

一、粗集料技术要求

在沥青混合料中，粗集料是指粒径大于2.36 mm的碎石、破碎砾石、筛选砾石和矿渣等；在水泥混凝土中，粗集料是指粒径大于4.75 mm的碎石、砾石和破碎砾石。粗集料的质量应满足《公路工程集料试验规程》(JTG E42—2005)的要求。

粗集料的技术要求主要有以下几个方面。

(一)有害物质、针片状颗粒、含泥量和泥块含量、坚固性

为保证混凝土的质量，卵石和碎石中不应混有草根、树叶、树枝、塑料、煤块、炉渣等杂物。在实际工程中，粗集料中常含泥和泥块、针、片状颗粒，以及有机物、硫化物、硫酸盐等有害物质。其中，针片状颗粒指粗集料中细长的针状颗粒与扁平的片状颗粒。当颗粒形状的诸方向中的最小厚度(或直径)与最大长度(或宽度)的尺寸之比小于规定比例时，属于针片状颗粒。针、片状颗粒易折断，其含量多时，会降低新拌混凝土的流动性和硬化后混凝土的强度。含泥量是指碎石或卵石中小于0.075 mm的尘屑、淤泥和黏土的总含量及4.75 mm以上泥块颗粒含量。粗集料的坚固性是指粗集料在自然风化和其他外界物理化学因素作用下抵抗破碎的能力。粗集料中的有害物质、针片状颗粒、含泥量和泥块的含量、坚固性指标要求应符合表3-14的规定。

表3-14 碎石、卵石有害物质、针片状颗粒、含泥量和泥块含量、坚固性指标要求

项目			指标		
			Ⅰ类	Ⅱ类	Ⅲ类
有害物质含量	有机物(比色法)		合格	合格	合格
	硫化物及硫酸盐(按 SO_3 质量计)，%		≤0.5	≤1.0	≤1.0
针片状颗粒含量	针片状颗粒含量(按质量计)，%		≤5	≤15	≤25
含泥量和泥块含量	含泥量(按质量计)，%		≤0.5	≤1.0	≤1.5
	泥块含量(按质量计)，%		0	≤0.5	≤0.7
坚固性指标	采用硫酸钠溶液法进行试验，经5次循环后的质量损失，%	碎石	≤10	≤20	≤30
		卵石	≤12	≤16	≤16

(二)强度

为了保证混凝土的强度，粗集料必须具有足够的强度。碎石的强度可用压碎指标和岩石抗压强度指标表示；卵石的强度可用压碎指标表示。当混凝土强度等级大于或等于C60时，对粗集料强度有严格要求或对骨料质量有争议时，宜用岩石抗压强度作检验。

岩石抗压强度，是用母岩制成50 mm×50 mm×50 mm的立方体，浸泡水中48 h，待吸水饱和后测定的抗压强度值。压碎指标是将一定质量气干状态下粒径为9.5～19.0

mm 的石子装入一定规格的圆筒内，在压力机上均匀加荷到 200 kN 并稳荷 5 s，然后卸荷后称取试样质量(m_0)，再用孔径为 2.36 mm 的筛筛除被压碎的碎粒，称取留在筛上的试样质量(m_1)。压碎指标的计算公式如下：

$$压碎指标=\frac{m_0-m_1}{m_0}\times 100\% \tag{3-26}$$

压碎指标越小，表明粗集料抵抗破碎的能力越强，粗集料的强度越高。碎石、卵石的压碎指标和岩石抗压强度要求见表 3-15。

表 3-15 碎石、卵石的强度要求

项目		指标		
		Ⅰ类	Ⅱ类	Ⅲ类
压碎指标(%)	碎石	<10	<20	<30
	卵石	<12	<16	<16
岩石抗压强度		在水饱和状态下，火成岩 80 MPa，变质岩 60 MPa，水成岩 30 MPa		

(三)最大粒径和颗粒级配

1. 最大粒径

粗集料中公称粒级的上限称为该骨料的最大粒径。当骨料粒径增大时，其总表面积减小，因此包裹它表面所需的水泥浆数量相应减少，可节约水泥，所以在条件许可的情况下，粗集料最大粒径应尽量用得大些。

但试验研究证明，粗集料最大粒径超过 80 mm 后，随骨料粒径的增大节约水泥的效果不明显；当集料粒径大于 40 mm 后，由于减少用水量获得的强度的提高被黏结面积的减少和大粒径骨料造成的不均匀性的不利影响所抵消，且给混凝土搅拌、运输、振捣等带来困难，强度也难以提高。因此，要综合考虑各种因素来确定石子的最大粒径。

《混凝土结构工程施工及验收规范》(GB 50204—2002)从结构和施工的角度，对粗集料的最大粒径作了以下规定：粗集料的最大粒径不得超过结构截面最小尺寸的 1/4，同时不得超过钢筋间最小净距的 3/4；对混凝土实心板，粗集料最大粒径不宜超过板厚的 1/2，且不得超过 40 mm。

2. 颗粒级配

粗集料的级配原理与细集料基本相同，也要求有良好的颗粒级配，以减小空隙率，节约水泥，提高混凝土的密实度和强度。粗集料的颗粒级配用筛分析的方法进行测定，根据粗集料的公称最大粒径选用相应的标准筛进行筛分，然后计算得各筛的分计筛余百分率和累计筛余百分率。粗集料的颗粒级配分为连续粒级和单粒粒级，各粒级的累计筛余百分率应符合表 3-16 的规定。

连续粒级是石子粒级呈连续性，即颗粒由大到小，每一级石子都占一定的比例。连续级配的颗粒大小搭配连续合理(最小粒径都从 4.75 mm 起)，石子的空隙率较小，用其配制的混凝土拌和物的和易性好，不易发生离析现象，混凝土质量容易保证，目前在土木工程中应用较多。但其缺点是，当最大粒径较大(大于 40 mm)时，天然形成的连续级配往往与理论值有偏差，且在运输、堆放过程中易发生离析，影响到级配的均匀合理性。实际应用时，除直接采用级配理想的天然连续级配外，常采用由预先分级筛分形成的单粒粒级进行掺配组合成人工连续级配。

间断级配是石子粒级不连续，人为剔去某些中间粒级的颗粒而形成的级配方式。间断级配相邻两级粒径相差较大，较大粒径骨料之间的空隙由比它小几倍的小粒径颗粒填充，能更有效降低石子颗粒间的空隙率，使水泥达到最大程度地节约，但由于颗粒粒径相差较大，混凝土拌和物容易产生离析、分层现象，导致施工困难，单粒粒级级配需按设计进行掺配。

表 3-16　卵石和碎石的颗粒级配累计筛余　　(%)

公称粒径(mm)		筛孔尺寸(mm)											
		2.36	4.75	9.5	16.0	19.0	26.5	31.5	37.5	53.0	63.0	75.0	90.0
连续粒级	5～10	95～100	80～100	0～15	0								
	5～16	95～100	85～100	30～60	0～10	0							
	5～20	95～100	90～100	40～80	—	0～10	0						
	5～25	95～100	90～100	—	30～70	—	0～5	0					
	5～31.5	95～100	90～100	70～90	—	15～45	—	0～5	0				
	5～40	—	95～100	70～90	—	30～65	—	—	0～5	0			
单粒粒级	5～20		95～100	85～100		0～15	0						
	16～31.5		95～100		85～100			0～10	0				
	20～40			95～100		80～100			0～10	0			
	31.5～63				95～100			75～100	45～75		0～10	0	
	40～80					95～100			70～100		30～60	0～10	0

无论连续级配还是间断级配，其级配原则是共同的，即骨料颗粒间的空隙要尽可能小，粒径过渡范围小，骨料颗粒紧密排列。

(四)表观密度、堆积密度、空隙率、碱骨(集)料反应

粗集料的表观密度、堆积密度、空隙率应符合下列规定：表观密度应大于 2 500

kg/m³，松散堆积密度大于 1 350 kg/m³，空隙率小于 47%。

经碱骨(集)料反应试验后，由碎石、卵石制备的试件应无裂缝、酥裂、胶体外溢等现象，在规定的试样龄期的膨胀率应小于 0.10%。

(五)粗集料的磨耗试验(洛杉矶法)

1. 主要仪器设备

(1)洛杉矶磨耗机。磨耗机结构形式如图 3-12 所示。圆筒内径 710 mm±5 mm，内侧长 510 mm±5 mm，两端封闭，钢筒的回转速率为 30～33 r/min。

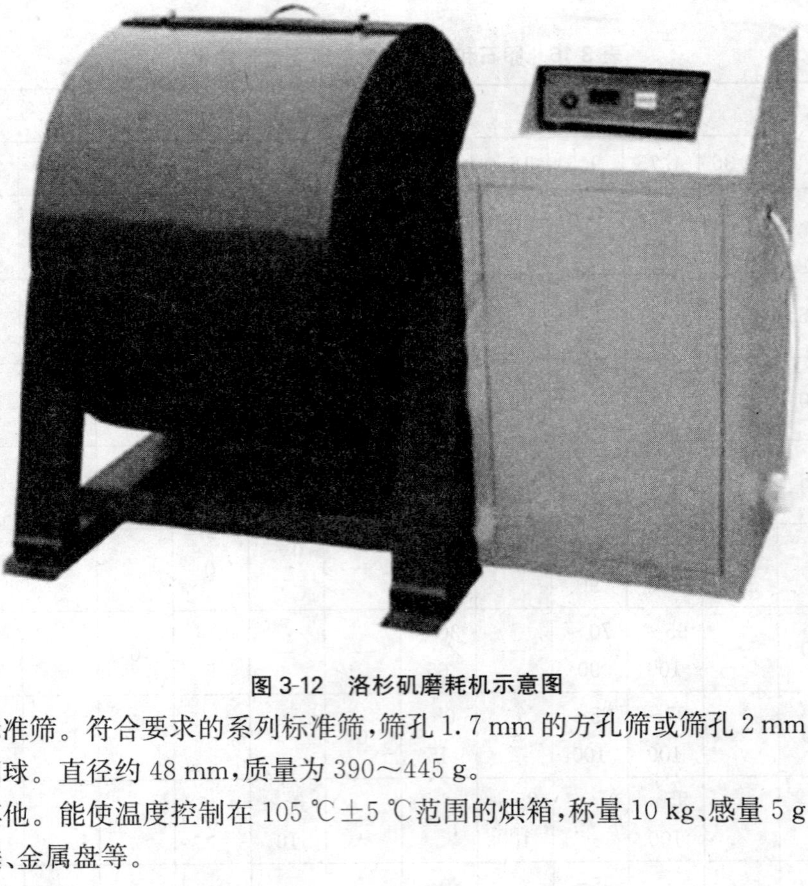

图 3-12　洛杉矶磨耗机示意图

(2)标准筛。符合要求的系列标准筛，筛孔 1.7 mm 的方孔筛或筛孔 2 mm 的圆孔筛。

(3)钢球。直径约 48 mm，质量为 390～445 g。

(4)其他。能使温度控制在 105 ℃±5 ℃范围的烘箱，称量 10 kg、感量 5 g 的台秤，轧石机、钢锤、金属盘等。

2. 试验方法

(1)试验准备。

将集料或块石轧碎、洗净，置于烘箱中烘至恒量。

对用于沥青路面及各种基层、底基层的粗集料，按照表 3-17 中的规定准备试样。

(2)试验步骤。将准备好的试样放入磨耗机圆筒中，并加入总质量符合要求的钢球，盖好筒盖，紧固密封。将计数器归零，设定要求的转动次数。开动磨耗机，以 30～33 r/min转速旋转至规定的次数后停止。取出试样用 1.7 mm 方孔筛(用于沥青混合料集料)或 2 mm 圆孔筛(用于水泥混凝土集料)筛去试样中的石屑，用水洗净留在筛上的试样，烘至恒量，准确称出其质量。

表 3-17　沥青路面用集料的洛杉矶磨耗试验条件

粒度类别	粒级组成(mm)	试样质量(g)	试样总质量(g)	钢球个数(个)	钢球总质量(g)	转动次数(转)
A	26.5～37.5	1 250±25	5 000±10	12	5 000±25	500
	19.0～26.5	1 250±25				
	16.0～19.0	1 250±10				
	9.5～16.0	1 250±10				
B	19.0～26.5	2 500±10	5 000±10	11	4 850±25	500
	16.0～19.0	2 500±10				
C	4.75～9.5	2 500±10	5 000±10	8	3 330±20	500
	9.5～16.0	2 500±10				
D	2.36～4.75	5 000±10	5 000±10	6	2 500±15	500
E	63～75	2 500±50	10 000±100	12	5 000±25	1 000
	53～63	2 500±50				
	37.5～53	5 000±50				
F	37.5～53	5 000±50	10 000±75	12	5 000±25	1 000
	26.5～37.5	5 000±25				
G	26.5～37.5	5 000±25	10 000±50	12	5 000±25	1 000
	19.0～26.5	5 000±25				

(3)结果计算。集料的磨耗率 $Q_{磨}$ 按式(3-27)计算，精确至 0.1%。

$$Q_{磨}=\frac{m_1-m_2}{m_1}\times 100 \tag{3-27}$$

式中　$Q_{磨}$——石料洛杉矶磨耗率(%)；

m_1——试验前装入圆筒中的试样质量，g；

m_2——试验后筛上洗净烘干的试样质量，g。

取两次平行试验结果的算术平均值作为测定值，两次试验误差应不大于 2%，否则应重做试验。

二、粗集料及集料混合料的筛分试验

(一)目的与适用范围

(1)测定粗集料(碎石、砾石、矿渣等)的颗粒组成，对水泥混凝土用粗集料可采用干筛法筛分，对沥青混合料及基层用粗集料必须采用水洗法试验。

(2)本方法也适用于同时含有粗集料、细集料、矿粉的集料混合料筛分试验，如未筛碎石、级配碎石、天然砂砾、级配砂砾、无机结合料稳定基层材料、沥青拌和楼的冷料混合料、热料仓材料、沥青混合料经溶剂抽提后的矿料等。

(二)仪具与矿料

(1)试验筛:根据需要选用规定的标准筛。

(2)摇筛机。

(3)天平或台秤:感量不大于试样质量的0.1%。

(4)其他:盘子、铲子、毛刷等。

(三)试验准备

按规定将来料用分料器或四分法缩分至表3-18要求的试样所需量,风干后备用。根据需要可按要求的集料最大粒径的筛孔尺寸过筛,除去超粒径部分颗粒后,再进行筛分。

表3-18 筛分用的试样质量

公称最大粒径(mm)	75	63	37.5	31.5	26.5	19	16	9.5	4.75
试样质量不小于(kg)	10	8	5	4	2.5	2	1	1	0.5

(四)水泥混凝土用粗集料干筛法试验步骤

(1)取试样一份置于105 ℃±5 ℃烘箱中烘干至恒重,称取干燥集料试样的总质量(m_0),准确至0.1%。

(2)用搪瓷盘作筛分容器,按筛孔大小排列顺序逐个将集料过筛。人工筛分时,需使集料在筛面上同时有水平方向及上下方向的不停顿的运动,使小于筛孔的集料通过筛孔,直至1 min内通过筛孔的质量小于筛上残余量的0.1%为止;当采用摇筛机筛分时,应在摇筛机筛分后再逐个由人工补筛。将筛出通过的颗粒并入下一号筛,和下一号筛中的试样一起过筛,顺序进行,直至各号筛全部筛完为止。应确认1 min内通过筛孔的质量确实小于筛上残余量的0.1%。

注:由于0.075 mm筛干筛几乎不能把沾在粗集料表面的小于0.075 mm部分的石粉筛过去,而且对水泥混凝土用粗集料而言,0.075 mm通过率的意义不大,所以也可以不筛,且把通过0.15 mm筛的筛下部分全部作为0.075 mm的分计筛余,将粗集料的0.075 mm通过率假设为0。

(3)如果某个筛上的集料过多,影响筛分作业时,可以分两次筛分,当筛余颗粒的粒径大于19 mm时,筛分过程中允许用手指轻轻拨动颗粒,但不得逐颗塞过筛孔。

(4)称取每个筛上的筛余量,准确至总质量的0.1%。各筛分计筛余量及筛底存量的总和与筛分前试样的干燥总质量m_0相比,相差不得超过m_0的0.5%。

(五)沥青混合料及基层用粗集料水洗法试验步骤

(1)取一份试样,将试样置105 ℃±5 ℃烘箱中烘干至恒重,称取干燥集料试样的总质量(m_3),准确至0.1%。

注:恒重系指相邻两次称取间隔时间大于3 h(通常不少于6 h)的情况下,前后两次称量之差小于该项试验所要求的称量精密度。下同。

(2)将试样置一洁净容器中,加入足够数量的洁净水,将集料全部淹没,但不得使用任何洗涤剂、分散剂或表面活性剂。

(3)用搅棒充分搅动集料,使集料表面洗涤干净,使细粉悬浮在水中,但不得破碎集料或有集料从水中溅出。

(4)根据集料粒径大小选择组成一组套筛，其底部为0.075 mm标准筛，上部为2.36 mm或4.75 mm筛。仔细将容器中混有细粉的悬浮液倒出，经过套筛流入另一容器中，尽量不将粗集料倒出，以免损坏标准筛筛面。

注：无需将容器中的全部集料都倒出，只倒出悬浮液。且不可直接倒至0.075 mm筛上，以免集料掉出损坏筛面。

(5)重复(2)～(4)步骤，直至倒出的水洁净为止，必要时可采用水流缓慢冲洗。

(6)将套筛每个筛子上的集料及容器中的集料全部回收在一个搪瓷盘中，容器上不得有沾附的集料颗粒。

注：沾在0.075 mm筛面上的细粉很难回收扣入搪瓷盘中，此时需将筛子倒扣在搪瓷盘上，用少量的水并助以毛刷将细粉刷落入搪瓷盘中，并注意不要散失。

(7)在确保细粉不散失的前提下，小心泌去搪瓷盘中的积水，将搪瓷盘连同集料一起置105 ℃±5 ℃烘箱中烘干至恒重，称取干燥集料试样的总质量(m_4)，准确至0.1%。以m_3与m_4之差作为0.075mm的筛下部分。

(8)将回收的干燥集料按干筛方法筛分出0.075 mm筛以上各筛的筛余量，此时0.075 mm筛下部分应为0，如果尚能筛出，则应将其并入水洗得到的0.075 mm的筛下部分，且表示水洗得不干净。

(六)计算

1. 干筛法筛分结果的计算

(1)计算各筛分计筛余量及筛底存量的总和与筛分前试样的干燥总质量m_0之差，作为筛分时的损耗，并计算损耗率，记入表3-19之第(1)栏，若损耗率大于0.3%，应重新进行试验。

$$m_5=m_0-(\sum m_i+m_{底}) \tag{3-28}$$

式中 m_5——由于筛分造成的损耗，g；

m_0——用于干筛的干燥集料总质量，g；

m_i——各号筛上的分计筛余，g；

i——依次为0.075 mm、0.15 mm、…至集料最大粒径的排序；

$m_{底}$——筛底(0.075 mm以下部分)集料总质量，g。

(2)干筛分计筛余百分率

干筛后各号筛上的分计筛余百分率按式(3-29)计算，记入表3-19之第(2)栏，精确至0.1%。

$$p'_i=\frac{m_i}{m_0-m_5}\times 100 \tag{3-29}$$

式中 p'_i——各号筛上的分计筛余百分率(%)；

m_5——由于筛分造成的损耗，g；

m_0——用于干筛的干燥集料总质量，g；

m_i——各号筛上的分计筛余，g；

i——依次为0.075 mm、0.15 mm、…至集料最大粒径的排序。

(3)干筛累计筛余百分率。

各号筛的累计筛余百分率为该号筛以上各号筛的分计筛余百分率之和，记入表 3-19 之第(3)栏，精确至 0.1%。

(4)干筛各号筛的质量通过百分率。

各号筛的质量通过百分率 P_i 等于 100 减去该号筛累计筛余百分率，记入表 3-19 之第(4)栏，精确至 0.1%。

表 3-19 粗集料干筛分记录

干燥试样总量 m_0(g)	第 1 组 3 000				第 2 组 3 000				平均
筛孔尺寸(mm)	筛上重 m_i(g)	分计筛余(%)	累计筛余(%)	通过百分率(%)	筛上重 m_i(g)	分计筛余(%)	累计筛余(%)	通过百分率(%)	通过百分率(%)
	(1)	(2)	(3)	(4)	(1)	(2)	(3)	(4)	(5)
19	0	0	0	100	0	0	0	100	100
16	696.3	23.2	23.2	76.8	699.4	23.3	23.3	76.7	76.7
13.2	431.9	14.4	37.6	62.4	434.6	14.5	37.8	62.2	62.3
9.5	801.0	26.7	64.4	35.6	802.3	26.8	64.6	35.4	35.5
4.75	989.8	33.0	97.4	2.6	985.3	32.9	97.4	2.6	2.6
2.36	70.1	2.3	99.7	0.3	68.5	2.3	99.7	0.3	0.3
1.18	8.2	0.3	100.0	0.0	7.9	0.3	100.0	0.0	0.0
0.6	0.5	0.0	100.0	0.0	0.2	0.0	100.0	0.0	0.0
0.3	0.0	0.0	100.0	0.0	0.0	0.0	100.0	0.0	0.0
0.15	0.0	0.0	100.0	0.0	0.0	0.0	100.0	0.0	0.0
0.075	0.0	0.0	100.0	0.0	0.0	0.0	100.0	0.0	0.0
筛底 $m_{底}$	0.0	0.0	100.0		0.0	0.0	100.0	0.0	
筛分后总量 $\sum m_i$(g)	2 997.8	100.0			2 998.2	100.0			
损耗 m_5(g)	2.2				1.8				
损耗率(%)	0.07				0.06				

(5)由筛底存量除以扣除损耗后的干燥集料总质量计算 0.075 mm 筛的通过率。

(6)试验结果以两次试验的平均值表示，记入表 3-19 之第(5)栏，精确至 0.1%。当两

次试验结果 $P_{0.075}$ 的差值超过 1%时，试验应重新进行。

2. 水筛法筛分结果的计算

(1)按式(3-30)、式(3-31)计算粗集料中 0.075 mm 筛下部分质量 $m_{0.075}$ 和含量 $P_{0.075}$，记入表 T0302-3 中，精确至 0.1%。当两次试验结果 $P_{0.075}$ 的差值超过 1%时，试验应重新进行。

$$m_{0.075}=m_3-m_4 \tag{3-30}$$

$$P_{0.075}=\frac{m_{0.075}}{m_3}=\frac{m_3-m_4}{m_3}\times 100 \tag{3-31}$$

式中　$P_{0.075}$——粗集料中小于 0.075 mm 的含量(通过率，%)；

$m_{0.075}$——粗集料中水洗得到的小于 0.075 mm 部分的质量，g；

m_3——用于水洗的干燥粗集料总质量，g；

m_4——水洗后的干燥粗集料总质量，g。

(2)计算各筛分计筛余量及筛底存量的总和与筛分前试样的干燥总质量 m_4 之差，作为筛分时的损耗，并计算损耗率记入表 3-19 之第(1)栏，若损耗率大于 0.3%，应重新进行试验。

$$m_5=m_3-(\sum m_i+m_{0.075}) \tag{3-32}$$

式中　m_5——由于筛分造成的损耗，g；

m_3——用于水筛筛分的干燥集料总质量，g；

m_i——各号筛上的分计筛余，g；

i——依次为 0.075 mm、0.15 mm、…至集料最大粒径的排序；

$m_{0.075}$——水洗后得到的 0.075 mm 以下部分质量(g)，即(m_3-m_4)。

(3)计算其他各筛的分计筛余百分率、累计筛余百分率、质量通过百分率，计算方法与干筛法相同。当干筛时筛分有损耗时，从总质量中扣除损耗部分(见报告示例)，将计算结果分别记入表 3-20 之第(2)、(3)、(4)栏。

(4)试验结果以两次试验的平均值表示，记入表 3-20 之第(5)栏。

(七)报告

(1)筛分结果以各筛孔的质量通过百分率表示，宜记录成表 3-19 或表 3-20 的格式。

(2)对用于沥青混合料、基层材料配合比设计用的集料，宜绘制集料筛分曲线，其横坐标为筛孔尺寸的 0.45 次方(见表 3-21)，纵坐标为普通坐标，如图 3-13 所示。

(3)同一种集料至少取两个试样平行试验两次，取平均值作为每号筛上筛余量的试验结果，报告集料级配组成通过百分率及级配曲线。

表 3-20　粗集料水筛法筛分记录

	干燥试样总量 m_0(g)	第 1 组				第 2 组				平均
	干燥试样总量 m_0(g)	3 000				3 000				
	水洗后筛上总量 m_4(g)	2 879				2 868				
	水洗后 0.075 mm 筛下量 $m_{0.075}$(g)	121				132				
	0.075 mm 通过率 $P_{0.075}$(%)	4				4.4				4.2
	筛孔尺寸(mm)	筛上重 m_i(g)	分计筛余(%)	累计筛余(%)	通过百分率(%)	筛上重 m_i(g)	分计筛余(%)	累计筛余(%)	通过百分率(%)	通过百分率(%)
		(1)	(2)	(3)	(4)	(1)	(2)	(3)	(4)	(5)
水洗后干筛法筛分	19	5	0.2	0.2	99.8	0	0	0	100	99.9
	16	696.3	23.2	23.4	76.6	680.3	22.7	22.7	77.3	76.9
	13.2	882.3	29.4	52.8	47.2	839.2	28	50.7	49.3	48.2
	9.5	713.2	23.8	76.6	23.4	778.5	26	76.7	23.3	23.4
	4.75	343.4	11.5	88.1	11.9	348.7	11.6	88.3	11.7	11.8
	2.36	70.1	2.3	90.4	9.6	68.3	2.3	90.6	9.4	9.5
	1.18	87.5	2.9	93.3	6.7	79.1	2.6	93.2	6.8	6.7
	0.6	67.8	2.3	95.6	4.4	59.3	2	95.2	4.8	4.6
	0.3	4.6	0.2	95.7	4.3	4.3	0.1	95.3	4.7	4.5
	0.15	5.6	0.2	95.9	4.1	3.8	0.1	95.5	4.5	4.3
	0.075	2.3	0.1	96	4	4	0.1	95.6	4.4	4.2
	筛底 $m_底$[①]	0				0				
	干筛后总量 $\sum m_i$(g)	2 878.1	96			2 865.5	95.6			
	损耗 m_5(g)	0.9				2.5				
	损耗率(%)	0.03				0.09				
	扣除损耗后总量(g)	2 999.1				2 997.5				

注:①如筛底 $m_底$ 的值不是 0,应将其并入 $m_{0.075}$ 中重新计算 $P_{0.075}$。

表 3-21 级配曲线的横坐标(按 $x=d_i^{0.45}$ 计算)

筛孔 d_1(mm)	0.075	0.15	0.3	0.6	1.18	2.36	4.75
横坐标 x	0.312	0.426	0.582	0.795	1.077	1.472	2.016
筛孔 d_1(mm)	9.5	13.2	16	19	26.5	31.5	37.5
横坐标 x	2.745	3.193	3.482	3.762	4.370	4.723	5.109

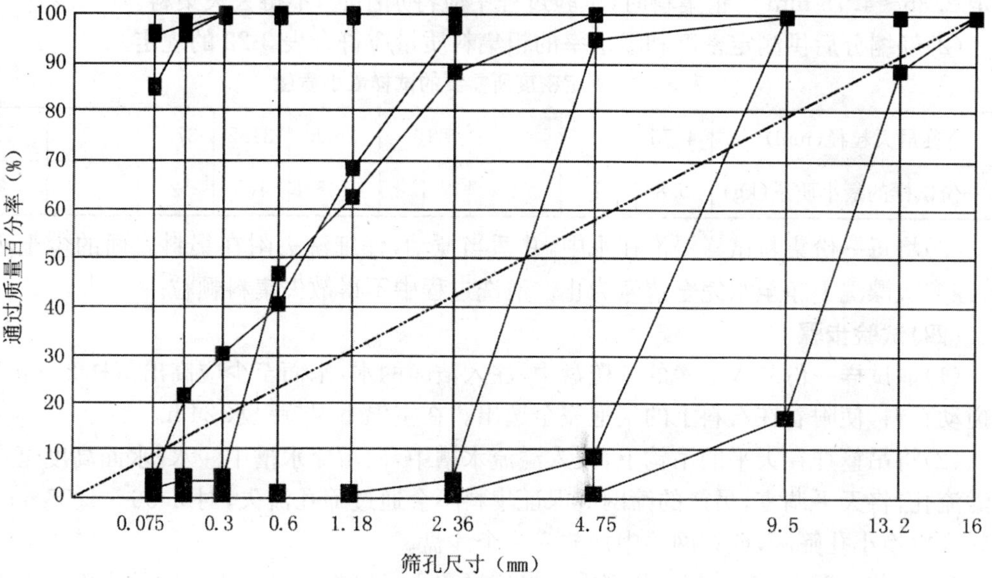

图 3-13 集料筛分曲线与矿料级配设计曲线

三、粗集料密度及吸水率试验(网篮法)

(一)目的与适用范围

本方法适用于测定各种粗集料的表观相对密度、表干相对密度、毛体积相对密度、表观密度、表干密度、毛体积密度,以及粗集料的吸水率。

(二)仪具与材料

(1)天平或浸水天平:可悬挂吊篮测定集料的水中质量,称量应满足试样数量称量要求,感量不大于最大称量的 0.05%。

(2)吊篮:耐锈蚀材料制成,直径和高度为 150 mm 左右,四周及底部用 1~2 mm 的筛网编制或具有密集的孔眼。

(3)溢流水槽:在称量水中质量时能保持水面高度一定。

(4)烘箱:能控温在(105±5)℃。

(5)毛巾:纯棉制,洁净,也可用纯棉的汗衫布代替。

(6)温度计。

(7)标准筛。

(8)盛水容器(如搪瓷盘)。

(9)其他:刷子等。

(三)试验准备

(1)将试样用标准筛过筛除去其中的细集料,对较粗的粗集料可用 4.75 mm 筛过筛,对 2.36～4.75 mm 集料,或者混在 4.75 mm 以下石屑中的粗集料,则用 2.36 mm 标准筛过筛,用四分法或分料器法缩分至要求的质量,分两份备用,对沥青路面用粗集料,应对不同规格的集料分别测定,不得混杂,所取的每一份集料试样应基本上保持原有的级配。在测定 2.36～4.75 mm 的粗集料时,试验过程中应特别小心,不得丢失集料。

(2)经缩分后供测定密度和吸水率的粗集料质量应符合表 3-22 的规定。

表 3-22　测定密度所需要的试样最小质量

公称最大粒径(mm)	4.75	9.5	16	19	26.5	31.5	37.5	63	75
每一份试样的最小质量(kg)	0.8	1	1	1	1.5	1.5	2	3	3

(3)将每一份集料试样浸泡在水中,并适当搅动,仔细洗去附在集料表面的尘土和石粉,经多次漂洗干净至水完全清澈为止。清洗过程中不得散失集料颗粒。

(四)试验步骤

(1)取试样一份装入干净的搪瓷盘中,注入洁净的水,水面至少应高出试样 20 mm,轻轻搅动石料,使附着在石料上的气泡完全逸出。在室温下保持浸水 24 h。

(2)将吊篮挂在天平的吊钩上,浸入溢流水槽中,向溢流水槽中注水,水面高度至水槽的溢流孔,将天平调零,吊篮的筛网应保证集料不会通过筛孔流失,对 2.36～4.75 mm 粗集料应更换小孔筛网,或在网篮中加放入一个浅盘。

(3)调节水温在 15～25 ℃范围内。将试样移入吊篮中。溢流水槽中的水面高度由水槽的溢流孔控制,维持不变。称取集料的水中质量(m_w)。

(4)提起吊篮,稍稍滴水后,较粗的粗集料可以直接倒在拧干的湿毛巾上。将较细的粗集料(2.36～4.75 mm)连同浅盘一起取出,稍稍倾斜搪瓷盘,仔细倒出余水,将粗集料倒在拧干的湿毛巾上,用毛巾吸走从集料中漏出的自由水。此步骤需特别注意不得有颗粒丢失,或有小颗粒附在吊篮上。再用拧干的湿毛巾轻轻擦干集料颗粒的表面水,至表面看不到发亮的水迹,即为饱和面干状态。当粗集料尺寸较大时,宜逐颗擦干,注意对较粗的粗集料,拧湿毛巾时不要太用劲,防止拧得太干;对较细的含水较多的粗集料,毛巾可拧得稍干些,擦颗粒的表面水时,既要将表面水擦掉,又千万不能将颗粒内部的水吸出,整个过程中不得有集料丢失,且已擦干的集料不得继续在空气中放置,以防止集料干燥。

注:对 2.36～4.75 mm 集料,用毛巾擦拭时容易沾附细颗粒集料从而造成集料损失,此时宜改用洁净的纯棉汗衫布擦拭至表干状态。

(5)立即在保持表干状态下,称取集料的表干质量(m_f)。

(6)将集料置于浅盘中,放入 105 ℃±5 ℃的烘箱中烘干至恒重。取出浅盘,放在带盖的容器中冷却至室温,称取集料的烘干质量(m_a)。

注:恒重是指相邻两次称量间隔时间大于 3 h 的情况下,其前后两次称量之差小于该项试验要求的精密度,即 0.1%。一般在烘箱中烘烤的时间不得少于 4～6 h。

(7)对同一规格的集料应平行试验两次,取平均值作为试验结果。

(五)计算

(1)表观相对密度 γ_a、表干相对密度 γ_s、毛体积相对密度 γ_b 按式(3-33)、式(3-34)、式(3-35)计算至小数点后3位。

$$\gamma_a=\frac{m_a}{m_a-m_w} \tag{3-33}$$

$$\gamma_s=\frac{m_f}{m_f-m_w} \tag{3-34}$$

$$\gamma_b=\frac{m_a}{m_f-m_w} \tag{3-35}$$

式中　γ_a——集料的表观相对密度,无量纲;

γ_s——集料的表干相对密度,无量纲;

γ_b——集料的毛体积相对密度,无量纲;

m_a——集料的烘干质量,g;

m_f——集料的表干质量,g;

m_w——集料的水中质量,g。

(2)集料的吸水率 ω_x 以烘干试样为基准,按式(3-36)计算,精确至0.01%。

$$\omega_x=\frac{m_f-m_a}{m_a}\times 100 \tag{3-36}$$

式中　ω_x——集料的吸水率(%)。

(3)粗集料的表观密度(视密度)、表干密度、毛体积密度,按式(3-37)、式(3-38)、式(3-39)计算至小数点后3位。不同水温条件下测量的粗集料表观密度需进行水温修正,不同试验温度下水的密度 ρ_T 及水的温度修正系数 α_T 按JTGE 42—2005附录B选用。

$$\rho_a=\gamma_a\times\rho_T \text{或} \rho_a=(\gamma_a-\alpha_T)\times\rho_\Omega \tag{3-37}$$

$$\rho_s=\gamma_s\times\rho_T \text{或} \rho_s=(\gamma_s-\alpha_T)\times\rho_\Omega \tag{3-38}$$

$$\rho_b=\gamma_b\times\rho_T \text{或} \rho_b=(\gamma_b-\alpha_T)\times\rho_\Omega \tag{3-39}$$

式中　ρ_a——粗集料的表观密度,g/cm^3;

ρ_s——粗集料的表干密度,g/cm^3;

ρ_b——粗集料的毛体积密度,g/cm^3;

ρ_T——试验温度 T 时水的密度,g/cm^3,按JTGE 42—2005附录B表B-1取用;

α_T——试验温度 T 时的水温修正系数;

ρ_Ω——水在4 ℃时的密度,1.000 g/cm^3。

(六)精密度或允许差

重复试验的精密度,对表观相对密度、表干相对密度、毛体积相对密度,两次结果之差对相对密度不得超过0.02,对吸水率不得超过0.2%。

四、水泥混凝土用粗集料针片状颗粒含量试验(规准仪法)

(一)目的与适用范围

(1)本方法适用于测定水泥混凝土使用的4.75 mm以上的粗集料的针状及片状颗粒含量,以百分率计。

(2)本方法测定的针片状颗粒，是指使用专用规准仪测定的粗集料颗粒的最小厚度(或直径)方向与最大长度(或宽度)方向的尺寸之比小于一定比例的颗粒。

(3)本方法测定的粗集料中针片状颗粒的含量，可用于评价集料的形状及其在工程中的适用性。

(二)仪具与材料

(1)水泥混凝土集料针状规准仪和片状规准仪见图 3-14 和图 3-15，片状规准仪的钢板基板厚度 3 mm，尺寸应符合表 3-23 的要求。

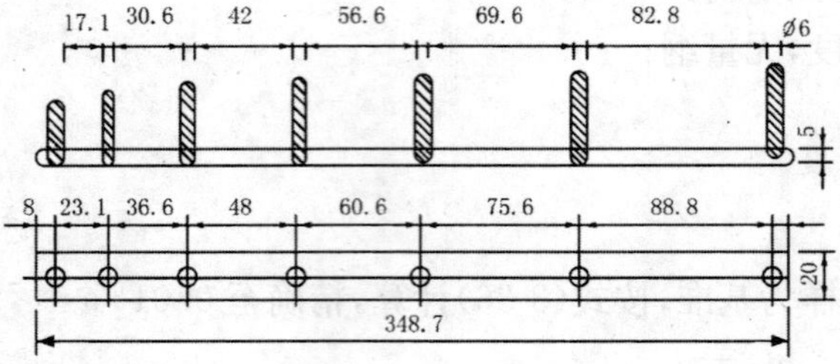

图 3-14　针状规准仪　(单位：mm)

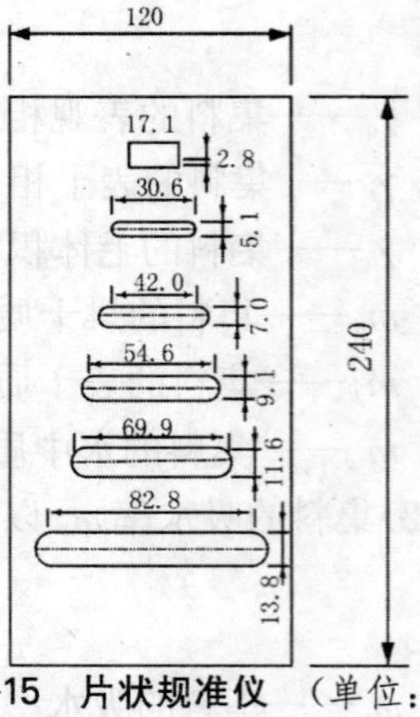

图 3-15　片状规准仪　(单位：mm)

表 3-23　水泥混凝土集料针片状颗粒试验的粒级划分及其相应的规准仪孔宽或间距

粒级(方孔筛)(mm)	4.75～9.5	9.5～16	16～19	19～26.5	26.5～31.5	31.5～37.5
针状规准仪上相对应的立柱间距宽(mm)	17.1 (B1)	30.6 (B2)	42.0 (B3)	54.6 (B4)	69.6 (B5)	82.8 (B6)
片状规准仪上相时应的孔宽(mm)	2.8 (A1)	5.1 (A2)	7.0 (A3)	9.1 (A4)	11.6 (A5)	13.8 (A6)

(2)天平或台秤：感量不大于称量值的 0.1%。

(3)标准筛：孔径分别为 4.75 mm、9.5 mm、16 mm、19 mm、26.5 mm、31.5 mm、37.5 mm，试验时根据需要选用。

(三)试验准备

将来样在室内风干至表面干燥，并用四分法或分料器法缩分至满足表 3-24 规定的质量，称量(m_0)，然后筛分成表 3-23 所规定的粒级备用。

表 3-24　针片状颗粒试验所需的试样最小质量

公称最大粒径(mm)	9.5	16	19	26.5	31.5	37.5	37.5	37.5
试样的最小质量(kg)	0.3	1	2	3	5	10	10	10

(四)试验步骤

(1)目测挑出接近立方体形状的规则颗粒，将目测有可能属于针片状颗粒的集料按表

T 0311-2 所规定的粒级用规准仪逐粒对试样进行针状颗粒鉴定，挑出颗粒长度大于针状规准仪上相应间距而不能通过者，为针状颗粒。

(2)将通过针状规准仪上相应间距的非针状颗粒逐粒对试样进行片状颗粒鉴定，挑出厚度小于片状规准仪上相应孔宽能通过者，为片状颗粒。

(3)称量由各粒级挑出的针状颗粒和片状颗粒的质量，其总质量为 m_1。

(五)计算

碎石或砾石中针片状颗粒含量按式(3-40)计算，精确至 0.1%。

$$Q_e=\frac{m_1}{m_0}\times 100 \tag{3-40}$$

式中　Q_e——试样的针片状颗粒含量(%)；

m_1——试样中所含针状颗粒与片状颗粒的总质量，g；

m_0——试样总质量，g。

注：如果需要，可以分别计算针状颗粒和片状颗粒的含量百分数。

五、粗集料针片状颗粒含量试验(游标卡尺法)

(一)目的与适用范围

(1)本方法适用于测定粗集料的针状及片状颗粒含量，以百分率计。

(2)本方法测定的针片状颗粒，是指用游标卡尺测定的粗集料颗粒的最大长度(或宽度)方向与最小厚度(或直径)方向的尺寸之比大于 3 倍的颗粒。有特殊要求采用其他比例时，应在试验报告中注明。

(3)本方法测定的粗集料中针片状颗粒的含量，可用于评价集料的形状和抗压碎能力，以评定石料生产厂的生产水平及该材料在工程中的适用性。

(二)仪具与材料

(1)标准筛：方孔筛 4.75 mm。

(2)游标卡尺：精密度为 0.1 mm。

(3)天平：感量不大于 1 g。

(三)试验步骤

(1)按分料器法或四分法选取 1 kg 左右的试样。对每一种规格的粗集料，应按照不同的公称粒径，分别取样检验。

(2)用 4.75 mm 标准筛将试样过筛，取筛上部分供试验用，称取试样的总质量 m_0，准确至 1 g，试样数量应不少于 800 g，并不少于 100 颗。

(3)将试样平摊于桌面上，首先用目测挑出接近立方体的颗粒，剩下可能属于针状(细长)和片状(扁平)的颗粒。

(4)按图 3-16 所示的方法将欲测量的颗粒放在桌面上成一稳定的状态，图中颗粒平面方向的最大长度为 L，侧面厚度的最大尺寸为 t，颗粒最大宽度为 $w(t<w<L)$，用卡尺逐颗测量石料的 L 及 t，将 $L/t\geq 3$ 的颗粒(最大长度方向与最大厚度方向的尺寸之比大

于 3 的颗粒)分别挑出作为针片状颗粒。称取针片状颗粒的质量 m_1,准确至 1 g。

注:①对 2.36～4.75 mm 级粗集料,由于卡尺量取有困难,故一般不作测定。

②稳定状态是指平放的状态,不是直立状态,侧面厚度的最大尺寸 t 为图中状态的颗粒顶部至平台的厚度是在最薄的一个面上测量的,但并非颗粒中最薄部位的厚度。

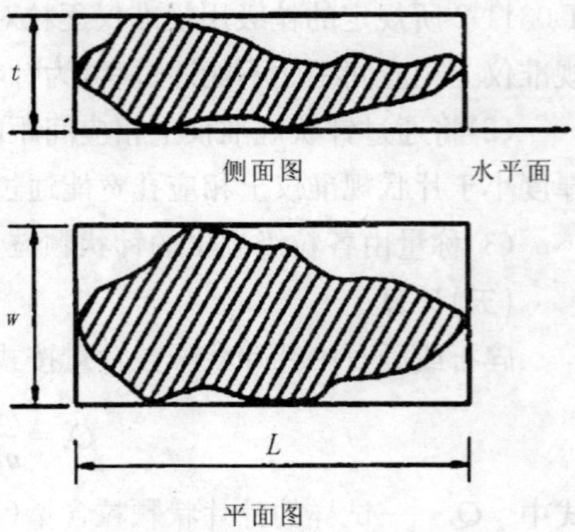

图 3-16　针片状颗粒稳定状态

(四)计算

按公式(3-41)计算针片状颗粒含量。

$$Q_e=\frac{m_1}{m_0}\times 100 \qquad (3\text{-}41)$$

式中　Q_e——针片状颗粒含量(%);

m_1——试验用的集料总质量,g;

m_0——针片状颗粒的质最,g。

(五)报告

(1)试验要平行测定两次,计算两次结果的平均值,如两次结果之差小于平均值的 20%,取平均值为试验值;如大于或等于 20%,应追加测定一次,取三次结果的平均值为测定值。

(2)试验报告应报告集料的种类、产地、岩石名称、用途。

六、粗集料压碎值试验

(一)目的与适用范围

集料压碎值用于衡量石料在逐渐增加的荷载下抵抗压碎的能力,是衡量石料力学性质的指标,以评定其在公路工程中的适用性。

(二)仪具与材料

(1)石料压碎值试验仪:由内径 150 mm、两端开口的钢制圆形试筒、压柱和底板组成,其形状和尺寸见图 3-17和表 3-25。试筒内壁、压柱的底面及底板的上表面等与石料接触的表面都应进行热处理,使表面硬化,达到维氏硬度 65°并保持光滑状态。

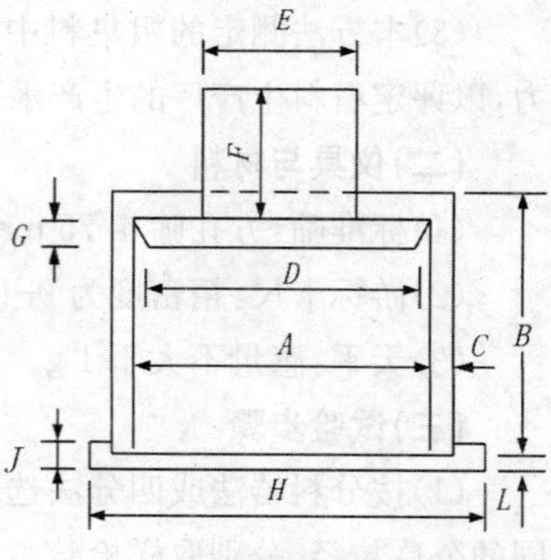

图 3-17　压碎指标值测定仪

(2)金属棒:直径 10 mm,长 450～600 mm,一端加工成半球形。

(3)天平:称量 2～3 kg,感量不大于 1 g。

(4)标准筛:筛孔尺寸 13.2 mm、9.5 mm、2.36 mm 方孔筛各一个。

(5)压力机:500 kN,应能在 10 min 内达到 400 kN。

(6)金属筒:圆柱形,内径 112.0 mm,高 179.4 mm,容积 1 767 cm^3。

表 3-25　试筒、压柱和底板尺寸　(单位:mm)

部位	符号	名称	尺寸(mm)
试筒	A	内径	150±0.3
	B	高度	125～128
	C	壁厚	≥12
压柱	D	压头直径	149±0.2
	E	压杆直径	100～149
	F	压柱总长	100～110
	G	压头厚度	≥25
底板	H	直径	200～220
	I	厚度(中间部分)	6.4±0.2
	J	边缘厚度	10±0.2

(三)试验准备

(1)采用风干石料用 13.2 mm 和 9.5 mm 标准筛过筛,取 9.5～13.2 mm 的试样 3 组各 3 000 g,供试验用。如过于潮湿需加热烘干时,烘箱温度不得超过 100 ℃,烘干时间不超过 4 h。试验前,石料应冷却至室温。

(2)每次试验的石料数量应满足按下述方法夯击后石料在试筒内的深度为 100 mm。

在金属筒中确定石料数量的方法如下:

将试样分 3 次(每次数量大体相同)均匀装入试模中,每次均将试样表面整平,用金属棒的半球面端从石料表面上均匀捣实 25 次。最后用金属棒作为直刮刀将表面仔细整平。称取量筒中试样质量(m_0)。以相同质量的试样进行压碎值的平行试验。

(四)试验步骤

(1)将试筒安放在底板上。

(2)将要求质量的试样分 3 次(每次数量大体相同)均匀装入试模中,每次均将试样表面整平,用金属棒的半球面端从石料表面上均匀捣实 25 次。最后用金属棒作为直刮刀将表面仔细整平。

(3)将装有试样的试模放到压力机上,同时加压头放入试筒内石料面上,注意使压头摆平,勿楔挤试模侧壁。

(4)开动压力机,均匀地施加荷载,在 10 min 左右的时间内达到总荷载 400 kN,稳压 5 s,然后卸荷。

(5)将试模从压力机上取下,取出试样。

(6)用 2.36 mm 标准筛筛分经压碎的全部试样,可分几次筛分,均需筛到在 1 min 内无明显的筛出物为止。

(7)称取通过 2.36 mm 筛孔的全部细料质量(m_1),准确至 1 g。

(五)计算

石料压碎值按式(3-42)计算,精确至 0.1%。

$$Q_a{}'=\frac{m_1}{m_0}\times 100 \tag{3-42}$$

式中 $Q_a{}'$——石料压碎值(%)；

m_1——试验前试样质量，g；

m_0——试验后通过 2.36 mm 筛孔的细料质量，g。

(六)报告

以 3 个试样平行试验结果的算术平均值作为压碎值的测定值。

七、粗集料含泥量及泥块含量试验

(一)目的与适用范围

测定碎石或砾石中小于 0.075 mm 的尘屑、淤泥和黏土的总含量及 4.75 mm 以上泥块颗粒含量。

(二)仪具与材料

(1)台秤：感量不大于称量的 0.1%。

(2)烘箱：能控温 105 ℃±5 ℃。

(3)标准筛：测泥含量时用孔径为 1.18 mm、0.075 mm 的方孔筛各 1 只；测泥块含量时，则用 2.36 mm 及 4.75 mm 的方孔筛各 1 只。

(4)容器：容积约 10 L 的桶或搪瓷盘。

(5)浅盘、毛刷等。

(三)试验准备

将来样用四分法或分料器法缩分至表 3-26 所规定的量(注意防止细粉丢失并防止所含黏土块被压碎)，置于温度为 105 ℃±5 ℃的烘箱内烘干至恒重，冷却至室温后分成两份备用。

表 3-26 含泥量及泥块含量试验所需试样最小质量

公称最大粒径(mm)	4.75	9.5	16	19	26.5	31.5	37.5	63	75
试样的最小质量(kg)	1.5	2	2	6	6	10	10	20	20

(四)试验步骤

1. 含泥量试验步骤

(1)称取试样 1 份(m_0)装入容器内，加水，浸泡 24 h，用手在水中淘洗颗粒(或用毛刷洗刷)，使尘屑、黏土与较粗颗粒分开，并使之悬浮于水中；缓缓地将浑浊液倒入 1.18 mm 及 0.075 mm 的套筛上，滤去小于 0.075 mm 的颗粒。试验前筛子的两面应先用水湿润，在整个试验过程中，应注意避免大于 0.075 mm 的颗粒丢失。

(2)再次加水于容器中，重复上述步骤，直到洗出的水清澈为止。

(3)用水冲洗余留在筛上的细粒，并将 0.075 mm 筛放在水中(使水面略高于筛内颗粒)来回摇动，以充分洗除小于 0.075 mm 的颗粒。而后将两只筛上余留的颗粒和容器中已经洗净的试样一并装入浅盘，置于温度为 105 ℃±5 ℃的烘箱中烘干至恒重，取出冷却至室温后，称取试样的质量(m_1)。

2. 泥块含量试验步骤

(1)取试样 1 份。

(2)用 4.75 mm 筛将试样过筛,称出筛去 4.75 mm 以下颗粒后的试样质量(m_2)。

(3)将试样在容器中摊平,加水使水面高出试样表面,24 h 后将水放掉,用手捻压泥块,然后将试样放在 2.36 mm 筛上用水冲洗,直至洗出的水清澈为止。

(4)小心地取出 2.36 mm 筛上试样,置于温度为 105 ℃±5 ℃的烘箱中烘干至恒重,取出冷却至室温后称量(m_3)。

(五)计算

(1)碎石或砾石的含泥量按式(3-43)计算,精确至 0.1%。

$$Q_n=\frac{m_0-m_1}{m_0}\times 100 \tag{3-43}$$

式中　Q_n——碎石或砾石的含泥量(%);

m_0——试验前烘干试样质量,g;

m_1——试验后烘干试样质最,g。

以两次试验的算术平均值作为测定值,两次结果的差值超过 0.2%时,应重新取样进行试验,对沥青路面用集料,此含泥量记为小于 0.075 mm 颗粒含量。

(2)碎石或砾石中黏土泥块含量按式(3-44)计算,精确至 0.1%。

$$Q_k=\frac{m_2-m_3}{m_2}\times 100 \tag{3-44}$$

式中　Q_k——碎石或砾石中黏土泥块含量(%);

m_2——4.75 mm 筛筛余量,g;

m_3——试验后烘干试样质量,g。

以两个试样两次试验结果的算术平均值为测定值,两次结果的差值超过 0.1%时,应重新取样进行试验。

八、粗集料磨光值试验

(一)目的与适用范围

(1)集料磨光值是利用加速磨光机磨光集料,用摆式摩擦系数测定仪测定的集料经磨光后的摩擦系数值,以 PSV 表示。

(2)本方法适用于各种粗集料的磨光值测定。

(二)仪具与材料

(1)加速磨光试验机,如图 3-18 所示,应符合相关仪器设备的标准,由下列部分组成。

①传动机构:包括电机、同步齿轮等。

②道路轮:外径 406 mm,用于安装 14 块试件,能在周边夹紧,以形成连续的石料颗粒表面,转速 320 r/min±5 r/min。

③橡胶轮:直径 200 mm,宽 44 mm,用于磨粗金刚砂的橡胶轮(标记 C)、用于磨细金刚砂的橡胶轮(标记 X),轮胎初期硬度 691RHD±31RHD。

注:橡胶轮过度磨损时(一般 20 轮次后)必须更换。

④磨料供给系统:用于存贮磨料和控制溜砂量。

⑤供水系统。

⑥配重:包括调整臂、橡胶轮和配重锤。

⑦试模:8 副。

⑧荷载调整机构:包括手轮、凸轮,能支撑配重,调节橡胶轮对道路轮的压力为 725 N±10N并保持使用过程中恒定。

⑨控制面板。

(2)摆式摩擦系数测定仪,简称摆式仪,见图 3-19,应符合相关仪器设备的标准,由下列部分组成。

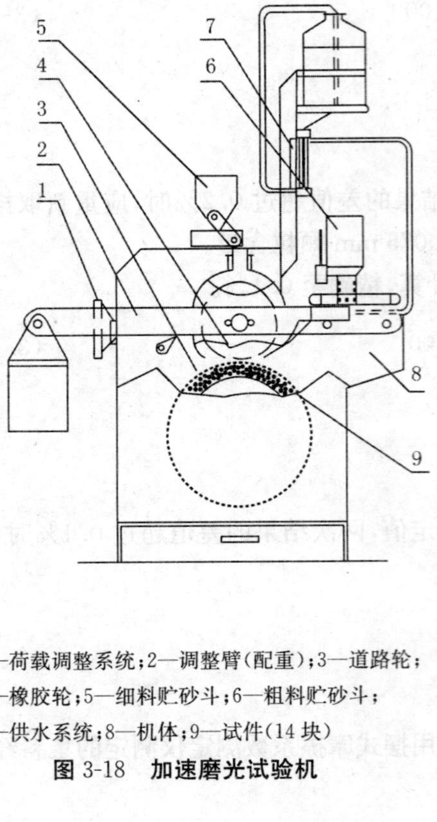

1—荷载调整系统;2—调整臂(配重);3—道路轮;4—橡胶轮;5—细料贮砂斗;6—粗料贮砂斗;7—供水系统;8—机体;9—试件(14 块)

图 3-18　加速磨光试验机

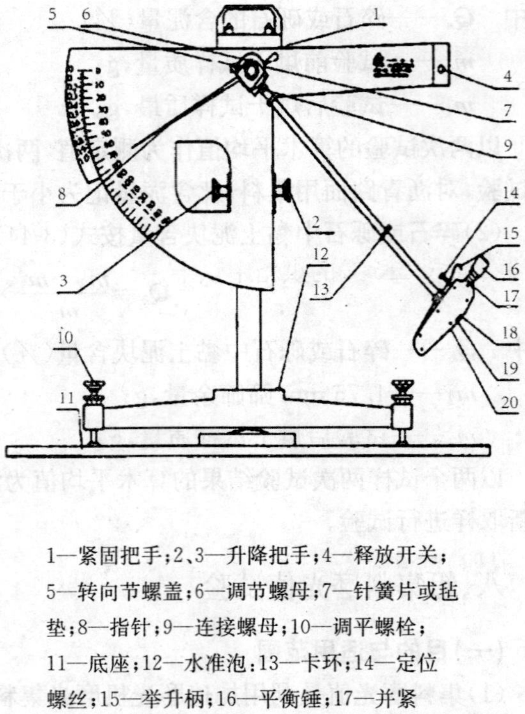

1—紧固把手;2、3—升降把手;4—释放开关;5—转向节螺盖;6—调节螺母;7—针簧片或毡垫;8—指针;9—连接螺母;10—调平螺栓;11—底座;12—水准泡;13—卡环;14—定位螺丝;15—举升柄;16—平衡锤;17—并紧螺母;18—滑溜块;19—橡胶片;20—止滑螺丝

图 3-19　摆式摩擦系数测定仪

①底座:由 T 形腿、调平螺丝和水准泡组成。

②立柱:由立柱、导向杆和升降机构组成。

③悬臂和释放开关:能挂住摆杆使之处于水平位置,并能释放摆杆使摆落下摆动。

④摆动轴心:连接和固定摆的位置,保证摆在摆动平面内能自由摆动。由摆动轴、轴承和紧固螺母组成。

⑤示数系统:指示摆值。

⑥摆头及橡胶片:它对摆动中心有规定力矩,对路面有规定压力,本身有前与后、左与右的力矩平衡,橡胶片尺寸为 31.75 mm×25.4 mm×6.35 mm。

(3)磨光试件测试平台：

供固定试件及摆式摩擦系数测定仪用。

(4)天平：感量不大于 0.1 g。

(5)烘箱：装有温度控制器。

(6)黏结剂：能使集料与砂、试模牢固黏结，确保在试验过程中不致发生试件摇动或脱落，常用环氧树脂 6101(E—44)及固化剂等。

(7)丙酮。

(8)砂：＜0.3 mm，洁净、干燥。

(9)金刚砂：30 号(棕刚玉粗砂)、280 号(绿碳化硅细砂)，用作磨料，只允许一次性使用，不得重复使用。

(10)橡胶石棉板：厚 1 mm。

(11)标准集料试样：由指定的集料产地生产的符合规格要求的集料，每轮两块，只允许使用一次，不得重复使用。

(12)其他：油灰刀、洗耳球、各种工具等。

(三)试验准备

(1)试验前应按相关试验规程对摆式仪进行检查或标定。

(2)将集料过筛，剔除针片状颗粒，取 9.5～13.2 mm 的集料颗粒用水洗净后置于温度为 105 ℃±5 ℃的烘箱中烘干。

注：根据需要，也可采用 4.75～9.5 mm 的粗集料进行磨光值试验。

(3)将试模拼装并涂上脱模剂(或肥皂水)后烘干。安装试模端板时要注意使端板与模体齐平(使弧线平滑)。

(4)用清水淘洗小于 0.3 mm 的砂，置 105 ℃±5 ℃的烘箱中烘干成为干砂。

(5)预磨新橡胶轮：新橡胶轮正式使用前要在安装好试件的道路轮上进行预磨，C 轮用粗金刚砂预磨 6 h，X 轮用细金刚砂预磨 6 h，然后方能投入正常试验。

(四)试件制备

(1)排料：每种集料宜制备 6～10 块试件，从中挑选 4 块试件供两次平行试验用。将 9.5～13.2 mm 集料颗粒尽量紧密地排列于试模中(大面、平面向下)。排料时应除去高度大于试模的不合格颗粒。采用 4.75～9.5 mm 的粗集料进行磨光试验时，各道工序需更加仔细。

(2)吹砂：用小勺将干砂填入已排妥的集料间隙中，并用洗耳球轻轻吹动干砂，使之填充密实。然后再吹去多余的砂，使砂与试模台阶大致齐平，但台阶上不得有砂。用洗耳球吹动干砂时不得碰动集料，且不使集料试样表面附有砂粒。

(3)配制环氧树脂砂浆：将固化剂与环氧树脂按一定比例(如使用 6101 环氧树脂时为 1∶4)配料、拌匀制成黏结剂，再与干砂按 1∶4～1∶4.5 的质量比拌匀制成环氧树脂砂浆。

注：一块试模中的环氧树脂砂浆各组成材料的用量通常为：环氧树脂 9.0 g，固化剂 2.4 g、干砂 48 g，允许根据所选用的黏结剂品种及试件的强度对此用量作适当调整。用 4.75～9.5 mm 的集料试验时，环氧树脂砂浆用量应酌情增加。

(4)填充环氧树脂砂浆:用小油灰刀将拌好的环氧树脂砂浆填入试模中,并尽量填充密实,但不得碰动集料。然后用热油灰刀在试模上刮去多余的填料,并将表面反复抹平,使填充的环氧树脂砂浆与试模顶部齐平。

(5)养护:通常在 40 ℃烘箱中养护 3 h,再自然冷却 9 h 拆模;如在室温下养护,时间应更长,使试件达到足够强度。有集料颗粒松动脱落,或有环氧树脂砂浆渗出表面时,试件应予废弃。

(五)磨光试验

1. 试件分组

每轮 1 次磨 14 块试件,每种集料为 2 块试件,包括 6 种试验用集料和 1 种标准集料。

2. 试件编号

在试件的环氧树脂砂浆衬背和弧形侧边上用记号笔对 6 种集料编号为 1～12,1 种集料赋以相邻两个编号,标准试件为 13、14 号。

3. 试件安装

按表 3-27 的序号将试件排列在道路轮上,其中 1 号位和 8 号位为标准试件。试件应将有标记的一侧统一朝外(靠活动盖板一侧),每两块试件间加垫一片或数片 1 mm 厚的橡胶石棉板垫片,垫片与试件端部断面相仿,但略低于试件高度 2～3 mm。然后盖上道路轮外侧板,边拧螺钉边用橡胶锤敲打外侧板,确保试件与道路轮紧密配合,以避免磨光过程中试件断裂或松动。随后将道路轮安装到轮轴上。

表 3-27 试件在道路轮上的排列次序

位置号	1	2	3	4	5	6	7	8	9	10	11	12	13	14
试件号	13	9	3	7	5	1	11	14	10	4	8	6	2	12

4. 磨光过程操作

(1)试件的加速磨光应在室温 20 ℃±5 ℃的房间内进行。

(2)粗砂磨光。

①把标记 C 的橡胶轮安装在调整臂上,盖上道路轮罩,下面置一积砂盘,给贮水支架上的贮水罐加满水,调节流量阀,使水流暂时中断。

②准备好 30 号金刚砂粗砂,装入专用贮砂斗,将贮砂斗安装在橡胶轮侧上方的位置上并接上微型电机电源。转动荷载调整手轮,使凸轮转动放下橡胶轮,将橡胶轮的轮幅完全压着道路轮上的集料试件表面。

③调节溜砂量:用专用接料斗在出料口接住溜出的金刚砂,同时开始计时,1 min 后移出料斗,用天平称出溜砂量,使流量为 27 g/min±7 g/min,如不满足要求,应用调速按钮或调节贮料斗控制闸板的方法调整。

④在控制面板上设定转数为 57 600 转,按下电源开关启动磨光机开始运转,同时按动粗砂调速按钮,打开贮砂斗控制闸板,使金刚砂溜砂量控制为 27 g/min±7 g/min。此时立即调节流量计,使水的流量达 60 mL/min。

⑤在试验进行 1 h 和 2 h 时磨光机自动停机(注意不要按下面板上复零按钮和电源开关),用毛刷和小铲清除箱体上与沉在机器底部积砂盘中的金刚砂,检查并拧紧道路轮上

有可能松动的螺母，再启动磨光机，至转数显示屏上显示 57 600 转时磨光机自动停止，所需的磨光时间约为 3 h。

⑥转动荷载调整手轮使凸轮托起调整臂，清洗道路轮和试件，除去所有残留的金刚砂。

(3)细砂磨光。

①卸下 C 标记橡胶轮，更换为 X 标记橡胶轮。

②准备好 280 号金刚砂细砂，装入专用贮砂斗，将贮砂斗安装在橡胶轮侧上方的位置上并接上微型电机电源。转动荷载调整手轮，使凸轮转动放下橡胶轮，将橡胶轮的轮幅完全压着道路轮上的集料试件表面。

③调节溜砂量：用专用接料斗在出料口接住溜出的金刚砂，同时开始计时，1 min 后移出料斗，用天平称出溜砂量，使流量为 3 g/min±1 g/min，如不满足要求，应用调速按钮或调节贮料斗控制闸板的方法调整。

④在控制面板上设定转数为 57 600 转，按下电源开关启动磨光机开始运转，同时按动粗砂调速按钮，打开贮砂斗控制闸板，使金刚砂溜砂量控制为 3 g/min±1 g/min。此时立即调节流量计，使水的流量达 60 mL/min。

⑤将试件磨 2 h 后停机作适当清洁，检查并拧紧道路轮螺母，然后再启动磨光机至 57 600转时自动停机。

⑥转动荷载调整手轮使凸轮托起调整臂，清洗道路轮和试件，除去所有残留的金刚砂。

5. 磨光值测定

(1)在试验前 2 h 和试验过程中应控制室温为 20 ℃±2 ℃。

(2)将试件从道路轮上卸下并清洗试件，用毛刷清洗集料颗粒的间隙，去除所有残留的金刚砂。

(3)将试件表面向下放在 18～20 ℃的水中 2 h，然后取出试件，按下列步骤用摆式摩擦系数测定仪测定磨光值。

①调零：将摆式仪固定在测试平台上，松开固定把手，转动升降把手使摆升高并能自由摆动，然后锁紧固定把手，转动调平旋钮，使水准泡居中，当摆从右边水平位置落下并拨动指针后，指针应指零。若指针不指零，应拧紧或放松指针调节螺母，直至空摆时指针指零。

②固定试件：将试件放在测试平台的固定槽内，使摆可在其上面摆过，并使滑溜块居于试件轮迹中心。应使摆式仪摆头滑溜块在试件上的滑动方向与试件在磨光机上橡胶轮的运行方向一致，即测试时试件上作标记的弧形边背向测试者。

③测试：调节摆的高度，使滑溜块在试件上的滑动长度为 76 mm，用喷水壶喷洒清水润湿试件表面(注意，在试验中的任何时刻，试件都应保持湿润)，将摆向右提起挂在悬臂上，同时用左手拨动指针使之与摆杆轴线平行。按下释放开关使摆回落向左运动，当摆达到最高位最后下落时，用左手将摆杆接住，读取指针所指(小度盘)位置上的值，记录测试结果，准确到 0.1。

注：摆式仪使用新橡胶片时应该预磨使之达到稳定状态，预磨的方法是用新橡胶片在

干燥的试块上(不用磨光后的试件)摆动10次,然后在湿润的试块上摆动20次。另外,橡胶片不得被油类污染。

④一块试件重复测试5次,5次读数的最大值和最小值之差不得大于3。取5次读数的平均值作为该试件的磨光值读数(PSV_r)。标准试件的磨光值读数用PSV_r表示。

6. 测试

1种集料重复测试2次,每次都需同时对标准集料试件进行测试。

(六)计算

(1)按式(3-45)计算两次平行试验4块试件(每轮2块)的算术平均值PSV_{ra},精确到0.1。但4块试件的磨光值读数PSV_r的最大值与最小值之差不得大于4.7,否则试验作废,应重新试验。

$$PSV_{ra}=\sum PSV_{ri}/4 \tag{3-45}$$

式中 $i=1\sim4$,PSV_{ri}为4块试件的磨光值读数。

(2)按式(3-46)计算两次平行试验4块标准试件(每轮2块)的算术平均值PSV_{bra},准确到0.1。但4块标准试件的磨光值读数的平均值PSV_{bra}必须在46~52范围内,否则试验作废,应重新试验。

$$PSV_{bra}=\sum PSV_{bri}/4 \tag{3-46}$$

式中 $i=1\sim4$,PSV_{bra}为4块标准试件的磨光值读数。

(3)按式(3-47)计算集料的PSV值,取整数。

$$PSV=PSV_{ra}+49-PSV_{bra} \tag{3-47}$$

(七)报告

试验报告应报告集料的磨光值PSV、两次平行试验的试样磨光值读数平均值PSV_{ra}和标准试件磨光值读数平均值PSV_{bra}。

九、细集料技术指标

在沥青混合料中,细集料是指粒径小于2.36 mm的天然砂、人工砂(包括机制砂)及石屑;在水泥混凝土中,细集料是指粒径小于4.75 mm的天然砂、人工砂。天然砂是由自然风化、水流冲刷、堆积形成的、粒径小于4.75 mm的岩石颗粒,按生存环境分为河砂、海砂、山砂等。人工砂是人为加工处理得到的符合规格要求的细集料,通常指石料加工过程中采取真空抽吸等方法除去大部分土和细粉,或将石屑水洗得到的洁净的细集料。从广义上分类,机制砂、矿渣砂和煅烧砂都属于人工砂。机制砂是由碎石及砾石经制砂机反复破碎加工至粒径小于2.36 mm的人工砂,亦称破碎砂。石屑是采石场加工碎石时通过最小筛孔(通常为2.36 mm或4.75 mm)的筛下部分,也称筛屑。混合砂是由天然砂、人工砂、机制砂或石屑等按一定比例混合形成的细集料的统称。

细集料的质量应满足《公路工程集料试验规程》(JTGE 42—2005)的要求。砂的技术要求主要有以下几个方面。

(一)砂中有害物质含量、坚固性

为保证混凝土的质量,混凝土用砂不应混有草根、树叶、树枝、塑料、煤块、炉渣等杂物。但实际上砂中常含有云母、轻物质、有机物、硫化物及硫酸盐、氯化物等有害物质,这些物质对混凝土的性能产生不良影响。砂的坚固性，是指砂在自然风化和其他外界物理化学因素作用下抵抗破裂的能力。砂中的有害物质含量、坚固性指标应符合表 3-28 的规定。

表 3-28　砂中有害物质含量、坚固性指标要求

项　目		指　标		
		Ⅰ类	Ⅱ类	Ⅲ类
有害物质含量	云母(按质量计)，%，<	1.0	2.0	2.0
	轻物质(按质量计)，%，<	1.0	1.0	1.0
	有机物(比色法)	合格	合格	合格
	硫化物及硫酸盐(按 SO_3 质量计)，%，<	0.5	0.5	0.5
	氯化物(以氯离子质量计)，%，<	0.01	0.02	0.06
坚固性指标	天然砂采用硫酸钠溶液法进行试验，砂样经 5 次循环后的质量损失，%，<	8	8	10
	人工砂单级最大压碎指标，%，<	20	25	30

注：根据使用地区和用途，在试验验证的基础上，可由供需双方协商确定。

(二)含泥量、泥块含量和石粉含量

含泥量是指天然砂中粒径小于 0.075 mm 的颗粒含量。泥块含量是指砂中原粒径大于 1.18 mm，经水浸洗、手捏后小于 0.60 mm 的颗粒含量。石粉是指在人工砂中粒径小于 0.075 mm 的颗粒含量，其化学成分与母岩相同的物质。亚甲蓝试验 *MB* 值是用于判定人工砂中粒径小于 0.075 mm 的颗粒含量主要是泥土还是与母岩化学成分相同的石粉。天然砂的含泥量和泥块含量、人工砂的石粉含量和泥块含量应符合表 3-29 的要求。

(三)粗细程度与颗粒级配

砂的粗细程度是指不同粒径的砂粒混合在一起的总体平均的粗细程度，通常用细度模数表示。砂的粗细程度与其总表面积有直接关系，在相同质量条件下，粒径小，总表面积就较大；粒径大，总表面积就较小。混凝土中砂的表面被水泥浆包裹，大粒径的砂所需包裹其表面的水泥浆数量就少，所以，用于混凝土的砂粒的粗细程度应尽可能选用粗些，同时也要综合考虑施工时的实际情况。

砂的颗粒级配是指不同粒径的砂粒相互之间的搭配比例。在混凝土中砂之间的空隙由水泥浆所填充，为了节约水泥和提高混凝土强度，就应尽量减小砂粒之间的空隙。从图 3-20 可以看出，如果是相同粒径的砂，空隙就大(见图 3-20(a))；用两种不同粒径的砂搭配起来，空隙就减小了(见图 3-20(b))；用三种不同粒径的砂搭配，空隙就更小了(见图 3-20(c))。由此可见，只有适宜的颗粒分布，才能达到良好的级配要求。混凝土用砂应选用颗粒级配良好的砂。

表 3-29　砂中含泥量、石粉含量和泥块含量(按质量计)

项　目					指标		
					Ⅰ类	Ⅱ类	Ⅲ类
天然砂的含泥量和泥块含量	含泥量,%				<1.0	<3.0	<5.0
	泥块含量,%				0	<1.0	<2.0
人工砂的石粉含量和泥块含量	1	亚甲蓝试验	MB 值<1.4 或合格	石粉含量,%	<3.0	<5.0	<7.0
	2			泥块含量,%	0	<1.0	<2.0
	3		MB 值≥1.4 或不合格	石粉含量,%	<1.0	<3.0	<5.0
	4			泥块含量,%	0	<1.0	<2.0

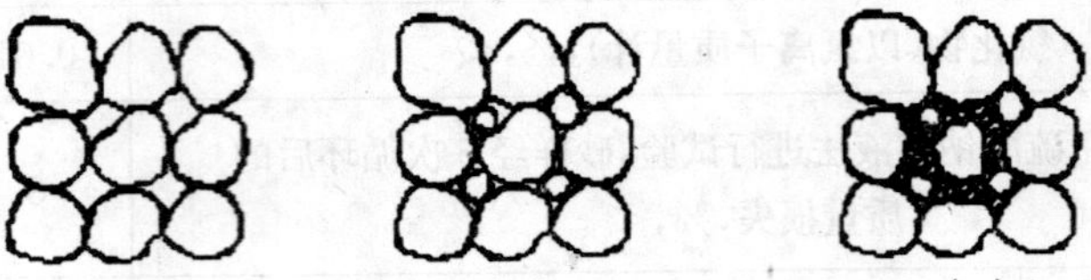

(a)　　(b)　　(c)

图 3-20　砂的颗粒级配

砂的粗细程度和颗粒级配用筛分法进行测定,筛分法是用一套孔径分别为 4.75 mm、2.36 mm、1.18 mm、0.60 mm、0.30 mm、0.15 mm 的标准方孔筛,将 500 g 干砂试样由粗到细依次过筛,然后称得余留在各号筛上砂的质量(分计筛余量),并计算出各筛上的分计筛余百分率(分计筛余量占砂样总质量的百分数)及累计筛余百分率(各筛和比该筛粗的所有分计百分率之和)。分计筛余百分率、累计筛余百分率的关系见表 3-30。

表 3-30　筛余量、分计筛余百分率、累计筛余百分率的关系

筛孔尺寸(mm)	筛余量 m_i(g)	分计筛余百分率 a_i(%)	累计筛余百分率 A_i(%)
4.75	m_1	a_1	$A_1=a_1$
2.36	m_2	a_2	$A_2=a_1+a_2$
1.18	m_3	a_3	$A_3=a_1+a_2+a_3$
0.60	m_4	a_4	$A_4=a_1+a_2+a_3+a_4$
0.30	m_5	a_5	$A_5=a_1+a_2+a_3+a_4+a_5$
0.15	m_6	a_6	$A_6=a_1+a_2+a_3+a_4+a_5+a_6$

砂细度模数 M_x 的计算公式如下:

$$M_x=\frac{(A_2+A_3+A_4+A_5+A_6)-5A_1}{100-A_1} \tag{3-48}$$

细度模数 M_x 越大,表示砂越粗。砂按细度模数分为粗砂、中砂、细砂。M_x 在 3.7～3.1 为粗砂,M_x 在 3.0～2.3 为中砂,M_x 在 2.2～1.6 为细砂。混凝土用砂的细度模数应控制在 1.6～3.7。

应当注意，砂的细度模数只能反映砂的粗细程度，并不能反映砂的颗粒级配情况，细度模数相同的砂其颗粒级配不一定相同，甚至相差很大。因此，配制混凝土必须同时考虑砂的细度模数和颗粒级配。

砂的颗粒级配常以级配区和级配曲线表示。砂根据 0.60 mm 方孔筛的累积筛余分成三个级配区，见表 3-31 和图 3-21（级配曲线）。混凝土用砂的颗粒级配，应处于表 3-30 或图 3-21 的任何一个级配区内，否则认为砂的颗粒级配不合格。

表 3-31　砂的颗粒级配区累计筛余

筛孔尺寸	级配区（%）		
	1	2	3
4.75 mm	10～0	10～0	10～0
2.36 mm	35～5	25～0	15～0
1.18 mm	65～35	50～10	25～0
0.60 mm	85～71	70～41	40～16
0.30 mm	95～80	92～70	85～55
0.15 mm	100～90	100～90	100～90

注：①砂的实际颗粒级配与表中所列数字相比，除 4.75 mm 和 0.60 mm 筛档外，可以略有超出，但超出总量应小于 5%。

②1 区人工砂中 0.15 mm 筛孔的累计筛余可以放宽到 100～85，2 区人工砂中 0.15 mm 筛孔的累计筛余可以放宽到 100～80，3 区人工砂中 0.15 mm 筛孔的累计筛余可以放宽到 100～75。

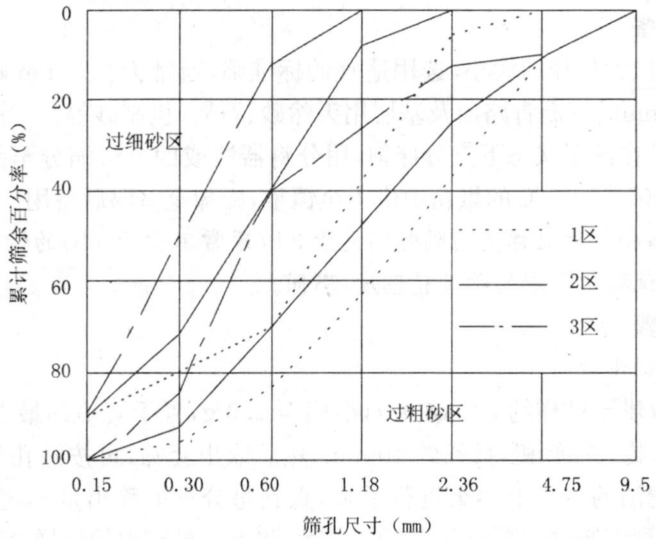

图 3-21　砂的级配曲线

处于 2 区级配的砂，其粗细适中，级配较好，是配制混凝土最理想的级配区，宜优先选用。当采用 1 区砂时，应提高砂率，并保持足够的水泥用量，以满足混凝土的和易性。当采用 3 区砂时，宜适当降低砂率，以保证混凝土强度。

(四)表观密度、堆积密度、空隙率、碱骨(集)料反应

砂的表观密度、堆积密度、空隙率应符合下列规定：表观密度应大于 2 500 kg/m^3，松散堆积密度应大于 1 350 kg/m^3，空隙率应小于 47%。

碱骨料反应主要是由混凝土组成材料中水泥、外加剂及环境中的碱性氧化物(Na_2O、K_2O)与具有碱活性的骨料(含有活性 SiO_2)在潮湿环境下发生的膨胀性反应。经碱骨(集)料反应试验后，由砂制备的试件应无裂缝、酥裂、胶体外溢等现象，在规定的试样龄期的膨胀率应小于 0.10%。

十、细集料筛分试验

(一)目的与适用范围

测定细集料(天然砂、人工砂、石屑)的颗粒级配及粗细程度。对水泥混凝土用细集料可采用干筛法，如果需要也可采用水洗法筛分；对沥青混合料及基层用细集料必须用水洗法筛分。

注：当细集料中含有粗集料时，可参照此方法用水洗法筛分，但需特别注意保护标准筛筛面不遭损坏。

(二)仪具与材料

(1)标准筛；

(2)天平：称量 1 000 g，感量不大于 0.5 g；

(3)摇筛机；

(4)烘箱：能控温在 105 ℃±5 ℃；

(5)其他：浅盘和硬、软毛刷等。

(三)试验准备

根据样品中最大粒径的大小，选用适宜的标准筛，通常为 9.5 mm 筛(水泥混凝土用天然砂)或 4.75 mm 筛(沥青路面及基层用天然砂、石屑、机制砂等)。筛除其中的超粒径材料，然后将样品在潮湿状态下充分拌匀，用分料器法或四分法缩分至每份不少于 550 g 的试样两份，在 105 ℃±5 ℃的烘箱中烘干至恒重，冷却至室温后备用。

注：恒重系指相邻两次称量间隔时间大于 3 h(通常不少于 6 h)的情况下，前后两次称量之差小于该项试验所要求的称量精密度，下同。

(四)试验步骤

1. 干筛法试验步骤

(1)准确称取烘干试样约 500 g(m_1)，准确至 0.5 g，置于套筛的最上面一只，即 4.75 mm 筛上，将套筛装入摇筛机，摇筛约 10 min，然后取出套筛，再按筛孔大小顺序，从最大的筛号开始，在清洁的浅盘上逐个进行手筛，直到每分钟的筛出量不超过筛上剩余量的 0.1%时为止，将筛出通过的颗粒并入下一号筛，和下一号筛中的试样一起过筛，以此顺序进行至各号筛全部筛完为止。

注：①试样如为特细砂，试样质量可减少到 100 g。

②如试样含泥量超过 5%，不宜采用干筛法。

③无摇筛机时，可直接用手筛。

(2)称量各筛筛余试样的质量，精确至 0.5 g。所有各筛的分计筛余量和底盘中剩余量的总量与筛分前的试样总量，相差不得超过后者的 1%。

2. 水洗法试验步骤

(1)准确称取烘干试样约 500 g(m_1)，准确至 0.5 g。

(2)将试样置一洁净容器中，加入足够数量的洁净水，将集料全部淹没。

(3)用搅棒充分搅动集料，将集料表面洗涤干净，使细粉悬浮在水中，但不得有集料从水中溅出。

(4)用 1.18 mm 筛及 0.075 mm 筛组成套筛，仔细将容器中混有细粉的悬浮液徐徐倒出，经过套筛流入另一容器中，但不得将集料倒出。

注：不可直接倒至 0.075 mm 筛上，以免集料掉出损坏筛面。

(5)重复水洗法(2)～(4)步骤，直至倒出的水洁净且小于 0.075 mm 的颗粒全部倒出。

(6)将容器中的集料倒入搪瓷盘中，用少量水冲洗，使容器上沾附的集料颗粒全部进入搪瓷盘中，将筛子反扣过来，用少量的水将筛上集料冲入搪瓷盘中。操作过程中不得有集料散失。

(7)将搪瓷盘连同集料一起置 105 ℃±5 ℃烘箱中烘干至恒重，称取干燥集料试样的总质量(m_2)。准确至 0.1%。m_1 与 m_2 之差即为通过 0.075 mm 筛部分。

(8)将全部要求筛孔组成套筛(但不需 0.075 mm 筛)，将已经洗去小于 0.075 mm 部分的干燥集料置于套筛上(通常为 4.75 mm 筛)，将套筛装入摇筛机，摇筛约 10 min，然后取出套筛，再按筛孔大小顺序，从最大的筛号开始，在清洁的浅盘上逐个进行手筛，直至每分钟的筛出量不超过筛上剩余量的 0.1%时为止，将筛出通过的颗粒并入下一号筛，和下一号筛中的试样一起过筛，这样顺序进行，直至各号筛全部筛完为止。

注：如为含有粗集料的集料混合料，套筛筛孔根据需要选择。

(9)称量各筛筛余试样的质量，精确至 0.5 g。所有各筛的分计筛余量和底盘中剩余量的总质量与筛分前后试样总量 m_2 的差值不得超过后者的 1%。

(五)计算

(1)计算分计筛余百分率：各号筛的分计筛余百分率为各号筛上的筛余量除以试样总量(m_1)的百分率，精确至 0.1%。对沥青路面细集料而言，0.15 mm 筛下部分即为 0.075 mm 的分计筛余，由(7)测得的 m_1 与 m_2 之差即为小于 0.075 mm 的筛底部分。

(2)计算累计筛余百分率：各号筛的累计筛余百分率为该号筛及大于该号筛的各号筛的分计筛余百分率之和，准确至 0.1%。

(3)计算质量通过百分率：各号筛的质量通过百分率等于 100 减去该号筛的累计筛余百分率，准确至 0.1%。

(4)根据各筛的累计筛余百分率或通过百分率，绘制级配曲线。

(5)天然砂的细度模数按式(3-49)计算，精确至 0.01。

$$M_X=\frac{(A_{0.15}+A_{0.3}+A_{0.6}+A_{1.18}+A_{2.36})-5A_{4.75}}{100-A_{4.75}} \tag{3-49}$$

式中　M_X——砂的细度模数；

$A_{0.15}$、$A_{0.03}$、…、$A_{4.75}$——0.15 mm、0.3 mm、…、4.75 mm 各筛上的累计筛余百分率(%)。

(6)进行两次平行试验，以试验结果的算术平均值作为测定值。如两次试验所得的细度模数之差大于 0.2，应重新进行试验。

十一、细集料砂当量试验

(一)目的与适用范围

(1)本方法适用于测定天然砂、人工砂、石屑等各种细集料中所含的黏性土或杂质的含量，以评定集料的洁净程度。砂当量用 *SE* 表示。

(2)本方法适用于公称最大粒径不超过 4.75 mm 的集料。

(二)仪具与材料

1. 仪具

(1)透明圆柱形试筒：如图 3-22 所示，透明塑料制，外径 40 mm±0.5 mm，内径 32 mm±0.25 mm，高度 420 mm±0.25 mm。在距试筒底部 100 mm、380 mm 处刻划刻度线，试筒口配有橡胶瓶口塞。

(2)冲洗管：如图 3-23 所示 。管的上部有一个开关，下部有一个不锈钢两侧带孔尖头，孔径为 1 mm±0.1 mm。

(3)透明玻璃或塑料桶：容积 5 L，有一根虹吸管放置桶中。

(4)橡胶管(或塑料管)：长约 1.5 m，内径约 5 mm，同冲洗管连在一起吸液用，配有金属夹，以控制冲洗液流量。

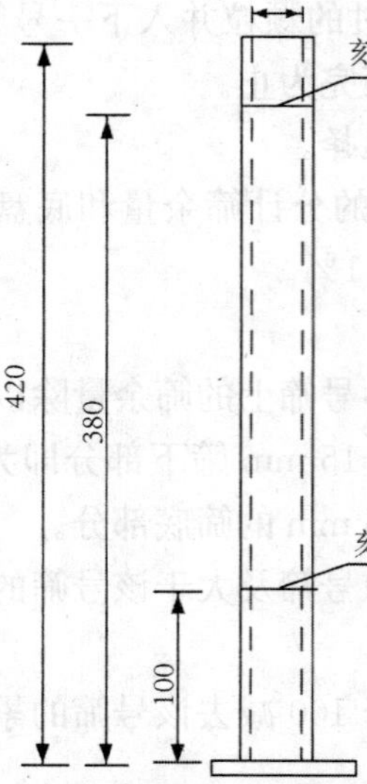

图 3-22　透明圆柱形试筒　(单位：mm)

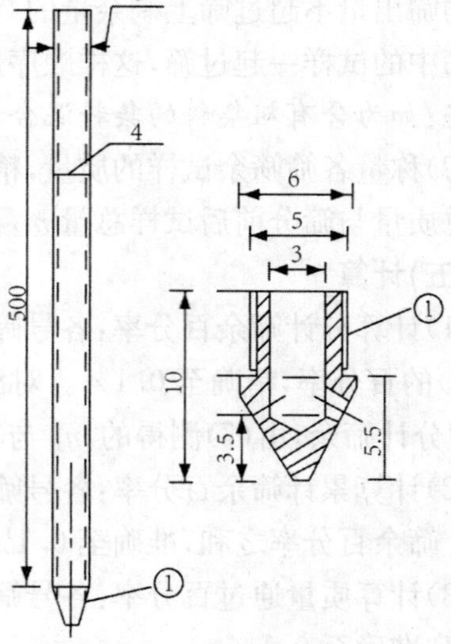

图 3-23　冲洗管　(单位：mm)

(5)配重活塞：如图 3-24 所示，由长 440 mm±0.25 mm 的杆、直径 25 mm±0.1 mm 的底座(下面平坦、光滑，垂直杆轴)、套筒和配重组成。且在活塞上有三个横向螺丝可保持活塞在试筒中间，并使活塞与试筒之间有一条小缝隙。

套筒为黄铜或不锈钢制，厚 10 mm±0.1 mm，大小适合试筒并且引导活塞杆，能标记筒中活塞下沉的位置。套筒上有一个螺钉用以固定活塞杆。配重为 1 kg±5 g。

(6)机械振荡器：可以使试筒产生横向的直线运动振荡，振幅 203 mm±1.0 mm，频率 180 次/min±2 次/min。

(7)天平：称量 1 kg，感量不大于 0.1 g。

(8)烘箱：能使温度控制在 105 ℃±5 ℃。

(9)透明玻璃或塑料桶：容积 5 L，有一根虹吸管放置桶中，桶底面高出工作台约 1 m。

(10)标准筛：筛孔为 4.75 mm。

(11)温度计、秒表。

(12)广口漏斗：玻璃或塑料制，口的直径 100 mm 左右。

(13)钢板尺：长 50 cm，刻度 1 mm。

(14)其他：量筒(500 mL)，烧杯(1 L)，塑料桶(5 L)、刷子、盘子、刮刀、勺子等。

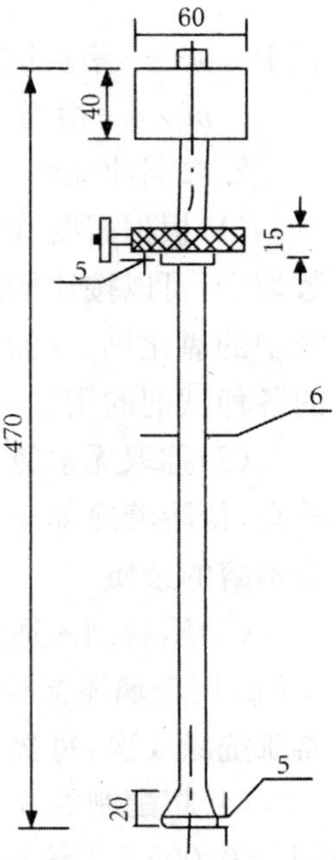

图 3-24　配重活塞

(单位：mm)

2. 试剂

(1)无水氯化钙($CaCl_2$)：分析纯，含量 96%以上，分子量 110.99，纯品为无色立方结晶，在水中溶解度大，溶解时放出大量热，它的水溶液呈微酸性，具有一定的腐蚀性。

(2)丙三醇($C_3H_8O_3$)：又称甘油，分析纯，含量 98%以上，分子量 92.09。

(3)甲醛(HCHO)：分析纯，含量 36%以上，分子量 30.03。

(4)洁净水或纯净水。

(三)试验准备

1. 试样制备

(1)将样品通过孔径 4.75 mm 筛，去掉筛上的粗颗粒部分，试样数量不少于 1 000 g。如样品过分干燥，可在筛分之前加少量水分润湿(含水率 3%左右)，用包橡胶的小锤打碎土块，然后再过筛，以防止将土块作为粗颗粒筛除。当粗颗粒部分被在筛分时不能分离的杂质裹覆时，应将筛上部分的粗集料进行清洗，并回收其中的细粒放入试样中。

注：在配制稀浆封层及微表处混合料时，4.75 mm 部分经常是由两种以上的集料混合而成，如由 3～5 mm 和 3 mm 以下石屑混合，或由石屑与天然砂混合组成时，可分别对每种集料按本方法测定其砂当量，然后按组成比例计算合成的砂当量。为减少工作量，通常做法是将样品按配比混合组成后用 4.75 mm 过筛，测定集料混合料的砂当量，以鉴定材料是否合格。

(2)测定试样含水率，试验用的样品，在测定含水率和取样试验期间不要丢失水分。

由于试样是加水湿润过的，对试样含水率应按现行含水率测定方法进行，含水率以两次测定的平均值计，准确至 0.1%。经过含水率测定的试样不得用于试验。

(3)称取试样的湿重：根据测定的含水率按式(3-50)计算相当于 120 g 干燥试样的样品湿重，准确至 0.1 g。

$$m_1=\frac{120\times(100+\omega)}{100} \tag{3-50}$$

式中　ω——集料试样的含水率(%)；

m_1——相当于干燥试样 120 g 时的潮湿试样的质量，g。

2. 配制冲洗液

(1)根据需要确定冲洗液的数量，通常一次配制 5 L 约可进行 10 次试验。如试验次数较少，可以按比例减少，但不宜少于 2 L，以减小试验误差。冲洗液的浓度以每升冲洗液中的氯化钙、甘油、甲醛含量分别为 2.79 g、12.12 g、0.34 g 控制。称取配制 5 L 冲洗液的各种试剂的用量：氯化钙 14.0 g，甘油 60.6 g，甲醛 1.7 g。

(2)称取无水氯化钙 14.0 g 放入烧杯中，加洁净水 30 mL，充分溶解，此时溶液温度会升高，待溶液冷却至室温，观察是否有不溶的杂质，若有杂质必须用滤纸将溶液过滤，以除去不溶的杂质。

(3)然后倒入适量洁净水稀释，加入甘油 60.6 g，用玻璃棒搅拌均匀后再加入甲醛 1.7 g，用玻璃棒搅拌均匀后全部倒入 1 L 量筒中，并用少量洁净水分别对盛过 3 种试剂的器皿洗涤 3 次，每次洗涤的水均放入量筒中，最后加入洁净水至 1 L 刻度线。

(4)将配制的 1 L 溶液倒入塑料桶或其他容器中，再加入 4 L 洁净水或纯净水稀释至 5 L±0.005 L。该冲洗液的使用期限不得超过 2 周，超过 2 周后必须废弃，其工作温度为 22 ℃±3 ℃。

注：有条件时，可向专门机构购买高浓度的冲洗液，按照要求稀释后使用。

(四)试验步骤

(1)用冲洗管将冲洗液加入试筒，直到最下面的 100 mm 刻度处(约需 80 mL 试验用冲洗液)。

(2)把相当于 120 g±1 g 干料重的湿样用漏斗仔细地倒入竖立的试筒中。

(3)用手掌反复敲打试筒下部，以除去气泡，并使试样尽快润湿，然后放置 10 min。

(4)在试样静止 10 min±1 min 后，在试筒上塞上橡胶塞堵住试筒，用手将试筒横向水平放置，或将试筒水平固定在振荡机上。

(5)开动机械振荡器，在 30 s±1 s 的时间内振荡 90 次。用手振荡时，仅需手腕振荡，不必晃动手臂，以维持振幅 230 mm±25 mm，振荡时间和次数与机械振荡器同。然后将试筒取下竖直放回试验台上，拧下橡胶塞。

(6)将冲洗管插入试筒中，用冲洗液冲洗附在试筒壁上的集料，然后迅速将冲洗管插到试筒底部，不断转动冲洗管，使附着在集料表面的土粒杂质浮游上来。

(7)缓慢匀速向上拔出冲洗管，当冲洗管抽出液面，且保持液面位于 380 mm 刻度线时，切断冲洗管的液流，使液面保持在 380 mm 刻度线处，然后开动秒表在没有扰动的情况下静置 20 min±15 s。

(8)如图 3-25 所示，在静置 20 min 后，用尺量测从试筒底部到絮状凝结物上液面的高度(h_1)。

(9)将配重活塞徐徐插入试筒里，直至碰到沉淀物时，立即拧紧套筒上的固定螺丝。将活塞取出，用直尺插入套筒开口中，量取套筒顶面至活塞底面的高度 h_2，准确至 1 mm。

同时记录试筒内的温度;准确至 1 ℃。

(10)按上述步骤进行 2 个试样的平行试验。

注:①为了不影响沉淀的过程.试验必须在无振动的水平台上进行。随时检查试验的冲洗管口,防止堵塞。

②由于塑料在太阳光下容易变得不透明,应尽量避免将塑料试筒等直接暴露于太阳光下,盛试验溶液的塑料桶用毕要清洗干净。

(五)计算

(1)试样的砂当量值按式(3-51)计算。

$$SE=\frac{h_1}{h_2}\times 100 \tag{3-51}$$

式中　SE——试样的砂当量(%);

h_2——试筒中用活塞测定的集料沉淀物的高度,mm;

h_1——试筒中絮凝物和沉淀物的总高度,mm。

(2)一种集料应平行测定两次,取两个试样的平均值,并以活塞测得砂当量为准,并以整数表示。

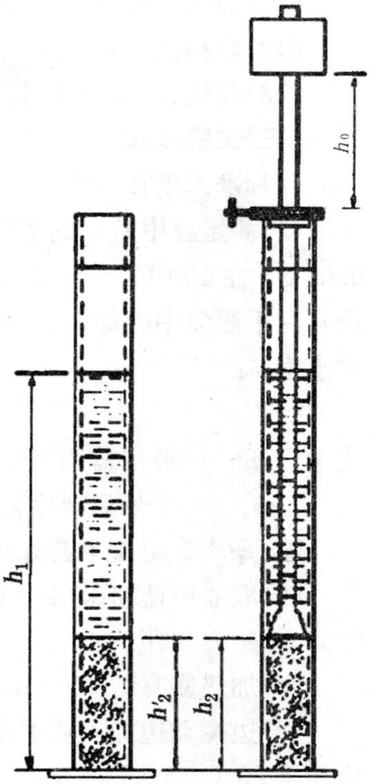

图 3-25　读数示意图

十二、细集料亚甲蓝试验

(一)目的与适用范围

(1)本方法适用于确定细集料中是否存在膨胀性黏土矿物,并测定其含量,以评定集料的洁净程度,以亚甲蓝值 MBV 表示。

(2)本方法适用于小于 2.36 mm 或小于 0.15 mm 的细集料,也可用于矿粉的质量检验。

(3)当细集料中的 0.075 mm 通过率小于 3%时,可不进行此项试验即作为合格看待。

(二)试剂、材料与仪器设备

(1)亚甲蓝($C_{16}H_{18}ClN_3S\cdot 3H_2O$):纯度不小于 98.5%;

(2)移液管:5 mL、2 mL 移液管各一个;

(3)叶轮搅拌机:转速可调,并能满足 600 r/min±60 r/min 的转速要求,叶轮个数 3 或 4 个,叶轮直径 75 mm±10 mm;

注:其他类型的搅拌器也可使用,但试验结果必须与使用上述搅拌器时基本一致。

(4)鼓风烘箱:能使温度控制在 105 ℃±5 ℃;

(5)天平:称量 1 000 g、感量 0.1 g 及称量 100 g、感量 0.01 g 各 1 台;

(6)标准筛:孔径为 0.075 mm、0.15 mm、2.36 mm 的方孔筛各 1 只;

(7)容器:深度大于 250 mm,要求淘洗试样时,保持试样不溅出;

(8)玻璃容量瓶:1 L;

(9)定时装置:精度 1 s;

(10)玻璃棒:直径 8 mm,长 300 mm,2 支;

(11)温度计:精度 1 ℃;

(12)烧杯:1 000 mL;

(13)其他:定量滤纸、搪瓷盘、毛刷、洁净水等。

(三)试验步骤

1. 标准亚甲蓝溶液(10.0 g/L±0.1 g/L 标准浓度)配制

(1)测定亚甲蓝中的水分含量 ω。称取 5 g 左右的亚甲蓝粉末,记录质量 m_h,精确到 0.01 g。在 100 ℃±5 ℃的温度下烘干至恒重(若烘干温度超过 105 ℃,亚甲蓝粉末会变质),在干燥器中冷却,然后称重,记录质量 m_g,精确到 0.01 g。按式(3-52)计算亚甲蓝的含水率 ω:

$$\omega=(m_h-m_g)/m_g\times 100 \tag{3-52}$$

式中　m_h——亚甲蓝粉末的质量,g;

m_g——干燥后亚甲蓝的质量,g。

注:每次配制亚甲蓝溶液前,都必须首先确定亚甲蓝的含水率。

(2)取亚甲蓝粉末(100+ω)(10 g±0.01 g)/100(即亚甲蓝干粉末质量 10 g),精确至 0.01 g。

(3)加热盛有约 600 mL 洁净水的烧杯,水温不超过 40 ℃。

(4)边搅动边加入亚甲蓝粉末,持续搅动 45 min,直至亚甲蓝粉末全部溶解为止,然后冷却至 20 ℃。

(5)将溶液倒入 1 L 容量瓶中,用洁净水淋洗烧杯等,使所有亚甲蓝溶液全部移入容量瓶,容量瓶和溶液的温度应保持在 20 ℃±1 ℃,加洁净水至容量瓶 1 L 刻度。

(6)摇晃容量瓶以保证亚甲蓝粉末完全溶解。将标准液移入深色储藏瓶中,亚甲蓝标准溶液保质期应不超过 28 d。配制好的溶液应标明制备日期、失效日期,并避光保存。

2. 制备细集料悬浊液

(1)取代表性试样,缩分至约 400 g,置烘箱中在 105 ℃±5 ℃条件下烘干至恒重,待冷却至室温后,筛除大于 2.36 mm 颗粒,分两份备用。

(2)称取试样 200 g,精确至 0.1 g。将试样倒入盛有 500 mL±5 mL 洁净水的烧杯中,将搅拌器速度调整到 600 r/min,搅拌器叶轮离烧杯底部约 10 mm。搅拌 5 min,形成悬浊液,用移液管准确加入 5 mL 亚甲蓝溶液,然后保持 400 r/min±40 r/min 转速不断搅拌,直到试验结束。

3. 亚甲蓝吸附量的测定

(1)将滤纸架空放置在敞口烧杯的顶部,使其不与任何其他物品接触。

(2)细集料悬浊液在加入亚甲蓝溶液并经 400 r/min±40 r/min 转速搅拌 1 min 起,在滤纸上进行第一次色晕检验。即用玻璃棒沾取一滴悬浊液滴于滤纸上,液滴在滤纸上形成环状,中间是集料沉淀物,液滴的数量应使沉淀物直径在 8～12 mm 之间。外围环绕一圈无色的水环,当在沉淀物周围边缘放射出一个宽度 1 mm 左右的浅蓝色色晕时(见图 3-26),试验结果称为阳性。

注:由于集料吸附亚甲蓝需要一定的时间才能完成,在色晕试验过程中,色晕可能在出现后又消失了。为此,需每隔 1 min 进行一次色晕检验,连续 5 次出现色晕方为有效。

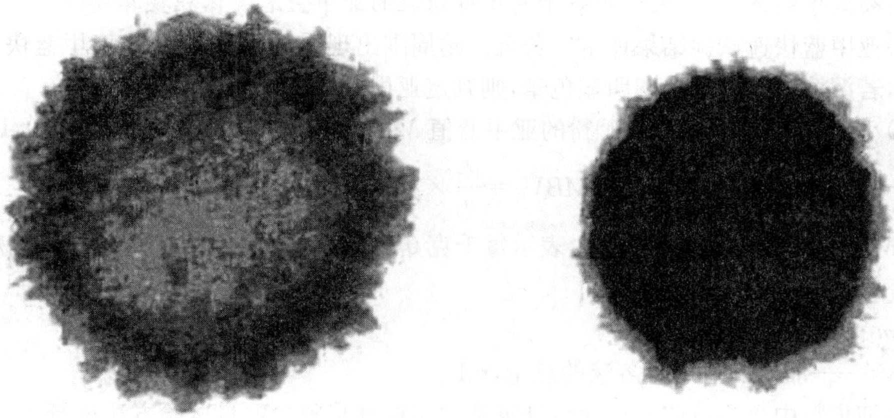

图 3-26　亚甲蓝试验得到的色晕图像
（左图符合要求，右图不符合要求）

（3）如果第一次的 5 mL 亚甲蓝没有使沉淀物周围出现色晕，再向悬浊液中加入 5 mL 亚甲蓝溶液，继续搅拌 1 min，再用玻璃棒沾取一滴悬浊液，滴于滤纸上，进行第二次色晕试验。若沉淀物周围仍未出现色晕，重复上述步骤，直到沉淀物周围放射出约 1 mm 的稳定浅蓝色色晕。

（4）停止滴加亚甲蓝溶液，但继续搅拌悬浊液，每 1 min 进行一次色晕试验。若色晕在最初的 4 min 内消失，再加入 5 mL 亚甲蓝溶液；若色晕在第 5 min 消失，再加入 2 mL 亚甲蓝溶液。两种情况下，均应继续搅拌并进行色晕试验，直至色晕可持续 5 min 为止。

（5）记录色晕持续 5 min 时所加入的亚甲蓝溶液总体积，精确至 1 mL。

注：试验结束后应立即用水彻底清洗试验用容器。清洗后的容器不得含有清洁剂成分，建议将这些容器作为亚甲蓝试验的专门容器。

4. 亚甲蓝的快速评价试验

（1）按上述制备细集料悬浊液。

（2）一次性向烧杯中加入 30 mL 亚甲蓝溶液，以 400 r/min±40 r/min 转速持续搅拌 8 min，然后用玻璃棒沾取一滴悬浊液，滴于滤纸上，观察沉淀物周围是否出现明显色晕。

（3）小于 0.15 mm 粒径部分的亚甲蓝值 MBV_F 的测定：

按上述（1）～（3）的规定准备试样，进行亚甲蓝试验测试，但试样为 0～0.15 mm 部分，取 30 g±0.1 g。

（4）用筛洗法测定细集料中含泥量或石粉含量。

（四）计算

（1）细集料亚甲蓝值 MBV 按式（3-53）计算，精确至 0.1。

$$MBV=\frac{V}{m}\times 10 \tag{3-53}$$

式中　MBV——亚甲蓝值，g/kg，表示每千克 0～2.36 mm 粒级试样所消耗的亚甲蓝克数；

m——试样质量，g；

V——所加入的亚甲蓝溶液的总量，mL。

注：公式中的系数 10 用于将每千克试样消耗的亚甲蓝溶液体积换算成亚甲蓝质量。

(2)亚甲蓝快速试验结果评定。若沉淀物周围出现明显色晕，则判定亚甲蓝快速试验为合格，若沉淀物周围未出现明显色晕，则判定亚甲蓝快速试验为不合格。

(3)小于 0.15 mm 部分或矿粉的亚甲蓝值 MBV_F 按式(3-54)计算，精确至 0.1。

$$MBV_F=\frac{V_1}{m_1}\times 10 \qquad (3\text{-}54)$$

式中 MBV_F——亚甲蓝值，g/kg，表示每千克 0～0.15 mm 粒级或矿粉试样所消耗的亚甲蓝克数；

m_1——试样质量，g；

V_1——加入的亚甲蓝溶液的总量，mL。

(4)细集料中含泥量或石粉含量计算和评定按细集料含泥量试验方法进行。

十三、矿质混合料级配设计

矿质混合料级配设计的目的是选配一个具有足够密实度并且具有较大内摩阻力的矿质混合料。可以根据已有的级配理论计算出所需要的矿质混合料的级配范围。

(一)矿质混合料的级配理论

1. 最大密度曲线理论(富勒理论)

富勒在大量试验基础上提出的一种理想曲线(见图 3-27)。该理论认为"矿质混合料的颗粒级配曲线愈接近抛物线，则其密度愈大"。根据上述理论，当矿物混合料的级配曲线为抛物线时，最大密度理想曲线集料各级粒径 d 与通过百分率 P 可表示为式(3-55)：

$$P^2=kd \qquad (3\text{-}55)$$

式中 d——矿质混合料各级颗粒粒径，mm；

P——各级颗粒粒径集料的通过百分率(%)；

k——统计参数，常数。

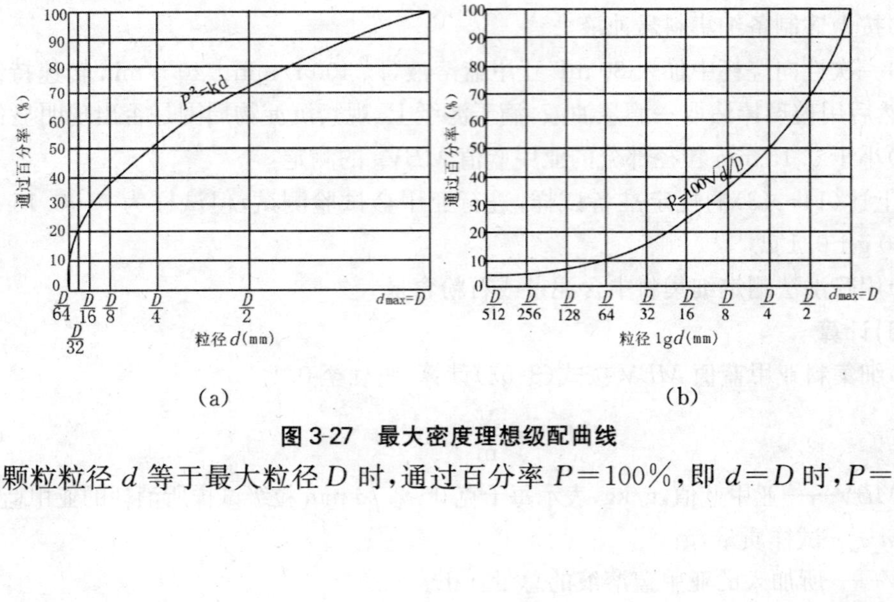

图 3-27 最大密度理想级配曲线

当颗粒粒径 d 等于最大粒径 D 时，通过百分率 $P=100\%$，即 $d=D$ 时，$P=100\%$。故

$$K=100^2\times\frac{1}{D} \tag{3-56}$$

当希望能够求任一级颗粒粒径 d 的通过百分率 P 时，可将式(3-56)代入式(3-55)，得：

$$P=100\times\sqrt{\frac{d}{D}}=100\times\left(\frac{d}{D}\right)^{0.5} \tag{3-57}$$

式中　d——矿质混合料各级颗粒粒径，mm；

D——矿质混合料的最大粒径，mm；

P——各级颗粒粒径集料的通过百分率(%)。

式(3-57)就是最大密度理想级配曲线的级配组成计算公式。根据这个公式，可以计算出矿质混合料最大密度时各级粒径的通过量。

2. 最大密度曲线 n 次幂公式

最大密度曲线是一种理想的、密实度最大的级配曲线。在实际应用中，矿质混合料的级配曲线应该允许在一定的范围内波动，为此，泰波在式(3-57)的基础上进行了修正，给出级配曲线范围的计算公式(3-58)：

$$P=100\times\left(\frac{d}{D}\right)^{n} \tag{3-58}$$

式中　n——级配指数；

P、d、D 意义同前。

在工程实践中，集料的最大理论密度曲线为级配指数 $n=0.45$ 的级配曲线，常用矿质混合料的级配指数一般在 0.3～0.7。

(二)矿质混合料的组成设计方法

1. 试算法

基本原理是：设有集中矿质集料，欲配制某种一定级配要求的混合料。在决定各组成集料在混合料中的比例时，先假定混合料中某种粒径的颗粒是由某一种对该粒径占优势的集料所组成，而其他各种集料不含这种粒径。如此，根据各个主要粒径去试算各种集料在混合料中的大致比例。如果比例不合适，则稍加调整，这样逐步渐进，最终达到符合混合料级配要求的各集料配合比例。

设有 A、B、C 三种集料，欲配制成级配为 M 的矿质混合料，求出 A、B、C 集料在混合料中的比例，即为配合比。

按题意作下列两点假设：

$$X+Y+Z=100 \tag{3-59}$$

设 A、B、C 三种集料在混合料 M 中的用量比例分别为 X、Y、Z，则

$$a_{A(i)}\cdot X+a_{B(i)}\cdot Y+a_{C(i)}\cdot Z=a_{M(i)} \tag{3-60}$$

又设混合料 M 中某一级粒径(i)要求的含量为 $M(i)$，A、B、C 三种集料中该粒径的含量分别为 $A(i)$、$B(i)$、$C(i)$。

计算步骤：

(1)计算 A 集料在矿质混合料中的用量比例。

首先，找出A集料占优势含量的某一粒径，如粒径(i)，而忽略B、C集料在此粒径的含量，即B集料和C集料该粒径的含量 $a_{B(i)}$ 和 $a_{C(i)}$ 均等于零。

A集料在混合料中的用量：

$$X=\frac{a_{M(i)}}{a_{A(i)}}\cdot 100 \tag{3-61}$$

(2)计算C集料在矿质混合料中的用量比例。

原理同前，设C集料的优势粒径为 j(mm)，则A集料和B集料在该粒径的含量 $a_{A(j)}$ 和 $a_{B(j)}$ 均等于零。

C集料在混合料中的用量：

$$Z=\frac{a_{M(j)}}{a_{C(j)}}\cdot 100 \tag{3-62}$$

(3)计算B集料在矿质混合料中的用量比例。

由前式得出B集料在矿质混合料中的用量：

$$Y=100-(X+Z) \tag{3-63}$$

(4)校核调整。

按以上计算的配合比计算合成级配，如不在要求的级配范围内，应调整。重新计算和复核配合比，经几次调整，直到符合要求为止。

如经计算确不能满足级配要求时，可掺加某些单粒级集料，或调换其他原始集料。

2. 图解法

基本原理：通常级配曲线图采用半对数坐标图绘制，所绘出的级配范围中值为一抛物线。图解法中，为使要求级配中值呈一直线，采用纵坐标的通过量(P_i)为算术坐标，而横坐标的粒径采用 $(d/D)^n$ 表示，则绘出的级配曲线中值为直线。如图3-28所示。

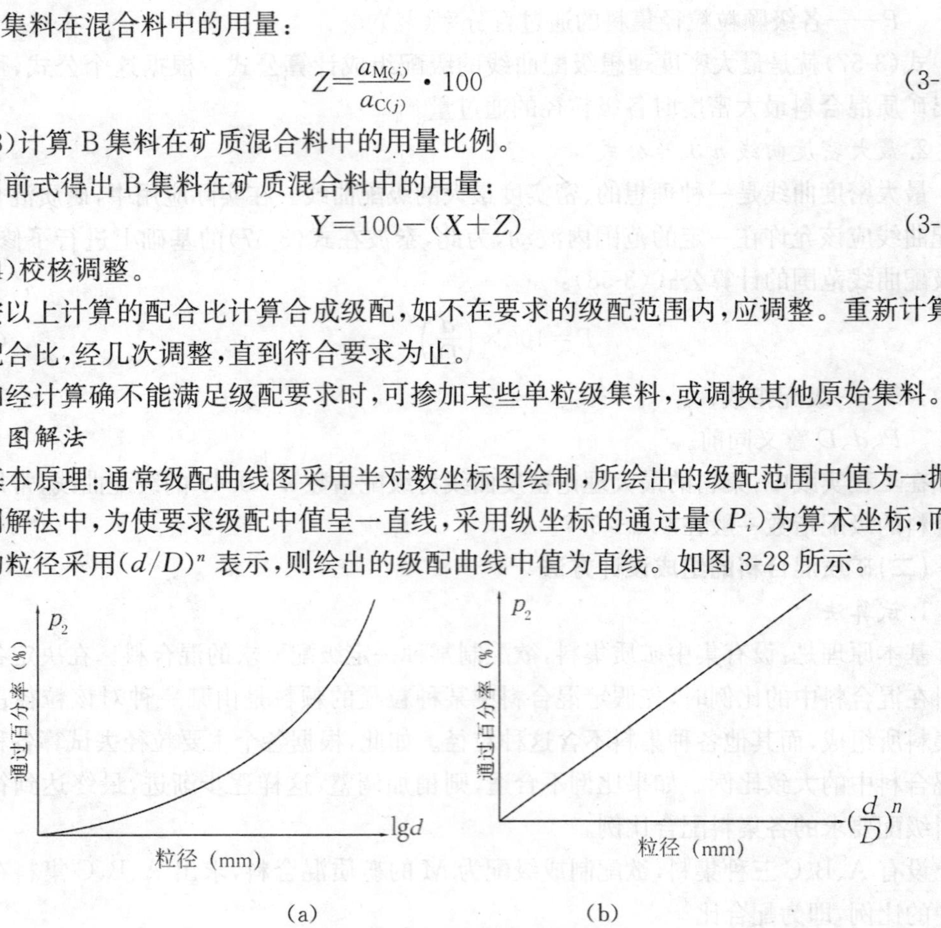

图3-28　图解法级配曲线坐标图

图解法设计步骤如下：

(1)绘制级配曲线坐标图。在设计说明书上按规定尺寸绘一方形图框，通常纵坐标通过量取10 cm，横坐标筛孔尺寸(或粒径)取15 cm；连接对角线 OO'(见图3-29)作为要求的级配曲线中值。将要求的级配中值的各筛孔通过百分率标于纵坐标上，从纵坐标引水平线与对角线相交，再从交点作竖直线与横坐标相交，其交点即为各相应筛孔尺寸的位置。

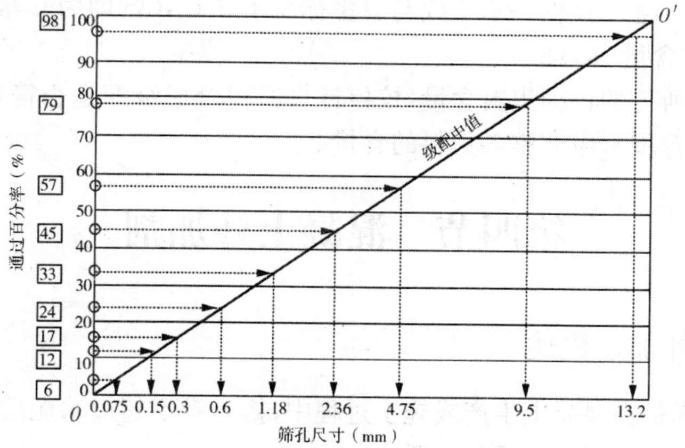

图 3-29　图解法用级配曲线坐标图

(2)确定各种集料含量。将各种集料的通过量绘于级配曲线坐标图上。因为实际集料的相邻级配曲线并不是像计算原理所述的那样均为首尾相接。可能有下列三种情况(见图 3-30)。根据各集料之间的关系，分别按下述方法确定各种集料含量。

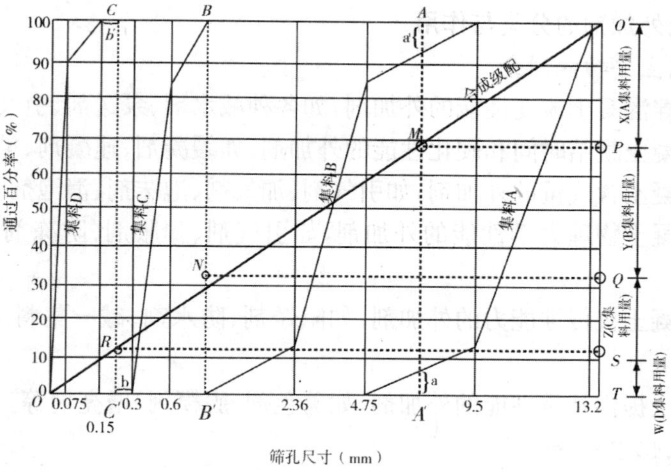

图 3-30　组成集料级配曲线和要求合成级配

两相邻级配曲线重叠：如集料 A 的级配曲线的下部与集料 B 的级配曲线的上部搭接时，在两级配曲线之间引一根垂直于横坐标的直线(即 $a=a'$)AA'与对角线OO'交于点 M，通过 M 作一水平线与纵坐标交于 P 点。$O'P$ 即为集料 A 的含量。

两相邻级配曲线相接：如集料 B 的级配曲线末端位于集料 C 的级配曲线首端，正好在同一竖直线上时，将前一集料曲线末端与后一集料曲线首端作竖直线相连，竖直线 BB' 与对角线 OO' 相交于点 N。通过 N 作一水平线与纵坐标交于 Q 点，PQ 即为集料 B 的含量。

两相邻级配曲线相离：如集料 C 的级配曲线末端与集料 D 的级配曲线首端，在水平方向彼此离开一段距离时，作一竖直线平分相离开的距离(即 $b=b'$)，竖直线 CC' 与对角

线 OO' 相交于点 R，通过 R 作一水平线与纵坐标交于 S 点，QS 即为 C 集料的含量。剩余 ST 即为集料 D 的含量。

校核：按图解所得的各种集料含量，校核计算所得合成级配是否符合要求，如不能符合要求（超出级配范围），应调整各集料的含量。

第四节　混凝土外加剂

一、混凝土外加剂概述

混凝土外加剂是在混凝土生产或施工过程中，掺入量不超过水泥质量 5%（特殊情况除外），并能明显改善混凝土性质的物质。

混凝土外加剂是近几十年发展起来的新型建材。混凝土外加剂的应用历史已有半个多世纪，特别是 20 世纪 80 年代以来发展速度很快，其应用范围已扩大到改善混凝土的各方面性能。目前，外加剂品种已发展到 14 大类数百个品种，其产量也日益增加，使其在土木工程建设中的作用越来越重要，并且已经成为现代水泥混凝土技术进步的标志之一。

（一）混凝土外加剂的分类与作用

1. 按外加剂主要功能划分

（1）改善新拌混凝土流变性能的外加剂，如各种减水剂、泵送剂、引气剂、保塑剂等。

（2）调节混凝土凝结时间和硬化性能的外加剂，如缓凝剂、速凝剂、早强剂等。

（3）调节混凝土含气量的外加剂，如引气剂、加气剂、泡沫剂、消泡剂等。

（4）改善混凝土物理力学性能的外加剂，如引气剂、膨胀剂、防冻剂、防水剂、减水剂等。

（5）增加混凝土抗侵蚀能力的外加剂，如阻锈剂、防水剂、碱一集料反应抑制剂、减水剂等。

（6）为混凝土提供特殊性能的外加剂，如着色剂、脱模剂、增亮剂等。

2. 按外加剂化学成分划分

（1）无机物类。有些电解质盐类可在混凝土中与水泥产生某些化学或物理反应，并改善混凝土的某些性能。常用的无机类外加剂有某些钠盐、钾盐、硝酸盐、亚硝酸盐、氯盐、铝酸盐以及某些金属单质（如常用加气剂铝粉）等。

（2）有机物类。作为混凝土外加剂的有机物质以表面活性剂居多，如常用的减水剂、引气剂等。

（二）外加剂在工程中的技术效果

混凝土中掺加不同品种的外加剂将产生不同的技术效果。作为混凝土材料的重要组分，外加剂可在土木工程建设中发挥不同的作用，概括起来主要有以下几方面：

（1）改善新拌混凝土的和易性。掺加外加剂后可增大混凝土的流动性，改善其保水性，提高其黏聚性；从而改善新拌混凝土的施工可操作性，或满足其施工工艺要求，促进其工效与机械化水平的提高，保证混凝土的施工质量。

（2）调节新拌混凝土的凝结、硬化性能。掺加外加剂后可使新拌混凝土产生所期望的缓凝、速凝、早强等作用效果，满足大体积混凝土、夏季或冬季施工混凝土、喷射混凝土的施工技术及施工工艺要求，保证混凝土在特殊条件下的施工性能和质量。

(3)提高混凝土强度。掺加外加剂后可满足工程设计对混凝土强度提出的更高要求，使混凝土在高层建筑、大型桥梁工程及特种结构施工中表现出更优良的性能。

(4)改善混凝土的物理力学性能与耐久性。掺加外加剂后可使混凝土的综合物理力学性能得到明显改善，从而获得性能更为稳定的高性能混凝土，尤其对于混凝土耐久性(抗冻性、抗渗性、耐磨性、抗疲劳性等)有明显提高。

(5)可使混凝土获得某些特殊性能。掺加外加剂后可使混凝土具有某种特殊性能，以满足混凝土在生产、施工及使用过程中所期望的某些特殊要求，获得良好的技术效果。

二、混凝土减水率检测

(一)检测依据

本方法依据 GB 8076－2008《混凝土外加剂》测定混凝土外加剂减水率。

(二)仪器设备

(1)搅拌机：容积为 50～100 L，转速为 18～22 r/min。

(2)台秤：称量为 100 kg，感量 50 g。

(3)托盘天平：1 000 g，感量 0.5g。

(4)托盘天平：5 000 g，感量 1 g。

(5)拌和钢板：尺寸不宜小于 1.5 m×2.0 m；厚度不小于 3 mm。

(6)其他：钢抹子、铁铲、量筒 1 000 mL、坍落度筒、刮尺和钢直尺等。

(三)试验步骤

1. 材料

(1)水泥：应为 GB 8076—2008 规定的基准水泥，即熟料中 C_3A 含量 6%～8%，C_3S 含量 55%～60%，游离 CaO 含量不得超过 1.2%，水泥中总碱量(Na_2O+0.658K_2O)不得超过 1%，水泥比表面积(350±10)m^2/kg。

(2)砂：符合 GB/T 14684 中Ⅱ区要求的细度模数为 2.6～2.9 的中砂，含泥量小于 1%。

(3)石子：符合 GB/T 14685 要求的公称粒径 5～20 mm 的碎石或卵石，采用二级配，其中 5～10 mm 占 40%，10～20 mm 占 60%。满足连续级配要求，针片状物质含量小于 10%，空隙率小于 47%，含泥量小于 0.5%。如有争议，以碎石检测结果为准。

(4)水：符合 JGJ 63－2006 混凝土拌和用水的技术要求。

(5)外加剂：需要检测的外加剂。

2. 配合比

基准(不掺外加剂)混凝土配合比按下列规定设计，掺非引气型外加剂的受检混凝土和其对应的基准混凝土的水泥、砂、石的比例不变。配合比设计应符合以下规定：

(1)水泥用量：掺高性能减水剂或泵送剂的基准混凝土和受检混凝土的单位水泥用量为 360 kg/m^3；掺其他外加剂的基准混凝土和受检混凝土单位水泥用量为 330 kg/m^3。

(2)砂率：掺高性能减水剂或泵送剂的基准混凝土和受检混凝土的砂率均为 43%～

47%；掺其他外加剂的基准混凝土和受检混凝土的砂率为 36%～40%，但掺引气减水剂和引气剂的受检混凝土的砂率应比基准混凝土低 1%～3%。

(3)外加剂掺量：生产厂家推荐的掺量。

(4)用水量：掺高性能减水剂或泵送剂的基准混凝土和受检混凝土的坍落度控制在(210±10)mm，用水量为坍落度在(210±10)mm 时的最小用水量；掺其他外加剂的基准混凝土和受检混凝土的坍落度控制在(80±10)mm。

注：用水量包括液体外加剂、砂、石材料中所含的水量。

3. 混凝土搅拌

采用符合 JG 3036 要求的公称容量为 60 L 的单卧轴式强制搅拌机，搅拌机的拌和物应不少于 20 L，不宜大于 45 L。

外加剂为粉状时，将水泥、砂、石、外加剂一次投入搅拌机，干拌均匀，再加入拌和水，一起搅拌 2 min。外加剂为液体时，将水泥、砂、石、外加剂一次投入搅拌机，干拌均匀，再加入掺有外加剂的拌和水一起搅拌 2 min。

出料后，在铁板上人工翻拌至均匀，再进行试验。各种混凝土试验材料及环境温度均应保持在(20±3) ℃。

4. 混凝土坍落度测定

混凝土坍落度按照 GB/T 50080 进行测定。

(四)结果表示

减水率为坍落度基本相同时，基准混凝土和受检混凝土单位用水量之差与基准混凝土单位用水量之比。

减水率按式(3-64)计算。

$$W_R = \frac{W_0 - W_1}{W_0} \times 100 \tag{3-64}$$

式中 W_R——减水率(%)；

W_0——基准混凝土单位用水量，kg/m^3；

W_1——掺外加剂混凝土单位用水量，kg/m^3。

以 3 批检测的算术平均值计，精确到小数后 1 位。若 3 批检测的最大值或最小值中有 1 个与中间值之差超过中间值 15%，则把最大值与最小值一并舍去，取中间值作为该组检测的减水率。若有 2 个测量值与中间值之差均超过 15%，则该批检测结果无效，应该重做。

三、含固量检测

(一)检测依据

本方法依据 GB/T 8077－2012《混凝土外加剂匀质性试验方法》测定混凝土外加剂固体含量。

(二)仪器设备

(1)天平：不应低于四级，精确至 0.000 1 g；

(2)鼓风电热恒温干燥箱：温度范围 0～200 ℃；

(3)带盖称量瓶:65 mm×25 mm;

(4)干燥器:内盛变色硅胶。

(三)试验步骤

(1)将洁净带盖称量瓶放入烘箱内,于100~105 ℃烘30 min,取出置于干燥器内,冷却30 min后称量,重复上述步骤直至恒重,其质量为 m_0。

(2)将被测试样装入已经恒重的称量瓶内,盖上盖称出试样及称量瓶的总质量为 m_1。

注:液体试样称重3.000 0~5.000 0 g。

(3)将盛有试样的称量瓶放入烘箱内,开启瓶盖,升温至100~105 ℃(特殊品种除外)烘干,盖上盖置于干燥器内冷却30 min后称量,重复上述步骤直至恒重,其质量为 m_2。

(四)结果表示

含固量 $X_{固}$ 按式(3-65)计算:

$$X_{固}=\frac{m_2-m_0}{m_1-m_0}\times 100 \qquad (3\text{-}65)$$

式中　$X_{固}$——固体含量(%);

m_0——称量瓶的质量,g;

m_1——称量瓶加试样的质量,g;

m_2——称量瓶加烘干后试样的质量,g。

注:室内允许差为0.30%,室间允许差为0.50%。

四、含水率检测

(一)检测依据

本方法依据GB/T 8077—2012《混凝土外加剂匀质性试验方法》测定外加剂的含水率。

(二)仪器设备

(1)分析天平:称量200 g,精确至0.000 1 g;

(2)鼓风电热恒温干燥箱:温度范围0~200 ℃;

(3)带盖称量瓶:65 mm×25 mm;

(4)干燥器:内盛变色硅胶。

(三)试验步骤

(1)将洁净带盖的称量瓶放入烘箱内,于105~110 ℃烘30 min,取出置于干燥器内,冷却30 min后称量,重复上述步骤至恒重,称其质量为 m_0。

(2)将待测粉状试样装入已烘至恒重的称量瓶内,盖上盖,称出试样及称量瓶总质量为 m_1,粉状试样称量1.000 0~2.000 0 g。

(3)将盛有试样的称量瓶放入烘箱内,开启瓶盖,升温至105~110 ℃烘干,取出并盖上盖,置于干燥器内。冷却30 min后称量。重复上述步骤至恒重,称其质量为 m_2。

(四)结果表示

含水率按式(3-66)计算:

$$W=\frac{m_1-m_2}{m_1-m_0}\times 100 \qquad (3\text{-}66)$$

式中 W——含水率(%)；

m_0——称量瓶质量，g；

m_1——干燥前试样质量加称量瓶质量，g；

m_2——干燥后试样质量加称量瓶质量，g。

注：含水率试验结果以 3 个试样测试结果的算术平均值表示，精确至 0.1。

五、pH 值检测

(一)检测依据

本方法依据 GB/T 8077－2012《混凝土外加剂匀质性试验方法》测定混凝土外加剂 pH 值。根据奈斯特(nernst)方程 $E=E_0+0.059\,151\,g[H^+]$，$E=E_0+0.059\,15\,pH$，利用一对电极在不同 pH 值溶液中能产生不同电位差，这一对电极由测试电极(玻璃电极)和参比电极(饱和甘汞电极)组成，在 25 ℃时每相差一个单位 pH 值时产生 59.15 mV 的电位差，pH 值可在仪器的刻度表上直接读出。

(二)仪器设备

(1)酸度计；

(2)甘汞电极；

(3)玻璃电极；

(4)复合电极。

(三)试验步骤

1. 测试条件

(1)液体样品直接测试；

(2)固体样品溶液的浓度为 10 g/L；

(3)被测溶液的温度为 20 ℃±3 ℃。

2. 校正

校正按仪器的出厂说明书校正仪器。

3. 测量

当仪器校正好后，先用水，再用测试溶液冲洗电极，然后再将电极浸入被测溶液中轻轻摇动试杯，使溶液均匀。待到酸度计的读数稳定 1 min，记录读数。测量结束后，用水冲洗电极，以待下次测量。

(四)结果表示

酸度计测出的结果即为溶液的 pH 值。

注：室内允许差为 0.2，室间允许差为 0.5。

六、含气量检测

同第五章第二节混凝土含气量试验。

七、细度检测

(一)检测依据

本方法依据 GB/T 8077—2012《混凝土外加剂匀质性试验方法》测定混凝土外加剂细度。

(二)仪器设备

(1)天平:称量 100 g,分度值 0.1 g。

(2)试验筛:采用孔径为 0.315 mm 的铜丝网筛布。筛框有效直径 150 mm,高 50 mm。筛布应紧绷在筛框上,接缝必须严密,并附有筛盖。

(三)试验步骤

外加剂试样应充分拌匀并经 100~150 ℃(特殊品种除外)烘干,称取烘干试样 10 g 倒入筛内,用人工筛样,将近筛完时,必须一手执筛往复摇动,一手拍打,摇动速度约每分钟 120 次。其间,筛子应向一定方向旋转数次,使试样分散在筛布上,直至每分钟通过质量不超过 0.05 g 时为止。称量筛余物,称准至 0.1 g。

(四)结果表示

细度用筛余(%)表示按式(3-67)计算:

$$\text{筛余}=\frac{m_1}{m_0}\times 100 \tag{3-67}$$

式中　m_1——筛余物质量,g;

m_0——试样质量,g。

注:室内允许差为 0.40%,室间允许差为 0.60%。

第五节　钢　材

钢材是土木工程中所使用的主要的材料之一,建筑钢材在土木工程中的应用是多种多样的,可以用作主要的结构材料,也可以用作连接、维护和饰面材料。

一、钢材的分类

(一)按化学成分分类

1.碳素钢

其主要成分是铁和碳,其中含碳量小于 1.35%,以及限量以内的硅、锰、磷、硫等杂质。碳素钢的性能主要取决于含碳量。含碳量增加,钢的强度、硬度升高,塑性、韧性和可焊性降低。与其他钢类相比,碳素钢使用最早,成本低,性能范围宽,用量最大。

根据含碳量不同碳素钢又分为三种:①低碳钢,含碳量<0.25%;②中碳钢,含碳量 0.25%~0.6%;③高碳钢,含碳量>0.6%。

2.合金钢

合金钢是指含有一定量的合金元素的钢。钢中除了含有铁、碳和少量硅、锰、磷、硫等杂质外,还含有一定量的铬、镍、钼、钨、钒、钛、铌、锆、钴、铝、铜、硼、稀土等一种或多种合金元素。其目的是获得高强度、高韧性、耐磨、耐腐蚀、耐低温、耐高温、无磁性等特殊性能。

合金钢按合金元素总含量分为三种:①低合金钢,合金元素总含量<5%;②中合金钢,合金元素总含量 5%~10%;③高合金钢,合金元素总含量>10%。

另外，合金钢按质量分为优质合金钢、特质合金钢；按特性和用途又分为合金结构钢、不锈钢、耐酸钢、耐磨钢、耐热钢、合金工具钢、滚动轴承钢、合金弹簧钢和特殊性能钢（如软磁钢、永磁钢、无磁钢）等。

（二）按冶炼脱氧程度分类

（1）沸腾钢。沸腾钢是脱氧不完全的钢。一般用锰铁和少量铝脱氧后，钢水中还剩余一定数量的氧化铁（FeO）的氧量，氧化铁与碳反应放出一氧化碳气体。因此，在浇注时钢水在钢锭模内呈沸腾现象，故称为沸腾钢。这种钢材的优点是生产成本低、产量高，加工性能好；缺点是钢的杂质多，成分偏析较大，性能不均匀，钢的致密程度较差，抗蚀性、冲击韧性和可焊性差。

（2）镇静钢。镇静钢是脱氧充分的钢。镇静钢在浇注之前不仅用弱脱氧剂锰铁而且还使用强脱氧剂硅铁和铝对钢液进行脱氧，因而钢液的含氧量很低。强脱氧剂硅和铝的加入，使得在凝固过程中，钢液中的氧优先与强脱氧元素铝和硅结合，从而抑制了碳氧之间的反应，所以镇静钢结晶时没有沸腾现象，由此而得名。在正常情况下，镇静钢中没有气泡，但有缩孔和疏松。与沸腾钢相比，这种钢氧化物系夹杂含量较低，纯净度较高。镇静钢的偏析不像沸腾钢那样严重，钢材性能也较均匀。

（3）半镇静钢。半镇静钢是脱氧程度介于沸腾钢和镇静钢之间的钢，浇注时有沸腾现象，但较沸腾钢弱。这类钢具有沸腾钢和镇静钢的某些优点，在冶炼操作上较难掌握。半镇静钢的许多性能、特点，介于镇静钢和沸腾钢之间。这种钢含碳量一般低于 0.25% 的低碳钢，可作为普通或优质碳素结构钢使用。

二、钢材的主要技术性质

钢材作为主要的受力结构材料，不仅需要具有一定的力学性能，同时还要求具有容易加工的工艺性能。其主要的力学性能有抗拉性能、冲击韧性、疲劳强度及硬度。主要的工艺性能有冷弯性能和可焊接性能。

（一）力学性能

1. 抗拉性能

抗拉性能是建筑钢材最主要的技术性能，通过拉伸试验，可以测得屈服强度、抗拉强度和断后伸长率，这些是钢材的重要技术性能指标。

土木工程用钢材可由低碳钢受拉的应力－应变曲线来说明（见图 3-31）。图中 *OABCD* 曲线上任意一点都表示在一定荷载的作用下，钢材的应力 δ 和应变 ε 的关系。由图 3-31 可知，低碳钢的受拉过程明显划分为四个阶段。

1）弹性阶段

应力－应变曲线在 *OA* 范围为一直线，随着荷载的增加，应力和应变成比例增加。*A* 点所对应的应力称为弹性极限；用 σ_p 表示。在这一范围内，应力与应变的比值为一常量，称为弹性模量，用 E 表示，即 $E=\sigma/\varepsilon$。弹性模量说明产生单位应变时所需的应力大小，反映了钢材的刚度，是钢材在受力条件下结构计算的重要指标之一。碳素结构钢 Q235 的弹性模量 $E=2.0\times10^5\sim2.1\times10^5$ MPa，弹性极限 $R_p=180\sim200$ MPa。

2）屈服阶段

应力－应变曲线在 *AB* 曲线范围内，应力与应变不能成比例变化。应力超过 R_c 后，

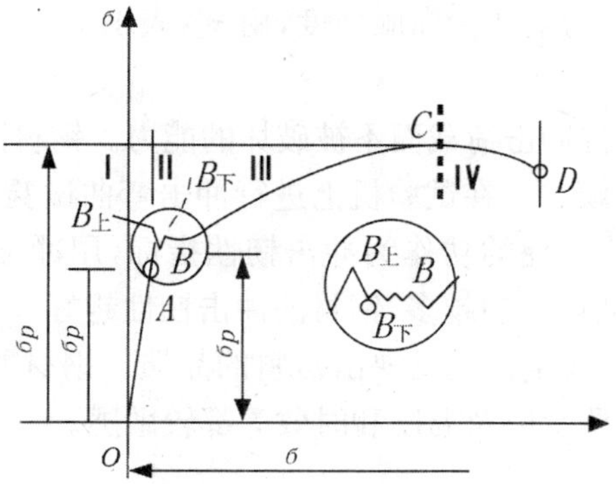

图 3-31　低碳钢拉伸时的应力—应变曲线

即开始产生塑性变形。应力到达 $B_上$ 后，变形急剧增加，应力则在不大的范围内波动，直到 B 点止。$B_上$ 是上屈服强度，$B_下$ 是下屈服强度，也可称为屈服极限，当应力到达 $B_上$ 点时，钢材抵抗外力能力下降，发生“屈服”现象。$B_下$ 是屈服阶段应力波动的次低值，它表示钢材在工作状态下允许达到的应力值，即在 $B_下$ 之前，钢材不会发生较大的塑性变形。故在设计中一般以下屈服强度作为强度取值的依据，用 σ_s 表示。碳素结构钢 Q235 的 σ_s 应不小于 235 MPa。

3）强化阶段

应力一应变曲线在 BC 范围为强化阶段，过 B 点后，抵抗塑性变形的能力又重新提高，变形发展速度比较快，随着应力的提高而增加，对应于最高点 C 的应力，称为抗拉强度或强度极限，用 σ_b 表示。碳素结构钢 Q235 的 σ_b＝380～470 MPa。

抗拉强度不能直接利用，但屈服强度和抗拉强度的比值（即屈强比 σ_s/σ_b）却能反映钢材的利用率和安全性。σ_s/σ_b 越高，钢材的利用率高，但易发生危险的脆性断裂，安全性降低。如果屈强比太小，安全性高，但利用率低，造成钢材浪费。碳素结构钢 Q235 的屈强比在 0.58～0.63。偏低时，工程中常采用冷拉的方法来提高钢材的屈强比。

4）颈缩阶段

CD 为颈缩阶段。过 C 点，材料抵抗变形的能力明显降低，在 CD 范围内，应变速度增加，而应力则反而下降，并在某处会发生“颈缩”现象，直至断裂。

将拉断的钢材拼合后，测出标距部分的长度，便可按下式求得断后伸长率 δ：

$$\delta=\frac{L_1-L_0}{L_0}\times 100\% \tag{3-68}$$

式中　L_0——试件原始标距长度，mm；

　　　L_1——试件拉断后标距部分的长度，mm。

以 δ_5 和 δ_{10} 分别表示 $L_0=5d_0$ 和 $L_0=10d_0$ 时的断后伸长率，d_0 为试件的原直径或厚度。对于同一钢材，$\delta_5>\delta_{10}$。

伸长率反映了钢材的塑性大小，在工程中具有重要意义。塑性大，钢质软，结构塑性变形大，影响使用。塑性小，钢质硬脆，超载后易断裂破坏。塑性良好的钢材，会使内部应力重新分布，不致由于应力集中而发生脆断。

对于含碳量及合金元素含量较高的硬钢，在外力作用下没有明显的屈服阶段，通常以

0.2%残余变形时对应的应力值作为屈服强度，用$\sigma_{0.2}$表示。

2. 冲击韧性

冲击韧性是指钢材抵抗冲击荷载而不被破坏的能力。钢材的冲击韧性是用标准试件（中部加工有V形或U形缺口），在试验机上进行冲击弯曲试验后确定，试件缺口处受冲击，以缺口处单位面积上所消耗的功作为冲击韧性指标，用冲击韧性值α_k(J/cm^2)表示。α_k越大，表示冲断试件时消耗的功越多，钢材的冲击韧性越好。

钢材进行冲击试验，能较全面地反映出材料的品质。钢材的冲击韧性对钢的化学成分、组织状态、冶炼和轧制质量以及温度和时效等都较敏感。

3. 耐疲劳性

钢材在交变荷载反复作用下，在远低于屈服点时发生突然破坏，这种破坏叫疲劳破坏。若发生破坏的危险应力是在规定周期（交变荷载反复作用的次数）内的最大应力，则称其为疲劳极限或疲劳强度。此时规定的周期N称为钢材的疲劳寿命。

测定疲劳极限时，应根据结构的受力特点确定应力循环类型（拉一拉型、拉一压型等）、应力特征值ρ（最小最大应力比）和周期基数。例如测定钢筋的疲劳极限，常用改变大小的拉应力循环来确定ρ值，对非预应力筋一般为0.1～0.8，预应力筋则为0.7～0.85；周期基数一般为200万或400万次。

试验证明，钢材的疲劳破坏，先在应力集中的地方出现疲劳裂纹，然后在交变荷载反复作用下，裂纹尖端产生应力集中，致使裂纹逐渐扩大，而产生瞬时疲劳断裂。钢材疲劳极限不仅与其化学成分、组织结构有关，而且与其截面变化、表面质量以及内应力大小等可能造成应力集中的各种因素有关。

4. 硬度

硬度是指钢材对外界物体压陷、刻划等作用的抵抗能力。硬度是衡量钢材软硬程度的一项重要的性能指标，它既可理解为是钢材抵抗弹性变形、塑性变形或破坏的能力，也可表述为钢材抵抗残余变形和反破坏的能力。硬度不是一个简单的物理概念，而是材料弹性、塑性、强度和韧性等力学性能的综合指标。

测定钢材硬度的方法有布氏法(HB)、洛氏法(HRC)，较常用的是布氏法。

布氏法是在布氏硬度机上用一规定直径的硬质钢球，加以一定的压力，将其压入钢材表面，使形成压痕，将压力除以压痕面积所得应力值为该钢材的布氏硬度值，以数字表示，不带单位。数值越大，表示钢材越硬。

洛氏法是在洛氏机上根据测量的压痕深度来计算硬度值。在规定的外加载荷下，将钢球或金刚石压头垂直压入试件表面，产生压痕，测试压痕深度，利用洛氏硬度计算公式计算出洛氏硬度，用“HRC”来表示。压痕越浅，HRC值越大，材料硬度越高。

(二)工艺性能

钢材不仅应具有优良的力学性能，还应具有良好的工艺性能，以满足施工工艺的要求。其中冷弯性能和焊接性能是钢材重要的工艺性能。

1. 冷弯性能

冷弯性能是指钢材在常温下能承受弯曲而不破裂的性能。钢材冷弯性能指标，用试件在常温下所承受的弯曲程度表示。冷弯试验是将钢材按规定弯曲角度与弯心直径弯曲

(见图 3-32)，检查受弯部位的外拱面和两侧面，不发生裂纹、起层或断裂为合格，弯曲角度越大，弯心直径对试件厚度(或直径)的比值愈小，则表示钢材冷弯性能越好。

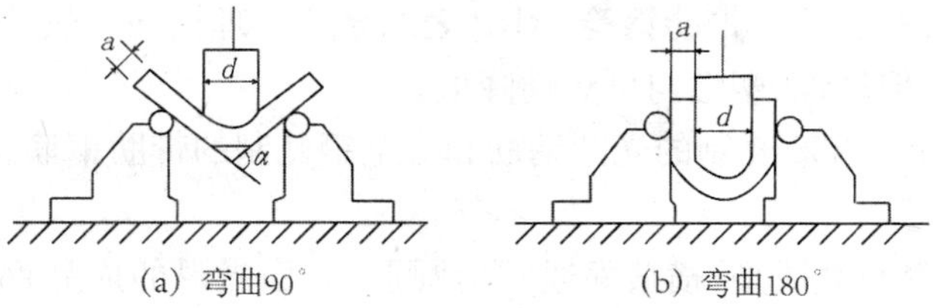

图 5-32　钢材冷弯示意图(d—弯心直径；a—试件厚度或直径)

钢材的冷弯性能反映钢材在常温下弯曲加工发生塑性变形时对产生裂纹抵抗能力，不仅是检验钢材的冷加工能力和显示钢材的内部缺陷状态的一项指标，并且也是考虑钢材在复杂应力状态下发展裂纹变形能力的一项指标。

一般来说，钢材的塑性愈大，其冷弯性能愈好。

2. 焊接性能

焊接性能主要指钢材的可焊性，也就是钢材之间通过焊接方法连接在一起的结合性能，是钢材固有的焊接特性。

建筑工程中，焊接是钢材的主要连接方式；在钢筋混凝土工程中，焊接广泛应用于钢筋接头、钢筋网、钢筋骨架和预埋件的连接。因此，要求钢材具有良好的可焊接性能。

钢材主要有两种焊接方法：电弧焊(钢结构焊接用)和接触对焊(钢筋连接用)。由于在焊接过程中的高温作用和焊接后急剧冷却作用，存在剧烈的膨胀和收缩，焊缝及附近的过热区将发生晶体组织及结构变化，产生局部变形及内应力，使焊件易产生变形、内应力组织的变化和局部硬脆性倾向等缺陷，降低了焊接的质量。可焊性良好的钢材，焊缝处性质应与钢材尽可能相同，焊接才能获得牢固可靠、硬脆性小的效果。

钢的化学成分、冶炼质量及冷加工等都可影响焊接性能。含碳量超过 0.3%的碳素钢可焊性变差；硫、磷及气体杂质会使可焊性降低；加入过多的合金元素也将降低可焊性。对于高碳钢及合金钢，为改善焊接质量，一般需要采用预热和焊后处理以保证质量。此外，正确的焊接工艺也是保证焊接质量的重要措施。

钢筋焊接应注意：冷拉钢筋的焊接应在冷拉之前进行；焊接部位应清除铁锈、熔渣、油污等；应尽量避免不同国家的进口钢筋之间或进口钢筋与国产钢筋之间的焊接。

三、钢筋混凝土用钢材

混凝土结构用钢主要有热轧钢筋、冷轧带肋钢筋、冷轧扭钢筋、热处理钢筋和预应力混凝土用钢丝及钢绞线等。

(一)热轧钢筋

热轧钢筋根据其表面特征分为光圆钢筋和带肋钢筋两类。根据《钢筋混凝土用钢第 1 部分热轧光圆钢筋》(GB 1499.1—2008)(附第 1 号修改单)、《钢筋混凝土用钢第 2 部分热轧带肋钢筋》(GB 1499.2—2008)和《钢筋混凝土用余热处理钢筋》(GB 13014—1991)规定，热轧钢筋分为 HPB300、HRB335、HRB400、HRB500、HRBF335、HRBF400、

HRBF500、RRB400(KL400)八个牌号,H、R、B 分别为热轧(Hotrolled)、带肋(Ribbed)、钢筋(Bars)三个词的英文首位字母。其中,HPB 代表热轧光圆钢筋,HRB 代表热轧带肋钢筋,HRBF 代表细晶粒热轧带肋钢筋,RRB 表示余热处理钢筋。热轧钢筋的牌号越高,则钢筋的强度越高,但韧性、塑性与可焊性降低。

热轧钢筋主要有 Q235 轧制的光圆钢筋和合金钢轧制的带肋钢筋。

1. 热轧光圆钢筋

热轧光圆钢筋经热轧成型,横截面通常为圆形,表面光滑的成品钢筋。它的强度低,但具有塑性好、伸长率高、便于焊接等特点。它的适用范围广,不仅用于中型构件的主要受力钢筋,构件的箍筋,还可用于制作冷拔低碳钢丝。

1)技术要求

(1)钢筋牌号及化学成分(熔炼分析)应符合表 3-32 的规定。

表 3-32　钢筋牌号及化学成分

牌号	化学成分(质量分数),%不大于				
	C	Si	Mn	P	S
HPB300	0.25	0.55	1.50	0.045	0.050

(2)钢中残余元素铬、镍、铜含量应各不大于 0.30%,供方如能保证可不作分析。

(3)钢筋的成品化学成分允许偏差应符合 GB/T 222 的规定。

2)力学性能、工艺性能

(1)钢筋的屈服强度 R_{eL}、抗拉强度 R_m、断后伸长率 A、最大力总延伸率 A_{gt} 等力学性能特征值应符合表 3-33 的规定。表 3-33 所列各力学性能特征值,可作为交货检验的最小保证值。

表 3-33　热轧光圆钢筋的技术要求(GB 1499.1-2008)

牌号	公称直径 a(mm)	屈服强度 R_{eL}(MPa)	抗拉强度 R_m(MPa)	断后伸长率 A(%)	最大力总延伸率 A_{gt}(%)	冷弯试验 180°(d—弯芯直径;a—钢筋公称直径)
		不小于				
HPB300	6~11	300	420	25.0	10.0	$d=a$

(2)根据供需双方协议,伸长率类型可从 A 或 A_{gt} 中选定。如伸长率类型未经协议确定,则伸长率采用 A,仲裁检验时采用 A_{gt}。

(3)弯曲性能

按表 3-32 规定的弯芯直径弯曲 180°后,钢筋受弯曲部位表面不得产生裂纹。

3)表面质量

(1)钢筋应无有害的表面缺陷,按盘卷交货的钢筋应将头尾有害缺陷部分切除。

(2)试样可使用钢丝刷清理,清理后的重量、尺寸、横截面积和拉伸性能满足本标准的要求,锈皮、表面不平整或氧化铁皮不作为拒收的理由。

(3)当带有(2)规定的缺陷以外的表面缺陷的试样不符合拉伸性能或弯曲性能要求时,则认为这些缺陷是有害的。

2. 热轧带肋钢筋

钢筋混凝土用热轧带肋钢筋采用低合金钢热轧而成，横截面通常为圆形，表面带有两条纵肋和沿长度方向均匀分布的横肋。其牌号有 HRB335、HRB400、HRB500、HRBF335、HRBF400、HRBF500 六种，力学性能见表 3-34。热轧带肋钢筋具有较高的强度、较好的塑性及可焊性，主要用于钢筋混凝土结构中的受力筋及预应力筋。

表 3-34　热轧带肋钢筋的力学性能

牌号	屈服强度 R_{el}(MPa)	抗拉强度 R_m(MPa)	断后伸长率 A(%)	最大力总延伸率 A_{gt}(%)
	不小于			
HRB335 HRBF335	335	455	17	7.5
HRB400 HRBF400	400	540	16	
HRB500 HRBF500	500	630	15	

3. 检验项目

每批钢筋的检验项目：取样方法和试验方法应符合表 3-35 的规定。

表 3-35　钢筋取样方法和试验方法

序号	检验项目	取样数量	取样方法	试验方法
1	化学成分 （熔炼分析）	1	GB/T 20066	GB/T 223 GB/T 4336
2	拉伸	2	任选两根钢筋切取	GB/T 228、本标准 8.2
3	弯曲	2	任选两根钢筋切取	GB/T 232、本标准 8.2
4	尺寸	逐支（盘）		本标准 8.3
5	表面	逐支（盘）		目视
6	重量偏差	本标准 8.4	本标准 8.4	

注：对化学分析和拉伸试验结果有争议时，仲裁试验分别按 GB/T 223、GB/T 228 进行。

1）力学性能、工艺性能试验

（1）拉伸、弯曲试验试样不允许进行车削加工。

（2）计算钢筋强度用截面面积采用公称横截面面积。

（3）最大力总延伸率 A_{gt} 的检验，除按表 3-34 规定采用 GB/T 228 的有关试验方法外，也可采用附录 A 的方法。

2）尺寸测量

钢筋直径的测量应精确到 0.1 mm。

3）重量偏差的测量

（1）长度应逐支测量，应精确到 1 mm。测量试样总重量时，应精确到不大于总重量的 1%。

(2)钢筋实际重量与理论重量的偏差(%)按公式(3-69)计算:

$$重量偏差=\frac{试样实际总重量-(试样总长度\times 理论重量)}{试样总长度\times 理论重量}\times 100\% \quad (3\text{-}69)$$

(3)检验结果的数值修约与判定应符合 YB/T 081 的规定。

(二)冷拉钢筋

冷拉钢筋是在常温下,以超过原来钢筋屈服点强度的拉应力,强行拉伸钢筋,使钢筋产生塑性变形以达到提高钢筋屈服点强度。经过冷拉的钢筋可达到除锈、调直、提高强度、节约钢材的目的。热轧钢筋经过冷拉和时效处理后,其屈服点和抗拉强度增大17%~27%,材料变脆,屈服阶段变短,伸长率降低,冷拉时效后强度略有提高。为了保证冷拉钢材的质量,不使冷拉钢筋脆性过大,冷拉操作应采用双控法,即控制冷拉率和冷拉应力。如果冷拉至控制应力而未超过控制冷拉率,则合格;若达到冷拉率,未达到控制应力,则钢筋应降级使用。冷拉钢筋是钢筋加工的常用方法之一。

冷拉钢筋的技术性质应符合表 3-36 的要求。

表 3-36 冷拉钢筋的力学性能

钢筋级别	钢筋直径(mm)	屈服强度(MPa)	抗拉强度(MPa)	伸长率 σ_{10}(%)	冷弯	
		≥			弯曲角度(°)	弯曲直径(mm)
HRB335	≤25	450	510	10	90	$3d$
	28~40	430	490	10	90	$4d$
HRB400	8~40	500	570	8	90	$5d$
HRB500	10~28	700	835	6	90	$5d$

(三)冷轧带肋钢筋

冷轧带肋钢筋是热轧圆盘条经冷轧后,在其表面带有沿长度方向均匀分布的三面或二面横肋的钢筋。国家标准《冷轧带肋钢筋》(GB 13788—2008)规定:冷轧带肋钢筋牌号由 CRB 和钢筋的抗拉强度最小值构成,分为 CRB550、CRB650、CRB800、CRB970 四个牌号。其中,CRB550 钢筋的公称直径范围为 4~12 mm,CRB650 及以上牌号钢筋的公称直径为 4 mm、5 mm、6 mm。各牌号钢筋的力学性能和工艺性能见表 3-37。

冷轧带肋钢筋强度高,塑性、焊接性好,握裹力强,广泛用于中、小预应力混凝土结构和普通钢筋混凝土结构构件中。CRB550 可作为普通混凝土结构的配筋,其他牌号则可作为预应力混凝土结构配筋。由于钢筋表面轧有肋痕,故有效地克服了冷拉、冷拔钢筋与混凝土握裹力低的缺点,同时还具有与冷拉、冷拔钢筋(丝)相接近的强度。

(四)预应力混凝土用热处理钢筋

预应力混凝土用热处理钢筋是用普通热轧中碳低合金钢经淬火和回火调质而成,按外形分为有纵肋和无纵肋两种(均有横肋)。通常有三个规格,即公称直径 6 mm(牌号 $40Si_2Mn$)、8.2 mm(牌号 $48Si_2Mn$)和 10 mm(牌号 $45Si_2Cr$),热处理钢筋抗拉强度、屈服点、伸长率,特别适用于预应力混凝土构件的配筋。为了增加与混凝土的粘接力,钢筋表面常轧有通长的纵筋和均布的横肋。预应力混凝土用热处理钢筋的优点是:强度高,可代替高强钢丝使用；配筋根数少，节约钢材；锚固性好，不易打滑，预应力值稳定；施工简便，开盘后钢筋自然伸直，不需调直及焊接。主要用于预应力混凝土梁、板结构，钢筋混凝土轨枕和吊车梁等。

表 3-37 冷轧带肋钢筋的力学性能和工艺性能

牌号	规定非比例延伸强度 $R_{p0.2}$(MPa) ≥	抗拉强度 R_m(MPa) ≥	伸长率(%) ≥		弯曲试验(180°)	反复弯曲次数	应力松弛 初始应力应为公称抗拉强度的70%（初始应力=0.7 R_m）(1 000 h)(%) ≤
			$A_{11.3}$	A_{100}			
CRB550	500	550	8.0	—	$D=3d$	—	—
CRB650	585	650	—	4.0	—	3	8
CRB800	720	800	—	4.0	—	3	8
CRB970	875	970	—	4.0	—	3	8

注：表中 D 为弯心直径，d 为公称直径。

(五)冷拔低碳钢丝

冷拔低碳钢丝使用 6.5～8 mm 的低碳钢热轧圆盘条经一次或多次冷拔制成的以盘卷供应的光面钢丝。其屈服强度可提高 40%～60%。但是降低了低碳钢的塑性，变得硬脆，属硬钢类钢丝。用作预应力混凝土构件的钢丝，其力学性能应符合 GB 50204－2002 的规定。

(六)预应力混凝土用钢丝及钢绞线

(1)预应力混凝土用钢丝。预应力混凝土用钢丝是用优质碳素结构钢制成的，抗拉强度高达 1 770 MPa，根据《预应力混凝土用钢丝》(GB/T 5223—1995)规定，预应力混凝土用钢丝分为消除应力光圆钢丝(S)、消除应力螺旋肋钢丝(SH)和消除应力刻痕钢丝(SI)。光圆钢丝和螺旋钢丝有 4 mm、5 mm、6 mm、7 mm、8 mm、9 mm，刻痕钢丝有 5 mm、7 mm。刻痕钢丝和螺旋肋钢丝与混凝土的黏结力好。预应力混凝土用钢丝具有强度高、韧性好、无接头、不需冷拉、施工简便、质量稳定、安全可靠等优点。主要用于大跨度屋架及薄腹梁、大跨度吊车梁、桥梁、电杆、轨枕等。

(2)预应力混凝土用钢绞线。预应力混凝土用钢绞线是以数根优质碳素结构钢钢丝经绞捻和消除内应力制成。根据钢丝的股数分为 1×2、1×3 和 1×7 三类。1×7 钢绞线是以一根钢丝为蕊、6 根钢丝围绕绞捻而成。钢绞线具有强度高、柔韧性好、无接头、质量稳定、施工简便等优点，使用时按要求的长度切割，适用于大荷载、大跨度、曲线配筋的预应力钢筋混凝土结构。

四、钢筋力学与机械性能试验

(一)拉伸性能试验

1. 试验目的、依据

在室温下对钢材进行拉伸试验，可以测定钢材的屈服点、抗拉强度以及伸长率等重要技术性能，并以此对钢材的质量进行评定，确定其是否满足国家标准的规定。

试验依据为《金属材料室温拉伸试验方法》(GB/T 228.1—2010)。

2. 主要仪器设备

(1)液压万能试验机：示值误差应小于1%。

(2)游标卡尺：根据试样尺寸测量精度要求，选用相应精度的任一种量具，如游标卡尺、螺旋千分尺或精度更高的测微仪，精度0.1 mm。

(3)钢筋打点机(见图3-33)。

图3-33　钢筋打点机

3. 试件条件

(1)试验速度：钢筋拉伸试验加载速率见表3-38。

表3-38　圆钢规格加载速率

直径	横截面积(mm²)	屈服前加载速率区间(kN/s)	屈服期间加载速率区间(kN/s)	平行长度加载速率(kN/s)
Φ6	28.27	0.17～1.70	1.48～14.84	47.49
Φ7	38.48	0.23～2.31	2.02～20.20	64.65
Φ8	50.27	0.30～3.02	2.64～26.39	84.45
Φ9	63.63	0.38～3.82	3.34～33.41	106.90
Φ10	78.54	0.47～4.71	4.12～41.23	131.95
Φ11	95.03	0.57～5.70	4.99～49.89	159.65
Φ12	113.1	0.68～6.79	5.94～59.38	190.01
Φ13	132.7	0.80～7.96	6.97～69.67	222.94
Φ14	153.9	0.92～9.23	8.08～80.80	258.55
Φ15	176.7	1.06～10.60	9.28～92.77	296.86
Φ16	201.1	1.21～12.07	10.56～105.58	337.85
Φ17	227	1.36～13.62	11.92～119.18	381.36
Φ18	254.5	1.53～15.27	13.36～133.61	427.56
Φ19	283.5	1.70～17.01	14.88～148.84	476.28
Φ20	314.2	1.89～18.85	16.50～164.96	527.86
Φ21	346.4	2.08～20.78	18.19～181.86	581.95
Φ22	380.1	2.28～22.81	19.96～199.55	638.57
Φ24	452.4	2.71～27.14	23.75～237.51	760.03
Φ25	490.9	2.95～29.45	25.77～257.72	824.71
Φ26	530.9	3.19～31.85	27.87～278.72	891.91
Φ28	615.8	3.69～36.95	32.33～323.30	1 034.54
Φ30	706.9	4.24～42.41	37.11～371.12	1 187.59
Φ32	804.2	4.83～48.25	42.22～422.21	1 351.06
Φ34	907.9	5.45～54.47	47.66～476.65	1 525.27

(2)试验一般在室温 10～35 ℃范围内进行，对温度要求严格的试验，试验温度应为 23 ℃±5 ℃。

(3)夹持方法：应使用如楔形夹头、螺纹夹头、平推夹头、套环夹具等合适的夹具夹持试样，夹头的夹持面与试样接触应尽可能对称均匀。

4. 试件制备

拉伸试验用钢筋试件长度：$L_0 \geqslant L_0 + 200$ mm，试件尺寸如图 3-34 所示，L_0 尺寸见表 3-39。如平行长度 L_c 比原始标距长许多，例如不经机加工的试样，可以标记一系列套叠的原始标距。有时，可以在试样表面画一条平行于试样纵轴的线，并在此线上标记原始标距(标记不应影响试样断裂)。测量标距长度 L_0(精确至 0.1 mm)。

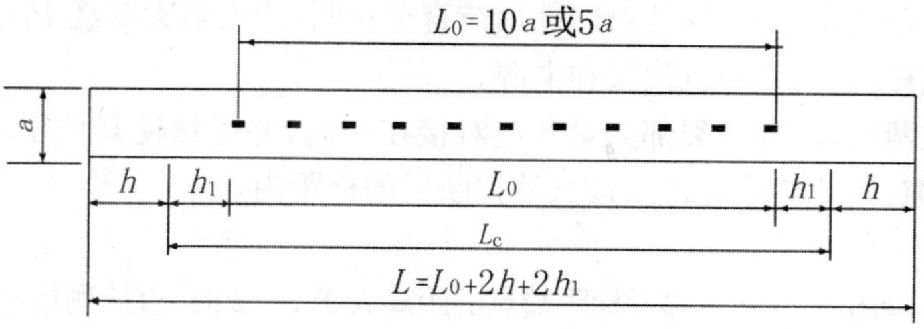

a—试样原始直径；L_0—标距长度；

h_1—取(0.5～1)a；h—夹具长度

图 3-34　圆钢规格

表 3-39　钢筋试件尺寸

直径	$L_0(5a)$(mm)	$L_0(10a)$(mm)	直径	$L_0(5a)$(mm)	$L_0(10a)$(mm)
Φ6	30	60	Φ18	90	180
Φ7	35	70	Φ19	95	190
Φ8	40	80	Φ20	100	200
Φ9	45	90	Φ21	105	210
Φ10	50	100	Φ22	110	220
Φ11	55	110	Φ24	120	240
Φ12	60	120	Φ25	125	250
Φ13	65	130	Φ26	130	260
Φ14	70	140	Φ28	140	280
Φ15	75	150	Φ30	150	300
Φ16	80	160	Φ32	160	320
Φ17	85	170	Φ34	170	340

5. 试验步骤

(1)根据被测钢筋的品种和直径，确定钢筋试样的原始标距 L_0。

(2)用钢筋打点机在被测钢筋表面打刻标点。

(3)接通试验机电源，启动试验机油泵，使油缸升起，读盘指针调零。根据钢筋直径的大小选定试验机的量程。

(4)夹紧被测钢筋，使上下夹持点在同一直线上，保证试样轴向受力。不得将试件标距部位夹入试验机的钳口中，试样被夹持部分不小于钳口的 2/3。

(5)启动油泵，按要求控制试验机的拉伸速度，拉伸过程中，测力度盘指针停止转动时的恒定荷载，或第一次回转时的最小荷载，即为所求的屈服点荷载 P_s(N)。

(6)屈服点荷载测出后，继续对试件加荷直至拉断，读出最大荷载 P_b(N)。

(7)卸去试样，关闭试验机油泵和电源。

(8)试件拉断后，将其断裂部分紧密地对接在一起，并尽量使其位于一条轴线上。如断裂处形成缝隙，则此缝隙应计入该试件拉断后的标距内。

断后标距 L_1 的测量：

①直接法。如拉断处到最邻近标距端点的距离大于 $L_0/3$ 时，直接测量标距两端点距离。

②移位法。如拉断处到最邻近标距端点的距离小于或等于 $L_0/3$ 时，则按以下方法测定 L_1：在长段上从拉断处 O 点起，取基本等于短段格数得 B 点，再取等于长段所余格数(偶数见图 3-35(a))的一半，得 C 点；或取所余格数(奇数见图 3-35(b))分别加 1 或减 1 的一半，得 C 点和 C_1 点)。移位后的 L_1 分别为 $l_{AB}+2l_{BC}$ 和 $l_{AB}+l_{BC}+l_{BC_1}$。

测量断后标距的量值其最小刻度应不大于 0.1 mm。

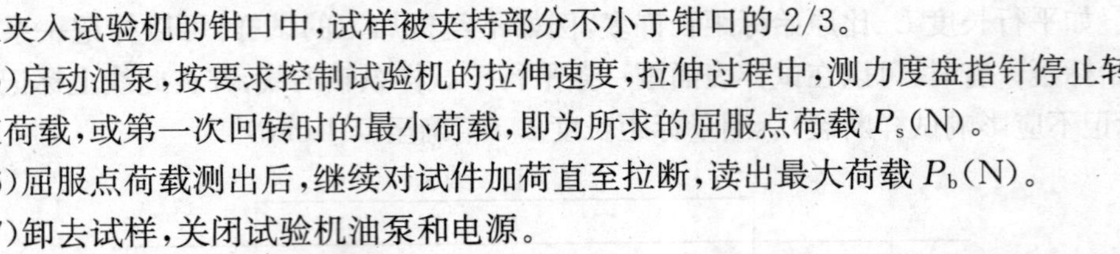

(a) 偶数　　(b) 奇数

图 3-35　测量示意图

6. 结果评定

(1)钢筋的屈服点和抗拉强度分别按式(3-70)和式(3-71)计算。

$$\delta_s=\frac{P_s}{A} \tag{3-70}$$

式中　δ_s——屈服点，MPa；

P_s——屈服点荷载，N；

A——试件横截面积，mm^2。

$$\delta_s=\frac{P_b}{A} \tag{3-71}$$

式中　δ_s——抗拉强度，MPa；

P_b——最大荷载，N；

A——试件横截面积，mm^2。

(2)断后伸长率按式(3-72)计算。

$$\delta_5(\text{或})\delta_{10}=\frac{L_1-L_0}{L_0}\times 100\% \tag{3-72}$$

式中　δ_5(或)δ_{10}——$L_0=5a$ 和 $L_0=10a$ 时的伸长率;

L_0——原标距长度 $5a$(或 $10a$),mm;

L_1———拉断后标距端点间的长度,mm(测量精度±0.5 mm)。

(3)试验出现下列情况之一者,试验结果无效:

①试样断在机械刻划的标记上或标距之外,造成断后伸长率小于规定最小值。

②试验记录有误或设备发生故障影响试验结果。

(4)遇有试验结果作废时,应补做同样数量试样的试验。

(5)试验后试样出现 2 个或 2 个以上的颈缩以及显示出肉眼可见的冶金缺陷(例如分层、气泡、夹渣、缩孔等),应在试验记录和报告中注明。

(6)当试验结果有一项不合格时,应另取 2 倍数量的试样重新做试验,如仍有不合格项目,则该批钢材应判为拉伸性能不合格。

(二)钢筋弯曲(冷弯)试验

1.试验目的、依据

检验钢筋承受规定弯曲程度的弯曲塑性变形性能,并显示其缺陷,作为评定钢筋质量的技术依据。

试验依据为《金属材料弯曲试验方法》(GB/T 232—2010)。

2.方法原理

弯曲试验是以圆形、方形、矩形或多边形横截面试样在弯曲装置上经受弯曲塑性变形,不改变加力方向,直至达到规定的弯曲角度。

弯曲试验时,试样两臂的轴线保持在垂直于弯曲轴的平面内。如为弯曲 180° 角的弯曲试验,按照相关产品标准的要求,可以将试样弯曲至两臂直接接触或两臂相互平行且相距规定距离,可使用垫块控制规定距离。

3.主要仪器设备

弯曲试验应在配备下列弯曲装置之一的试验机或压力机上完成。

(1)支撑辊式弯曲装置,见图 3-36。

(2)V 型模具式弯曲装置,见图 3-37。

(3)虎钳式弯曲装置,见图 3-38。

(4)翻板式弯曲装置,见图 3-39。

具备不同直径的弯心,弯心直径由有关标准规定,其宽度应大于试样的直径,弯曲 A 自由压头应具有足够的硬度。

4.试样制备

(1)试验可使用圆形、方形、矩形或多边形截面的试样。试样加工时,应去除由于剪切或火焰切割或类似的操作而影响了材料性能的部分。若试验结果不受影响,允许不去除试样受影响的部分。

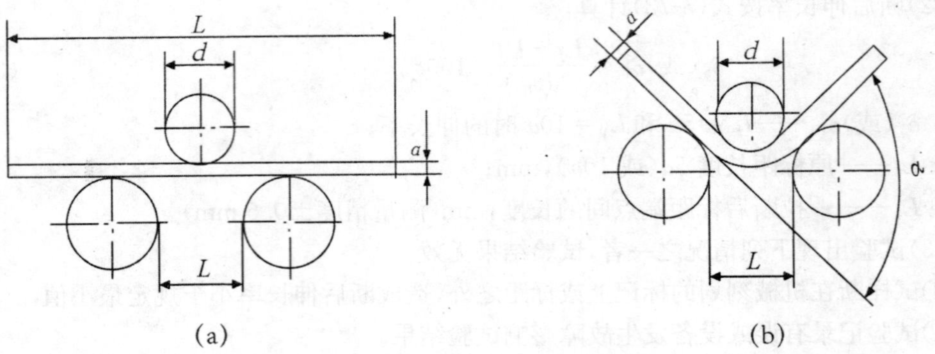

图 3-36　支撑辊式弯曲装置

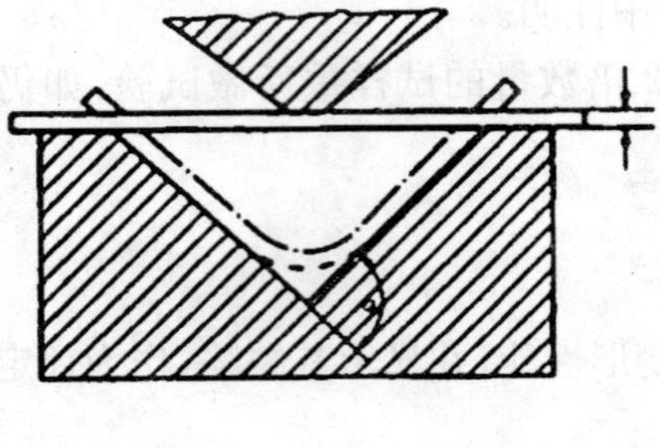

图 3-37　V 型模具式弯曲装置图

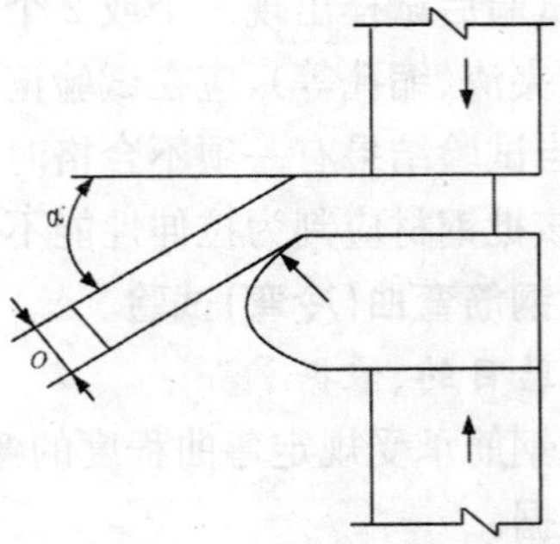

图 3-38　虎钳式弯曲装置

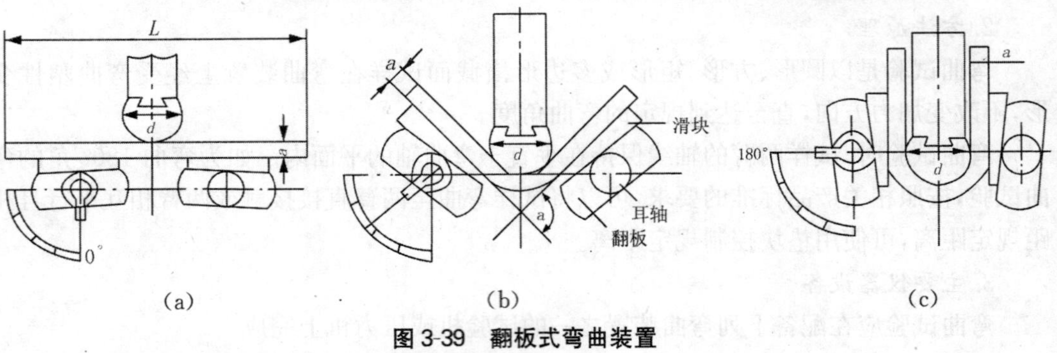

图 3-39　翻板式弯曲装置

(2)试样的弯曲外表面不得有划痕和损伤。

(3)当钢筋直径不大于 30 mm 时，不需加工，直接试验。钢筋直径超过 30 mm、但不大于 50 mm 时，可以将其机加工成横截面内切圆直径不小于 25 mm 的试样。直径或多边形横截面内切圆直径大于 50 mm 的产品，应将其机加工成横截面内切圆直径不小于 25 mm 的试样。加工时，应保留一侧的原表面；试验时，试样未经机加工的原表面应置于受拉变形的一侧。

(4)弯曲试样长度根据试样直径和弯曲装置而定。

5. 试验步骤

试验一般在 10～35 ℃的室温范围内进行，对温度要求严格的试验，试验温度应为 18～28 ℃。由相关产品标准规定，采用相应方法完成试验。

试样在图 3-36～图 3-39 所给定的条件进行弯曲，在作用力下的弯曲程度可分为下列

3 种类型：

(1)试样在给定的条件和力作用下弯曲至规定的弯曲角度。

(2)试样在力作用下弯曲至两臂相距规定距离且相互平行，见图 3-40。

(3)试样在力作用下弯曲至两臂直接接触，见图 3-41。

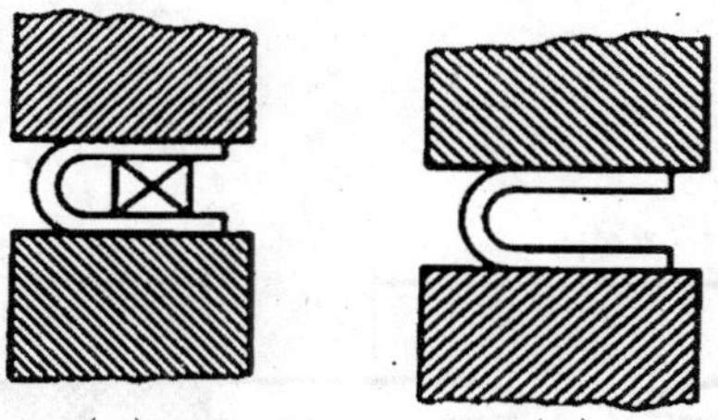

(a)　　(b)

图 3-40　试样弯曲至两臂平行

图 3-41　试样弯曲至两臂直接接触

6. 试验结果

(1)弯曲后，按有关产品标准规定检查试样弯曲外表面，进行结果评定。相关产品标准规定的弯曲角度作为最小值，若规定弯曲压头直径，以规定的弯曲压头直径作为最大值。

(2)有关标准未做具体规定时，检查试样的外表面，按以下 5 种试验结果进行评定，若无裂纹、裂缝或断裂，则评定试样合格。

①完好：试样弯曲处的外表面金属基体上，肉眼可见因弯曲变形产生的缺陷时称为完好。

②微裂纹：试样弯曲的外表面金属基体上出现细小的裂纹，其长度不大于 2 mm、宽度不大于 0.2 mm 时，称为微裂纹。

③裂纹：试样弯曲外表面金属基体上出现开裂，其长度大于 2 mm 而小于等于 5 mm，宽度大于 0.2 mm 而小于等于 0.5 mm 时，称为裂纹。

④裂缝：试样弯曲外表面金属基体上出现开裂，其长度大于 5 mm、宽度大于 0.5 mm 时，称为裂缝。

⑤断裂：试样弯曲外表面出现沿宽度贯穿的开裂，其深度超过试样厚度的 1/3 时，称为断裂。

(三)钢筋在最大力下总延伸率的测定方法

1. 试样

(1)长度：试样夹具之间的最小自由长度应符合表 3-40 要求。

表 3-40　试样夹具之间的最小自由长度

钢筋公称直径	试样夹具之间的最小自由长度(mm)
$d \leqslant 22$ mm	350

(2)原始标距的标记和测量：在试样自由长度范围内，均匀划分为 10 mm 或 5 mm 的等间距标记，标记的划分和测量应符合《金属材料拉伸试验》(GB/T 228－2010)的有关要求。

2. 拉伸试验

按 GB/T 228 规定进行拉伸试验，直至试样断裂。

3. 断裂后的测量

选择 Y 和 V 两个标记,这两个标记之间的距离在拉伸试验之前至少应为 100 mm。两个标记都应当位于夹具离断裂点较远的一侧。两个标记离开夹具的距离都应不小于 20 mm 或钢筋公称直径 d(取二者之较大者);两个标记与断裂点之间的距离应不小于 50 mm(取二者之较大者)。见图 3-42。

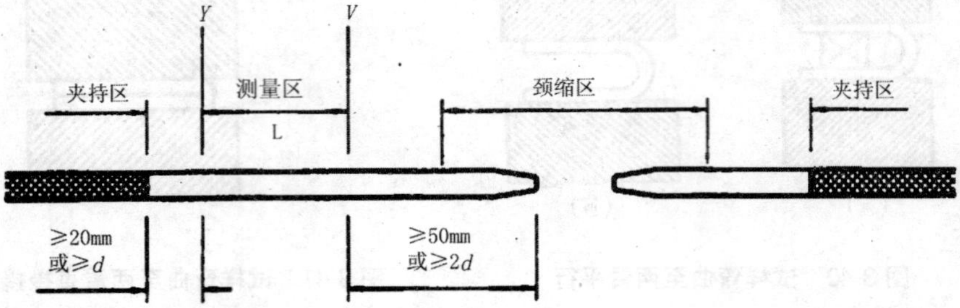

图 3-42　断裂后的测量

在最大力作用下试样总伸长率 A_{gt}(%)可按公式(3-73)计算:

$$A_{gt}=L_r=L+Z_aS\times100 \tag{3-73}$$

(四)金属线材反复弯曲性能的检测

1. 检测依据

本方法依据《金属材料线材反复弯曲试验方法》(GB/T 238—2013)测定金属线材在常温下反复弯曲中承受塑性变形能力的测定方法。

2. 试件

直径或特征尺寸为 0.3～10 mm 的金属线材。线材试样应尽可能平直,必要时要将试样矫直,在矫直过程中不损伤线材表面,局部硬弯可不矫直。

3. 检测设备

反复弯曲试验机。

4. 检测方法

(1)根据表 3-41 所列线材直径 d 选择圆柱支辊半径 r、圆柱支辊顶部至拔杆底部距离 L 以及拔杆孔直径 d_g。

(2)如图 3-43 所示,使弯曲臂处于垂直位置,将试样由拔杆孔插入,试样下端用夹块夹紧,并使试样垂直于圆柱支辊轴线。

(3)将试样弯曲 90°,再向相反方向连续交替进行;将试样自由端弯曲 90°,再返回至起始位置作为一次弯曲。反复弯曲是向相反方向进行连续而不间断地反复弯曲。

(4)弯曲操作应以每秒钟不超过一次的均匀速率平稳无冲击地进行,必要时,应降低弯曲速度以确保试样产生的热不致影响试验结果。试验过程中,对试样施加的张紧力不得超过试样公称抗拉强度相对力值的 2%。

(5)连续试验至相关产品标准中规定的弯曲次数,或者连续试验至试样完全断裂为止。如果某些产品有特殊要求,可以根据规定连续试验至出现肉眼可见的裂纹为止。

(6)试样断裂的最后一次弯曲不计入弯曲次数 N_b。

表 3-41　圆柱支辊半径、支座顶部至底板距离、拔杆孔直径　　（单位：mm）

圆形金属线材公称直径	圆柱支辊半径	距离	拔杆孔直径 d_g
0.3≤d<0.5	1.25±0.05	15	2.0
0.5≤d<0.7	1.75±0.05	15	2.0
0.7≤d<1.0	2.5±0.1	15	2.0
1.0≤d<1.5	3.75±0.1	20	2.0
1.5≤d<2.0	5.0±0.1	20	2.0 和 2.5
2.0≤d<3.0	7.5±0.1	25	2.5 和 3.5
3.0≤d<4.0	10.0±0.1	35	3.5 和 4.5
4.0≤d<6.0	15.0±0.1	50	4.5 和 7.0
6.0≤d<8.0	20.0±0.1	75	7.0 和 9.0
8.0≤d<10.0	25.0±0.1	100	9.0 和 11.0

注：较小的拔杆孔直径适用于较细直径的线材（见第 1 栏），而较大的拔杆孔直径适用于较粗直径的线材（见第 1 栏）。对于在第 1 栏所列范围直径，应选择合适的拔杆孔直径以保证线材在孔内自由运动。

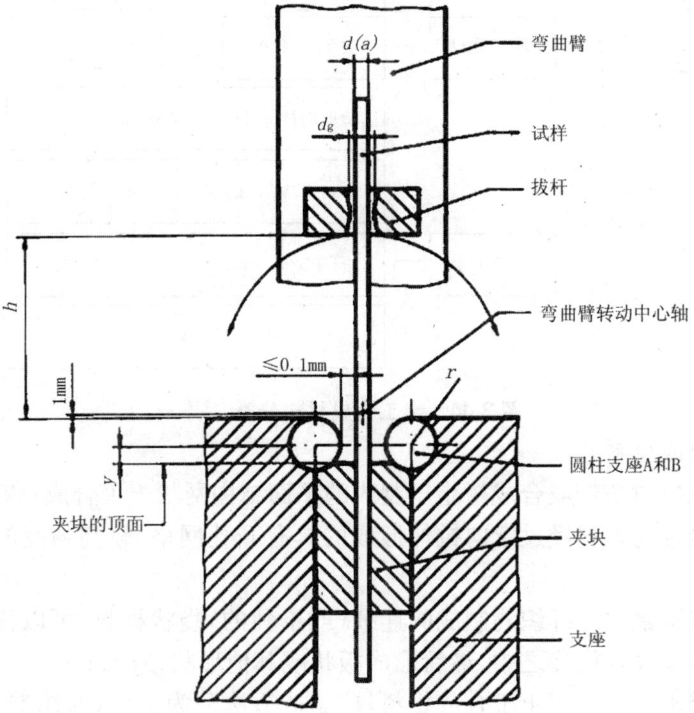

图 3-43　反复弯曲试验示意图

5. 检测结果

将终止试验的判据填写在试验结果中。

第六节　土工合成材料

一、土工合成材料的分类及其使用范围

(一)土工合成材料的分类

合成材料分类随着新材料和新技术的发展还将不断有所变化。按照中华人民共和国行业推荐性标准《公路土工合成材料应用技术规范》(JTG/TD 32－2012),把土工合成材料分为四大类,即土工织物、土工膜、土工复合材料和土工特种材料,见图3-44。

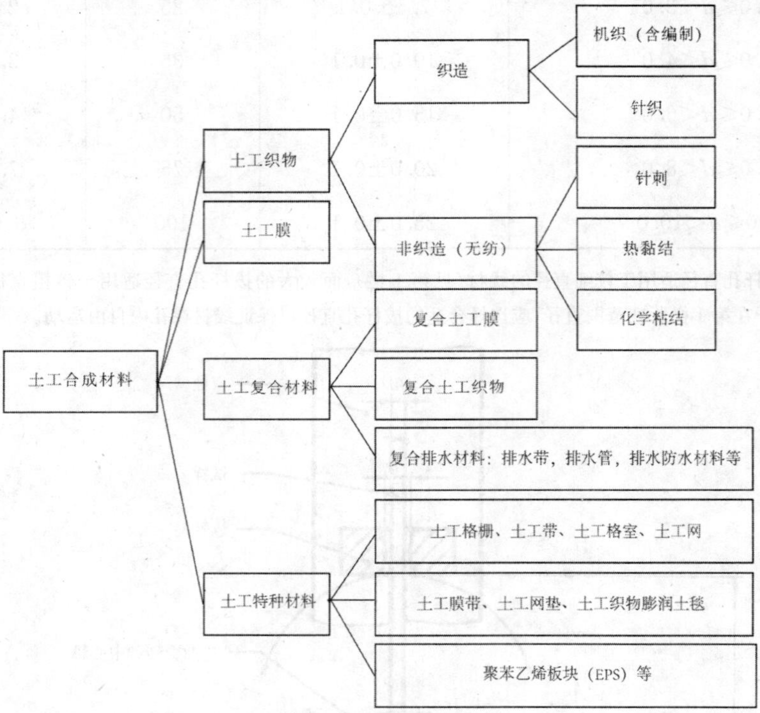

图3-44　土工合成材料分类

常用的土工合成材料有:

土工网—合成材料条带或合成树脂压制成的平面结构网状土工合成材料。

土工格栅—聚合物材料经过定向拉伸形成的具有开孔网格、较高强度的平面网状材料。

土工模袋—双层聚合化纤织物制成的连续(或单独的)袋状材料,可以代替模板用高压泵把混凝土或砂浆灌入模袋之中,最后形成板状或其他形状结构。

土木织物—透水性的平面土工合成材料,按制造方法分为无纺(非织造)土工织物和有纺土工织物。无纺土工织物是由细丝或纤维按定向排列或非定向排列并结合在一起的织物;有纺土工织物是两组平行细丝或纱按一定方式交织而成的织物。

土工复合排水材料—以无纺土工织物和土工网、土工膜或不同形状的合成材料芯片复合而成的土工排水材料。

玻纤网—以玻璃纤维制成的平面网格状材料。

土工垫—以热塑性树脂为原料，经挤出、拉伸等工序形成的相互缠绕，并在节点上相互熔合，底部为高模量基础层的三维网垫。

(二)土工合成材料的适用范围

土工合成材料因其具有过滤、排水、隔离、加筋、防渗和防护等作用，在土工、交通、水利、电子、石油、海港、铁路、公路、机场、市政和建筑等部门得到广泛应用。

1. 土工合成材料在土工技术中的应用

1)加筋土坡

土坡中加入土工合成材料(土工格栅或土工织物)可以将土坡填筑得更陡一些。就加筋功能而言，与针刺土工织物相比，土工格栅和有纺土工织物可以在较小的应变下发挥作用。针刺土工织物则具有土工格栅和有纺土工织物所不具备的土工合成材料平面内的透水性。因而，土工合成材料在加筋(低透水性土)土坡中的应用是：

(1)针刺土工织物与土工格栅叠合铺设，具有加筋和排水功能；或针刺土工织物与有纺土工织物铺设结合，具有加筋和排水功能。

(2)土工合成材料作为土坡内排水系统(竖向和水平向)和土工格栅结合或土工合成材料作为土坡内排水系统(竖向和水平向)和有纺土工织物结合。

土工合成材料在加筋(低透水性土)土坡中的应用前景是将土工合成材料作为含有活性碳纤维的载体，使土工合成材料成为具有导水性的填充聚合物或金属纤维，从而通过电泳、离子转移和电渗改善加筋区内细粒土的性质。

2)加筋挡土墙

与加筋土坡类似，加筋土挡墙可以形成直立墙面。加筋可以是土工织物，但更多的是使用土工格栅。

3)大堤地基加筋

20 世纪 70 年代，美国工程师兵团采用高强土工织物加固土堤地基。其最终目的是减少软土地基土堤的沉降。荷兰也是将该技术用于大面积填土的较早采用者之一。在土堤和地基设置加筋以减少不均匀沉降。如果土堤需要跨过地基中的孔洞，就所涉及的加筋抗拉强度而言，导致不均匀沉降的地基中孔洞的最大尺寸是最为关键的。

4)混凝土坝防渗

许多建成的混凝土坝存在严重的缺陷。除了剥落和裸露钢筋外，工程上最为关心的缺陷是结构渗漏的增加。现行的方法是放空水库后，在混凝土坝的上游面粘贴土工膜。沿垂直方向每隔 2 m 设一水平不锈钢槽，以夹紧土工膜。该方法的改善是先在混凝土坝上游面设置土工网格，然后将土工膜粘贴在土工网格上。设置土工网格的目的是收集渗过土工膜的水。

土工膜用于该目的已有 20 多年。据报道，它最早用于意大利，目前在全世界得到普遍的应用。

5)土坝防渗

土工膜以及土工合成材料和黏性土形成的衬砌(GCL)，已被用在土坝或土坝的上游面作为防渗体。土工膜应妥善防护，防止刺破，并妥善锚固。将该项技术用于碾压混凝土坝,在这种情况下,土工膜及铺于土工膜下面的土工织物在工厂被粘贴在混凝土板上。在现场,随着土坝升高,逐步进行安装。在现场,用于土工膜条带对这种板进行粘贴。该项技术有效地减少了水平渗漏。

6)隧道防渗

现行的方法是将土工膜用于永久性混凝土里侧的防渗体,与针刺的、较厚的无纺土工织物一起,将水导入设在隧道底脚的排水出口,形成封闭的排水系统。

2.土工合成材料在市政工程中的应用

1)改善道路

有许多方法将合成材料用于道路的断面上,其目的是使道路具有更好的性能和更长的使用期,或两者兼有。将土工织物和土工格栅用于道路的不同部位时,土工合成材料的功能为:

(1)土工织物用于路堤和路基的隔离和加筋;

(2)土工格栅用于路堤和路基的加筋;

(3)土工格栅用于路堤内部的侧向加筋。

在路基施工过程中加入连续纤维。已有人进行过这方面的室内和现场试验。迄今,最大的成功是将分散的纤维(典型的有聚丙烯)应用于碎石路基中。

2)无沟槽管道维修

城市的基础设施在不断地老化,建筑材料也有数百年的历史。采用无沟槽技术维修是正在兴起的行业,而且都采用了聚合材料。

由于现行的方法都减小原有管网的尺寸,现在的进展是用高压的探头挤坏原有的管道,以扩大直径,然后,迅速插入新管道并衬砌。这样,原管道的能力不降低,有些情况下,还扩了管道的直径。

3)水土保持系统

水土流失影响土地和农田的使用,也是水污染的原因之一。为了控制、减轻和避免土的流失,许多与土工合成材料有关的水土流失控制方法被采用。

水土流失控制材料用长钉(长达 3 m)加固松软土坡。

二、土工合成材料试验

(一)单位面积质量测定

1.适用范围

(1)本方法规定了土工合成材料单位面积质量的测定方法。

(2)本方法适用于土工织物、土工格栅,其他类型的土工合成材料可参照执行。

2.定义

单位面积质量:单位面积的试样,在标准大气条件下的质量。

3.仪器设备及材料

(1)剪刀或切刀。

(2)称量天平(感量为 0.01 g)。

(3)钢尺(刻度至毫米,精度为 0.5 mm)。

4. 试验步骤

(1)取样：按 JTGE 50－2006《公路工程合成材料试验规程》T 1101—2006 的有关规定取样。

(2)试样调湿和状态调节：按 JTGE 50－2006 规程 T 1101—2006 中的第 5 条规定进行。

(3)试样制备

①土工织物：除符合 JTGE 50－2006 规程 T 1101—2006 的有关规定外，用切刀或剪刀采取面积为 10 000 mm^2 的试样 10 块，剪裁和测量精度为 1 mm。

②对于土工格栅、土工网这类孔径较大的材料，除符合 JTGE 50－2006 规程 T 1101－2006 有关规定外，试样尺寸应能代表该种材料的全部结构。可放大试样尺寸，剪裁时应从肋间对称剪取，剪裁后应测量试样的实际面积。

(4)称量将裁剪好的试样按编号顺序逐一在天平上称量，读数精确到 0.01 g。

5. 结果计算

(1)按下式计算每块试样的单位面积质量，按 GB 8170 修约，保留小数一位：

$$G=\frac{m\times10^6}{A} \tag{3-74}$$

式中　G——试样单位面积质量，g/m^2；

m——试样质量，g；

A——试样面积，mm^2。

(2)计算 10 块试样单位面积质量的平均值，精确到 0.1 g/m^2：同时计算出标准差和变异系数 C_v。

平均值 $\overline{G}$、标准差 δ 和变异系数按 JTGE 50－2006 规程 T 1102—2006 的规定计算。

(二)土工织物厚度测定

1. 适用范围

(1)本方法规定了在一定压力下测定土工织物和相关产品厚度的试验方法。

(2)本方法适用于土工织物及复合土工织物。

2. 定义

(1)厚度：土工织物在承受规定的压力下，正反两面之间的距离。

(2)常规厚度：在 2 kPa 压力下测的试样厚度。

3. 仪器设备及材料

(1)基准板：面积应大于 2 倍的压块面积。

(2)压块：圆形，表面光滑，面积为 25 cm^2，重为 5 N、50 N、500 N 不等；其中常规厚度的压块为 5 N，对试样施加 2 kPa±0.01 kPa 的压力。

(3)百分表：最小分度值 0.01 mm。

(4)秒表：最小分度值 0.1 s。

4. 试验步骤

(1)取样：按 JTGE 50－2006 规程 T 1101－2006 的有关规定取样。

(2)试样调湿和状态调节：按 JTGE 50－2006 规程 T 1101－2006 中第 5 条规定进行。

(3)试样制备:除符合 JTGE 50－2006 规程 T 1101－2006 的有关规定外,裁取有代表性的 10 块,试样尺寸应不小于基准板的面积。

(4)测定 2 kPa 压力下的常规厚度。

①擦净基准板和 5 N 的压块,压块放在基准板上,调整百分表零点。

②提起 5 N 的压块,将试样自然平放在基准板与压块之间,轻轻放下压块,使试样受到的压力为 2 kPa±0.01 kPa,放下测量装置的百分表触头,接触后开始记时,30 s 时读数,精确至 0.01 mm。

③重复上述步骤,完成 10 块试样的测试。

(5)根据需要选用不同的压块,使压力为 20 kPa±0.1 kPa,重复步骤(4)规定的程序,测定 20 kPa±0.1 kPa 压力下的试样厚度。

(6)根据需要选用不同的压块,使压力为 200 kPa±1 kPa,重复步骤(4)规定的程序,测定 200 kPa±1 kPa 压力下的试样厚度。

5. 试验结果

(1)计算在同一压力下所测定的 10 块试样厚度的算术平均值,以毫米为单位,计算到小数点后三位,按 GB 8170 修约到小数点后两位。

(2)如果需要,同时计算出标准差和变异系数。标准差和变异系数按 JTGE 50－2006 规程 T 1108－2006 的规定计算。

(三)土工膜厚度测定

1. 适用范围

(1)本方法规定了用机械测量法测定土工薄膜、薄片厚度的试验方法。

(2)本方法适用于没有压花和波纹的土工薄膜、薄片。

2. 仪器设备及材料

(1)基准板:表面应平整光滑,并有足够的面积。

(2)千分表:最小分度值 0.001 mm。

3. 试验步骤

(1)取样:除符合 JTGE 50－2006 规程 T 1101－2006 的有关规定外,沿样品的纵向距端部大约 1 m 的位置横向截取试样,试样条宽 100 m,无折痕和其他缺陷。

(2)试样调湿和状态调节:按 JTGE 50－2006 规程 T 1101－2006 中的第 5 条规定进行。

(3)基准板、试样和千分表表头应无灰尘、油污。

(4)测量前将千分表放置在基准板上校准表读值基准点,测量后重新检查基准点是否变动。

(5)测量厚度时,要轻轻放下表测头,待指针稳定后读值。

(6)当土工膜(片)宽大于 2 000 mm 时,每 200 mm 测量 1 点;膜(片)宽在 300～2 000 mm 时,以大致相等间距测量 10 点;膜(片)宽在 100～300 mm 时,每 50 mm 测量 1 点;膜(片)宽小于 100 mm 时,至少测量 3 点。对于未裁毛边的样品,应在离边缘 50 mm 以外进行测量。

4. 试验结果

(1)试验结果以试样的平均厚度和厚度的最大值、最小值表示，计算到小数点后4位，按GB 8170修约到小数点后3位，准确至0.001 mm。

(2)如果需要，按JTGE 50—2006规程T 1102—2006的规定计算平均厚度的标准偏差和变异系数。

(四)梯形撕破强力试验

1. 适用范围

(1)本方法规定了用梯形试样测定土工织物撕破强力的方法。

(2)本方法适用于测定土工织物的梯形撕破强力。

2. 仪器设备及材料

(1)拉伸试验机：应具有等速拉伸功能，拉伸速率可以设定，并能测读拉伸过程中的应力、应变量，记录应力一应变曲线。

(2)夹具：钳口表面应有足够宽度，以保证能够夹持试样的全宽，并采用适当措施避免试样滑移和损伤。

3. 试样制备

(1)取样：按JTGE 50—2006规程T 1101—2006的规定取样。

(2)制样：纵向和横向各取10块试样，试件尺寸见图3-45。试样上不得有影响试验结果的可见瑕疵点。在每块试样的梯形短边正中处剪一条垂直于短边的15 mm长的切口，并画上夹持线。

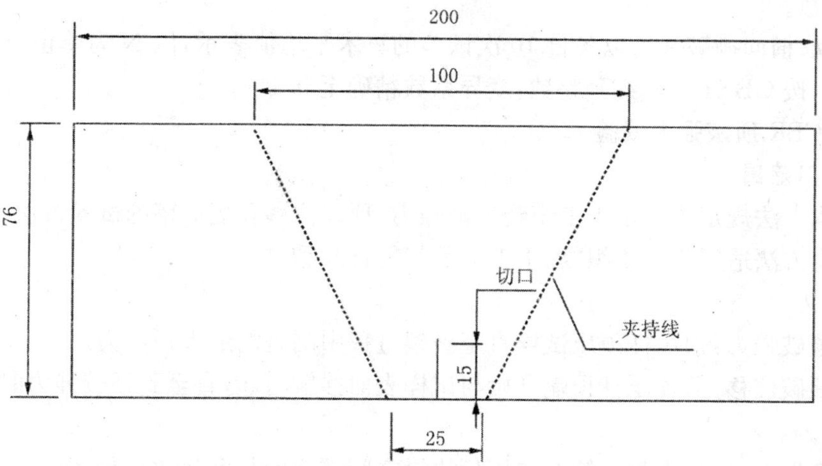

图3-45　梯形试样平面图　(单位：mm)

(3)试样调湿和状态调节：按JTGE 50—2006规程T 1101—2006中的第5条规定进行。

4. 试验步骤

(1)调整拉伸试验机卡具的初始距离为25 mm，设定满量程范围，使试样最大撕破负荷在满量程负荷的30%～90%范围内，设定拉伸速率为100 mm/min±5 mm/min。

(2)将试样放入卡具内，使夹持线与夹钳钳口线相平齐，然后旋紧上、下夹钳螺栓，同

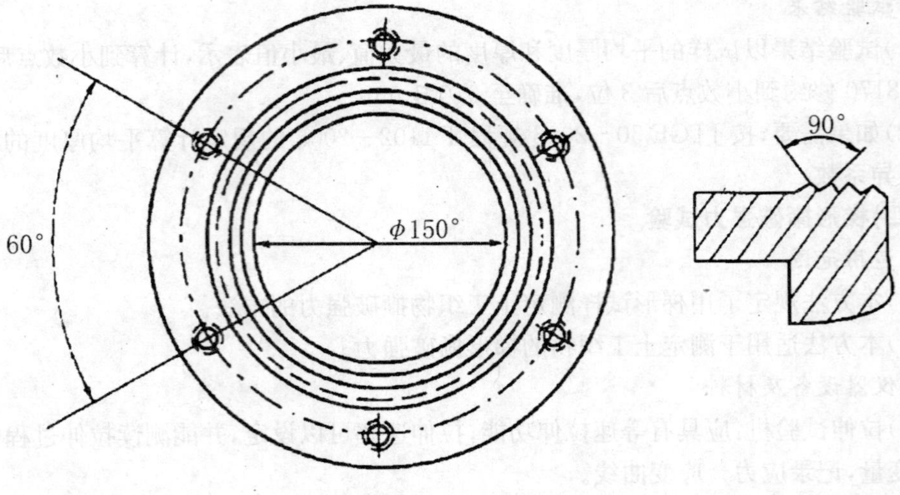

图 3-46 夹持设备 （单位:mm）

时要注意试样在上、下夹钳中间的对称位置,使梯形试样的短边保持垂直状态。

(3)开动拉伸试验机,直至试样完全撕破断开,记录最大撕破强力值,以 N 为单位。

(4)如试样从夹钳中滑出或不在切口延长线处撕破断裂,则应剔除此次试验数值并在原样品上再裁取试样,补足试验次数。

5.试验结果

(1)按 JTGE 50－2006 T 1102—2006 的规定分别计算纵、横向撕破强力的平均值和变异系数。

(2)纵、横向撕破强力以各自 10 次试验的算术平均值表示,以 N 为单位,计算到小数点后 1 位,按 GB 8170 修约到整数;变异系数精确至 0.1%。

(五)CBR 顶破强力试验

1.适用范围

(1)本方法规定了测定土工织物顶破强力、顶破位移和变形率的试验方法。

(2)本方法适用于土工织物、土工膜及其复合产品。

2.定义

(1)顶破强力:顶压杆顶压试样直至破裂过程中测得的最大顶压力。

(2)顶破位移:从顶压杆顶端开始与试样表面接触时起,直至到顶较强力时,顶压杆顶进的距离。

(3)变形率:环形夹具内侧至顶压杆边缘之间试样的长度变化百分率。

3.仪器设备及材料

(1)试验机:应具有等速加荷功能,加荷速率可以设定,并能测读加荷过程中的应力应变量,记录应力一应变曲线。

(2)顶破夹具:夹具夹持环底座高度需大于 100 mm;环形夹具内径 150 mm,其中心必须是在顶压杆的轴线上。

4.试样制备

(1)取样:按 JTGE 50－2006 规程 T 1101—2006 的规定取样。

(2)制样：裁取 Φ300 mm 的圆形试样 5 块，试样上下不得有影响试验结果的可见瑕疵点，在每块试样离外圈 50 mm 处均等开 6 条 8 mm 宽的槽(见图 3-47)。

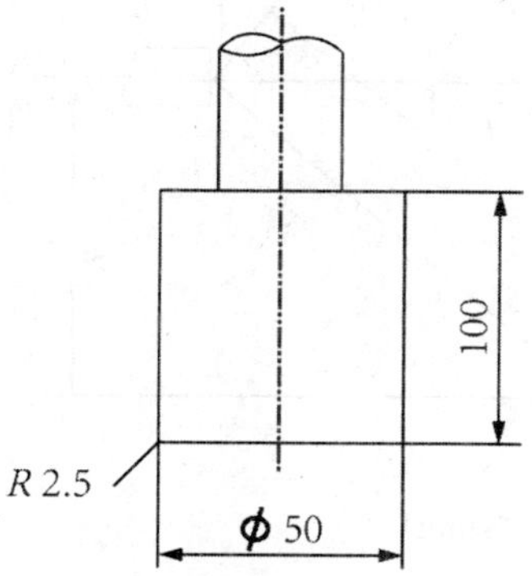

图 3-47　顶压杆　(单位：mm)

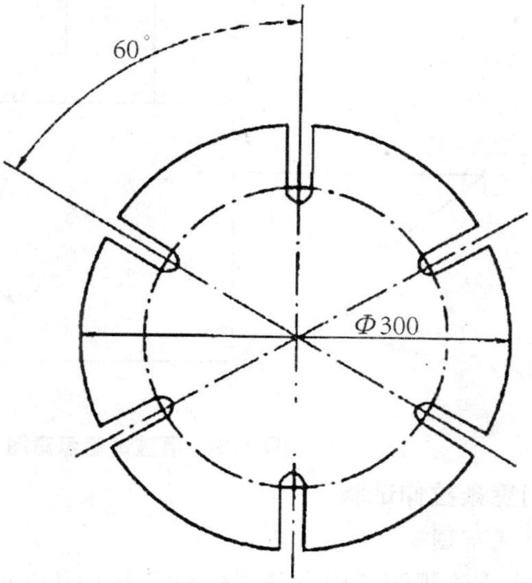

图 3-48　试样　(单位：mm)

(3)试样调湿和状态调节：按 JTGE 50—2006 规程 T 1101—2006 中的第 5 条规定进行。

5. 试验步骤

(1)试样夹持：将试样放入环形夹具内，使试样在自然状态下拧紧夹具，以避免试样在顶压过程中滑动或破损。

(2)将夹持好试样的环形夹具对中放于试验机上，设定试验机满量程范围，使试样最大顶破强力在满量程负荷的 30%～90% 的范围内，设定顶压杆的下降速度为 60 mm/min±5 mm/min。

(3)启动试验机，直到试样完全顶破为止，观察和记录顶破情况，记录顶破强力(N)和顶破位移值(mm)。如土工织物在夹具中有明显滑动，则应剔除此次试验数据，并补做试验至 5 块。

6. 结果计算

(1)按 JTGE 50—2006 规程 T 1102—2006 的规定，分别计算 5 块试样的顶破强力(N)、顶破位移(mm)的平均值和变异系数 C_v。顶破强力和顶破位移计算至小数点后 1 位，按 GB 8170 修约到整数。

(2)变形率计算至小数点后 1 位，按 GB 8170 修约到整数

$$\xi=\frac{L_1-L_0}{L_1}\times 100 \tag{3-75}$$

$$L_1=\sqrt{h^2+L_0^2} \tag{3-76}$$

式中　ξ——变形率(%)；

h——顶压杆位移距离，mm；

L_0——试验前夹具内侧到顶压杆顶端边缘的距离，mm；

L_1——试验后夹具内侧到顶压杆顶端边缘的距离，mm。

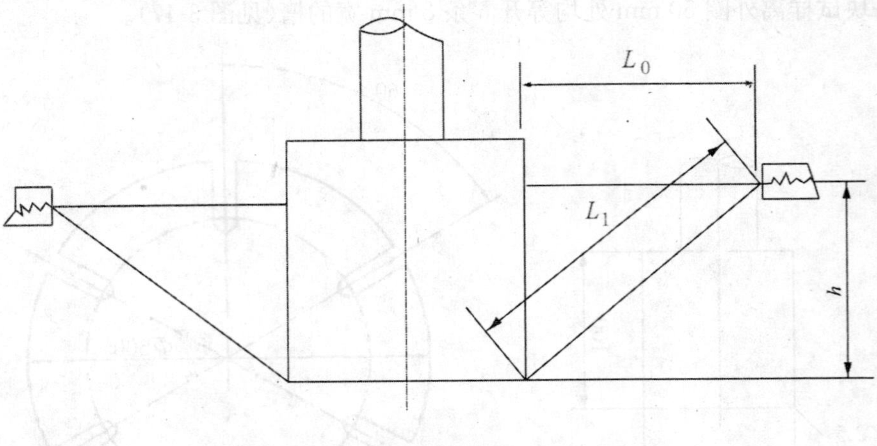

图 3-49　顶破试验示意图　（单位：mm）

(六)宽条拉伸试验

1. 适用范围

(1)本方法规定了用宽条试样测定土工织物及其有关产品拉伸性能的试验方法。

(2)本方法适用于大多数土工合成材料，包括土工织物及复合土工织物，也包括土工格栅。

(3)本方法包括测定调湿和浸湿两种试样拉伸性能的程序，包括单位宽度的最大负荷和最大负荷下的伸长率以及特定伸长率下的拉伸力的测定。

2. 定义

(1)名义夹持长度

①用伸长计测量时，名义夹持长度：在试样的受力方向上，标记的两个参考点间的初始距离，一般为 60 mm(两边距试样对称中心为 30 mm)，记为 L_0。

②用夹具的位移测量时，名义夹持长度：初始夹具间距，一般为 100 mm，记为 L_0。

(2)隔距长度：试验机上下两夹持器之间的距离。当用夹具的位移测量时，隔距长度就是名义加持长度。

(3)预负荷伸长：在相当于最大负荷 1%的外加负荷下，所测的夹持长度的增加值，以 mm 表示(见图 3-50)。

(4)实际夹持长度：名义夹持长度加上预负荷伸长(预加张力夹持时)。

(5)最大负荷：试验中所得到的最大拉伸力，以 kN 表示(见图 3-50 中的 D 点)。

(6)伸长率：试验中试样实际夹持长度的增加与实际夹持长度的比值，以%表示。

(7)最大负荷下伸长率：在最大负荷下试样所显示的伸长率，以%表示。

(8)特定伸长率下的拉伸力：试样被拉伸至某一特定伸长率时每单位宽度的拉伸力，以 kN/m 表示。

(9)拉伸强度：试验中试样拉伸直至断裂时每单位宽度的最大拉力，以 kN/m 表示。

3. 仪器设备及材料

(1)拉伸试验机：具有等速拉伸功能，拉伸速率可以设定，并能测读拉伸过程中试样的

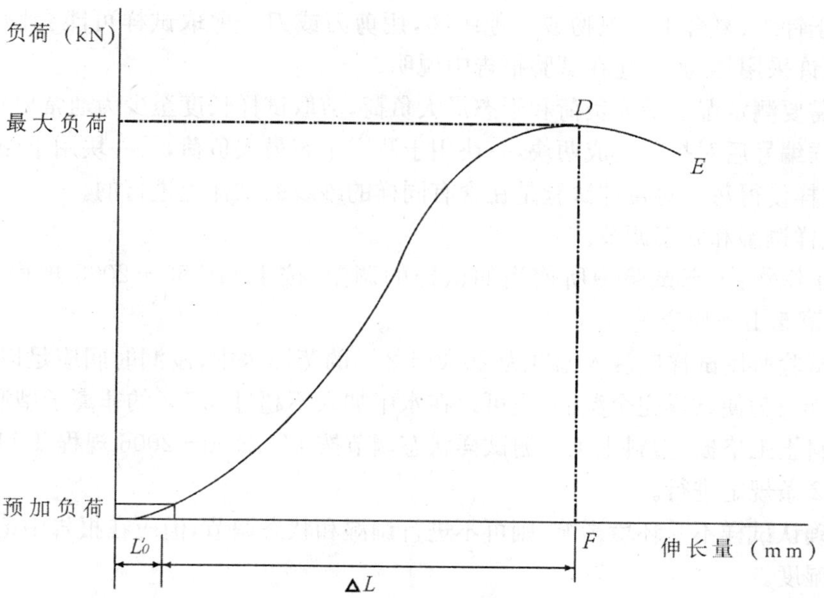

图 3-50 松式夹持试样的负荷—伸长曲线图

拉力和伸长量，记录拉力一伸长曲线。

(2)夹具：钳口表面应有足够宽度，至少应与试样 200 mm 同宽，以保证能够夹持试样的全宽，并采用适当措施避免试样滑移和损伤。

(3)伸长计：可以测量试样上两个标记点的距离，对试样没有任何损伤和滑移，可以反映标记点的真正动程。伸长计包括力学、光学或电子学形式。伸长计的精度应不超过±1 mm。

(4)蒸馏水：仅用于浸湿试样，见 GB/T 6682。

(5)非离子润湿剂：仅用于浸湿试样。

4. 试样制备

(1)取样：按 JTGE 50－2006 规程 T 1101—2006 的规定取样。

(2)试样数量：纵向和横向各剪取至少 5 块试样。

(3)试样尺寸。

①无纺类土工织物试样宽为 200 mm±1 mm(不包括边缘)，并有足够的长度以保证夹具间距 100 mm；为控制滑移可沿试样的整个宽度与试样长度方向垂直地画两条，间隔 100 mm(不包含绞盘夹具)。

②对于机织类土工织物，将试样剪切约 220 mm 宽，然后从试样的两边拆去数目大致相等的边线，以得到 200 mm±1 mm 的名义试样宽度，这有助于保持试验中试样的完整。

③对于土工格栅，每个试样至少为 200 mm 宽，并具有足够长度。试样的夹持线在节点处，除被夹钳夹持住的节点或交叉组织外，还应包含至少 1 排节点或交叉组织；对于横向节距大于或等于 75 mm 的产品，其宽度方向上应包含至少两个完整的抗拉单元。如使用伸长计，标记点应标在试样的中排抗拉肋条的中心线上，两个标记点之间应至少间隔 60 mm，并至少含有 1 个节点或 1 个交叉组织。

④对于针织、复合土工织物或其他织物，用剪刀或刀子剪取试样可能会影响织物结构，此时允许采用热切，但应在试验报告中说明。

⑤当需要测定湿态最大负荷和干态最大负荷，剪取试样长度至少为通常要求的两倍。将每个试样编号后对折剪切成两块，一块用于测定干态最大负荷，另一块用于测定湿态最大负荷，这样使得每一对拉伸试验是在含有同样的纱线的试样上进行的。

(4)试样调湿和状态调节。

①土工织物：干态试验中所使用的试样的调湿，按 JTGE 50－2006 规程 T 1101－2006 中的第 5.1 条规定进行。

湿态试验所用试样应浸入温度为 20 ℃±2 ℃的蒸馏水中，浸润时间应足以全润湿或者至少 24 h。为使试样完全湿润，也可以在水中加入不超过 0.5%的非离子型润湿剂。

②塑料土工格栅：塑料土工格栅试样状态调节按 JTGE 50－2006 规程 T 1101—2006 中的第 5.2 条规定进行。

③如确认试样不受环境影响，则可不进行调湿和状态调节，但应在报告中记录试验时的温度和湿度。

5.试验步骤

1)拉伸试验机的设定

试验前将两夹具间的隔距调至 100 mm±3 mm；土工格栅按本方法 5(3)③规定进行。选择试验机的负荷量程，使断裂强力在满量程负荷的 30%～90%。设定试验机的拉伸速度，使试样的拉伸速率为名义夹持长度的(20%±1%)/min。

如使用绞盘夹具，在试验前应使绞盘中心间距保持最小，并且在试验报告中注明使用了绞盘夹具。

2)夹持试样

将试样在夹具中对中夹持，注意纵向和横向的试样长度应与拉伸力的方向平行。合适的方法是将预先画好的横贯试件宽度的两条标记线尽可能地与上下钳口的边缘重合。对湿态试样，从水中取出后 3 min 内进行试验。

3)试样预张

对已夹持好的试件进行预张，预张力相当于最大负荷的 1%，记录因预张试样产生夹持销长度的增加值。

4)使用伸长计时

在试样上相距 60 mm 处分别设定标记点(分别距试样中心 30 mm)，并安装伸长计，注意不能对试样有任何损伤，并确保试验中标记点无滑移。

5)测定拉伸性能

开动试验机连续加荷直至试样断裂，停机并恢复至初始标距位置。记录最大负荷，精确至满量程的 0.2%；记录最大负荷下的伸长量 L，精确到小数点后 1 位。

如试样在距钳口 5 mm 范围内断裂，结果应予剔除：纵横向每个方向至少试验 5 块有效试样，如试样在夹具中滑移，或者多于 1/4 的试样在钳口附近 5 mm 范围内断裂，可采取下列措施：

(1)夹具内加衬垫；

(2)对夹在钳口内的试样加以涂层；

(3)改进夹具钳口表面。

无论采用任何措施，都应在试验报告中注明。

6)测定特定伸长率下的拉伸力

使用合适的记录测量装置测定在任意特定的伸长率下的拉伸力，精确至满量程的0.2%。

6. 结果计算

1)拉伸强度

使用公式(3-77)计算每个试样的拉伸强度：

$$\alpha_f = F_f C \tag{3-77}$$

式中　α_f——拉伸强度，kN/m；

F_f——最大负荷，kN；

C——由式(3-78)或式(3-79)求出。

对于非织造品、高密织物或其他类似材料：

$$C = 1/B \tag{3-78}$$

式中　B——试样的名义宽度，m。

对于稀松机织土工织物、土工网、土工格栅或其他类似松散结构材料：

$$C = N_m / N_s \tag{3-79}$$

式中　N_m——试样1 m宽度内的拉伸单元数；

N_s——试样内的拉伸单元数。

2)最大负荷下的伸长率

使用下式计算每个试样的伸长率：

$$\xi = \frac{\Delta L}{L_0 + L'_0} \tag{3-80}$$

式中　ξ——伸长率(%)；

L_0——名义夹持长度(使用夹具时100 mm，使用伸长计时60 mm)；

L'_0——预负荷伸长量，mm；

ΔL——最大负荷下的伸长量，mm。

3)特定伸长率下的拉伸力计算

每个试样在特定伸长率下的拉伸力，用下式计算，用kN/m表示。

例如，在伸长率2%时的拉伸力：

$$F_{2\%} = f_{2\%} C \tag{3-81}$$

式中　$F_{2\%}$——对应2%伸长率每延米拉伸力，kN/m；

$f_{2\%}$——对应2%伸长率时试样的测定负荷，kN；

C——由式(3-78)或式(3-79)中求出。

4)平均值和变异系数

(1)按JTGE 50—2006规程T 1102的规定分别对纵向和横向两组试样的拉伸强度、最大负荷下伸长率及特定伸长率下的拉伸力计算平均值和变异系数，拉伸强度和特定伸长率下的拉伸力精确至3位有效数字，最大负荷下伸长率精确至0.1%，变异系数精确至0.1%。

(2)每组有效试样为5块。

第七节　砖、石

一、砌墙砖试验

(一)尺寸测量

1. 量具

砖用卡尺，如图3-51所示，分度值为0.5 mm。

2. 测量方法

长度应在砖的两个大面的中间处分别测量两个尺寸；宽度应在砖的两个大面的中间处分别测量两个尺寸；高度应在砖的两个条面的中间处分别测量两个尺寸，如图3-52所示。当被测处有缺损或凸出时，可在其旁边测量，但应选择不利的一侧。精确至0.5 mm。

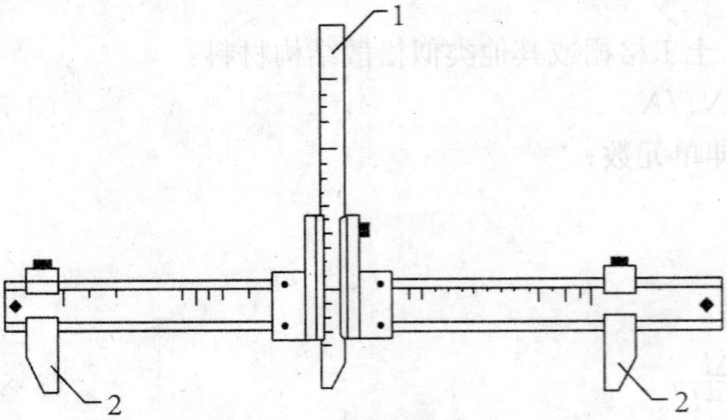

1—垂直尺；2—支脚

图3-51　砖用卡尺

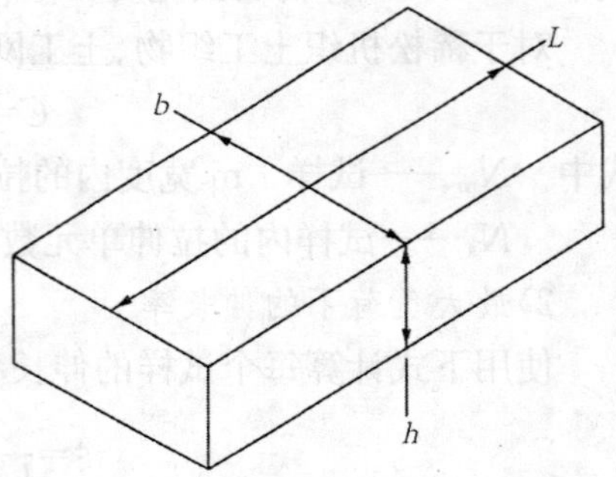

l—长度；b—宽度；h—高度

图3-52　尺寸量法　(单位：mm)

3. 结果表示

每一方向尺寸以两个测量值的算术平均值表示。

(二)外观质量检查

1. 量具

(1)砖用卡尺：如图3-51所示，分度值为0.5 mm。

(2)钢直尺：分度值不应大于1 mm。

2. 测量方法

1)缺损

(1)缺棱掉角在砖上造成的破损程度，以破损部分对长、宽、高三个棱边的投影尺寸来度量，称为破坏尺寸。如图3-53所示。

(2)缺损造成的破坏面，是指缺损部分对条、顶面(空心砖为条、大面)的投影面积，如图3-54所示。空心砖内壁残缺及肋残缺尺寸，以长度方向的投影尺寸来度量。

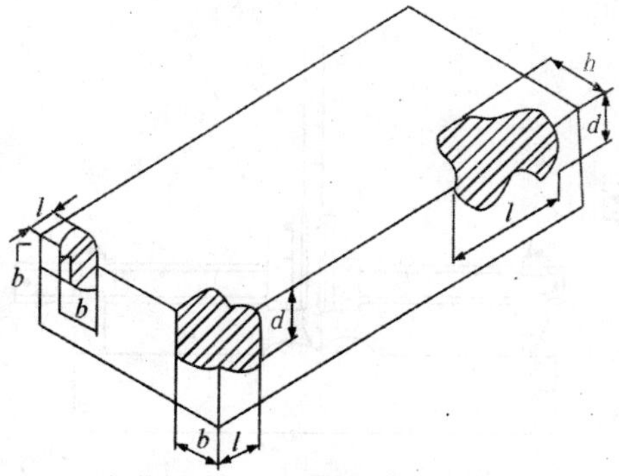

l—长度方向的投影尺寸；b—宽度方向的投影尺寸；
d—高度方向的投影尺寸

图 3-53 缺棱掉角破坏尺寸量法（单位：mm）

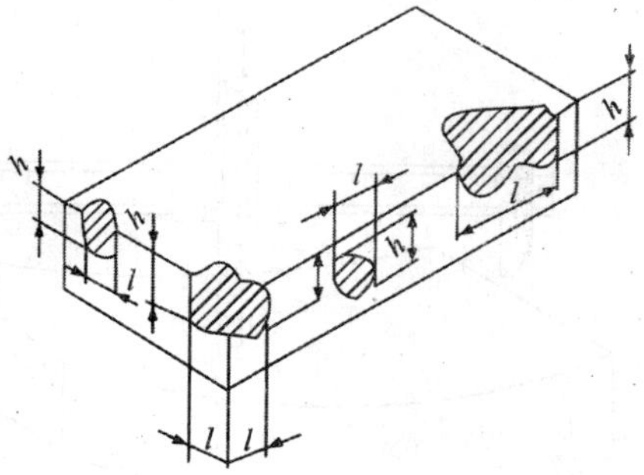

图 3-54 缺损在条、顶面上造成破坏面量法（单位：mm）

2）裂纹

(1)裂纹分为长度方向、宽度方向和水平方向三种，以被测方向的投影长度表示。如果裂纹从一个面延伸至其他面上时，则累计其延伸的投影长度，如图 3-55 所示。

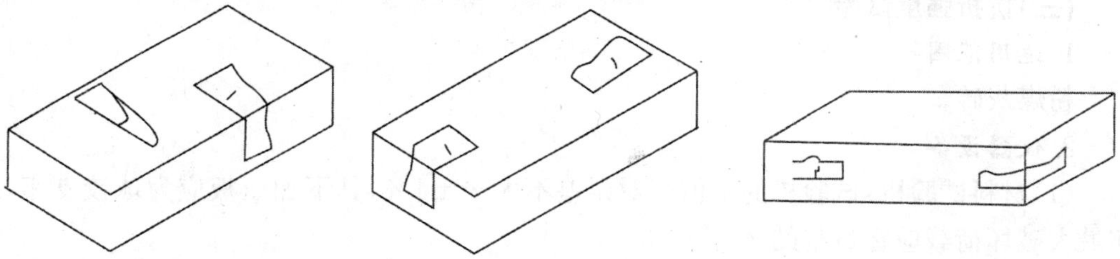

(a)宽度方向裂纹长度量法　(b)长度方向裂纹长度量法　(c)水平方向裂纹长度量法

图 3-55 裂纹长度量法（单位：mm）

(2)多孔砖的孔洞与裂纹相通时，则将孔洞包括在裂纹内一并测量。如图 3-56 所示。

(3)裂纹长度以在三个方向上分别测得的最长裂纹作为测量结果。

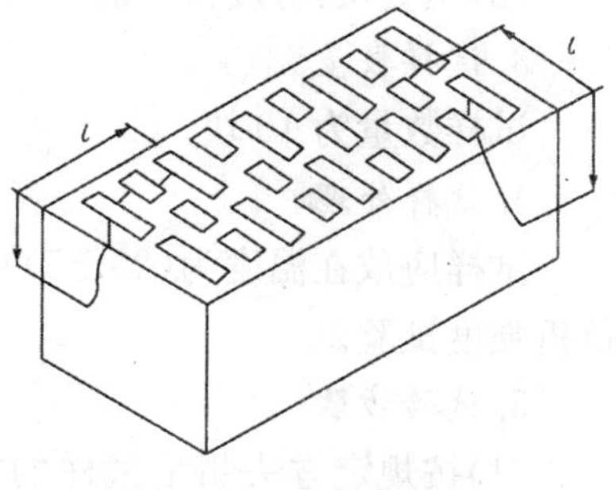

l—裂纹总长度图

图 3-56 多孔砖裂纹通过孔洞时长度量法（单位：mm）

3）弯曲

弯曲分别在大面和条面上测量，测量时将砖用卡尺的两支脚沿棱边两端放置，择其弯曲最大处将垂直尺推至砖面，如图 3-57 所示。但不应将因杂质或碰伤造成的凹处计算在内。以弯曲中测得的较大者作为测量结果。

4）杂质凸出高度

杂质在砖面上造成的凸出高度，以杂质距砖面的最大距离表示。测量时将砖用卡尺的两支脚置于凸出两边的砖平面上，以垂直尺测量，如图 3-58 所示。

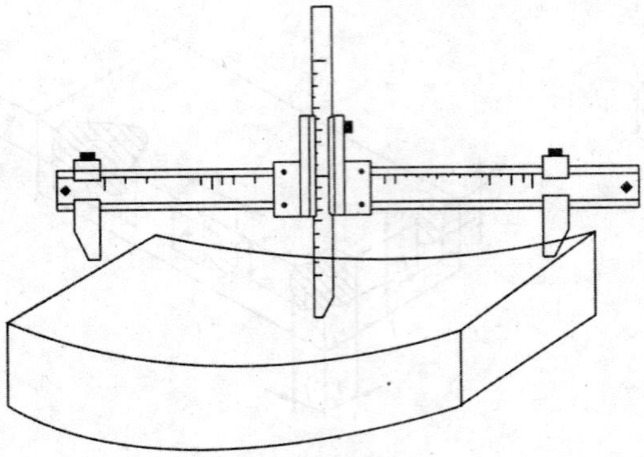

图 3-57　弯曲量法

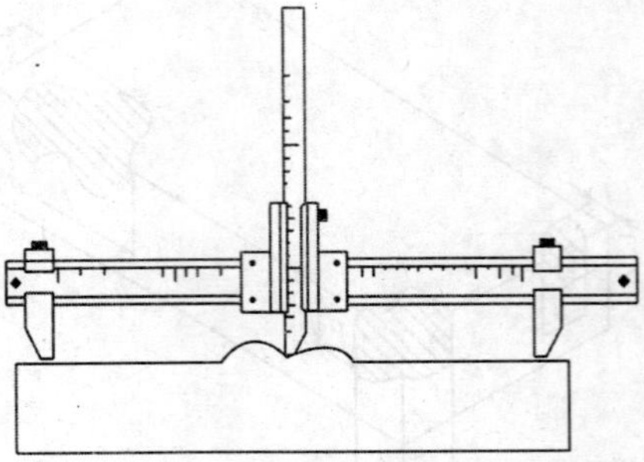

图 3-58　杂质凸出量法

5)色差

装饰面朝上随机分两排并列,在自然光下距离砖样 2 m 处目测。

3. 结果处理

外观测量结果以 mm 为单位,不足 1 mm 者按 1 mm 计。

(三)抗折强度试验

1. 适用范围

粉煤灰砖。

2. 仪器设备

(1)材料试验机:试验机的示值相对误差不大于±1%,其下加压板应为球铰支座,预期最大破坏荷载应在量程的 20%~80%。

(2)抗折夹具:抗折试验的加荷形式为三点加荷,其上压辊和下支辊的曲率半径为 15 mm,下支辊应有一个为铰接固定。

(3)钢直尺:分度值不应大于 1 mm。

3. 试样数量

试样数量为 10 块。

4. 试样处理

试样应放在温度为(20±5)℃的水中浸泡 24 h 后取出,用湿布拭去其表面水分进行抗折强度试验。

5. 试验步骤

(1)按规定方法测量试样的宽度和高度尺寸各 2 个,分别取算术平均值,精确至 1 mm。

(2)调整抗折夹具下支辊的跨距为砖规格长度减去 40 mm。规格长度为 190 mm 的砖,其跨距为 160 mm。

(3)将试样大面平放在下支辊上,试样两端面与下支辊的距离应相同,当试样有裂缝或凹陷时,应使有裂缝或凹陷的大面朝下,以 50~150 N/s 的速度均匀加荷,直至试样断裂,记录最大破坏荷载 P。

6. 结果计算与评定

(1)每块试样的抗折强度,按式(3-82)计算。

$$R_c=\frac{3PL}{2BH^2} \tag{3-82}$$

式中　R_c——抗折强度，MPa；

P——最大破坏荷载，N；

L——跨距，mm；

B——试样宽度，mm；

H——试样高度，mm。

(2)试验结果以试样抗折强度的算术平均值和单块最小值表示。

(四)抗压强度试验

1. 仪器设备

(1)材料试验机：试验机的示值相对误差不大于±1%，其下加压板应为球铰支座，预期最大破坏荷载应在量程的 20%～80%。

(2)钢直尺：分度值不应大于 1 mm。

(3)振动台、制样模具、搅拌机：应符合 GB/T 25044 的要求。

(4)切割设备。

(5)抗压强度试验用净浆材料：应符合 GB/T 25183 的要求。

2. 试样数量

试样数量为 10 块。

3. 试样制备

1)一次成型制样

(1)一次成型制样适用于采用样品中间部位切割，交错叠加灌浆制成强度试验试样的方式。

(2)将试样锯成两个半截砖，两个半截砖用于叠合部分的长度不得小于 100 mm，如图 3-59 所示。如果不足 100 mm，应另取备用试样补足。

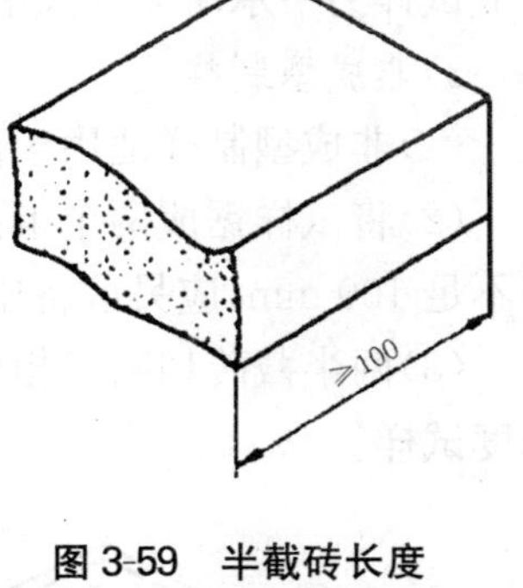

图 3-59　半截砖长度示意图　(单位：mm)

(3)将已切割开的半截砖放入室温的净水中浸 20～30 min 后取出，在铁丝网架上滴水 20～30 min，以断口相反方向装入制样模具中。用插板控制两个半截砖间距不应大于 5 mm，砖大面与模具间距不应大于 3 mm，砖断面、顶面与模具间垫以橡胶垫或其他密封材料，模具表面涂油或脱模剂。制样模具及插板如图 3-60 所示。

(4)将净浆材料按照配制要求，置于搅拌机中搅拌均匀。

(5)将装好试样的模具置于振动台上，加入适量搅拌均匀的净浆材料，振动时间为 0.5～1 min，停止振动，静置至净浆材料达到初凝时间(15～19 min)后拆模。

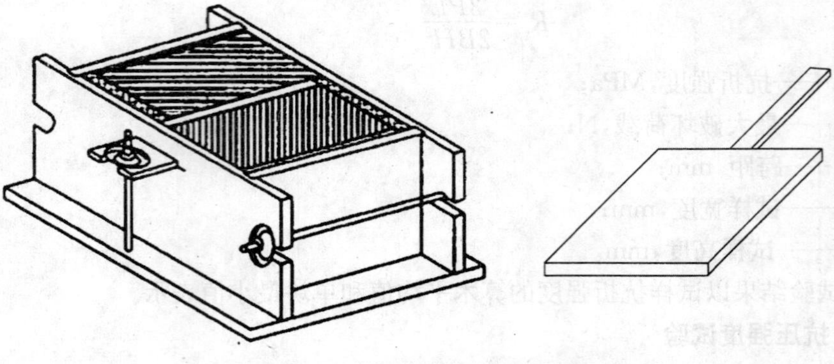

图 3-60　一次成型制样模具及插板

2)二次成型制样

(1)二次成型制样适用于采用整块样品上下表面灌浆制成强度试验试样的方式。

(2)将整块试样放入室温的净水中浸 20～30 min 后取出,在铁丝网架上滴水 20～30 min。

(3)将净浆材料按照配制要求,置于搅拌机中搅拌均匀。

(4)模具表面涂油或脱模剂,加入适量搅拌均匀的净浆材料,将整块试样一个承压面与净浆接触,装入制样模具中,承压面找平层厚度不应大于 3 mm。接通振动台电源,振动 0.5～1 min,停止振动,静置至净浆材料达到初凝时间(15～19 min)后拆模。按同样方法完成试样另一承压面的找平。二次成型制样模具如图 3-61所示。

3)非成型制样

(1)非成型制样适用于试样无需进行表面找平处理制样的方式。

(2)将试样锯成两个半截砖,两个半截砖用于叠合部分的长度不得小于 100 mm。如果不足 100 mm,应另取备用试样补足。

(3)两半截砖切断口相反叠放,叠合部分不得小于 100 mm,如图 3-62 所示,即为抗压强度试样。

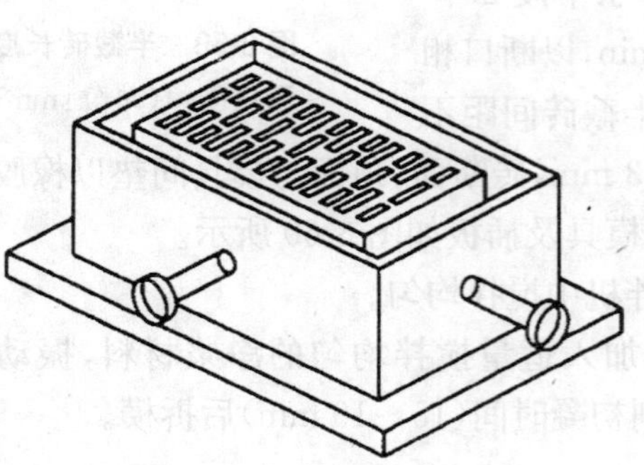

图 3-61　二次成型制样模具　(单位:mm)

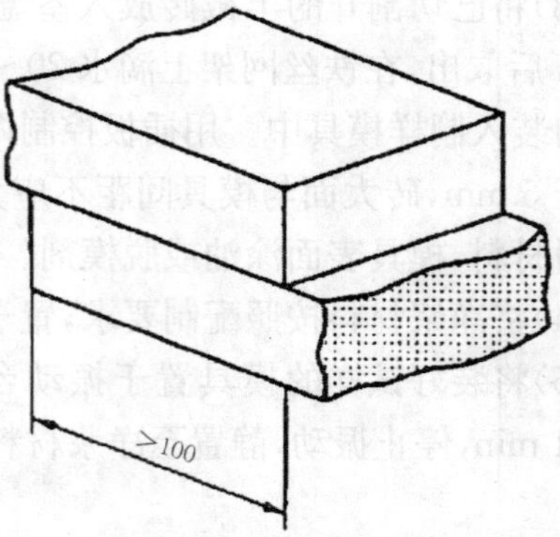

图 3-62　半砖叠合示意图　(单位:mm)

4.试样养护

(1)一次成型制样、二次成型制样在不低于 10 ℃的不通风室内养护 4 h。

(2)非成型制样不需养护,试样气干状态直接进行试验。

5. 试验步骤

(1)测量每个试样连接面或受压面的长、宽尺寸各 2 个，分别取算术平均值，精确至 1 mm。

(2)将试样平放在加压板的中央，垂直于受压面加荷，应均匀平稳，不得发生冲击或振动。加荷速度以 2～6 kN/s 为宜，直至试件破坏为止，记录最大破坏荷载 P。

6. 结果计算与评定

(1)每块试样的抗压强度按式(3-83)计算。

$$R_P=\frac{P}{L\times B} \tag{3-83}$$

式中　R_P——抗压强度，MPa；

P——最大破坏荷载，N；

L——受压面(连接面)的长度，mm；

B——受压面(连接面)的宽度，mm。

(2)试验结果以试样抗压强度的算术平均值和标准值或单块最小值表示。

(五)吸水率和饱和系数试验

1. 仪器设备

(1)鼓风干燥箱：最高温度 200 ℃。

(2)台秤：分度值不应大于 5 g。

(3)蒸煮箱。

2. 试样数量

试样数量为 5 块。

3. 试验步骤

(1)清理试样表面，然后置于 105 ℃±5 ℃鼓风干燥箱中干燥至恒重(在干燥过程中，前后两次称量相差不超过 0.2%，前后两次称量时间间隔为 2 h)，除去粉尘后，称其干质量 m_0。

(2)将干燥试样浸入水中 24 h，水温 10～30 ℃。

(3)取出试样，用湿毛巾拭去表面水分，立即称量。称量时试样表面毛细孔渗出于秤盘中水的质量也应计入吸水质量中，所得质量为浸泡 24 h 的湿质量 m_{24}。

(4)将浸泡 24 h 后的湿试样侧立放入蒸煮箱的篦子板上，试样间距不得小于 10 mm，注入清水，箱内水面应高于试样表面 50 mm，加热至沸腾，沸煮 3 h，饱和系数试验沸煮 5 h，停止加热冷却至常温。

(5)按步骤(3)规定称量沸煮 3 h 的湿质量 m_3，饱和系数试验称量沸煮 5 h 的湿质量 m_5。

4. 结果计算与评定

(1)常温水浸泡 24 h 试样吸水率按式(3-84)计算。

$$W_{24}=\frac{m_{24}-m_0}{m_0}\times 100 \tag{3-84}$$

式中　W_{24}——常温水浸泡 24 h 试样吸水率(%)；

m_0——试样干质量,kg;

m_{24}——试样浸水 24 h 的湿质量,kg。

(2)试样沸煮 3 h 吸水率按式(3-85)计算。

$$W_3=\frac{m_3-m_0}{m_0}\times 100 \tag{3-85}$$

式中 W_3——试样沸煮 3 h 试样吸水率(%);

m_0——试样干质量,kg;

m_3——试样沸煮 3 h 的湿质量,kg。

(3)每块试样的饱和系数按式(3-86)计算。

$$K=\frac{m_{24}-m_0}{m_5-m_0} \tag{3-86}$$

式中 K——试样饱和系数;

m_{24}——试样浸水 24 h 的湿质量,kg;

m_0——试样干质量,kg;

m_5——试样沸煮 5 h 的湿质量,kg。

(4)吸水率以试样的算术平均值表示,饱和系数以试样的算术平均值表示。

二、岩石抗压强度试验

(一)目的和使用范围

单轴抗压试验时测定规则形状岩石试件单轴抗压强度的方法,主要用于岩石的强度分级和岩性描述。

本法采用饱和状态下的岩石立方体(或圆柱体)时间的抗压强度来评定岩石强度(包括碎石或卵石的原始岩石强度)。

在某些情况下,试件含水状态还可根据需要选择天然状态、烘干状态或冻融循环后状态。试件的含水量状态要在试验报告中注明。

(二)仪器设备

(1)压力试验机或万能试验机。

(2)钻石机、切石机、磨石机等岩石试件加工设备。

(3)烘箱、干燥器、游标卡尺、角尺及水池等。

(三)试件制备

(1)建筑地基的岩石试验,采用圆柱体作为标准试件,直径为 50 mm±2 mm,高径比为 2∶1。每组试件共 6 个。

(2)砌体工程(桥梁工程、挡土墙、边坡)用的石料试验,采用立方体试件,边长为 70 mm±2 mm。每组试件共 6 个。

(3)路面工程用石料试验采用角圆柱体或立方体试件,其直径或边长和高均为 500 mm±2 mm。每组试件共 6 个。

有显著层理的岩石,分别沿平行和垂直层理方向各取试件 6 个。试件上、下端面应平行和磨平试件端面的平面度公差应小于 0.05 mm,端面对于试件轴线垂直偏差不应超过

25°。对于非标准圆柱体试件，试验后抗压强度试验值按式(3-87)进行换算。

$$R=\frac{8R}{7+2D/H} \tag{3-87}$$

式中　R_e——试件高径比为 2∶1 的标准抗压强度值；

R——试件任意高径比的抗压强度值；

D——试件直径；

H——试件高。

(四)试验步骤

(1)用游标卡尺量取试件尺寸(精确到 0.1 mm)。对于立方体试件，在顶面和底面上各取其边长，以各个面上相互平行的两个边长的算术平均值计算其承压面积；对于圆柱体试件，在顶面和底面分别测量两个相互正交的直径，并以其各自的算术平均值分别计算底面和顶面的面积，取其顶面和底面面积的算术平均值作为计算抗压强度所用的截面面积。

(2)试件的含水状态。可根据需要选择烘干状态、天然状态、饱和状态、冻融循环后状态。试件饱和采用下面任一方法。

用煮沸法饱和试件：将称量后的试件放入水槽，注水至试件高度的一半，静置 2 h。再加水使试件浸没，煮沸 5 h 以上，并保持水的深度不变。煮沸停止后静置水槽，待其冷却，去除试件，用湿纱布擦去表面水分，立即进行试验。

用真空抽气法饱和试件：将称量后的试件置于真空干燥器中，注入洁净水，水面高出试件顶面 20 mm，开动抽气机，抽气时真空压力需达 100 kPa，保持此真空状态直至无气泡发生为止(不少于 4 h)。经真空抽气的试件应放置在原容器中，在大气压力下静置 4 h，取出试件用纱布擦去表面水分，立即进行试验。

(3)按岩石强度，选定合适的压力机。将试件置于压力机的承压板中央，对正上、下承压板，不得偏心。

(4)以 0.5～1 MPa 的速率进行加荷直至破坏，记录破坏荷载以及加载过程中出现的现象。抗压试件试验的最大荷载记录以 N 为单位，精度为 1%。

(五)结果整理

(1)岩石的饱水抗压强度和软化系数分别按式(3-88)、式(3-89)计算。

$$R_w=P/A \tag{3-88}$$

式中　R_w——岩石的抗压强度，MPa；

P——岩石饱和状态下破坏时的荷载，N；

A——试件的截面积，mm^2。

$$K_p=R_w/R_d \tag{3-89}$$

式中　K_p——软化系数；

R_w——岩石饱和状态下的单轴抗压强度，MPa；

R_d——岩石烘干状态下的单轴抗压强度，MPa。

(2)单轴抗压强度试验结果。

应同时列出每个试件的试验及同组岩石单轴抗压强度的平均值。有显著层理的岩石，分别报告垂直与平行层理方向试件强度的平均值。计算值精确至 0.1 MPa。

软化系数计算值精确至0.01,3个试件平行测定,取算术平均值;3个值中最大与最小之差不应超过平均值的20%;否则,应另取第4个试件,并在4个试件中取最接近3个值的平均值作为试验结果,同时在报告中将4个值全部给出。

(六)试验注意事项

岩石的抗压强度是反映岩石力学性质的主要指标之一,它在岩体工程分类、建筑材料选择及工程岩体稳定性评价计算中都是必不可少的指标。试验研究表明,岩石的抗压强度受一系列因素的影响与控制。这些因素包括两个方面:一方面是岩石本身方面的因素,如矿物组成、结构构造及含水状态等;另一方面是试验条件,如试件形状、大小、高径比及加工精度、加荷速率等。

第四章　土工检测

第一节　土的工程分类

土是由地壳表层整体岩石在自然界受各种因素作用风化后形成的。由于风化作用因素的不同，以及结构和性质的千变万化、工程性质的差别，都对土有着不同的要求。为了能正确判断土的基本性质，合理选择试验方法，以及技术交流的需要，有必要首先对土进行科学分类。

我国公路用土根据下列特征作为土的分类依据：

(1)土的颗粒组成特征；

(2)土的塑性指标：液限 ω_L、塑限 ω_P、塑性指数 I_P；

(3)土中有机质存在的情况。

土的工程分类适用于公路工程用土的鉴别、定名和描述，以便对土的性状作定性评价。现行规范分类将土分为巨粒土、粗粒土、细粒土和特殊土四类，并进一步细分为 12 种土。土的颗粒组成特征用不同粒径粒组在土中的百分含量表示。表 4-1 所列为不同粒组的划分界限及范围。

表 4-1　粒组划分表

200　60　20　5　2　0.5　0.25　0.075　0.002 (mm)

巨粒组		粗粒组						细粒组	
漂石（块石）	卵石（小块石）	砾（角砾）			砂			粉粒	黏粒
		粗	中	细	粗	中	细		

土分类总体系将土分成巨粒土、粗粒土、细粒土和特殊土，见图 4-1。

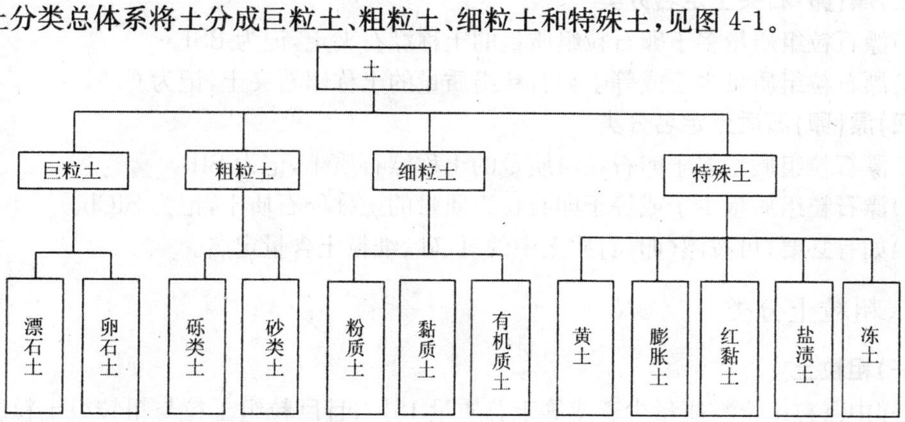

图 4-1　土分类总体系

一、巨粒土分类

(一)巨粒土定名分类

试样中巨粒组质量多于总质量的 50%的土称为巨粒土,巨粒土分类体系见图 4-2。

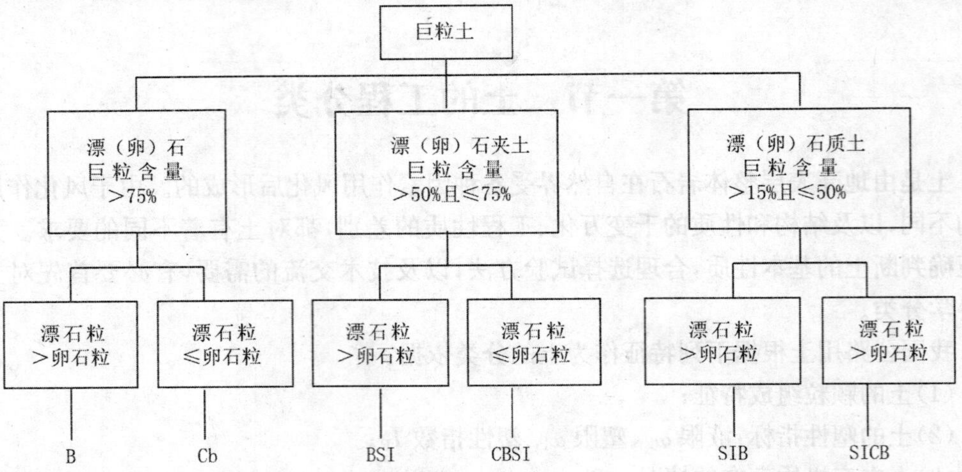

图 4-2　巨粒土分类体系

(1)巨粒组质量多于总质量 75%的土称漂(卵)石。

(2)巨粒组质量为总质量 50%~75%(含 75%)的土称漂(卵)石夹土。

(3)巨粒组质量为总质量 15%~50%(含 50%)的土称漂(卵)石质土。

(4)巨粒组质量少于或等于总质量 15%的土,可扣除巨粒,按粗粒土或细粒土的相应规定分类定名。

(二)漂(卵)石定名分类

(1)漂石粒组质量多于卵石粒组质量的土称漂石,记为 B。

(2)漂石粒组质量少于或等于卵石粒组质量的土称卵石,记为 Cb。

(三)漂(卵)石夹土定名分类

(1)漂石粒组质量多于卵石粒组质量的土称漂石夹土,记为 BSI。

(2)漂石粒组质量少于或等于卵石粒组质量的土称卵石夹土,记为 CbSI。

(四)漂(卵)石质土定名分类

(1)漂石粒组质量多于卵石粒组质量的土称漂石质土,记为 SIB。

(2)漂石粒组质量少于或等于卵石粒组质量的土称卵石质土,记为 SICb。

(3)如有必要,可按漂(卵)石质土中的砾、砂、细粒土含量定名。

二、粗粒土分类

(一)粗粒土

试样中巨粒组土粒质量少于或等于总质量 15%,且巨粒组土粒与粗粒组土粒质量之和多于总土质量 50%的土称粗粒土。

(二)砾类土

粗粒土中砾粒组质量多于砂粒组质量的土称砾类土。砾类土应根据其中细粒含量和类别以及粗粒组的级配进行分类(见图 4-3)。

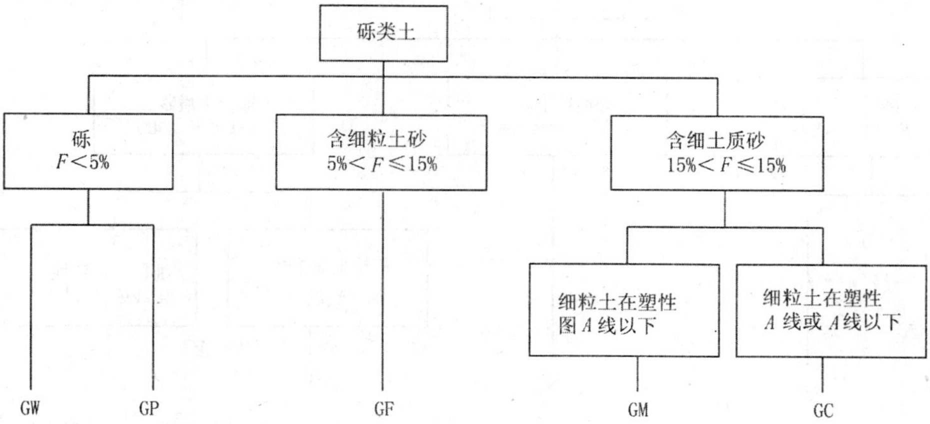

图 4-3　砾类土分类体系

1. 砾

砾类土中细粒组质量少于或等于总质量 5%的土称砾,按下列级配指标定名:

(1)当 $C_u \geqslant 5$,且 $C_c = 1 \sim 3$ 时,称级配良好砾,记为 GW。

(2)不同时满足上条 $C_u \geqslant 5$)条件时,称级配不良砾,记为 GP。

2. 含细粒土砾

砾类土中细粒组质量为总质量 5%～15%(含 15%)的土称含细粒土砾,记为 CF。

3. 细粒土质砾

砾类土中细粒组质量大于总质量的 15%,并小于或等于总质量的 50%的土称细粒土质砾,按细粒土在塑性图中的位置定名:

(1)当细粒土位于塑性图 A 线以下时,称粉土质砾,记为 GM。

(2)当细粒土位于塑性图 A 线或 A 线以上时,称黏土质砾,记为 GC。

(三)砂类土

粗粒土中砾粒组质量少于或等于砂粒组质量的土称砂类土。砂类土应根据其中细粒含量和类别以及粗粒组的级配进行分类。分类体系见图 4-4。

根据粒径分组由大到小,以首先符合者命名。

1. 砂

砂类土中细粒组质量少于或等于总质量 5%的土称砂,按下列级配指标定名:

(1)当 $C_u \geqslant 5$,且 $C_c = 1 \sim 3$ 时,称级配良好砂,记为 SW。

(2)不同时满足上条条件时,称级配不良砂,记为 SP。

2. 含细粒土砂

砂类土中细粒组质量为总质量 5%～15%(含 15%)的土称含细粒土砂,记为 SF。

3. 细粒土质砂

砂类土中细粒组质量大于总质量的 15%,并小于或等于总质量的 50%的土称细粒土质砂,按细粒土在塑性图中的位置定名:

(1)当细粒土位于塑性图 A 线以下时,称粉土质砂,记为 SM。

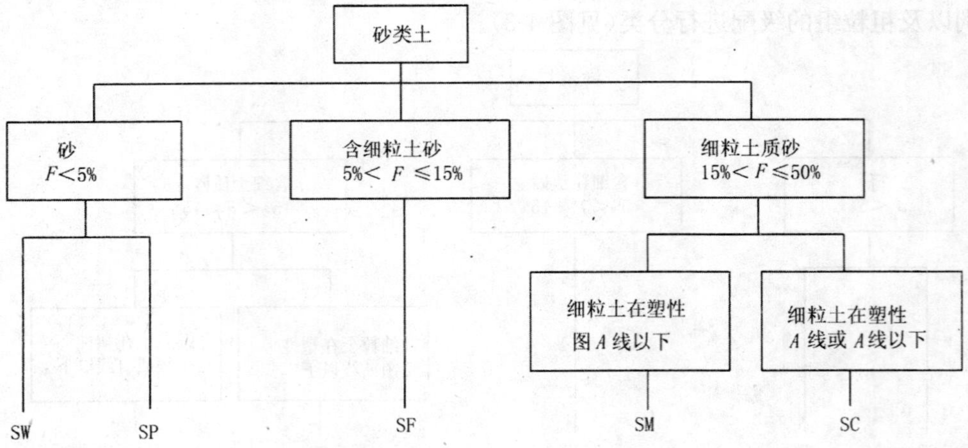

图 4-4　砂类土分类体系

(2)当细粒土位于塑性图 A 线或 A 线以上时，称黏土质砂，记为 SC。

三、细粒土分类

试样中细粒组土粒质量多于或等于总质量 50%的土称细粒土。分类体系见图 4-5。

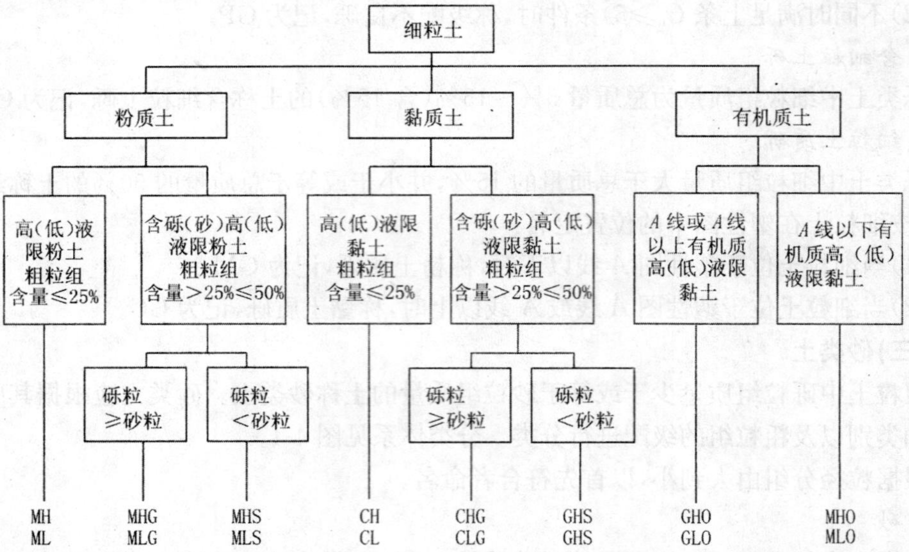

图 4-5　细粒土分类体系

细粒土应按下列规定划分：

(1)细粒土中粗粒组质量少于或等于总质量 25%的土称粉质土或黏质土。

(2)细粒土中粗粒组质量为总质量 25%～50%(含 50%)的土称含粗粒的粉质土或含粗粒的黏质土。

(3)试样中有机质含量多于或等于总质量的 5%，且少于总质量的 10%的土称有机质土。试样中有机质含量多于或等于 10%的土称为有机土。

细粒土应按塑性图分类。本“分类”的塑性图(见图 4-6)采用下列液限分区：

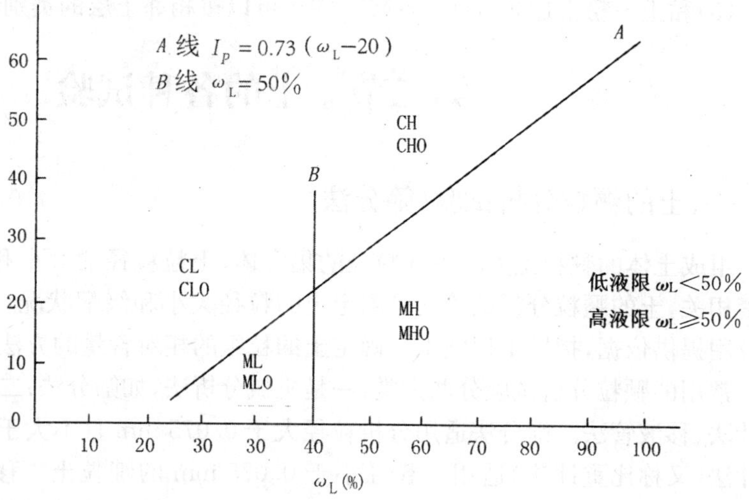

图 4-6　塑性图

细粒土应按其在图 4-6 中的位置确定土名称：

(1)当细粒土位于塑性图 A 线或 A 线以上时，按下列规定定名：在 B 线或 B 线以右，称高液限黏土，记为 CH；在 B 线以左，$I_P=7$ 线以上，称低液限黏土，记为 CL。

(2)当细粒土位于 A 线以下时，按下列规定定名：在 B 线或 B 线以右，称高液限粉土，记为 MH；在 B 线以左，$I_P=4$ 线以下，称低液限粉土，记为 ML。

(3)黏土～粉土过渡区(CL～ML)的土可以按相邻土层的类别考虑细分。

含粗粒的细粒土应先按本方法第 4 条的规定确定细粒土部分的名称，再按以下规定最终定名：

(1)当粗粒组中砾粒组质量多于砂粒组质量时，称含砾细粒土，应在细粒土代号后缀以代号“G”。

(2)当粗粒组中砂粒组质量多于或等于砂粒组质量时，称含砂细粒土，应在细粒土代号后缀以代号“S”。

土中有机质包括未完全分解的动植物残骸和完全分解的无定形物质。后者多呈黑色、青黑色或暗色，有臭味，有弹性和海绵感。借目测、手摸及嗅感判别。

当不能判定时，可采用下列方法：将试样在 105～110 ℃的烘箱中烘烤。若烘烤 24 h 后试样的液限小于烘烤前的 3/4，则该试样为有机质土。

有机质土应根据图 4-6 按下列规定定名：

(1)位于塑性图 A 线或 A 线以上时：

在 B 线或 B 线以右，称有机质高液限黏土，记为 CHO；

在 B 线以左，$I_P=7$ 线以上，称有机质低液限黏土，记为 CLO。

(2)位于塑性图 A 线以下：

在 B 线或 B 线以右，称有机质高液限粉土，记为 MHO；

在 B 线以左，$I_P=4$ 线以下，称有机质低液限粉土，记为 MLO。

(3)黏土～粉土过渡区(CL～ML)的土可以按相邻土层的类别考虑细分。

第二节 土的各种试验

一、土的颗粒分析试验(筛分法)

组成土体的颗粒是大小不同粒径的集合体,土粒粒径的大小和级配与土的工程性质紧密相关,土的颗粒分析试验就是测定土的粒径大小和级配状况,为土的分类、定名和工程应用提供依据,指导工程施工。确定土的粒组的相对含量的方法,称为颗粒分析试验。

常用的颗粒分析试验分两大类:一是机械分析法,如筛分法;二是物理分析方法,如密度计法、移液管法。筛分法适用分析粒径大于 0.075 mm 且不大于 60 mm 的土颗粒。密度计法(又称比重计法)适用于粒径小于 0.075 mm 的细粒土。移液管法适用粒径小于 0.075 mm,比重大的土。当土中粗细料兼有,则可联合采用筛分法和密度计法或移液管法。

本节重点介绍筛分法检测颗粒分析方法。

(一)目的和适用范围

本试验法适用于分析粒径大于 0.075 mm 的土颗粒组成。对于粒径大于 60 mm 的土样,本试验方法不适用。

(二)仪器设备

(1)标准筛:粗筛(圆孔)孔径为 60 mm、40 mm、20 mm、10 mm、5 mm,细筛孔径为 2.0 mm、1.0 mm、0.5 mm、0.25 mm、0.075 mm。

(2)天平:称量 5000 g,感量 5 g;称量 1000 g,感量 1 g;称量 200 g,感量 0.2 g。

(3)摇筛机。

(4)其他:烘箱、筛刷、烧杯、木碾、研钵及杵等。

(三)试样

从风干、松散的土样中,用四分法按照下列规定取出具有代表性的试样:

(1)小于 2 mm 颗粒的土 100～300 g。

(2)最大粒径小于 10 mm 的土 300～900 g。

(3)最大粒径小于 20 mm 的土 1 000～2 000 g。

(4)最大粒径小于 40 mm 的土 2 000～4 000 g。

(5)最大粒径大于 40 mm 的土 4 000 g 以上。

(四)试验步骤

1. 对于无凝聚性的土

(1)按规定称取试样,将试样分批过 2 mm 筛。

(2)将大于 2 mm 的试样按从大到小的次序,通过大于 2 mm 的各级粗筛。将留在筛上的土分别称量。

(3)2 mm 筛下的土如数量过多,可用四分法缩分至 100～800 g。将试样按从大到小的次序通过小于 2 mm 的各级细筛。可用摇筛机进行振摇。振摇时间一般为 10～15

min。

(4)由最大孔径的筛开始，顺序将各筛取下，在白纸上用手轻叩摇晃，至每分钟筛下数量不大于该级筛余质量的1%为止。漏下的土粒应全部放入下一级筛内，并将留在各筛上的土样用软毛刷刷净，分别称量。

(5)筛后各级筛上和筛底土总质量与筛前试样质量之差，不应大于1%。

(6)如2 mm筛下的土不超过试样总质量的10%，可省略细筛分析；如2 mm筛上的土不超过试样总质量的10%，可省略粗筛分析。

2. 对于含有黏土粒的砂砾土

(1)将土样放在橡皮板上，用木碾将黏结的土团充分碾散，拌匀、烘干、称量。如土样过多时，用四分法称取代表性土样。

(2)将试样置于盛有清水的瓷盆中，浸泡并搅拌，使粗细颗粒分散。

(3)将浸润后的混合液过2 mm筛，边冲边洗过筛，直至筛上仅留大于2 mm以上的土粒为止。然后，将筛上洗净的砂砾风干称量。按以上方法进行粗筛分析。

(4)通过2 mm筛下的混合液存放在盆中，待稍沉淀，将上部悬液过0.075 mm洗筛，用带橡皮头的玻璃棒研磨盆内浆液，再加清水、搅拌、研磨、静置、过筛，反复进行，直至盆内悬液澄清。最后，将全部土粒倒在0.075 mm筛上，用水冲洗，直到筛上仅留大于0.075 mm净砂为止。

(5)将大于0.075 mm的净砂烘干称量，并进行细筛分析。

(6)将大于2 mm颗粒及2～0.075 mm的颗粒质量从原称量的总质量中减去，即为小于0.075 mm颗粒质量。

(7)如果小于0.075 mm颗粒质量超过总土质量的10%，有必要时，将这部分土烘干、取样，另做密度计或移液管分析。

(五)结果整理

(1)按式(4-1)计算小于某粒径颗粒质量百分数：

$$X=\frac{A}{B}\times 100 \tag{4-1}$$

式中　X——小于某粒径颗粒的质量百分数(%)，计算至0.01；

A——小于某粒径的颗粒质量，g；

B——试样的总质量，g。

(2)当小于2 mm的颗粒如用四分法缩分取样时，按式(4-2)计算试样中小于某粒径的颗粒质量占总土质量的百分数：

$$X=\frac{a}{b}\times p\times 100 \tag{4-2}$$

式中　X——小于某粒径颗粒的质量百分数(%)，计算至0.01；

a——通过2 mm筛的试样中小于某粒径的颗粒质量，g；

b——通过2 mm筛的土样中所取试样的质量，g；

p——粒径小于2 mm的颗粒质量百分数(%)。

(3)在半对数坐标纸上，以小于某粒径的颗粒质量百分数为纵坐标，以粒径(mm)为横坐标，绘制颗粒大小级配曲线，求出各粒组的颗粒质量百分数，以整数(%)表示。

(4)必要时按式(4-3)计算不均匀系数：

$$C_u=\frac{d_{60}}{d_{10}} \tag{4-3}$$

式中 C_u——不均匀系数；

d_{60}——限制粒径，即土中小于该粒径的颗粒质量为60%的粒径，mm；

d_{10}——有效粒径，即土中小于该粒径的颗粒质量为10%的粒径，mm。

(5)精密度和允许差。

筛后各级筛上和筛底土总质量与筛前试样质量之差，不应大于1%。

二、击实试验

(一)目的和适用范围

本试验方法适用于细粒土。

本试验分轻型击实和重型击实。轻型击实试验适用于粒径不大于20 mm的土，重型击实试验适用于粒径不大于40 mm的土。

当土中最大颗粒粒径大于或等于40 mm，并且大于或等于40 mm颗粒粒径的质量含量大于5%时，则应使用大尺寸试筒进行击实试验，或进行最大干密度校正。大尺寸试筒要求其最小尺寸大于土样中最大颗粒粒径的5倍以上，并且击实试验的分层厚度应大于土样中最大颗粒粒径的3倍以上。单位体积击实功能控制在2 677.2～2 687.0 kJ/m³范围内。

当细粒土中的粗粒土总含量大于40%或粒径大于0.005 mm颗粒的含量大于土总质量的70%(即$d_{30}\leqslant 0.005$ mm)时，还应做粗粒土最大干密度试验，其结果与重型击实试验结果比较，最大干密度取两种试验结果的最大值。

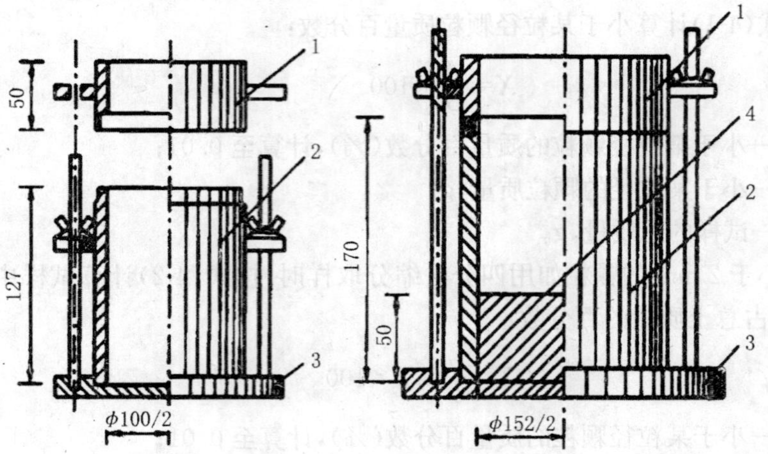

(a)小击实筒　　(b)大击实筒

1—套筒；2—击实筒；3—底板；4—垫板

图4-7　击实筒　(单位：mm)

（二）仪器设备

（1）标准击实仪、击实筒（见图 4-7、图 4-8）

（2）烘箱及干燥器。

（3）天平：感量 0.01 g。

（4）台秤：称量 10 kg，感量 5 g。

（5）圆孔筛：孔径 40 mm、20 mm 和 5 mm 各 1 个。

（6）拌和工具：400 mm × 600 mm、深 70 mm 的金属盘，土铲。

（7）其他：喷水设备、碾土器、盛土盘、量筒、推土器、铝盒、修土刀、平直尺。

（三）试样

（1）本试验可分别采用不同的方法准备试样。各方法可以按照表 4-3 准备试料。

（2）干土法（土不重复使用）。按四分法至少准备 5 个试样，分别加入不同水分（按 2%～3%含水率递增），拌匀后闷料一夜备用。

（3）湿土法（土不重复使用）。对于高含水率土，可省略过筛步骤，用手拣除大于 40 mm 的粗石子即可。保持天然含水率的第一个土样，可立即用于击实试验。其余几个试样，将土分成小土块，分别风干，使含水率按 2%～3%递减。

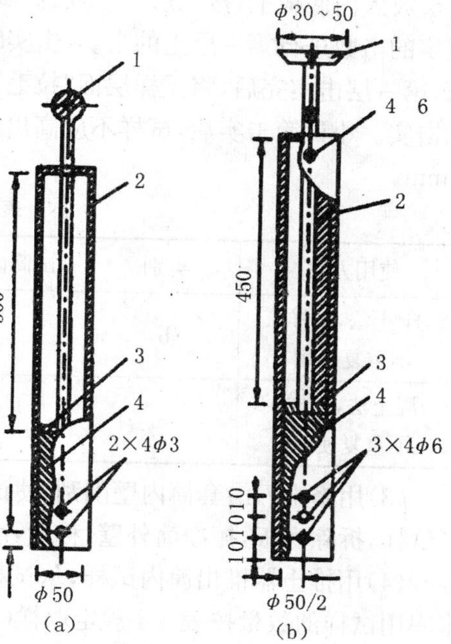

（a）2.5 kg 击锤（落高 30 cm）

（b）4.5 kg 击锤（落高 45 cm）

1—提手；2—导筒；3—硬橡皮垫；4—击锤

图 4-8　击实筒　（单位：mm）

（四）试验步骤

（1）根据工程要求，按表 4-2 规定选择轻型或重型试验方法。根据土的性质（含易击碎风化石数量多少、含水率高低），按表 4-3 规定选用干土法（土不重复使用）或湿土法。

表 4-2　击实试验方法种类

试验方法	类别	锤底直径(cm)	锤质量(kg)	落高(cm)	试筒尺寸		试样尺寸		层数	每层击数	击实功(kJ/m³)	最大粒径
					内径(cm)	高(cm)	高(cm)	体积(cm³)				
轻型	I—1	5	2.5	30	10	12.7	12.7	997	3	27	598.2	20
	I—2	5	2.5	30	15.2	17	12	2 177	3	59	598.2	40
重型	II—1	5	4.5	45	10	12.7	12.7	997	3	27	2 687.0	20
	II—2	5	4.5	45	15.2	17	12	2 177	3	98	2 677.2	40

（2）将击实筒放在坚硬的地面上，在筒壁上抹一薄层凡士林，并在筒底（小试筒）或垫块（大试筒）上放置蜡纸或塑料薄膜。取制备好的土样分 3～5 次倒入筒内。小筒按三层法时，每次 800～900 g（其量应使击实后的试样等于或略高于筒高的 1/3）；按五层法时，每次 400～500 g（其量应使击实后的土样等于或略高于筒高的 1/5）。对于大试筒，先将

垫块放入内底板上，按三层法，每层需试样 1 700 g 左右。整平表面，并稍加压紧，然后按规定的击数进行第一层土的击实，击实时击锤应自由垂直落下，锤迹必须均匀分布于土样面，第一层击实完后，将试样层面"拉毛"然后再装入套筒，重复上述方法进行其余各层土的击实。小试筒击实后，试样不应高出筒顶面 5 mm；大试筒击实后. 试样不应高出筒顶面 6 mm。

表 4-3 试料用量

使用方法	类别	试筒内径(cm)	最大粒径(mm)	试料用量
干土法，试样不重复使用	b	10 15.2	20 40	至少 5 个试样，每个 3 至少 5 个试样，每个 6
湿土法，试样不重复使用	c	10 15.2	20 40	至少 5 个试样，每个 3 至少 5 个试样，每个 6

(3)用修土刀沿套筒内壁削刮，使试样与套筒脱离后，扭动并取下套筒，齐筒顶细心削平试样，拆除底板，擦净筒外壁，称量，准确至 1 g。

(4)用推土器推出筒内试样，从试样中心处取样测其含水率，计算至 0.1%。测定含水率用试样的数量按表 4-4 规定取样(取出有代表性的土样)。

表 4-4 测定含水率用试样的数量

最大粒径(mm)	试样质量(g)	个数
<5	15～20	2
约 5	约 50	1
约 20	约 250	1
约 40	约 500	1

(5)对于干土法(土不重复使用)和湿土法(土不重复使用)，将试样搓散，然后按本试验第 3 条方法进行洒水、拌和，每次增加 2%～3%的含水率，其中有两个大于和两个小于最佳含水率。

(五)结果整理

(1)按式(4-4)计算击实后各点的干密度：

$$\rho_d=\frac{\rho}{1+0.01w} \tag{4-4}$$

式中 ρ_d——干密度，g/cm³，计算至 0.01；

ρ——湿密度，g/cm³；

w——含水率(%)。

(2)以干密度为纵坐标，含水率为横坐标，绘制干密度与含水率的关系曲线(见图 4-9)，曲线上峰值点的纵、横坐标分别为最大干密度和最佳含水率。如曲线不能绘出明显的峰值点，应进行补点或重做。

(六)精密度和允许差

本试验含水量须进行两次平行试验，取其算术平均值，允许平行差值应符合表 4-5 规

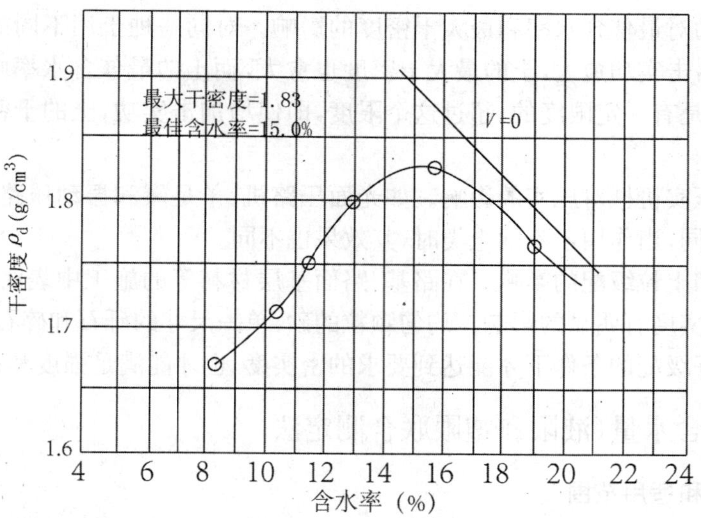

图 4-9　含水率与最大干密度的关系曲线

定。

表 4-5　含水率测定的允许平行差值

含水量(%)	允许平行差值(%)
5 以下	0.3
40 以下	≤1
40 以上	≤2

(七)说明事项

击实的工程意义及试验原理:在工程建设中,经常遇到填土压实、软弱地基的强夯和换土碾压等问题,常采用既经济又合理的压实方法,使土变得压实,在短期内提高土的强度,以达到改善土的工程性质的目的。土作为筑路材料,需要在模拟现场施工条件下,获得路基土压实的最大干密度和相应的最佳含水率。击实试验就是为了这种目的,利用标准化的击实仪具,求得试验土的密度和相应含水率的关系。所以,击实试验是控制路基压实质量不可缺少的重要试验项目。

击实是指采用人工或机械对土施加夯压能量(如打夯、碾压、振动碾压等方式),使土颗粒重新排列紧密,对于粗粒土因颗粒的紧密排列,增强了颗粒表面摩擦力和颗粒之间嵌挤形成的咬合力;对细粒土,则因为颗粒间的靠紧而增强粒间的分子引力,从而使土在短时间内得到新的结构强度。在击实的过程中,由于击实功系瞬时作用土体,土体内的气体部分排除,而所含的水量则基本不变。击实试验分轻型击实和重型击实。两者的本质区别是击实功不同,重型击实法的单位击实功为轻型击实法的 4.5 倍。

影响压实的因素:

(1)含水率对整个压实过程的影响。严格控制最佳含水率是压实的关键。但是,不同的土类其最佳含水率和最大干密度也是不同的。一般粉粒和黏粒含量多,土的塑性指数愈大,土的最佳含水率也愈大,同时其最大干密度愈小。

(2)击实功对最佳含水率和最大干密度的影响。对同一种土用不同的击实功进行击实试验后表明:击实功愈大,土的最大干密度也愈大,而土的最佳含水率则愈小。但是这种增大击实功是有一定限度的,超过这个限度,即使增加击实功,土的干密度的增加也不明显。

(3)不同压实机械对压实的影响。如光面压路机、羊足碾和振动压路机等,它们的压实效果各不相同,当作用于不同土类时,其效果也不同。

(4)土类和土粒级配的影响。在路基、路面基层材料等的施工中表明,粒料的级配对所能达到的密实度有明显的影响。均匀颗粒的砂,单一尺寸的砾石和碎石,都很难碾压密实,只有在良好级配的条件下才能达到要求的密实度,也才能满足强度和稳定性的要求。

三、界限含水量(液限和塑限联合测定法)

(一)目的和适用范围

(1)本试验的目的是联合测定土的液限和塑限,用于划分土类、计算天然稠度和塑性指数,供工程设计和施工使用。

(2)本试验适用于粒径不大于0.5 m、有机质含量不大于试样总质量5%的土。

(二)仪器设备

(1)圆锥仪:锥质量为100 g或76 g,锥角为30°,读数显示形式宜采用光电式、数码式、游标式、百分表式。

(2)盛土杯:直径50 mm,深度40～50 mm。

(3)天平:称量200 g,感量0.01 g。

(4)其他:筛(孔径0.5 mm)、调土刀、调土皿、称量盒、研钵(附带橡皮头的研杵或橡皮板、木棒)、干燥器、吸管、凡士林等。

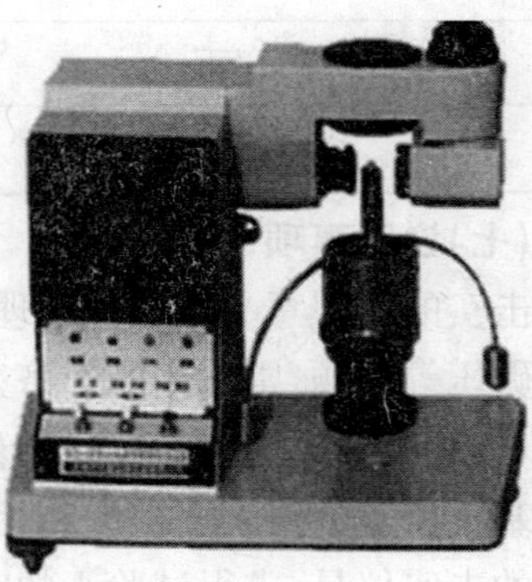

图4-10 液塑限联合测定仪

(三)试验步骤

(1)取有代表性的天然含水率或风干土样进行试验。如土中含大于0.5 mm的土粒或杂物时,应将风干土样用带橡皮头的研杵研碎或用木棒在橡皮板上压碎,过0.5 mm的筛。

取0.5 mm筛下的代表性土样200 g,分开放入三个盛土皿中,加不同数量的蒸馏水,土样的含水率分别控制在液限(a点)、略大于塑限(c点)和二者的中间状态(b点)。用调土刀调匀,盖上湿布,放置18 h以上。测定a点的锥入深度,对于100 g锥应为20 mm±0.2 mm,对于76 g锥应为17 mm。测定c点的锥入深度,对于100 g锥应控制在5 mm以下,对于76 g锥应控制在2 mm以下。对于砂类土,用100 g锥测定c点的锥入深度可大于5 mm,用76 g锥测定c点的锥入深度可大于2 mm。

(2)将制备的土样充分搅拌均匀,分层装入盛土杯,用力压密,使空气逸出。对于较干的土样,应先充分搓揉,用调土刀反复压实。试杯装满后,刮成与杯边齐平。

(3)当用游标式或百分表式液限塑限联合测定仪试验时,调平仪器,提起锥杆(此时游标或百分表读数为零),锥头上涂少许凡士林。

(4)将装好土样的试杯放在联合测定仪的升降座上，转动升降旋钮，待锥尖与土样表面刚好接触时停止升降，扭动锥下降旋钮，同时开动秒表，经 5 s 时，松开旋钮，锥体停止下落，此时游标读数即为锥入深度 h_1。

(5)改变锥尖与土接触位置(锥尖两次锥入位置距离不小于 1 cm)，重复本试验(3)和(4)步骤，得锥入深度 h_2。h_1、h_2 允许平行误差为 0.5 mm，否则，应重做。取 h_1、h_2 平均值作为该点的锥入深度 h。

(6)去掉锥尖入土处的凡士林，取 10 g 以上的土样两个，分别装入称量盒内，称质量(准确至 0.01 g)，测定其含水率 ω_1、ω_2(计算到 0.1%)。计算含水率平均值 ω。

(7)重复本试验(2)～(6)步骤，对其他两个含水率土样进行试验，测其锥入深度和含水率。

(8)用光电式或数码式液限塑限联合测定仪测定，接通电源，调平机身，打开开关，提上锥体(此时刻度或数码显示应为零)。将装好土样的试杯放在升降座上，转动升降旋钮，试杯徐徐上升，土样表面和锥尖刚好接触，指示灯亮，停止转动旋钮，锥体立刻自行下沉，5 s 时，自动停止下落，读数窗上或数码管上显示键入深度。试验完毕，按动复位按钮，锥体复位，读数显示为零。

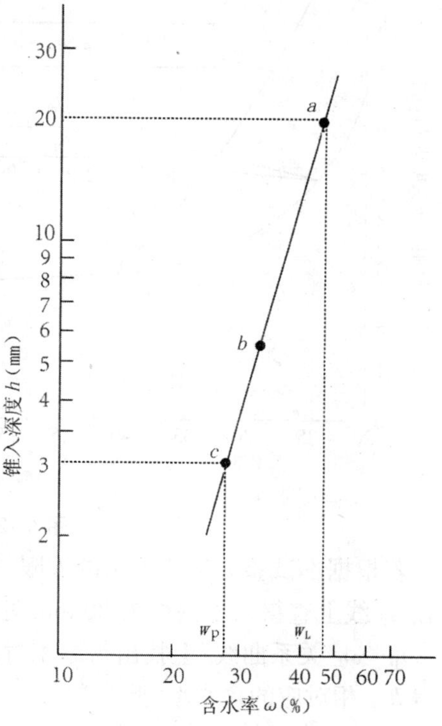

图 4-11　锥入深度与含水率(h～ω)关系

(四)结果整理

1. 点绘 h～ω 图

在双对数坐标上，以含水率 ω 为横坐标，锥入深度 h 为纵坐标，点绘 a、b、c 三点含水率的 h～ω 图(见图 4-11)。连此三点，应呈一条直线。如三点不在同一直线上，要通过 a 点与 b、c 两点连成两条直线，根据液限(a 点含水率)在 h_p～ω_L 图上查得 h_p，以此 h_p 再在 h～ω 的 ab 及 ac 两直线上求出相应的两个含水率。当两个含水率的差值小于 2%时，以该两点含水率的平均值与 a 点连成一直线。当两个含水率的差值不小于 2%时，应重做试验。

2. 液限的确定方法

(1)若采用 76 g 锥做液限试验，则在 h～ω 图上，查得纵坐标入土深度 h=17 mm 所对应的横坐标的含水率 ω，即为该土样的液限 ω_L。(方法甲)

(2)若采用 100 g 锥做液限试验，则在 h～ω 图上，查得纵坐标入土深度 h=20 mm 所对应的横坐标的含水率 ω，即为该土样的液限 ω_L。(方法乙)

3. 塑限的确定方法

(1)根据本试验方法甲求出的液限，通过 76 g 锥入土深度 h 与含水率 ω 的关系曲线(见图 4-11)，查得锥入土深度为 2 mm 所对应的含水率即为该土样的塑限 ω_p。

(2)根据本试验方法乙求出的液限，通过液限 ω_L 与塑限时入土深度 h_p 的关系曲线(见图 4-12)，查得 h_p，再由图 4-12 求出入土深度为 h_p 时所对应的含水率，即为该土样的塑限 ω_p。查 $h_p \sim \omega_L$ 关系图时，须先通过简易鉴别法及筛分法把砂类土与细粒土区别开来，再按这两种土分别采用相应的 $h_p \sim \omega_L$ 关系曲线；对于细粒土，用双曲线确定 h_p 值；对于砂类土，则用多项式曲线确定 h_p 值。

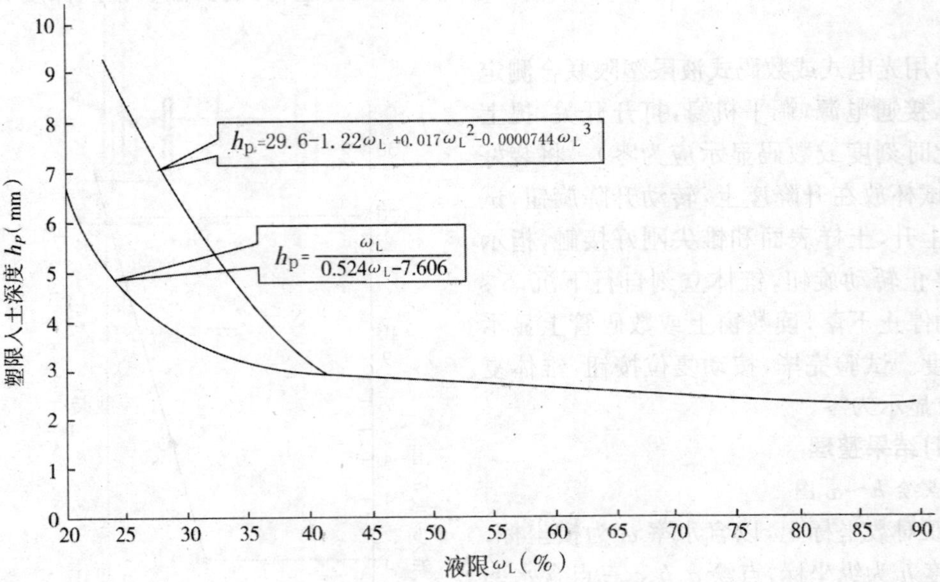

图 4-12 $h_p \sim \omega_L$ 关系曲线

若根据本试验方法乙求出的液限，当 a 点的锥入深度在 20mm±0.2 mm 范围内时，应在 a_d 线上查得入土深度为 20 mm 处相对应的含水率，此为液限 ω_L。再用此液限在"图 4-12$h_p \sim \omega_L$ 关系曲线"上找出与之相对应的塑限入土深度 h'_p，然后到 $h \sim w$ 图 a_d 直线上查得 h'_p 相对应的含水率，此为塑限。

(3)本试验须进行两次平行测定，取其算术平均值，以整数(%)表示。其允许差值为：高液限土小于或等于 2%，低液限土小于或等于 1%。

四、承载比(CBR)试验

CBR 又称加州承载比，是用于评定路基土和路面材料的强度指标。试验方法有室内法、室外法、落球式快速测定法。CBR 指试料贯入量达 2.5 mm 时，单位压力对标准碎石压入相同贯入量时标准强度的比值。

(一)目的和适用范围

(1)本试验方法只适用于在规定的试筒内制件后，对各种土和路面基层、底基层材料进行承载比试验。

(2)试样的最大粒径宜控制在 20 mm 以内,最大不得超过 40 mm 且含量不超过 5%。

(二)仪器设备

(1)圆孔筛:孔径 40 mm、20 mm 及 5 mm 筛各 1 个。

(2)试筒:内径 152 mm、高 170 mm 的金属圆筒;套环,高 50 mm;筒内垫块,直径 151 mm、高 50 mm;夯击底板,同击实仪。

(3)夯锤和导管:夯锤的底面直径 50 mm,总质量 4.5 kg。夯锤在导管内的总行程为 450 mm,夯锤的形式和尺寸与重型击实试验法所用的相同。

(4)贯入杆,端面直径 50 mm、长约 100 mm 的金属柱。

(5)路面材料强度仪或其他载荷装置:能量不小于 50 kN,能调节贯入速度至每分钟贯入 1 mm,可采用测力计式荷载装置,见图 4-13。

(6)百分表:3 个。

(7)试件顶面上的多孔板(测试件吸水时的膨胀量)。

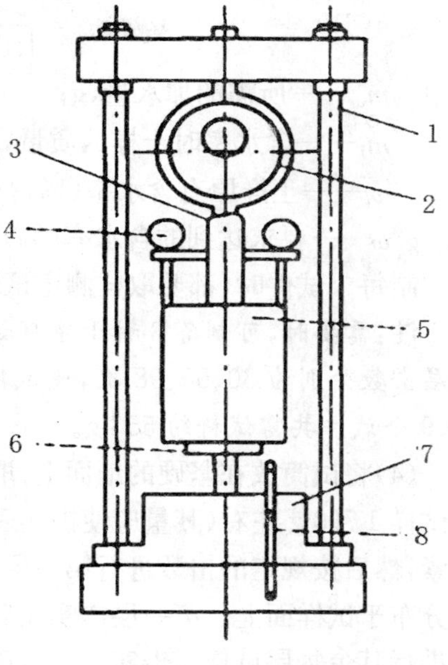

1—框架;2—量力环;3—贯入杆;4—百分表;5—试件;6—升降台;7—涡轮蜗杆箱;8—摇把

图 4-13 手摇测力计式荷载装置

(8)多孔底板(试件放上后浸泡水中)。

(9)膨胀量测定装置(单位:mm)。

(10)水槽:浸泡试件用,槽内水面应高出试件顶面 25 mm。

(11)其他:台秤,感量为试件用量的 0.1%;拌和盘、直尺、滤纸、脱模器等与击实试验相同。

(三)试样

将具有代表性的风干试料(必要时可在 50 ℃烘箱内烘干),用木碾捣碎,应捣碎到通过 5 mm 的筛孔。

采取有代表性的试料 50 kg,用 40 mm 筛筛除大于 40 mm 的颗粒,并记录超尺寸颗粒的百分数。将已过筛的试料按四分法取出约 25 kg。再用四分法将取出的试料分成 4 份,每份质量 6 kg,供击实试验和制试件之用。

在预定做击实试验的前一天,取有代表性的试料测定其风干含水率。

(四)试验步骤

(1)称试筒本身质量(m),将试筒固定在底板上,将垫块放入筒内,并在垫块上放一张滤纸,安上套环。

(2)将 1 份试料,按规定的层数和每层的击数,求试料的最大干密度和最佳含水率。

(3)将其余 3 份试料,按最佳含水率制备 3 个试件。将一份试料平铺于金属盘内,按事先计算得到的该份试料应加的水量(按下式计算)均匀地喷洒在试料上。用小铲将试料充分拌和到均匀状态,然后装入密闭容器或塑料口袋内浸润备用。浸润时间:重黏土不得少于 24 h,轻黏土可缩短到 12 h,砂土可缩短到 1 h,天然砂砾可缩短到 2 h 左右。

$$m_w=\frac{m_i}{1+0.01\omega_i}\times 0.01(\omega-\omega_i) \tag{4-5}$$

式中 m_w——所需的加水量,g;

m_i——含水率时土样的质量,g;

ω_i——土样原有含水率(%);

ω——要求达到的含水率(%)。

制每个试件时,都要取样测定试料的含水率。

注:需要时,可制备 3 种干密度试件。如每种干密度试件制 3 个,则共制 9 个试件。每层击数分别为 30、50、98 次,使试件的干密度从 95%到等于 100%的最大干密度。这样,9 个试件共需试料约 55 kg。

(4)将试筒放在坚硬的地面上,取备好的试样 3 次倒入筒内(视最大料径而定),每层需试样 1 700 g 左右(其量应使击实后的试样高出 1/3 筒高 1~2 mm)。整平表面,并稍加压紧,然后按规定的击数进行第一层试样的击实,击实时锤应自由垂直落下,锤迹必须均匀分布于试样面上。第一层击实完后,将试样层面"拉毛",然后再装入套筒,重复上述方法进行其余每层试样的击实。大试筒击实后,试样不宜高出筒高 10 mm。

(5)卸下套环,用直刮刀沿试筒顶修平击实的试件,表面不平整处用细料修补。取出垫块,称试筒和试件的质量(m_2)。

(五)泡水测膨胀量的步骤

(1)在试件制成后,取下试件顶面的破残滤纸,放一张好滤纸,并在其上安装附有调节杆的多孔板,在多孔板上加 4 块荷载板。

(2)将试筒与多孔板一起放入槽内(先不放水),并用拉杆将模具拉紧,安装百分表,并读取初读数。

(3)向水槽内放水,使水自由进到试件的顶部和底部。在泡水期间,槽内水面应保持在试件顶面以上大约 25 mm。通常试件要泡水 4 昼夜。

(4)泡水终了时,读取试件上百分表的终读数,并用式(4-6)计算膨胀量:

$$膨胀量=\frac{泡水后试件高度变化}{原试件高度(=120)}\times 100 \tag{4-6}$$

(5)从水槽中取出试件,倒出试件顶面的水,静置 15min,让其排水,然后卸去附加荷载和多孔板、底板和滤纸,并称量(m_3),以计算试件的湿度和密度的变化。

(六)贯入试验

(1)将泡水试验终了的试件放到路面材料强度试验仪的升降台上,调整偏球座,对准、整平并使贯入杆与试件顶面全面接触,在贯入杆周围放置 4 块荷载板。

(2)先在贯入杆上施加 45 N 荷载,然后将测力和测变形的百分表指针均调整至整数,并记读起始读数。

(3)加荷使贯入杆以 1~1.25 mm/min 的速度压入试件,同时测记 3 个百分表的读数。记录测力计内百分表某些整读数(如 20、40、60)时的贯入量,并注意使贯入量为 250×10^{-2} mm 时,能有 5 个以上的读数。因此,测力计内的第一个读数应是贯入量 30×

10^{-2} mm 左右。

(七)结果整理

(1)以单位压力(p)为横坐标,贯入量(l)为纵坐标,绘制 $p \sim l$ 关系曲线,图上曲线 1 是合适的。曲线 2 开始段是凹曲线,需要进行修正。修正时在变曲率点引一切线,与纵坐标交于 O' 点,O' 即为修正后的原点。

(2)一般采用贯入量为 2.5 mm 时的单位压力与标准压力之比作为材料的承载比(CBR)。即:

$$CBR = \frac{p}{7\,000} \times 100 \tag{4-7}$$

式中 CBR——承载比(%),计算至 0.1;

p——单位压力,kPa。

同时计算贯入量为 5 mm 时的承载比:

$$CBR = \frac{p}{10\,500} \times 100 \tag{4-8}$$

如贯入量为 5 mm 时的承载比大于 2.5mm 时的承载比,则试验应重做。如结果仍然如此,则采用 5 mm 时的承载比。

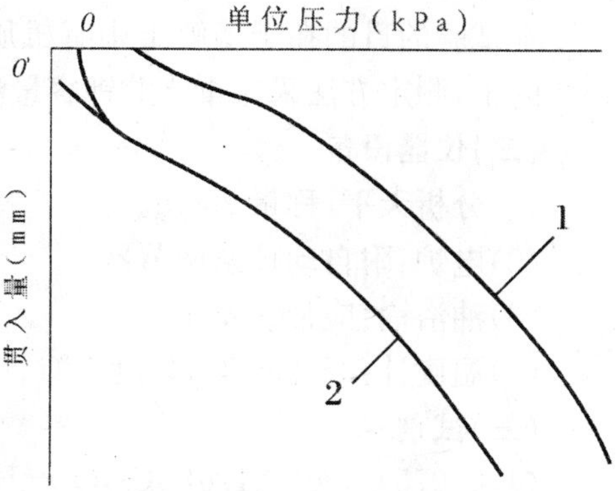

图 4-14　单位压力与贯入量的关系曲线

(3)试件的湿密度用式(4-9)计算:

$$\rho = \frac{m_2 - m_1}{2\,177} \tag{4-9}$$

式中 ρ——试件的湿密度,g/cm³,计算至 0.01;

m_2——试筒和试件的合质量,g;

m_1——试筒的质量,g;

2 177——试筒的容积,cm³。

(4)试件的干密度用式(4-10)计算:

$$\rho = \frac{\rho}{1 + 0.01\omega} \tag{4-10}$$

式中 ρ——试件的干密度,g/cm³,计算至 0.01;

ω——试件的含水率。

(5)泡水后试件的吸水量按式(4-11)计算:

$$\omega_a = m_3 - m_2 \tag{4-11}$$

式中 ω_a——泡水后试件的吸水量,g;

m_3——泡水后试筒和试件的合质量,g;

m_2——试筒和试件的合质量,g。

(6)精密度和允许差。

如根据 3 个平行试验结果计算得的承载比变异系数 C_v 大于 12%,则去掉一个偏离大的值,取其余两个结果的平均值。如 C_v 小于 12%,且 3 个平行试验结果计算的干密度偏差小于 0.03 g/cm³,则取 3 个结果的平均值。如 3 个试验结果计算的干密度偏差超过

0.03 g/cm^3,则去掉一个偏离大的值,取其余两个结果的平均值。

承载比小于100,相对偏差不大于5%;承载比大于100,相对偏差不大于10%。

五、有机质含量

测定有机质的方法很多,有容量法、质量法、比色法等,但应用普遍的为容量法。在容量分析法中应用最普遍的是重铬酸钾容量法。

(一)目的和适用范围

本试验的目的在于了解土中有机质的含量。本试验方法适用于有机质含量不超过15%的土,测定方法采用重铬酸钾容量法——油浴加热法。

(二)仪器设备

(1)分析天平:称量200 g。

(2)电炉:附自动控温调节器。

(3)油浴锅:应带铁丝笼。

(4)温度计:0～250 ℃,精度1 ℃。

(三)试剂

(1)0.075 0 mol/L1/6$K_2Cr_2O_2-H_2SO_4$ 溶液:用分析天平称取经105～110 ℃烘干并研细的重铬酸钾44.123 1 g,溶于800 mL蒸馏水中(必要时可加热),缓缓加入浓硫酸1 000 mL,边加入边搅拌,冷却至室温后用水定容至2 L。

(2)0.2 mol/L硫酸亚铁(或硫酸亚铁铵)溶液:称取硫酸亚铁($FeSO_4 \cdot 7H_2O$分析纯)56 g或硫酸亚铁铵[$(NH_4)_2SO_4FeSO_4 \cdot 6H_2O$]80 g,溶于蒸馏水中,加15 mL浓硫酸(密度1.84 g/mL化学纯)。然后加蒸馏水稀释至1 L,密封贮于棕色瓶中。

(3)邻菲咯啉指示剂:称取邻菲咯啉($C_{12}N_8N_2 \cdot H_2O$)1.485 g,硫酸亚铁($FeSO_4 \cdot 7H_2O$)0.695 g,溶于100 mL蒸馏水中,此时试剂与Fe^{2+}形成红棕色络合物,即[$Fe(C_{12}H_8N_2)_3]^{2+}$,贮于棕色滴瓶中。

(4)石蜡(固体)或植物油2 kg。

(5)浓硫酸(H_2SO_4)(密度1.84 g/mL,化学纯)。

(6)灼烧过的浮石粉或土样:取浮石或矿质土约200 g,磨细并通过0.25 mm筛,分散装入数个瓷蒸发皿中,在700～800 ℃的高温炉内灼烧1～2 h,把有机质完全烧尽后备用。

(四)硫酸亚铁(或硫酸亚铁铵)溶液的标定

准确吸取$K_2Cr_2O_7$标准溶液3份,每份20 mL分别注入150 mL锥形瓶中,用蒸馏水稀释至60 mL左右,滴入邻菲咯啉指示剂3～5滴,用硫酸亚铁(或硫酸亚铁铵)溶液进行滴定,使锥形瓶中的溶液由橙黄经蓝绿色突变至橙红色为止。按用量计算硫酸亚铁(或硫酸亚铁铵)溶液的浓度,准确至0.000 1 mol/L,取3份计算结果的算术平均值即为硫酸亚铁(或硫酸亚铁铵)溶液的标准浓度。

(五)试验步骤

(1)用分析天平准确称取通过100目筛的风干土样0.100 0～0.500 0 g,放入一干燥的硬质试管中,用滴定管准确加入0.075 0 mol/L $\frac{1}{6}K_2Cr_2O_7-H_2SO_4$ 标准溶液10 mL

(在加入 3mL 时摇动试管使土样分散),并在试管口插入一小玻璃漏斗,以冷凝蒸出之水汽。

(2)将 8～10 个已装入土样和标准溶液的试管插入铁丝笼中(每笼中均有 1～2 个空白试管),然后将铁丝笼放入温度为 185～190 ℃的石蜡油浴锅中,试管内的液面应低于油面。要求放入后油浴锅内油温下降至 170～180 ℃,以后应注意控制电炉,使油温维持在 170～180 ℃,待试管内试液沸腾时开始计时,煮沸 5 min,取出试管稍冷,并擦净试管外部油液。

(3)将试管内试样倾入 250 mL 锥形瓶中,用水洗净试管内部及小玻璃漏斗,使锥形瓶中的溶液总体积达 60～70 mL,然后加入邻菲咯琳指示剂 3～5 滴,摇匀,用硫酸亚铁(或硫酸亚铁铵)标准溶液滴定,溶液由橙黄色经蓝绿色突变为橙红色时即为终点,记下硫酸亚铁(或硫酸亚铁铵)标准溶液的用量,精确至 0.01 mL。

(4)空白标定:即用灼烧土代替土样,取 2 个试样,其他操作均与土样试验相同,记录硫酸亚铁用量。

(六)结果整理

1.有机质含量按式(4-12)计算

$$有机质(\%)=\frac{C_{FeSO_4}(V'_{FeSO_4}-V_{FeSO_4})\times 0.003\times 1.724\times 1.1}{m_s} \tag{4-12}$$

式中　C_{FeSO_4}——硫酸亚铁标准溶液的浓度,mol/L;

V'_{FeSO_4}——空白标定时用去的硫酸亚铁标准溶液的量,mL;

V_{FeSO_4}——测定土样时所用去的硫酸亚铁标准溶液的量,mL;

m_s——土样质量(将风干土换算为烘干土),g;

0.003——$\frac{1}{4}$碳原子的摩尔质量,g/mol;

1.724——有机碳换算成有机质的系数;

1.1——氧化校正系数。

(七)精密度和允许差

有机质含量试验结果精度应符合表 4-6 的规定。

表 4-6　有机质含量的允许偏差

测定值(%)	绝对偏差(%)	相对偏差(%)
10～5	<0.3	3～4
5～1	<0.2	4～5
1～0.1	<0.05	5～6
0.1～0.05	<0.004	6～7
0.05～0.01	<0.006	7～9
<0.01	<0.008	9～15

第五章　水泥混凝土与砂浆检测

第一节　混凝土概述

从广义上来说，混凝土是指以胶凝材料(胶结料)、集料(或称骨料)、水(或不加水)及其他材料为原料，按适当比例配制而成的混合物，再经硬化形成的复合材料。根据所用胶凝材料的不同，土木工程中常用的混凝土有水泥混凝土、沥青混凝土、石膏混凝土和聚合物混凝土等。普通水泥混凝土是以水泥为胶凝材料而制成的混凝土，它是当前土木工程中最常用的材料之一。

一、普通混凝土的特点

在土木工程中普通混凝土主要有以下优点：

(1)混凝土组成材料来源广泛。混凝土中占约80%的主要原料为砂、石等地方性材料，具有可就地取材、价格低廉的特点。

(2)新拌混凝土有良好的可塑性。可按设计要求浇筑成各种形状和尺寸的整体结构或预制构件。

(3)可按需要配制各种不同性质的混凝土。在一定范围内调整混凝土的原材料配比，可获得强度、流动性、耐久性及外观不同的混凝土。

(4)具有较高的抗压强度，且与钢筋具有良好的共同工作性。硬化混凝土的抗压强度一般为20～40 MPa，有些可高达80～100 MPa。它不仅与钢筋间有较强的黏结力，并与钢筋具有相近的温度胀缩性，而且其碱性环境能有效地保护钢筋免受腐蚀；这些性能使二者复合成为钢筋混凝土后，可形成具有互补性的整体，更扩大了混凝土作为工程结构材料的应用范围。

(5)具有良好的耐久性，可抵抗大多数环境破坏作用。与其他结构材料相比，其维修费用很低。

(6)具有较好的耐火性。普通混凝土的耐火性优于木材、钢材和塑料等大宗材料，经高温作用数小时而仍能保持其力学性，可使混凝土结构物具有较高的可靠性。

混凝土具有许多优点，当然相应的缺点也不容忽视，主要表现如下：

(1)抗拉强度低。是混凝土抗压强度的1/10左右，是钢筋抗拉强度的1/100左右。

(2)延展性不高。属于脆性材料，变形能力差，只能承受少量的张力变形(约0.003)，否则就会因无法承受而开裂；抗冲击能力差，在冲击荷载作用下容易产生脆断。

(3)自重大。高层、大跨度建筑物要求材料在保证力学性质的前提下，以轻为宜。

(4)体积不稳定性。尤其是当水泥浆量过大时，这一缺陷表现得更加突出，随着温度、湿度、环境介质的变化，容易引发体积变化，产生裂纹等内部缺陷，直接影响建筑物的使用寿命。

混凝土在建筑工程中使用，必须满足以下五项基本要求或准则：

(1)满足与使用环境相适应的耐久性要求。

(2)满足设计的强度要求。

(3)满足施工规定所需的工作性要求。

(4)满足业主或施工单位渴望的经济性要求。

(5)满足可持续发展所必需的生态性要求。

二、普通混凝土的组成材料

普通混凝土是以水泥、水、细集料(天然砂等)和粗集料(石子等)等为基本材料，或再掺加适量外加剂、混合材料等制成的复合材料。

在混凝土中，各组成材料起着不同的作用。砂、石等集料在混凝土中起骨架作用，因此也称为骨料，还可对混凝土起稳定性作用。由水泥与水所形成的水泥浆通常包裹在集料的表面，并填充集料间的空隙而在混凝土硬化前起润滑作用，它赋予新拌混凝土具有一定的流动性以便于施工操作；在混凝土硬化后，水泥浆形成的水泥石又起胶结作用，是它把砂、石等集料胶结成为整体而成为坚硬的人造石材，并产生力学强度。

混凝土的技术性质，在很大程度上是由原材料的性质及其相对含量所决定的，同时也与施工工艺(配料、搅拌、捣实成型、养护等)有关。因此，要获得满足设计性能要求的混凝土，首先必须了解其原材料的性质、作用及其质量要求。

(一)混凝土对水泥的要求

水泥在混凝土中起胶结作用，它是混凝土中最重要的组分，其技术性质除必须满足有关标准规定之外，还应根据不同使用环境与使用条件合理选择水泥的品种及强度等级，以满足工程对混凝土强度、耐久性及经济性等方面的要求。

1. 水泥品种的选择

配制混凝土所用水泥的品种，应根据工程特点、工程所处环境及施工条件，参考各种水泥的特性进行合理选择。

2. 水泥强度等级的选择

水泥强度等级应与混凝土的设计强度等级相适应。原则上配制高强度等级的混凝土应选用强度等级高的水泥；配制低强度等级的混凝土，选用强度等级低的水泥。采用强度等级高的水泥配制低强度等级混凝土时，会使水泥用量偏少，影响和易性和耐久性，必须掺入一定数量的矿物掺合料。采用强度等级低的水泥配制高强度等级混凝土时，会使水泥用量过多，不经济，而且会影响混凝土的其他技术性质，如干缩等。配制普通混凝土时，通常要求水泥的强度为混凝土抗压强度的 1.5～2.0 倍；配制较高强度混凝土时，可取 0.9～1.5 倍。但是，随着混凝土强度等级的不断提高，新工艺的不断出现以及高效外加剂性能的不断改进，高强度和高性能混凝土的配比要求将不受此比例的约束。

(二)混凝土对细集料(砂)的要求

混凝土用集料按粒径大小分为细集料和粗集料。粒径在 150 μm～4.75 mm 的岩石颗粒，称为细集料；粒径大于 4.75 mm 的颗粒称为粗集料。集料在混凝土中不仅起骨架作用和稳定作用，而且其用量所占比例也最大，通常粗、细集料的总体积要占混凝土体积的70%～80%。因此，集料质量的优劣对混凝土性能影响很大。

为保证混凝土的各项物理力学性能，集料技术性能必须满足规定的要求。为获得合理的混凝土内部结构，通常要求所用集料应具有合理的颗粒级配，其颗粒粗细程度应满足相应的要求；颗粒形状应近圆形，且应具有较粗糙的表面以利于与水泥浆的黏结。还要求集料中有害杂质含量要少，集料的化学性能与物理状态应稳定，且应具有足够的力学强度以使混凝土获得坚固耐久的性能。

在土木工程建设中，普通混凝土用砂的颗粒级配通常依据级配区或筛分曲线来判定其级配是否合格。使用筛分曲线判定级配区时，应先将各筛累计筛余百分率标注到图中连成曲线，然后观察此筛分曲线是否完全落在三个级配区的某一区内，据此即可判定该砂的级配是否合格。同时，也可根据筛分曲线偏向情况，大致判断砂的粗细程度。当筛分曲线偏向右下方时，表示砂较粗；筛分曲线偏向左上方时，表示砂较细。

当砂子的累计筛分值均处于表3-30中的某一个级配区内或图3-21中某一区间时，可以判定其级配符合要求。考虑各种因素的影响，除了4.75 mm和600 μm筛档外，其他筛孔的累计筛余百分率，允许略有超出范围，但超出总量应小于5%。

值得指出的是，砂的细度模数不能反映砂的级配优劣，细度模数相同的砂，其级配可能差别很大。因此，在配制混凝土时，砂的颗粒级配和细度模数应同时考虑。当砂子的级配较好，且其中含有较多的粗颗粒，并以适量的中颗粒及少量的细颗粒填充其空隙时，这种砂的级配和粗细最适宜，其空隙率及总表面积均较小。使用这种级配和粗细均适宜的砂配制混凝土时，不仅水泥用量少，经济性好，而且还可提高混凝土的密实度、强度和耐久性，并具有较好的施工操作性能。

配制混凝土时宜优先选用合格的中砂(2区砂)。为满足对混凝土的性能要求，当采用粗砂(1区砂)时，应适当提高其砂率，并保证有足够的水泥用量以填满集料间的空隙；当采用细砂(3区砂)时，宜适当降低砂率以控制需要水泥浆包覆的细集料总表面积。可见，混凝土采用粗砂或细砂都可能要比采用中砂需要多的水泥浆，而水泥浆的增多不仅会提高混凝土成本，而且还会影响其物理力学性能。

此外，由于混凝土用砂量很大，在选择砂源时应本着就地取材的原则，若工程所在地区的砂料出现过细、过粗或自然级配不良时，可以用人工掺配的方法来改善。通过将粗、细砂按适当的比例掺配，或将砂过筛后剔除过粗或过细颗粒，也可获得粗细程度和颗粒级配良好的合格砂。

(三)混凝土对粗集料(碎石、卵石)的要求

普通混凝土常用的粗集料有碎石和卵石两种，其共同特点是粒径大于4.75 mm。碎石大多是由天然岩石经破碎、筛分而成的颗粒，其粒径大于4.75 mm且多棱角，通常其表面粗糙和洁净，它与水泥浆黏结性较好。

卵石又称砾石，它是由天然岩石经自然风化、水流搬运和分选、堆积形成的粒径大于4.75 mm的颗粒。按其产源可分为河卵石、海卵石及山卵石等几种，其中以河卵石应用较多。与碎石比较，卵石表面光滑，拌制的混凝土易于流动和成型，有利于施工操作。但卵石与水泥石的黏结能力较差，在相同配比情况下，表现出卵石混凝土要比碎石混凝土的

强度较低。

根据其粒径尺寸分布状况的不同，混凝土用粗集料有连续粒级和单粒级两种，依据其有害杂质含量的多少及强度的高低不同，又可分为Ⅰ类、Ⅱ类、Ⅲ类三种类别。其中，Ⅰ类粗集料适合配制各种混凝土，包括强度为 60 MPa 以上的高强度混凝土；Ⅱ类粗集料适合配制强度在 60 MPa 以下的混凝土，以及有抗冻、抗渗或其他耐久性要求的混凝土；Ⅲ类粗集料通常只适合配制强度低于 30 MPa 的混凝土。

(四)混凝土对水的要求

混凝土用水包括拌制混凝土用水和混凝土养护用水。《混凝土拌合用水标准》(JGJ 63—89)要求混凝土用水不得妨碍混凝土的凝结和硬化，不得影响混凝土的强度发展和耐久性，不得含有加快钢筋混凝土中钢筋锈蚀的成分，也不得含有污染混凝土表面的成分。

(五)混凝土对外加剂的要求

混凝土外加剂是在混凝土生产或施工过程中掺入的不超过水泥质量 5%，并能明显改善混凝土性质的物质。

混凝土外加剂的应用历史已有半个多世纪，特别是 20 世纪 80 年代以来发展速度很快，其应用范围已扩大到改善混凝土的各方面性能。目前，外加剂品种已发展到 14 大类数百个品种，其产量也日益增加，使其在土木工程建设中的作用越来越重要，并且已经成为现代水泥混凝土技术进步的标志之一。从目前土木工程技术发展的现状来看，外加剂也已成为现代混凝土中不可缺少的组分，其技术经济效果已得到工程界的普遍认同和重视。

第二节　普通混凝土的技术性质及检测

一、新拌混凝土的性质

将粗细集料、水泥和水等组分按适当比例配合，并经搅拌均匀而成的塑性混凝土混合材料称为新拌混凝土(也称为混凝土拌和物)；凝结硬化后的混凝土混合料称为硬化混凝土(也简称混凝土)。在土木工程建设过程中，为方便施工操作以获得密实而均匀的混凝土结构。要求新拌混凝土必须具有良好的施工性能，并将这种性能称之为新拌混凝土的和易性。

新拌混凝土的和易性是指其在搅拌、运输、浇筑、捣实等施工作业中易于流动变形，并能保持其组成均匀稳定的性能。和易性良好的混凝土在施工操作过程中应具有流动性好、不易产生分层离析或泌水现象等性能，以使其容易获得质量均匀、成型密实的混凝土结构。

混凝土和易性是一项综合性的技术指标，它主要包括流动性、黏聚性和保水性三方面。

1. 流动性

流动性是指新拌混凝土在自重或机械振捣力的作用下，能产生流动并均匀密实地充满模板的性能。流动性的大小，在外观上表现为新拌混凝土的稀稠，直接影响其浇捣施工的难易和成型的质量。若新拌混凝土太干稠，则难以成型与捣实，且容易造成内部或表面孔洞等缺陷；若新拌混凝土过稀，经振捣后易出现水泥浆和水上浮而石子等颗粒下沉的分层离析现象，影响混凝土的质量均匀性。

2. 黏聚性

黏聚性是指新拌混凝土内部组分间具有一定的黏聚力，在运输和浇筑过程中不致发生分层离析现象，使混凝土能保持整体均匀稳定的性能。黏聚性差的新拌混凝土，或表现为发涩，或产生石子下沉，导致石子与砂浆容易分离后而聚积，振捣后容易出现蜂窝、空洞等现象。

3. 保水性

保水性是指新拌混凝土具有一定保持内部水分的能力，在施工过程中不致产生严重的泌水现象。在施工过程中，保水性差的新拌混凝土中一部分水易从内部析出至表面，在水渗流之处留下许多毛细管孔道，成为以后混凝土内部的透水通路。另外，在水分上升的同时，一部分水还会滞留在石子及钢筋的下缘形成水隙，从而减弱石子或钢筋与水泥浆之间的黏结力。所有这些都会使混凝土的密实性变差，并显著降低混凝土的强度及耐久性。

新拌混凝土的流动性、黏聚性及保水性，三者之间相互关联而又矛盾。例如，黏聚性好的新拌混凝土，往往保水性也好，但其流动性可能较差；当新拌混凝土的流动性很大时，往往具有黏聚性和保水性变差的趋势。因此，所谓新拌混凝土的和易性良好，就是使这三方面的性能在某种具体条件下得到统一，达到满足施工操作方便及混凝土后期质量良好的状态。

二、混凝土的力学性质

硬化混凝土的力学性质主要包括混凝土的强度和混凝土的变形两个方面。以下对混凝土的强度做一介绍。

土木工程的普通混凝土一般多用作结构材料，因此强度是硬化混凝土最重要的技术性质。混凝土的强度包括抗压强度、抗拉强度、抗弯强度、抗剪强度、与钢筋的黏结强度等。其中，以抗压强度为最大，抗拉强度为最小，结构工程中的混凝土主要用于承受压力。

混凝土强度与混凝土的其他性能关系密切。一般来说，混凝土的强度越高，其刚性、不透水性、抵抗风化和某些介质侵蚀的能力也越强。混凝土的抗压强度是结构设计的主要参数，也是混凝土质量评定和控制的主要技术指标。

1. 混凝土的抗压强度

我国采用立方体抗压强度作为混凝土的强度特征值，根据《普通混凝土力学性能试验方法标准》(GB/T 50081－2002)，按规定方法制作而成 150 mm×150 mm×150 mm 的标准立方体试件，在标准养护条件(温度 20 ℃±2 ℃，相对湿度大于 95%或在水中)下养护到 28 d 龄期，用标准试验方法所测得的抗压强度值称为混凝土的立方体抗压强度，并以 f_{cu}表示。在实际工程中，在试件尺寸满足所用粗集料的最大粒径规定的前提下，允许采用非标准尺寸的试件，但应将其抗压强度测定值换算成标准试件的抗压强度。

2. 混凝土强度等级

依据普通混凝土的立方体抗压强度，可划分为不同的强度标准值($f_{cu,k}$)。混凝土立方体抗压强度标准值是以其立方体抗压强度为基准所确定的混凝土强度统计值。它是指按标准方法制作和养护的立方体试件，在 28 d 龄期，用标准试验方法测得的抗压强度总体分布中的一个值，强度低于该值的百分率不超过 5%（即具有强度保证率为 95%的立方体抗压强度）。根据混凝土不同的强度标准值可划分为大小不同的强度等级。混凝土的强度等级是以符号"C"及其对应的强度标准值（以 MPa 为单位）所表示的代号，它分别以 C7.5、C10、C20、C25、C30、C35、C40、C45、C50、C55、C60、C65、C70、C75 及 C80 等表示不同的混凝土强度等级。例如，C40 表示混凝土立方体抗压强度标准值 $f_{cu,k}=40$ MPa。

3. 混凝土的抗折强度（f_{tf}）

混凝土的抗折强度是指处于受弯状态下混凝土抵抗外力的能力，由于混凝土为典型的脆性材料，它在断裂前无明显的弯曲变形，故称为抗折强度。通常混凝土的抗折强度是利用 150 mm×150 mm×550 mm 的试梁在三分点加荷状态下测得的。

我国《公路水泥混凝土路面设计规范》（JTGD 40—2002）规定，道路、机场道面与广场道面用水泥混凝土的强度控制指标以抗折强度为准，抗压强度仅作为参考指标。

4. 混凝土的抗拉强度

混凝土是典型的脆性材料，其抗拉强度很低，只有抗压强度的 1/10～1/20（通常取 1/15）。因此，在钢筋混凝土结构设计中，通常不考虑混凝土的承拉能力，而是依靠其中配置的钢筋来承担结构中的拉力。尽管如此，抗拉强度对于混凝土的抗裂性仍具有重要作用，它通常是结构设计中确定混凝土抗裂度的主要依据，也是间接衡量混凝土抗冲击强度、与钢筋黏结强度、抵抗干湿变化或温度变化能力的参考指标。

由于混凝土的脆性特点，其抗拉强度难以直接测定，通常采用劈裂抗拉试验法间接得出混凝土的抗拉强度，并称之为劈裂抗拉强度（f_{ts}）。混凝土劈裂抗拉强度是采用边长为 150 mm 的立方体试件，试验时先在立方体试件的两个相对的上下表面加上垫条，然后施加均匀分布的压力，使试件在竖向平面内产生均匀分布的拉应力。

5. 提高混凝土强度的措施

（1）采用高强度等级水泥或早强型水泥。在混凝土配合比不变的情况下，采用高强度等级水泥可提高混凝土各龄期强度；采用早强型水泥可提高混凝土的早期强度，有利于加快施工进度。

（2）采用低水灰比的干硬性混凝土。降低水灰比是提高混凝土强度最有效的途径之一。低水灰比的干硬性新拌混凝土中自由水分少，硬化后留下的孔隙少，混凝土密实度高，强度可显著提高。但水灰比过小，将影响混凝土的流动性，造成施工困难；可采取同时掺加混凝土减水剂的办法，使混凝土在较低水灰比的情况下，仍具有良好的和易性。

（3）采用机械搅拌与振实等强化施工工艺。在施工中，对于干硬性混凝土或低流动性混凝土，必须同时采用机械搅拌和机械振捣混凝土，使其成型密实，强度提高。

（4）采用湿热处理养护措施。湿热处理可分为蒸汽养护及蒸压养护两类。

蒸汽养护是将混凝土放在温度低于 100 ℃的常压蒸汽中进行养护，以加速水泥的水化反应。一般混凝土经过 16～20 h 蒸汽养护，其强度可达正常条件下养护 28d 强度的 70%～80%。蒸汽养护最适于掺活性混合材料的矿渣水泥、火山灰水泥及粉煤灰水泥制备的混凝土。因为蒸汽养护可加速活性混合材料内的活性 SiO_2 及活性 Al_2O_3 与水泥水

化析出的 $Ca(OH)_2$ 反应，不仅提高混凝土的早期强度，而且后期强度也有所提高，其 28 d 强度可提高 10%～20%。而对普通水泥或硅酸盐水泥配制的混凝土进行蒸汽养护，其早期强度也能得到提高，但因在水泥颗粒外表过早地形成水化产物的凝胶膜层，阻碍了水分向水泥颗粒内部的进一步深入，使后期强度增长速度反而减缓，其 28 d 强度比标准养护 28 d 的强度低 10%～15%。

蒸汽养护可使混凝土构件获得足够的早期强度，可以缩短拆模时间，提高模板及场地的周转率，有效提高生产效率和降低成本。

蒸压养护是将混凝土放在高温高压(通常为 175 ℃的温度及 8 个大气压)的压蒸釜中进行养护。在高温高压下，水泥水化时析出的 $Ca(OH)_2$ 与混合材料中的活性 SiO_2 反应，生成结晶度较好的水化硅酸钙，可有效地提高混凝土的强度，并加速水泥的水化与硬化。这种方法对掺有混合材料较多的水泥更为有效。

(5)掺加增强型外加剂或混合材料。掺加某些可以促进水泥水化速度的外加剂是使混凝土获得早强、高强的重要手段之一。混凝土中掺入早强剂，可提高其早期强度。掺入减水剂尤其是高效减水剂，可大幅度减少拌和用水量，使混凝土获得较高的强度。对于某些高强混凝土，在掺入高效减水剂的同时，往往还必须掺入磨细的矿物混合材料(如硅灰、优质粉煤灰、超细磨矿渣等)，以显著提高混凝土的强度。

三、混凝土的耐久性

混凝土的耐久性是指混凝土抵抗环境条件的长期作用，并保持其稳定良好的使用性能和外观完整性，从而维持混凝土结构安全、正常使用的能力。

混凝土结构耐久性设计的目标就是保证混凝土结构在规定的使用年限内，在常规的维修条件下，不出现混凝土劣化、钢筋锈蚀等影响结构正常使用和外观的损坏。它涉及混凝土工程的造价、维护费用和使用年限等问题，因此在设计混凝土结构时，强度与耐久性必须同时予以关注。耐久性良好的混凝土，对延长结构使用寿命、减少维修保养工作量、提高经济效益和社会效益等具有十分重要的意义。

混凝土的耐久性是一个综合性概念，包括抗渗、抗冻、抗侵蚀、抗碳化、抗碱—集料反应及阻止混凝土中钢筋锈蚀的能力等性能。

(一)混凝土抗渗性

混凝土抗渗性是指混凝土抵抗液体(水、油、溶液等)压力渗透作用的能力。普通混凝土渗水的原因是内部具有连通孔隙构成的渗水孔道，这些孔道主要包括水泥浆中多余水分蒸发而留下的气孔、水泥浆泌水所形成的毛细管道、粗集料下缘界面聚积的水隙、施工振捣不密实形成的蜂窝空洞、混凝土硬化后因干缩或热胀等变形造成的裂缝。造成这些缺陷的原因主要与混凝土的配比、施工振实质量及养护环境条件等有关，其中，水灰比的大小是影响混凝土中水泥石抗渗性的最主要因素之一。

在工程实际中，常用抗渗等级来表示混凝土的抗渗性。抗渗等级所表示的是以 28 d 龄期的标准试件在标准试验条件下所能承受的最大静水压力，并以 P4、P6、P8、P10 及 P12 分别表示混凝土可抵抗 0.4 MPa、0.6 MPa、0.8 MPa、1.0 MPa 及 1.2 MPa 的静水压力而不渗透的五个抗渗等级。在工程设计中，应依据工程实际所承受的水压大小来选择抗渗等级。

(二)混凝土抗冻性

混凝土抗冻性是指混凝土在饱水状态下，能经受多次冻融循环而不破坏，同时也不严重降低强度的性能。寒冷地区的建筑及建筑物中的寒冷环境(如冷库)对所用混凝土都要求具有较高的抗冻能力。

混凝土的抗冻性常用抗冻等级表示。混凝土的抗冻等级以 28 d 龄期的混凝土标准试件，在饱水后承受反复冻融循环，以其抗压强度损失不超过 25%，质量损失不超过 5% 时，混凝土所能承受的最多的冻融循环次数来表示。常用混凝土的抗冻等级有 F10、F15、F25、F50、F100、F150、F200、F250 和 F300 等九个等级；例如其中 F150 表示混凝土在满足上述条件的情况下，能够承受冻融循环的次数不少于 150 次。

(三)提高混凝土耐久性的措施

土木工程中的混凝土，由于所处的环境和使用条件千差万别，对其耐久性的要求也不相同。例如受水压作用的混凝土，应要求其具有较高的抗渗性；与水接触并遭受冰冻作用的混凝土，要求其具有较强的抗冻性；处于侵蚀性环境中的混凝土，要求其具有相应的抗侵蚀性等。

但是，影响混凝土耐久性的因素却有许多共同之处，混凝土的密实程序是影响其耐久性的主要因素，其次是原材料的性质和施工质量等。因此，提高混凝土耐久性的综合性措施主要有：①根据混凝土工程的特点和所处的环境条件，合理选用水泥品种。②严格控制水灰比并保证有足够的水泥用量，从而保证混凝土的密实度。③选用品质良好的砂石集料，如严格控制集料的坚固性、有害杂质含量、级配等技术指标。④掺入减水剂或引气剂等外加剂，改善混凝土的孔结构，以提高混凝土的抗渗性和抗冻性。⑤加强施工技术管理，采用机械施工，以保证混凝土搅拌均匀、振捣密实和充分养护。

四、拌和物稠度试验

(一)坍落度与坍落扩展度法

1. 适用范围

本方法适用于骨料最大粒径不大于 40 mm、坍落度不小于 10 mm 的混凝土拌和物稠度测定。

2. 试验步骤

坍落度与坍落扩展度试验应按下列步骤进行：

(1)湿润坍落度筒及底板，在坍落度筒内壁和底板上应无明水。底板应放置在坚实水平面上，并把筒放在底板中心，然后用脚踩住两边的脚踏板，坍落度筒在装料时应保持固定的位置。

(2)把按要求取得的混凝土试样用小铲分三层均匀地装入筒内，使捣实后每层高度为筒高的 1/3 左右。每层用捣棒插捣 25 次。插捣应沿螺旋方向由外向中心进行，各次插捣应在截面上均匀分布。插捣筒边混凝土时，捣棒可以稍稍倾斜。插捣底层时，捣棒应贯穿整个深度，插捣第二层和顶层时，捣棒应插透本层至下一层的表面；浇灌顶层时，混凝土应灌到高出筒口。插捣过程中，如混凝土沉落到低于筒口，则应随时添加。顶层插捣完后，刮去多余的混凝土，并用抹刀抹平。

(3)清除筒边底板上的混凝土后，垂直平稳地提起坍落度筒。坍落度筒的提离过程应在5～10 s内完成；从开始装料到提坍落度筒的整个过程应不间断地进行，并应在150 s内完成。

(4)提起坍落度筒后，测量筒高与坍落后混凝土试体最高点之间的高度差，即为该混凝土拌和物的坍落度值；坍落度筒提离后，如混凝土发生崩坍或一边剪坏现象，则应重新取样另行测定；如第二次试验仍出现上述现象，则表示该混凝土和易性不好，应予记录备查。

图5-1　坍落度筒

(5)观察坍落后的混凝土试体的黏聚性及保水性。黏聚性的检查方法是用捣棒在已坍落的混凝土锥体侧面轻轻敲打，此时如果锥体逐渐下沉，则表示黏聚性良好，如果锥体倒塌、部分崩裂或出现离析现象，则表示黏聚性不好。保水性以混凝土拌和物稀浆析出的程度来评定，坍落度筒提起后如有较多的稀浆从底部析出，锥体部分的混凝土也因失浆而骨料外露，则表明此混凝土拌和物的保水性能不好；如坍落度筒提起后无稀浆或仅有少量稀浆自底部析出，则表示此混凝土拌和物保水性良好。

(6)当混凝土拌和物的坍落度大于220 mm时，用钢尺测量混凝土扩展后最终的最大直径和最小直径，在这两个直径之差小于50 mm的条件下，用其算术平均值作为坍落扩展度值；否则，此次试验无效。

如果发现粗骨料在中央集堆或边缘有水泥浆析出，表示此混凝土拌和物抗离析性不好，应予记录。

3. 混凝土拌和物坍落度和坍落扩展度值

以毫米为单位，测量精确至1 mm，结果表达修约至5 mm。

图5-2　维勃稠度仪

(二)维勃稠度法

1. 适用范围

本方法适用于骨料最大粒径不大于40 mm，维勃稠度在5～30 s的混凝土拌和物稠度测定。坍落度不大于50 mm或干硬性混凝土和维勃稠度大于30 s的特干硬性混凝土拌和物的稠度可采用增实因数法来测定。

2. 试验步骤

维勃稠度试验应按下列步骤进行：

(1)维勃稠度仪应放置在坚实水平面上，用湿布把容器、坍落度筒、喂料斗内壁及其他用具润湿；

(2)将喂料斗提到坍落度筒上方扣紧，校正容器位置，使其中心与喂料中心重合，然后拧紧固定螺丝；

(3)把按要求取样或制作的混凝土拌和物试样用小铲分三层经喂料斗均匀地装入筒内，装料及插捣的方法应符合坍落度试验中的规定；

(4)把喂料斗转离，垂直地提起坍落度筒，此时应注意不使混凝土试体产生横向的扭动；

(5)把透明圆盘转到混凝土圆台体顶面，放松测杆螺钉，降下圆盘，使其轻轻接触到混凝土顶面；

(6)拧紧定位螺钉，并检查测杆螺钉是否已经完全放松；

(7)在开启振动台的同时用秒表计时，当振动到透明圆盘的底面被水泥浆布满的瞬间停止计时，并关闭振动台。

3. 维勃稠度值

由秒表读出时间即为该混凝土拌和物的维勃稠度值，精确至 1 s。

五、混凝土拌和物表观密度试验

(一)适用范围

本方法适用于测定混凝土拌和物捣实后的单位体积质量(即表观密度)。

(二)仪器设备

混凝土拌和物表观密度试验所用的仪器设备应符合下列规定：

(1)容量筒：金属制成的圆筒，两旁装有提手。对骨料最大粒径不大于 40 mm 的拌和物采用容积为 5 L 的容量筒，其内径与内高均为 186 mm±2 mm，筒壁厚为 3 mm；骨料最大粒径大于 40 mm 时，容量筒的内径与内高均应大于骨料最大粒径的 4 倍。容量筒上缘及内壁应光滑平整，顶面与底面应平行并与圆柱体的轴垂直。容量筒容积应予以标定，标定方法可采用一块能覆盖住容量筒顶面的玻璃板，先称出玻璃板和空桶的质量，然后向容量筒中灌入清水，当水接近上口时，一边不断加水，一边把玻璃板沿筒口徐徐推入盖严，应注意使玻璃板下不带入任何气泡；然后擦净玻璃板面及筒壁外的水分，将容量筒连同玻璃板放在台秤上称其质量；两次质量之差(kg)即为容量筒的容积 L。

(2)台秤：称量 50 kg，感量 50 g。

(3)振动台：应符合《混凝土试验用振动台》(JG/T 3020－1994)中技术要求的规定。

(4)捣棒：应符合规程规定。

(三)试验步骤

混凝土拌和物表观密度试验应按以下步骤进行：

(1)用湿布把容量筒内外擦干净，称出容量筒质量，精确至 50 g。

(2)混凝土的装料及捣实方法应根据拌和物的稠度而定。坍落度不大于 70 mm 的混凝土，用振动台振实为宜；大于 70 mm 的用捣棒捣实为宜。采用捣棒捣实时，应根据容量筒的大小决定分层与插捣次数：用 5 L 容量筒时，混凝土拌和物应分两层装入，每层的插捣次数应为 25 次；用大于 5 L 的容量筒时，每层混凝土的高度不应大于 100 mm，每层插捣次数应按每 10 000 mm^2 截面不小于 12 次计算。各次插捣应由边缘向中心均匀地插捣，插捣底层时捣棒应贯穿整个深度，插捣第二层时，捣棒应插透本层至下一层的表面，每一层捣完后用橡皮锤轻轻沿容器外壁敲打 5～10 次进行捣实，直到拌和物表面插捣孔消失并不见大气泡为止。采用振动台振实时，应一次将混凝土拌和物灌到高出容量筒口。装料时可用捣棒稍加插捣，振动过程中如混凝土低于筒口，应随时添加混凝土，振动直至表面出浆为止。

(3)用刮尺将筒口多余的混凝土拌和物刮去，表面如有凹陷应填平；将容量筒外壁擦净，称出混凝土试样与容量筒总质量，精确至 50 g。

(四)表观密度计算

混凝土拌和物表观密度的计算应按下式计算：

$$r_h=\frac{W_1-W_2}{V}\times 100\% \tag{5-1}$$

式中 W_2——容量筒质量，kg；

W_1——容量筒和试样总质量，kg；

V——容量筒容积，L。

试验结果的计算精确至 10 kg/m^3。

六、普通混凝土立方体抗压强度试验

(一)主要仪器设备

(1)压力试验机。压力试验机除应符合《液压式压力试验机》(GB/T 3722－1922)及《试验机通用技术要求》(GB/T 2611－2007)中技术要求外，其测量精度为±1%，试件破坏荷载应大于压力机全量程的 20%且小于压力机全量程的 80%。应具有加荷速度指示装置或加荷速度控制装置，并应能均匀、连续地加荷。试验机应按计量仪表使用规定进行定期检查，以确保试验机工作的准确性。

(2)振动台。应符合《混凝土试验用振动台》(JG/T 3020－1994)中技术要求的规定。

(3)试模试模应符合《混凝土试模》(JG 3019－1994)中技术要求的规定。应定期对试模进行自检，自检周期宜为 3 个月。

(4)捣棒、小铁铲、金属直尺、馒刀等。

(二)试件的制作要求

(1)成型前，应检查试模尺寸并符合标准的有关规定；试模内表面应涂一薄层矿物油或其他不与混凝土发生反应的脱模剂。

(2)在试验室拌制混凝土时，其材料用量应以质量计，称量的精度：水泥、掺合料、水和外加剂为±0.5%，骨料为±1%。

(3)取样或试验室拌制的混凝土应在拌制后尽量短的时间内成型，一般不宜超过 15 min。

(4)根据混凝土拌和物的稠度确定混凝土成型方法，坍落度不大于 70 mm 的混凝土宜用振动台振实；大于 70 mm 的宜用捣棒人工捣实；检验现浇混凝土或预制构件的混凝土，试件成型方法宜与实际采用的方法相同。

（三）混凝土试件制作步骤

取样或拌制好的混凝土拌和物应至少用铁锹再来回拌和3次。

1. 用振动台振实制作试件方法

（1）将混凝土拌和物一次装入试模，装料时应用抹刀沿各试模壁插捣，并使混凝土拌和物高出试模口。

（2）试模应附着或固定在符合要求的振动台上，振动时试模不得有任何跳动，振动应持续到表面出浆为止，不得过振。

2. 用人工插捣制作试件方法

（1）混凝土拌和物应分两层装入模内，每层的装料厚度大致相等。

（2）插捣应按螺旋方向从边缘向中心均匀进行。在插捣底层混凝土时，捣棒应达到试模底部；插捣上层时，捣棒应贯穿上层后插入下层20～30 mm；插捣时捣棒应保持垂直，不得倾斜。然后应用抹刀沿试模内壁插拔数次。

（3）每层插捣次数按在10 000 mm^2 截面积内不得少于12次。

（4）插捣后应用橡皮锤轻轻敲击试模四周，直至插捣棒留下的空洞消失为止。

3. 用插入式振捣棒振实制作试件方法

（1）将混凝土拌和物一次装入试模，装料时应用抹刀沿各试模壁插捣，并使混凝土拌和物高出试模口。

（2）宜用直径为Φ25mm的插入式振捣棒，插入试模振捣时，振捣棒距试模底板10～20 mm且不得触及试模底板，振动应持续到表面出浆为止，且应避免过振，以防止混凝土离析；一般振捣时间为20 s。振捣棒拔出时要缓慢，拔出后不得留有孔洞。

最后刮除试模上口多余的混凝土，待混凝土临近初凝时，用抹刀抹平。

（四）试件的养护

试件成型后应立即用不透水的薄膜覆盖表面。

采用标准养护的试件，应在温度为(20±5)℃的环境中静置一昼夜至二昼夜，然后编号、拆模。拆模后应立即放入温度为(20±2)℃，相对湿度为95%以上的标准养护室中养护，或在温度为(20±2)℃的不流动的$Ca(OH)_2$饱和溶液中养护。标准养护室内的试件应放在支架上，彼此间隔10～20 mm，试件表面应保持潮湿，并不得被水直接冲淋。

同条件养护试件的拆模时间可与实际构件的拆模时间相同，拆模后，试件仍需保持同条件养护。

（五）抗压强度试验

（1）试件从养护地点取出后应及时进行试验，将试件表面与上下承压板面擦干净。

（2）将试件安放在试验机的下压板或垫板上，试件的承压面应与成型时的顶面垂直。试件的中心应与试验机下压板中心对准，开动试验机，当上压板与试件或钢垫板接近时，调整球座，使接触均衡。

（3）在试验过程中应连续均匀地加荷，混凝土强度等级＜C30时，加荷速度取每秒0.3～0.5 MPa；混凝土强度等级≥C30且＜C60时，取每秒0.5～0.8 MPa；混凝土强度等级≥C60时，取每秒0.8～1.0 MPa。

（4）当试件接近破坏开始急剧变形时，应停止调整试验机油门，直至破坏。然后记录破坏荷载。

(六)试验结果计算

1. 抗压强度计算

混凝土立方体试件的抗压强度按下式计算(计算至0.1MPa):

$$f_{cc}=\frac{F}{A} \tag{5-2}$$

式中　f_{cc}——混凝土立方体试件抗压强度,MPa;

F——试件破坏荷载,N;

A——试件承压面积,mm^2。

混凝土立方体抗压强度计算应精确至0.1 MPa。

2. 强度值的确定

(1)3个试件测值的算术平均值作为该组试件的强度值(精确至0.1 MPa);

(2)三个测值中的最大值或最小值中如有一个与中间值的差值超过中间值的15%时,则把最大及最小值一并舍除,取中间值作为该组试件的抗压强度值;

(3)如最大值和最小值与中间值的差均超过中间值的15%,则该组试件的试验结果无效。

3. 尺寸换算系数

混凝土强度等级<C60时,用非标准试件测得的强度值均应乘以尺寸换算系数,其值为对200 mm×200 mm×200 mm试件为1.05,对100 mm×100 mm×100 mm试件为0.95。当混凝土强度等级≥C60时,宜采用标准试件;使用非标准试件时,尺寸换算系数应由试验确定。

七、混凝土劈裂抗拉强度试验

混凝土的劈裂抗拉试验是在立方体试件的两个相对的表面上作用均匀分布的压力,使在荷载所作用的竖向平面内产生均匀分布的拉伸应力;当拉伸应力达到混凝土极限抗拉强度时,试件将被劈裂破坏,从而可以测出混凝土的劈裂抗拉强度。

(一)主要仪器设备

(1)垫块:劈裂抗拉强度试验应采用半径为75 mm的钢制弧形垫块,垫块的长度与试件相同。

(2)垫条:垫条为三层胶合板制成,宽度为20 mm,厚度为3～4 mm,长度不小于试件长度,垫条不得重复使用。

(3)压力机、试模等:与混凝土抗压强度试验中的规定相同。

(二)测定步骤

(1)试件从养护地点取出后应及时进行试验,将试件表面与上下承压板面擦干净。

(2)将试件放在试验机下压板的中心位置,劈裂承压面和劈裂面应与试件成型时的顶面垂直;在上、下压板与试件之间垫以圆弧形垫块及垫条各一条,垫块与垫条应与试件上、下面的中心线对准并与成型时的顶面垂直。宜把垫条及试件安装在定位架上使用(如图5-3所示)。

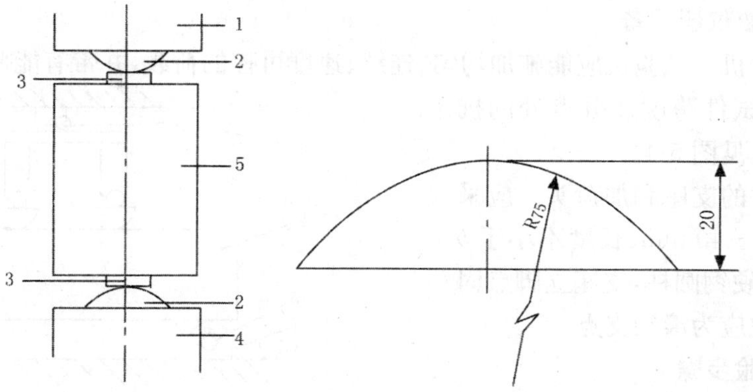

(a)装置示意图　　(b)垫条示意图

1,4—压力机上、下压板；2—垫块；3—垫条；5—试件

图 5-3　混凝土抗劈裂试验装置图

(3)开动试验机，当上压板与圆弧形垫块接近时，调整球座，使接触均衡。加荷应连续均匀，当混凝土强度等级＜C30 时，加荷速度取每秒 0.02～0.05 MPa；当混凝土强度等级≥C30 且＜C60 时，取每秒 0.05～0.08 MPa；当混凝土强度等级≥C60 时，取每秒 0.08～0.10 MPa，至试件接近破坏时，应停止调整试验机油门，直至试件破坏，然后记录破坏荷载。

(三)试验结果计算

(1)混凝土劈裂抗拉强度按下式计算(计算至 0.01 MPa)：

$$f_{ts}=\frac{2F}{\pi A}=0.637\times\frac{F}{A} \tag{5-3}$$

式中　f_{ts}——混凝土劈裂抗拉强度，MPa；

F——试件破坏荷载，N；

A——试件劈裂面面积，mm^2。

(2)以三个试件测值的算术平均值作为该组试件的劈裂抗拉强度值(精确至 0.01 MPa)。如果三个测定值中的最小值或最大值中有一个与中间值的差异超过中间值的 15%时，则把最大及最小值一并舍除，取中间值作为该组试件的抗压强度值。如最大和最小值与中间值相差均超过 15%，则该组试件试验结果无效。

(3)采用边长为 150 mm 的立方体试件作为标准试件，如采用边长为 100 mm 的立方体非标准试件时，测得的强度应乘以尺寸换算系数 0.85。当混凝土强度等级≥C60 时，宜采用标准试件；采用非标准试件时，尺寸换算系数应由试验确定。

八、混凝土抗折(抗弯拉)强度试验

水泥混凝土抗折强度试件为直角棱柱体小梁，标准试件尺寸为 150 mm×150 mm×550 mm，粗集料粒径应不大于 40 mm；如确有必要，允许采用 100 mm×100 mm×400 mm 试件，集料粒径应不大于 30 mm。抗折试件应取同龄期者为一组，每组为同条件制作和养护的试件 3 块。

(一)主要仪器设备

(1)试验机。试验机应能施加均匀、连续、速度可控的荷载,并带有能使两个相等荷载同时作用在试件跨度 3 分点处的抗折试验装置,见图 5-4。

(2)试件的支座和加荷头。应采用直径为 20～40 mm、长度不小于 b +10 mm 的硬钢圆柱,支座立脚点固定铰支,其他应为滚动支点。

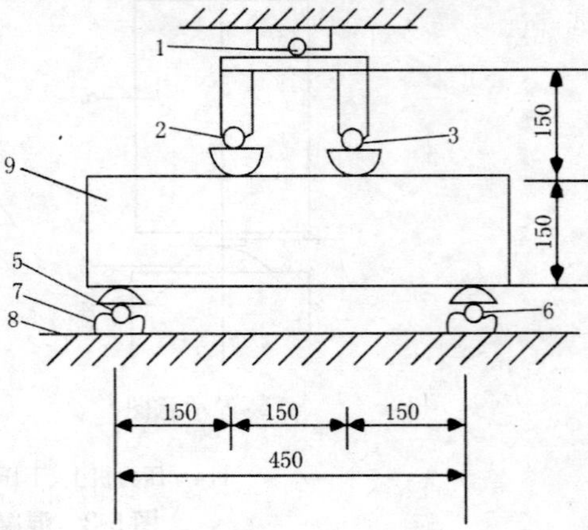

1、2、6—一个钢球;3、5—两个钢球;
4—试件;7—活动支座;8—机台;
9—活动船形垫块

图 5-4 抗折试验装置图 (单位:mm)

(二)试验步骤

(1)试件从养护地取出后应及时进行试验,将试件表面擦干净。

(2)按图 5-4 装置试件,安装尺寸偏差不得大于 1 mm。试件的承压面应为试件成型时的侧面。支座及承压面与圆柱的接触面应平稳、均匀,否则应垫平。

(3)施加荷载应保持均匀、连续。当混凝土强度等级＜C30 时,加荷速度取每秒 0.02～0.05 MPa;当混凝土强度等级≥C30 且＜C60 时,取每秒 0.05～0.08 MPa;当混凝土强度等级≥C60 时,取每秒 0.08～0.10 MPa,至试件接近破坏时,应停止调整试验机油门,直至试件破坏,然后记录破坏荷载。

(4)记录试件破坏荷载的试验机示值及试件下边缘断裂位置。

(三)试验结果计算

(1)若试件下边缘断裂位置处于两个集中荷载作用线之间,则试件的抗折强度按下式计算:

$$f_f=\frac{FL}{bh^2} \tag{5-4}$$

式中 f_f——混凝土抗折强度,MPa;

F——试件破坏荷载,N;

L——支座间跨度,mm;

h——试件截面高度,mm;

b——试件截面宽度,mm;

抗折强度计算应精确至 0.1 MPa。

(2)抗折强度值的确定应符合以下规定。

①三个试件测值的算术平均值作为该组试件的强度值(精确至 0.1 MPa);

②三个测值中的最大值或最小值中如有一个与中间值的差值超过中间值的 15%,则把最大及最小值一并舍除,取中间值作为该组试件的抗压强度值;

③如最大值和最小值与中间值的差均超过中间值的 15%,则该组试件的试验结果无效。

(3)三个试件中若有一个折断面位于两个集中荷载之外,则混凝土抗折强度值按另两个试件的试验结果计算。若这两个测值的差值不大于这两个测值的较小值的15%,则该组试件的抗折强度值按这两个测值的平均值计算,否则该组试件的试验无效。若有两个试件的下边缘断裂位置位于两个集中荷载作用线之外,则该组试件试验无效。

(4)当试件尺寸为100 mm×100 mm×100 mm非标准试件时,应乘以尺寸换算系数0.85;当混凝土强度等级≥C60时,宜采用标准试件;使用非标准试件时,尺寸换算系数应由试验确定。

九、含气量检测

(一)检测依据

依据GB/T 50080—2002《普通混凝土拌和物性能试验方法标准》测定添加外加剂混凝土含气量。本方法骨料最大料径不大于40 mm混凝土拌和物的含气量测定。

(二)仪器设备

(1)含气量测定仪:由容器及盖体两部分组成。容器应由硬质、不易被水泥浆腐蚀的金属制成,其内表面粗糙度不应大于3.2 μm,内径应与深度相等,容积为7 L。盖体应用与容器相同的材料制成,盖体部分应包括有气室、水找平室、加水阀、排水阀、操作阀、进气阀、排气阀及压力表。压力表的量程为0~0.25 MPa,精度为0.01 MPa。容器及盖体之间应设置密封垫圈,用螺栓连接,连接处不得有空气存留,并保证密闭。

(2)捣棒:直径16 mm、长约600 mm,端头磨圆的钢制捣棒。

(3)振动台:应符合《混凝土试验室用振动台》(JG/T 3020)中技术要求的规定。

(4)台秤:称量50 kg,感量50 g。

(5)橡皮锤:应带有质量约250 g的橡皮锤头。

(三)试验步骤

1.进行拌和物含气量测定之前,测定骨料的含气量

(1)应按式(5-5)、式(5-6)计算每个试样中粗、细骨料的质量

$$m_g=\frac{V}{1\,000}\times m_g' \tag{5-5}$$

$$m_s=\frac{V}{1\,000}\times m_s' \tag{5-6}$$

式中 V——含气量测定仪容器容积,L;

m_g,m_s——每个试样中的粗、细骨料质量,kg;

m'_g,m'_s——每立方米混凝土拌和物中粗、细骨料质量,kg。

(2)在容器中先注入1/3高度的水,然后把通过40 mm网筛的质量为m_g、m_s的粗、细骨料称好、拌匀,慢慢倒入容器。水面每升高25 mm左右,轻轻插捣10次,并略予搅动,以排除夹杂进去的空气,加料过程中应始终保持水面高出骨料的顶面;骨料全部加入后,应浸泡约5 min,再用橡皮锤轻敲容器外壁,排净气泡,除去水面泡沫,加水至满,擦净容器上口边缘,装好密封圈,加盖拧紧螺栓。

(3)关闭操作阀和排气阀,打开排水阀和加水阀,通过加水阀向容器内注入水。当排水阀流出的水流不含气泡时,在注水的状态下,同时关闭加水阀和排水阀。

(4)开启进气阀，用气泵向气室内注入空气，使气室内的压力略大于 0.1 MPa，待压力表显示值稳定，微开排气阀，调整压力至 0.1 MPa，然后关紧排气阀。

(5)开启操作阀，使气室里的压缩空气进入容器，待压力表显示值稳定后记录示值 P_{g1}，然后开启排气阀，压力仪表示值应回零。

(6)重复以上试验，对容器内的试样再检测一次，记录表值 P_{g2}。

(7)若 P_{g1} 和 P_{g2} 的相对误差小于 0.2%，则取 P_{g1} 和 P_{g2} 的算术平均值，按压力与含气量关系曲线查得骨料的含气量(精确 0.1%)；若不满足，则应进行第 3 次试验。测得压力值 P_{g3}(MPa)。当 P_{g3} 与 P_{g1} 和 P_{g2} 的较接近一个值的相对误差不大于 0.2%时，则取此 2 值的算术平均值，当仍大于 0.2%时，则此次试验无效，应重做。

2. 拌和物含气量试验

(1)湿布擦净容器和盖的内表面，装入混凝土拌和物试样。

(2)可采用手工或机械方法。当拌和物坍落度大于 70 mm 时，宜采用手工插捣；当拌和物坍落度不大于 70 mm 时，宜采用机械振捣，如振动台或插入式振捣器等。

用捣棒捣实时，应将混凝土拌和物分 3 层装入，每层捣实后高度约为 1/3 容器高度。每层装料后由边缘向中心均匀地插捣 25 次，捣棒应插透本层高度，再用木锤沿容器外壁重击 10～15 次，使插捣留下的插孔填满。振实过程中如拌和物低于容器口，应随时添加；振动至混凝土表面平整、表面出浆即止，不得过度振捣。

注：若使用插入式振动器捣实，应避免振动器触及容器内壁和底面。在施工现场测定混凝土拌和物含气量时，应采用与施工振动频率相同的机械方法捣实。

(3)捣实完毕后立即用刮尺刮平，表面如有凹陷应予填平抹光。如需同时测定拌和物表观密度，可在此时称量和计算。在正对操作阀孔的混凝土拌和物表面贴一小片塑料薄膜，擦净容器上口边缘，装好密封垫圈，加盖并拧紧螺栓。

(4)关闭操作阀和排气阀，打开排水阀和加水阀，通过加水阀向容器内注入水。当排水阀流出的水流不含气泡时，在注水的状态下，同时关闭加水阀和排水阀。

(5)开启进气阀，用气泵注入空气至气室内压力略大于 0.1 MPa，待压力仪示值稳定后，微微开启排气阀，调整压力至 0.1 MPa，关闭排气阀。

(6)操作阀，待压力仪示值稳定后，测得压力值 P_{01}(MPa)。

(7)开启排气阀，压力仪示值回零。重复上述(5)至(6)步骤，对容器内试样再测一次压力值 P_{02}(MPa)。

(8)当 P_{01} 和 P_{02} 的相对误差小于 0.2%时，则取 P_{01} 和 P_{02} 的算术平均值，按压力与含气量关系曲线查得含气量 A_0(精确至 0.1%)。若不满足，则应进行第 3 次试验，测得压力值 P_{03}(MPa)。当 P_{03} 与 P_{01} 和 P_{02} 中较接近一个值的相对误差不大于 0.2%时，则取此 2 值的算术平均值，查得 A_0；仍大于 0.2%，此次试验无效。

(四)结果表示

混凝土含气量应按式(5-7)计算，计算精确至 0.1%。

$$A=A_0-A_g \tag{5-7}$$

式中 A——混凝土拌和物含气量(%)；

A_0——两次含气量测定的平均值(%)；

A_g——骨料含气量(%)。

第三节　混凝土的配合比设计

混凝土配合比设计的基本原理就是依据原材料的技术性能及施工条件，确定可够满足工程所要求技术性能的各项组成材料的用量。通常，混凝土配合比应满足以下基本要求：①满足施工所要求的新拌混凝土的和易性；②满足结构设计要求的混凝土强度等级；③具有与使用环境相适应的耐久性(如抗冻性、抗渗性、抗侵蚀性等)；④在保证工程质量的前提下，应尽量节约较高成本材料，以降低混凝土的成本。

一、配合比设计的基本资料

混凝土配合比设计是建立在各种基本资料和设计要求基础上的求解过程，因此必须具备这些基础资料才能正确完成这一设计任务。这些基本资料主要有以下几项。

(一)结构设计对混凝土强度的要求

即混凝土的强度等级。

(二)工程设计对混凝土耐久性的要求

如根据工程环境条件所要求的抗渗等级、抗冻等级等。

(三)原材料品种及其物理力学性质

(1)水泥的品种、实测强度(或强度等级)、密度等。

(2)细集料的品种、表观密度及堆积密度、吸水率及含水率、颗粒级配、粗细程度。

(3)粗集料的品种、表观密度及堆积密度、吸水率及含水率、颗粒级配及最大粒径。

(4)拌和水的水质或水源情况。

(5)外加剂的品种、名称、特性及最佳掺量。

(四)工程结构与施工条件

包括结构截面最小尺寸及钢筋最小净距、搅拌及运输方式、浇注与密实工艺所要求的坍落度、施工单位质量管理水平及混凝土强度标准差(σ)等。

二、普通混凝土配合比设计的方法与步骤

混凝土配合比设计是通过计算与试验相结合的方法来实现的。普通混凝土配合比设计包括配合比计算、试配和调整、施工配合比的确定等。

(一)初步配合比计算

1. 计算配制强度($f_{cu,0}$)

根据《普通混凝土配合比设计规程》(JGJ 55—2011)，混凝土配制强度应按下列确定：

(1)当混凝土的设计强度小于C60时，配制强度应按下式确定：

$$f_{cu,0} \geq f_{cu,k} + 1.645\sigma \tag{5-8}$$

式中　$f_{cu,0}$——混凝土配制强度，MPa；

$f_{cu,k}$——混凝土立方体抗压强度标准值，这里取混凝土的设计强度等级值，MPa；

σ——混凝土强度标准差，MPa。

(2)当混凝土的设计强度不小于C60时，配制强度应按下式确定：

$$f_{cu,0} \geqslant 1.15 f_{cu,k} \tag{5-9}$$

2. 混凝土强度标准差σ

混凝土强度标准差σ应根据同类混凝土统计资料计算确定，其计算公式如下：

$$\sigma = \sqrt{\frac{\sum_{i=1}^{n} f_{cu,i}^2 - n m_{fu}^2}{n-1}} \tag{5-10}$$

式中　$f_{cu,i}$——第 i 组试件的强度值，MPa；

m_{fu}——n 组试件的强度平均值，MPa；

n——试件的总组数。

当具有近1～3个月的同一品种、同一强度等级混凝土的强度资料，且试件组数不小于30时，其混凝土强度标准差σ应按式(5-7)进行计算。

对于强度等级不大于C30的混凝土，当混凝土强度标准差计算值不小于3.0 MPa时，应按混凝土强度标准差计算公式计算结果取值；当混凝土强度标准差计算值小于3.0 MPa时，应取3.0 MPa。

对于强度等级大于C30且小于C60的混凝土，当混凝土强度标准差计算值不小于4.0 MPa时，应按混凝土强度标准差计算公式计算结果取值；当混凝土强度标准差计算值小于4.0 MPa时，应取4.0 MPa。

当没有近期的同一品种、同一强度等级混凝土强度资料时，其强度标准差σ可按表5-1取值。

表5-1　混凝土强度标准差σ值

混凝土强度等级	≤C20	C25～C45	C50～C55
σ(MPa)	4.0	5.0	6.0

3. 计算水胶比(W/B)

混凝土强度等级小于C60时，混凝土水胶比应按下式计算：

$$\frac{W}{B} = \frac{a_a f_b}{f_{cu,0} + a_a a_b f_b} \tag{5-11}$$

式中　a_a、a_b——回归系数，回归系数可按表5-2采用；

f_b——凝材料28 d胶砂抗压强度，可实测，MPa。

表5-2　回归系数 α_a 和 α_b 选用表

系　数	碎　石	卵　石
a_a	0.53	0.49
a_b	0.20	0.13

(1)当胶凝材料28 d抗压强度(f_b)无实测值时，其值可按下式确定：

$$f_b = \gamma_f \cdot \gamma_s \cdot f_{ce} \tag{5-12}$$

式中　γ_f、γ_s——粉煤灰影响系数和粒化高炉矿渣粉影响系数，按表5-7选用；

f_{ce}——水泥 28 d 胶砂抗压强度，可实测，也可按照式(5-3)进行计算，MPa。

表 5-3　粉煤灰影响系数 γ_f 和粒化高炉矿渣粉影响系数 γ_s

掺量(%)	粉煤灰影响系数(γ_f)	粒化高炉矿渣粉影响系数(γ_s)
0	1.00	1.00
10	0.85～0.95	1.00
20	0.75～0.85	0.95～1.00
30	0.65～0.75	0.90～1.00
40	0.55～0.65	0.80～0.90
50	—	0.70～0.85

注：①采用Ⅰ级、Ⅱ级粉煤灰宜取上限值；

②采用 S75 级粒化高炉矿渣粉宜取下限值，采用 S95 级粒化高炉矿渣粉宜取上限值，采用 S105 级粒化高炉矿渣粉宜取上限值加 0.05；

③当超出表中的掺量时，粉煤灰和粒化高炉矿渣粉影响系数应经试验测定。

(2)当无水泥 28 d 抗压强度(f_{ce})实测值时，其值可按下式确定：

$$f_{ce}=\gamma_c \cdot f_{ce,g} \tag{5-13}$$

式中　γ_c——水泥强度等级值的富余系数(可按实际统计资料确定)，当缺乏实际统计资料时，可按表 5-4 选用；

$f_{ce,g}$——水泥强度等级值，MPa。

表 5-4　水泥强度等级值的富余系数(γ_c)

水泥强度等级值	32.5	42.5	52.5
富余系数	1.12	1.16	1.10

4. 每立方米混凝土用水量的确定

(1)干硬性和塑性混凝土用水量的确定。

水胶比在 0.40～0.80 范围内时，根据粗集料的品种、粒径及施工要求的混凝土拌和物稠度，其用水量可按表 5-5、表 5-6 选取。

混凝土水胶比小于 0.40 时，可以通过试验确定。

表 5-5　干硬性混凝土的用水量　(单位：kg/m³)

拌和物稠度		卵石最大粒径(mm)			碎石最大粒径(mm)		
项目	指标	10.0	20.0	40.0	16.0	20.0	40.0
维勃稠度(s)	16～20	175	160	145	180	170	155
	11～15	180	165	150	185	175	160
	5～10	185	170	155	190	180	165

表 5-6 塑性混凝土的用水量 （单位：kg/m³）

拌和物稠度		卵石最大粒径(mm)				碎石最大粒径(mm)			
项目	指标	10.0	20.0	31.5	40.0	16.0	20.0	31.5	40.0
坍落度(mm)	10～30	190	170	160	150	200	185	175	165
	35～50	200	180	170	160	210	195	185	175
	55～70	210	190	180	170	220	205	195	185
	75～90	215	195	185	175	230	215	205	195

注：①本表用水量系采用中砂时的取值。采用细砂时，每立方米混凝土用水量可增加 5～10 kg；采用粗砂时，可减少 5～10 kg。

②掺用矿物掺合料和外加剂时，用水量应相应调整。

(2)掺外加剂时，流动性或大流动性混凝土用水量可按下式计算：

$$m_{w0}=m'_{w0}(1-\beta) \tag{5-14}$$

式中 m_{w0}——计算配合比每立方米混凝土的用水量，kg/m³；

m'_{w0}——未掺外加剂时推定的满足实际坍落度要求的每立方米混凝土用水量，kg/m³，以表 5-6 中 90 mm 坍落度的用水量为基础，按每增大 20mm 坍落度相应增加 5 kg/m³ 用水量来计算，当坍落度增大到 180 mm 以上时，随坍落度相应增加的用水量可减少；

β——外加剂的减水率，应经混凝土的试验确定。

5. 每立方米混凝土中外加剂用量(m_{a0})

外加剂用量应按下式计算：

$$m_{a0}=m_{b0}\beta_a \tag{5-15}$$

式中 m_{a0}——计算配合比每立方米混凝土中外加剂用量，kg/m³；

m_{b0}——计算配合比每立方米混凝土中胶凝材料用量，kg/m³，

β_a——外加剂掺量(%)，应经混凝土试验确定。

6. 每立方米混凝土胶凝材料用量(m_{b0})

$$m_{b0}=\frac{m_{w0}}{W/B} \tag{5-16}$$

式中 m_{b0}——计算配合比每立方米混凝土中胶凝材料用量，kg/m³；

m_{w0}——计算配合比每立方米混凝土的用水量，kg/m³；

W/B——混凝土水胶比。

7. 每立方米混凝土矿物掺合料用量(m_{f0})的确定

$$m_{f0}=m_{b0}\cdot\beta_f \tag{5-17}$$

式中 β_f——矿物掺合料掺量(%)。

矿物掺合料在混凝土中的掺量应通过试验确定。采用硅酸盐水泥或普通硅酸盐水泥时，钢筋混凝土和预应力混凝土中矿物掺合料最大掺量宜分别符合表 5-7 和表 5-8 的规定。对基础大体积混凝土，粉煤灰、粒化高炉矿渣粉和复合掺合料的最大掺量可增加 5%。采用掺量大于 30%的 C 类粉煤灰的混凝土应以实际使用的水泥和粉煤灰掺量进行

安定性检验。

表 5-7　钢筋混凝土中矿物掺合料最大掺量

矿物掺合料种类	水胶比	最大掺量(%)	
		采用硅酸盐水泥时	采用普通硅酸盐水泥时
粉煤灰	≤0.4	45	35
	>0.4	40	30
粒化高炉矿渣粉	≤0.4	65	55
	>0.4	55	45
钢渣粉	—	30	20
磷渣粉	—	30	20
硅灰	—	10	10
复合掺合料	≤0.4	65	55
	>0.4	55	45

表 5-8　预应力混凝土中矿物掺合料最大掺量

矿物掺合料种类	水胶比	最大掺量(%)	
		采用硅酸盐水泥时	采用普通硅酸盐水泥时
粉煤灰	≤0.4	35	30
	>0.4	25	20
粒化高炉矿渣粉	≤0.4	55	45
	>0.4	45	35
钢渣粉	—	20	10
磷渣粉	—	20	10
硅灰	—	10	10
复合掺合料	≤0.4	55	45
	>0.4	45	35

8. 每立方米混凝土水泥用量(m_{c0})的确定

水泥用量用下式计算：

$$m_{c0}=m_{b0}-m_{f0} \tag{5-18}$$

为保证混凝土的耐久性，由以上计算得出的胶凝材料用量还要满足有关规定的最小胶凝材料用量的要求，如算得的胶凝材料用量少于规定的最小胶凝材料用量，则应按表 5-9取规定的最小胶凝材料用量值。

表 5-9 混凝土的最小胶凝材料用量

最大水胶比	最小胶凝材料用量(kg/m^3)		
	素混凝土	钢筋混凝土	预应力混凝土
0.60	250	280	300
0.55	280	300	300
0.50	320		
≤0.45	330		

9. 砂率的确定

砂率(β_s)应根据骨料的技术指标、混凝土拌和物性能和施工要求，参考既有历史资料确定。

当缺乏砂率的历史资料时，混凝土砂率的确定应符合下列规定：

(1)坍落度小于 10 mm 的混凝土，其砂率应经试验确定；

(2)坍落度为 10～60 mm 的混凝土，其砂率可根据粗骨料品种、最大公称粒径及水胶比按表 5-10 选取；

(3)坍落度大于 60 mm 的混凝土，其砂率可经试验确定，也可在表 5-10 的基础上，按坍落度每增大 20 mm 砂率增大 1%的幅度予以调整。

表 5-10 混凝土的砂率 (%)

水胶比	卵石最大公称粒径(mm)			碎石最大公称粒径(mm)		
	10.0	20.0	40.0	16.0	20.0	40.0
0.40	26～32	25～31	24～30	30～35	29～34	27～32
0.50	30～35	29～34	28～33	33～38	32～37	30～35
0.60	33～38	32～37	31～36	36～41	35～40	33～38
0.70	36～41	35～40	34～39	39～44	38～43	36～41

注：①本表数值系中砂的选用砂率，对细砂或粗砂，可相应地减少或增大砂率；

②采用人工砂配制混凝土时，砂率可适当增大；

③只用一个单粒级粗骨料配制混凝土时，砂率应适当增大。

10. 粗集料和细集料用量的确定

(1)当采用质量法时，应按下列公式计算：

$$\begin{cases} m_{f0}+m_{c0}+m_{g0}+m_{s0}+m_{w0}=m_{cp} & (5\text{-}19) \\ \beta_s=\dfrac{m_{s0}}{m_{s0}+m_{g0}}\times 100\% & (5\text{-}20) \end{cases}$$

式中 m_{g0}——每立方米混凝土的粗集料用量，kg/m^3；

m_{s0}——计算配合每立方米混凝土的细集料用量，kg/m^3；

m_{w0}——每立方米混凝土的用水量，kg/m³；

m_{cp}——每立方米混凝土拌和物的假定质量，kg/m³，其值可取 2 350～2 450 kg/m³；

β_s——砂率(%)。

(2)当采用体积法时，应按下列公式计算：

$$\begin{cases}\dfrac{m_{c0}}{\rho_c}+\dfrac{m_{f0}}{\rho_f}+\dfrac{m_{g0}}{\rho_g}+\dfrac{m_{s0}}{\rho_w}+0.01a=1 & (5\text{-}21)\\[2ex] \beta_s=\dfrac{m_{s0}}{m_{s0}+m_{g0}}\times 100\% & (5\text{-}22)\end{cases}$$

式中　ρ_c——水泥密度，可按 GB/T 208—1994《水泥密度测定方法》测定，也可取 2 900～3 100 kg/m³)，kg/m³；

ρ_f——矿物掺合料密度，可按 GB/T 208 测定，kg/m³；

ρ_g——粗集料的表观密度，应按现行规范测定，kg/m³；

ρ_s——细集料的表观密度，应按现行规范测定，kg/m³；

ρ_w——水的密度(可取 1 000 kg/m³)，kg/m³；

α——混凝土的含气量百分数(在不使用引气型外加剂时，α 可取 1)。

(二)配合比试配

(1)混凝土试配应采用强制式搅拌机进行搅拌，并应符合现行行业标准《混凝土试验用搅拌机》(JG 244—2009)的规定，搅拌方法宜与施工采用的方法相同。

(2)试验室成型条件应符合现行国家标准《普通混凝土拌和物性能试验方法标准》(GB/T 50080—2002)的规定。

(3)每盘混凝土试配的最小搅拌量应符合表 5-11 的规定，并不应小于搅拌机公称容量的 1/4 且不应大于搅拌机公称容量。

表 5-11　混凝土试配的最小搅拌量

粗骨料最大公称粒径(mm)	拌和物数量(L)
≤31.5	20
40.0	25

(4)在计算配合比的基础上应进行试拌。计算水胶比宜保持不变，并应通过调整配合比其他参数使混凝土拌和物性能符合设计和施工要求，然后修正计算配合比，提出试拌配合比。

(5)在试拌配合比的基础上应进行混凝土强度试验，并应符合下列规定：

①应采用三个不同的配合比，其中一个应为本试验方法确定的试拌配合比，另外两个配合比的水胶比宜较试拌配合比分别增加和减少 0.05，用水量应与试拌配合比相同，砂率可分别增加和减少 1%；

②进行混凝土强度试验时，拌和物性能应符合设计和施工要求；

③进行混凝土强度试验时，每个配合比应至少制作一组试件，并应标准养护到 28 d 或设计龄期时进行试压。

(三)配合比的调整与确定

(1)根据不同水灰比的混凝土强度试验结果，绘制强度和胶水比的线性关系图或插值法确定略大于配制强度的强度对应的胶水比；

(2)在试拌配合比的基础上，用水量(m_w)和外加剂用量(m_a)应根据确定的水胶比作调整；

(3)胶凝材料用量(m_b)应以用水量乘以确定的胶水比计算得出；

(4)粗骨料和细骨料用量(m_g 和 m_s)应根据用水量和胶凝材料用量进行调整。

(5)混凝土拌和物表观密度和配合比校正系数的计算：

①配合比调整后的混凝土拌和物的表观密度应按下式计算：

$$\rho_{c,c}=m_c+m_f+m_g+m_s+m_w \tag{5-23}$$

式中 $\rho_{c,c}$——混凝土拌和物的表观密度计算值，kg/m³；

m_c——每立方米混凝土的水泥用量，kg/m³；

m_f——每立方米混凝土的矿物掺合料用量，kg/m³；

m_g——每立方米混凝土的粗骨料用量，kg/m³；

m_s——每立方米混凝土的细骨料用量，kg/m³；

m_w——每立方米混凝土的用水量，kg/m³。

②混凝土配合比校正系数按下式计算：

$$\delta=\rho_{c,t}/\rho_{c,c} \tag{5-24}$$

式中 δ——混凝土配合比校正系数；

$\rho_{c,t}$——混凝土拌和物表观密度实测值，kg/m³；

$\rho_{c,c}$——混凝土拌和物表观密度计算值，kg/m³。

③当混凝土拌和物表观密度实测值与计算值之差的绝对值不超过计算值的 2%时，配合比可维持不变；当二者之差超过 2%时，应将配合比中每项材料用量均乘以校正系数 δ。

④配合比调整后，应测定拌和物水溶性氯离子含量，试验结果应符合 JGJ 55—2011《普通混凝土配合比设计规程》的规定。

⑤对耐久性有设计要求的混凝土应进行相关耐久性试验验证。

三、抗弯拉混凝土配合比设计

混凝土面层的配合比应满足弯拉强度、工作性、耐久性三项技术要求。

(一)混凝土配合比设计

1. 混凝土弯拉强度设计

(1)各交通等级路面板的设计 28 d 弯拉强度标准值(f_r)应符合表 5-12 的规定。

表 5-12 混凝土弯拉强度标准值(f_r)

交通等级	特重	重	中等	轻
弯拉强度标准值(MPa)	5.0	5.0	4.5	4.0

(2)应按下式计算配制 28 d 弯拉强度的均值:

$$f_c=\frac{f_r}{1-1.04C_v}+t\times s \tag{5-25}$$

式中 f_c——配制 28 d 弯拉强度的均值,MPa;

f_r——设计弯拉强度标准值,MPa;

s——弯拉强度试验样本的标准差,MPa;

t——保证率系数,应按表 5-13 确定;

C_v——弯拉强度变异系数,应按统计数据在表 5-14 的规定范围内取值,在无统计数据时,弯拉强度变异系数应按设计取值,如果施工配制弯拉强度超出设计给定的弯拉强度变异系数上限,则必须改进机械装备和提高施工控制水平。

表 5-13 保证率系数(t)

道路等级	判别概率 p	样本数 n(组)				
		3	6	9	15	20
城市快速路	0.05	1.36	0.79	0.61	0.45	0.39
主干路	0.10	0.95	0.59	0.46	0.35	0.30
次干路	0.15	0.72	0.46	0.37	0.28	0.24
其他	0.20	0.56	0.37	0.29	0.22	0.19

表 5-14 各级道路混凝土路面弯拉强度变异系数

道路技术等级	城市快速路	主干路		次干路	其他道路	
混凝土弯拉强度变异水平等级	低	低	中	中	中	高
弯拉强度变异系数(C_v)允许变化范围	0.05~0.10	0.05~0.10	0.10~0.15	0.10~0.15	0.10~0.15	0.15~0.20

2. 最佳工作范围及用水量

不同摊铺方式混凝土最佳工作性及最大用水量应符合表 5-15 的规定。

3. 混凝土耐久性

(1)路面混凝土含气量及允许偏差宜符合表 5-16 的规定。

表 5-15 不同摊铺方式混凝土工作性及用水量要求

混凝土类型	项目	摊铺方式			
		滑模摊铺机	轨道摊铺机	三轴机组摊铺机	小型机具摊铺
砾石混凝土	出机坍落度(mm)	20～40①	40～60	30～50	10～40
	摊铺坍落度(mm)	5～55②	20～40	10～30	0～20
	最大用水量(kg/m^3)	155	153	148	145
碎石混凝土	出机坍落度(mm)	25～50①	40～60	30～50	10～40
	摊铺坍落度(mm)	10～65②	20～40	10～30	0～20
	最大用水量(kg/m^3)	160	156	153	150

注:①为设超铺角的摊铺机。不设超铺角的摊铺机最佳坍落度砾石为 10～40 mm;碎石为 10～30 mm。
②为最佳工作性允许波动范围。

表 5-16 路面混凝土含气量及允许偏差 (%)

最大公称粒径(mm)	无抗冻性要求	有抗冻性要求	有抗盐冻要求
19.0	4.0±1.0	5.0±0.5	6.0±0.5
26.5	3.5±1.0	4.5±0.5	5.5±0.5
31.5	3.5±1.0	4.0±0.5	5.0±0.5

(2)路面混凝土最大水灰比和最小单位水泥用量宜符合表 5-17 的规定。最大单位水泥用量不宜大于 400 kg/m^3。

(3)严寒地区路面混凝土抗冻标号不宜小于 F250,寒冷地区不宜小于 F200。

4.路面混凝土外加剂的使用

(1)高温施工时,混凝土搅拌物的初凝时间不得小于 3 h,低温施工时,终凝时间不得大于 10 h。

(2)外加剂的掺量应由混凝土试配试验确定。

(3)引气剂与减水剂或高效减水剂等外加剂复配在同一水溶液中时,不应发生絮凝现象。

5.配合比参数的计算

(1)水灰比应按下列公式计算:

碎石或碎砾石混凝土:

$$\frac{W}{C}=\frac{1.5684}{f_c+1.0097-0.3595f_s} \tag{5-26}$$

砾石混凝土：

$$\frac{W}{C}=\frac{1.2618}{f_c+1.5492-0.4709f_s} \tag{5-27}$$

式中 $\frac{W}{C}$——水灰比；

f_s——水泥实测 28 d 弯拉强度，MPa；

f_c——配制 28 d 弯拉强度的均值，MPa。

表 5-17　路面混凝土的最大水灰比和最小单位水泥用量

道路等级		城市快速路、主干路	次干路	其他道路
最大水灰比		0.44	0.46	0.48
抗冰冻要求最大水灰比		0.42	0.44	0.46
抗盐冻要求最大水灰比		0.40	0.42	0.44
最小单位水泥用量（kg/m³）	42.5 级水泥	300	300	290
	32.5 级水泥	310	310	305
抗冰(盐)冻时最小单位水泥用量(kg/m³)	42.5 级水泥	320	320	315
	32.5 级水泥	330	330	325

注：水灰比计算以砂石料的自然风干状态计(砂含水量≤1.0%；石子含水量≤0.5%)。

水灰比应在满足弯拉强度计算值和耐久性两者要求的水灰比中取小值。

(2)砂率应根据砂的细度模数和粗集料种类，查表 5-18 取值。

(3)根据粗集料种类和表 5-15 适宜的坍落度，分别按下列经验公式计算单位用水量(砂石料以自然风干状态计)。

不掺外加剂与掺合料的混凝土单位用水量应按式(5-25)、式(5-26)计算。

表 5-18　砂的细度模数与最优砂率关系

砂细度模数		2.2～2.5	2.5～2.8	2.8～3.1	3.1～3.4	3.4～3.7
砂率 S_P(%)	碎石	30～40	32～36	34～38	36～40	38～42
	砾石	28～32	30～34	32～36	34～38	36～40

注：碎砾石可在碎石和砾石之间内插取值。

(4)根据粗集料种类和表 5-15 适宜的坍落度，分别按下列经验公式计算单位用水量(砂石料以自然风干状态计)：

不掺外加剂与掺合料的混凝土单位用水量应按式(5-25)、式(5-26)计算。

碎石：$$W_0=104.97+0.309S_L+11.27C/W+0.61S_P \tag{5-28}$$

砾石：

$$W_0=86.89+0.370S_L+11.24C/W+1.00S_P \tag{5-29}$$

式中　W_0——不掺外加剂与掺合料的混凝土单位用水量，kg/m^3；

S_L——坍落度，mm；

S_P——砂率（%）；

C/W——灰水比，水灰比之倒数。

掺外加剂的混凝土单位用水量应按公式(5-30)计算。

$$W_{ow}=W_0(1-\beta/100) \tag{5-30}$$

式中　W_{ow}——掺外加剂混凝土的单位用水量，kg/m^3；

β——所用外加剂剂量的实测减水率。

单位用水量应取计算值和表5-15的规定值两者中的小值。

(4)单位水泥用量应由式(5-31)计算，并取计算值与表5-15规定值的大值。

$$C_0=(C/W)\times W_0 \tag{5-31}$$

式中　C_0——单位用水量，kg/m^3。

(5)砂石料用量可按密度法或体积法计算。按密度法计算时，混凝土单位质量可取2 400～2 450 kg/m^3；按体积法计算时，应计入设计含气量。

(6)重要路面应采用正交试验法进行配合比优选。

6.真空脱水工艺

采用真空脱水工艺时，可采用比经验公式(5-25)和式(5-27)计算值略大的单位用水量；在真空脱水后，扣除每立方米混凝土实际吸除的水量，剩余单位用水量和剩余水灰比分别不宜超过表5-13最大单位用水量和表5-15最大水灰比的规定。

(二)混凝土配合比的确定与调整

(1)计算的混凝土配合比，应在实验室内经试配检验抗弯强度、坍落度、含气量等配合比设计的各项指标，并根据结果进行配合比调整。

(2)实验室的基准配合比应通过搅拌机实际搅拌检验，并经试验段的验证。

(3)配合比调整时，水灰比不得增大，单位水泥用量不得减小。

(4)施工期间应根据气温和运距等的变化，微调外加剂掺量，微调加水量与砂石料称量。

(5)当需要掺加粉煤灰时，对粉煤灰原材料及配合比设计的其他相关要求应参照国家现行标准《公路水泥混凝土路面施工技术规范》的有关规定执行。

第四节　建筑砂浆

砂浆是由胶凝材料、细骨料和水按适当比例配制而成的。为了改善砂浆的和易性，可掺入适量的外加剂与混合材料。砂浆按所用胶凝材料不同可分为水泥砂浆、石灰砂浆和混合砂浆；按用途不同可分为砌筑砂浆、抹面砂浆和特殊用途砂浆。砌筑砂浆用来把黏土砖、石块以及砌块等胶结起来，构成砌体。抹面砂浆用来粉刷和装修建筑物表面，以便满足装饰和保护结构的要求。特殊用途砂浆包括防水、防腐蚀、绝热、吸声、装饰等砂浆。

一、砌筑砂浆

(一)材料要求

(1)砌筑砂浆所用原材料不应对人体、生物与环境造成有害的影响,并应符合现行国家建筑材料放射性核素限量的规定。

(2)水泥宜采用通用硅酸盐水泥或砌筑水泥,且应符合现行国家标准《通用硅酸盐水泥》和《砌筑水泥》的规定。水泥强度等级应根据砂浆品种及强度等级的要求进行选择。M15 及以下强度等级的砌筑砂浆宜选用 32.5 级的通用硅酸盐水泥或砌筑水泥;M15 以上强度等级的砌筑砂浆宜选用 42.5 级通用硅酸盐水泥。

(3)砂宜选用中砂,并应符合现行行业标准《普通混凝土用砂、石质量及检验方法标准》的规定,且应全部通过 4.75 mm 的筛孔。

(4)砌筑砂浆用石灰膏、电石膏应符合下列规定:

①生石灰熟化成石灰膏时,应用孔径不大于 3 mm×3 mm 的网过滤,熟化时间不得少于 7 d;磨细生石灰粉的熟化时间不得少于 2 d。沉淀池中储存的石灰膏,应采取防止干燥、冻结和污染的措施。严禁使用脱水硬化的石灰膏。

②制作电石膏的电石渣应用孔径不大于 3 mm×3 mm 的网过滤,检验时应加热至 70 ℃后至少保持 20 min,并应待乙炔挥发完后再使用。

③消石灰粉不得直接用于砌筑砂浆中。

(5)石灰膏、电石膏试配时的稠度,应为 120 mm±5 mm。

(6)粉煤灰、粒化高炉矿渣粉、硅灰、天然沸石粉应分别符合国家现行标准《用于水泥和混凝土中的粉煤灰》(GB/T 1596－2005)、《用于水泥和混凝土中的粒化高炉矿渣粉》(GB/T 18046－2008)、《高强高性能混凝土用矿物外加剂》(GB/T 18736－2002 和《天然沸石粉在混凝土和砂浆中应用技术规程》(JGJ/T 112－1997)的规定。当采用其他品种矿物掺合料时,应有可靠的技术依据,并应在使用前进行试验验证。

(7)采用保水增稠材料时,应在使用前进行试验验证,并应有完整的型式检验报告。

(8)外加剂应符合国家现行有关标准的规定,引气型外加剂还应有完整的型式检验报告。

(9)拌制砂浆用水应符合现行行业标准《混凝土用水标准》(JGJ 63－2006)的规定。

(二)技术条件

(1)水泥砂浆及预拌砌筑砂浆的强度等级可分为 M5、M7.5、M10、M15、M20、M25、M30;水泥混合砂浆的强度等级可分为 M5、M7.5、M10、M15。

(2)砌筑砂浆拌和物的表观密度宜符合下列规定。

水泥砂浆≥1 900 kg/m^3,水泥混合砂浆≥1 800 kg/m^3,预拌砌筑砂浆≥1 800 kg/m^3。

(3)砌筑砂浆的稠度、保水率、试配抗压强度应同时满足要求。

(4)砌筑砂浆施工时的稠度宜按表 5-19 选用。

表 5-19　砌筑砂浆的施工稠度

砌体种类	砂浆稠度(mm)
烧结普通砖砌体、粉煤灰砖砌体	70～90
混凝土砖砌体、普通混凝土小型空心砌块砌体、灰砂砖砌体	50～70
烧结多孔砖砌体、烧结空心砖砌体、轻集料混凝土小型空心砌块砌体、蒸压加气混凝土砌块砌体	60～80
石砌体	30～50

(5)砌筑砂浆的保水率应符合以下规定：

水泥砂浆≥80%，水泥混合砂浆≥84%，预拌砂浆≥88%。

(6)有抗冻性要求的砌体工程，砌筑砂浆应进行冻融试验。砌筑砂浆的抗冻性应符合表 5-20 的规定，且当设计对抗冻性有明确要求时，尚应符合设计规定。

表 5-20　砌筑砂浆的抗冻性

使用条件	抗冻指标	质量损失率(%)	强度损失率(%)
夏热冬暖地区	F15	≤5	≤25
夏热冬冷地区	F25		
寒冷地区	F35		
严寒地区	F50		

(7)砌筑砂浆中的水泥和石灰膏、电石膏等材料的用量可按表 5-21 选用。

表 5-21　砌筑砂浆的材料用量　(单位：kg/m^3)

砂浆种类	材料用量
水泥砂浆	≥200
水泥混合砂浆	≥350
预拌砌筑砂浆	≥200

注：①水泥砂浆中的材料用量是指水泥用量。

②水泥混合砂浆中的材料用量是指水泥和石灰膏、电石膏的材料总量。

③预拌砌筑砂浆中的材料用量是指胶凝材料用量，包括水泥和替代水泥的粉煤灰等活性矿物掺合料。

(8)砌筑砂浆中可掺入保水增稠材料、外加剂等，掺量应经试配后确定。

(9)砌筑砂浆试配时应采用机械搅拌。搅拌时间应自开始加水时算起，并应符合下列规定：

①对水泥砂浆和水泥混合砂浆，搅拌时间不得少于 120 s。

②对预拌砌筑砂浆和掺有粉煤灰、外加剂、保水增稠材料等的砂浆，搅拌时间不得少于 180 s。

(三)砌筑砂浆配合比的确定与要求

1. 现场配制水泥混合砂浆的试配

(1)砂浆的试配强度应按下式计算：

$$f_{m,0}=kf_2 \tag{5-32}$$

式中　$f_{m,0}$——砂浆的试配强度，MPa，精确至 0.1 MPa；

f_2——砂浆强度等级值，MPa，精确至 0.1 MPa；

k——系数，与施工水平有关，按表 5-22 取值。

表 5-22　砂浆强度标准差 σ 及 k 值

施工水平	强度标准差 σ(MPa)							k
	M5	M7.5	M10	M15	M20	M25	M30	
优良	1.00	1.50	2.00	3.00	4.00	5.00	6.00	1.15
一般	1.25	1.88	2.50	3.75	5.00	6.25	7.50	1.20
较差	1.50	2.25	3.00	4.50	6.00	7.50	9.00	1.25

(2)砂浆强度标准差的确定应符合下列规定：

①当有统计资料时，砂浆强度标准差应按下式计算：

$$\delta=\sqrt{\frac{\sum_{i-1}^{n}f_{m,i}^2-mu_{fm}^2}{n-1}} \tag{5-33}$$

式中　$f_{m,i}$——统计周期内同一品种砂浆第 i 组试件的强度，MPa；

u_{fm}——统计周期内同一品种砂浆组试件强度的平均值，MPa；

n——统计周期内同一品种砂浆试件的总组数，$n\geqslant 25$。

②当无统计资料时，砂浆强度标准差可按表 5-22 取值。

(3)计算水泥用量：

①每立方米砂浆的水泥用量，应按下式计算：

$$Q_C=1\,000(f_{m,0}-\beta)/(\alpha\cdot f_{ce}) \tag{5-34}$$

式中　Q_C——每立方米砂浆的水泥用量，kg，精确至 1 kg；

$f_{m,0}$——砂浆的试配强度，MPa，精确至 0.1 MPa；

f_{ce}——水泥的实测强度，MPa，精确至 0.1 MPa；

α、β——砂浆的特征系数，其中 $\alpha=3.03$，$\beta=-15.09$。

注：各地区也可用本地区试验资料确定 α、β 值，统计用的试验组数不得少于 30 组。

②在无法取得水泥的实测强度值时，可按下式计算：

$$f_{ce}=r_c\cdot f_{ce,k} \tag{5-35}$$

式中　f_{ce}——水泥强度等级值，MPa；

r_c——水泥强度等级值的富余系数，宜按实际统计资料确定；无统计资料时可取 1.0。

(4)石灰膏用量应按下式计算：

$$Q_D=Q_A-Q_C \tag{5-36}$$

式中　Q_D——每立方米砂浆的石灰膏用量，kg，应精确至1 kg，石灰膏使用时的稠度宜为120 mm±5 mm；

Q_C——每立方米砂浆的水泥用量，kg，应精确至1 kg；

Q_A——每立方米砂浆中水泥和石灰膏总量，应精确至1 kg，可为350 kg。

(5)每立方米砂浆中的砂用量，应按干燥状态（含水率小于0.5%）的堆积密度值作为计算值（kg）。

(6)每立方米砂浆中的用水量，可根据砂浆稠度等要求选用210～310 kg。

注：①混合砂浆中的用水量，不包括石灰膏中的水；

②当采用细砂或粗砂时，用水量分别取上限或下限；

③稠度小于70mm时，用水量可小于下限；

④施工现场气候炎热或干燥季节，可酌量增加用水量。

2. 现场配制水泥砂浆的试配

(1)水泥砂浆的材料用量可按表5-23选用。

表5-23　每立方米水泥砂浆材料用量

强度等级	水泥用量（kg/m^3）	砂子用量（kg/m^3）	用水量（kg/m^3）
M5.0	200～230	砂子的堆积密度值	270～330
M7.5	230～260		
M10	260～290		
M15	290～330		
M20	340～400		
M25	360～410		
M30	430～480		

注：①M15及M15以下强度等级水泥砂浆，水泥强度等级为32.5级；M15以上强度等级水泥砂浆，水泥强度等级为42.5级；

②当采用细砂或粗砂时，用水量分别取上限或下限；

③稠度小于70 mm时，用水量可小于下限；

④施工现场气候炎热或干燥季节，可酌量增加用水量。

(2)水泥粉煤灰砂浆材料用量可按表5-24选用。

(二)预拌砌筑砂浆的试配要求

1. 预拌砌筑砂浆

(1)在确定湿拌砌筑砂浆稠度时应考虑砂浆在运输和储存过程中的稠度损失。

(2)湿拌砌筑砂浆应根据凝结时间要求确定外加剂掺量。

(3)干混砌筑砂浆应明确拌制时的加水量范围。

(4)预拌砌筑砂浆的搅拌、运输、储存等应符合现行行业标准《预拌砂浆》(JG/T 230)的规定。

(5)预拌砌筑砂浆性能应符合现行行业标准《预拌砂浆》(JG/T 230)的规定。

表 5-24　每立方米水泥粉煤灰砂浆材料用量　　（单位：kg/m^3）

强度等级	水泥和粉煤灰总量	粉煤灰	砂	用水量
M5	210～240	粉煤灰掺量可占胶凝材料总量的15%～25%	砂的堆积密度值	270～330
M7.5	240～270			
M10	270～300			
M15	300～330			

注：①表中水泥强度等级为 32.5 级；
②当采用细砂或粗砂时，用水量分别取上限或下限；
③稠度小于 70 mm 时，用水量可小于下限；
④施工现场气候炎热或干燥季节，可酌量增加用水量。

2. 预拌砌筑砂浆的试配

(1)预拌砌筑砂浆生产前应进行试配，试配强度应按本方法式(5-32)计算确定，试配时稠度取 70～80 mm。

(2)预拌砌筑砂浆中可掺入保水增稠材料、外加剂等，掺量应经试配后确定。

(三)砌筑砂浆配合比试配、调整与确定

(1)砌筑砂浆试配时应考虑工程实际要求。

(2)按计算或查表所得配合比进行试拌时，应按现行行业标准《建筑砂浆基本性能试验方法标准》(JGJ/T 70)测定砌筑砂浆拌和物的稠度和保水率。当稠度和保水率不能满足要求时，应调整材料用量，直到符合要求为止，然后确定为试配时的砂浆基准配合比。

(3)试配时至少应采用三个不同的配合比，其中一个配合比应为按本规程得出的基准配合比，其余两个配合比的水泥用量应按基准配合比分别增加及减少 10%。在保证稠度、保水率合格的条件下，可将用水量、石灰膏、保水增稠材料或粉煤灰等活性掺合料用量作相应调整。

(4)砌筑砂浆试配时稠度应满足施工要求，并应按现行行业标准《建筑砂浆基本性能试验方法标准》分别测定不同配合比砂浆的表观密度及强度；并应选定符合试配强度及和易性要求、水泥用量最低的配合比作为砂浆的试配配合比。

(5)砌筑砂浆试配配合比尚应按下列步骤进行校正：

①应根据本方法(4)确定的砂浆配合比材料用量，按下式计算砂浆的理论表观密度值：

$$\rho_t = Q_c + Q_D + Q_s + Q_w \tag{5-37}$$

式中　ρ_t——砂浆的理论表观密度值，kg/m^3，应精确至 10 kg/m^3。

②应按下式计算砂浆配合比校正系数 δ：

$$\delta = \rho_C / \rho_t \tag{5-38}$$

式中 ρ_C——砂浆的实测表观密度值，kg/m^3，应精确至 10 kg/m^3。

③当砂浆的实测表观密度值与理论表观密度值之差的绝对值不超过理论值的 2% 时，可将按本方法(4)得出的试配配合比确定为砂浆设计配合比；当超过 2%时，应将试配

配合比中每项材料用量均乘以校正系数(δ)后，确定为砂浆设计配合比。

(6)预拌砌筑砂浆生产前应进行试配、调整与确定，并应符合现行行业标准《预拌砂浆》的规定。

二、其他砂浆

(一)抹面砂浆

凡涂抹在建筑物表面或构件表面的砂浆统称为抹面砂浆。根据功能的不同，抹面砂浆分为普通抹面砂浆、装饰砂浆、防水砂浆和具有特殊功能的砂浆，例如绝热砂浆、耐酸砂浆、防辐射砂浆、吸声砂浆等。按使用部位的不同，抹面砂浆又分底层砂浆和表层砂浆。

底层砂浆起初步找平和黏结基底的作用，应有较好的和易性。砖墙底层可用石灰砂浆，混凝土底层可用混合砂浆，板条墙及金属网基层采用麻刀石灰砂浆、纸筋石灰砂浆或混合砂浆。对有防潮和防水要求的结构物，应采用水泥砂浆。底层砂浆还要有较好的保水性，以防止水分被底面材料吸收而影响砂浆的黏结力，稠度一般为100～120 mm。

面层砂浆主要起装修作用，应采用较细的骨料，使表面平滑细腻。室内墙面和顶棚通常采用纸筋石灰或麻刀石灰砂浆。面层砂浆所用的石灰必须充分熟化，陈伏时间不少于1个月，以防止表面抹灰出现鼓包、爆裂等现象。受雨水作用的外墙、室内受潮和易碰撞的部位，如墙裙、踢脚板、窗台、雨棚等，一般采用1∶2.5的水泥砂浆抹面。面层砂浆的稠度一般为100 mm。普通抹面砂浆的配合比，可参考表5-25。

表5-25 普通抹面砂浆参考配合比

材料	体积配合比	材料	体积配合比
水泥∶砂	1∶2～1∶3	石灰∶石膏∶砂	1∶0.4∶2～1∶2∶4
石灰∶砂	1∶2～1∶4	石灰∶黏土∶砂	1∶1∶4～1∶1∶8
水泥∶石灰∶砂	1∶1∶6～1∶2∶9	石灰膏∶麻刀	100∶1.3～100∶2.5(质量比)

(二)防水砂浆

防水砂浆是一种具有高抗渗性能的砂浆，可用于砖—混结构基底上铺设刚性防水层。配制防水砂浆的办法，一是合理选择配合比，如采用1∶2.5～1∶3的配合比，水灰比控制在0.5～0.55，可以配制出抗渗性能高的砂浆。另一种有效的措施是掺入防水剂，配制防水剂防水砂浆。常用的防水剂有水玻璃类防水剂、氯化铁防水剂、氯化物金属盐类防水剂和金属皂类防水剂。

采用防水砂浆铺设刚性防水层时，必须注意以下两点：一是采用多层做法。因为单层砂浆大面积施工总是或多或少存在缺陷，这些缺陷将成为渗漏的通道，使整个防水层防水能力大大下降。如果采用两层或多层施工，层与层缺陷部位重合的概率就很小，层数愈多，缺陷集中出现的概率愈小，抗渗能力就高；二是做好层间结合，防止水分在层间渗流，使层间效应得以充分发挥。

三、砂浆拌和物取样和拌和方法

(一)取样

建筑砂浆试验用料应从同一盘砂浆或同一车砂浆中取样。取样量应不少于试验所需量的 4 倍。当施工中取样进行砂浆试验时,其取样方法和原则应按相应的施工验收规范执行。一般在现场搅拌点或预拌砂浆卸料点,至少从三个不同部位取样。现场取来的试样,试验前应人工搅拌均匀。从取样完毕到开始进行各项性能试验不宜超过 15 min。

(二)试样的制备

(1)在试验室制备砂浆拌和物时,所用材料应提前 24 h 运入室内。拌和时,试验室的温度应保持在(20±5)℃。需要模拟施工条件下所用的砂浆时,所用原材料的温度宜与施工现场保持一致。

(2)试验所用原材料应与现场使用材料一致。砂应通过公称粒径 4.75 mm 筛。

(3)试验室拌制砂浆时,材料用量应以质量计。称量精度:水泥、外加剂、掺合料等为±0.5%;砂为±1%。

(4)在试验室搅拌砂浆时应采用机械搅拌,搅拌机应符合《试验用砂浆搅拌机》(JG/T 3033)的规定,搅拌的用量宜为搅拌机容量的 30%～70%,搅拌时间不应少于 120 s。掺有掺合料和外加剂的砂浆,其搅拌时间不应少于 180 s。

四、稠度试验

(一)适用范围

本方法适用于确定配合比或施工过程中控制砂浆的稠度,以达到控制用水量的目的。

(二)稠度试验所用仪器

(1)砂浆稠度仪:由试锥、容器和支座三部分组成。试锥由钢材或铜材制成,试锥高度为 145 mm,锥底直径为 75 mm,试锥连同滑杆的重量应为(300±2)g;盛浆容器由钢板制成,筒高为 180 mm,锥底内径为 150 mm;支座分底座、支架及刻度显示三个部分,由铸铁、钢及其他金属制成。

(2)钢制捣棒:直径 10 mm、长 350 mm,端部磨圆。

(3)秒表等。

(三)稠度试验步骤

(1)用少量润滑油轻擦滑杆,再将滑杆上多余的油用吸油纸擦净,使滑杆能自由滑动。

(2)用湿布擦净盛浆容器和试锥表面,将砂浆拌和物一次装入容器,使砂浆表面低于容器口 10 mm 左右。用捣棒自容器中心向边缘均匀地插捣 25 次,然后轻轻地将容器摇动或敲击 5～6 下,使砂浆表面平整,然后将容器置于稠度测定仪的底座上。

(3)拧松制动螺丝,向下移动滑杆,当试锥尖端与砂浆表面刚接触时,拧紧制动螺丝,使齿条侧杆下端刚接触滑杆上端,并将指针对准零点。

(4)拧松制动螺丝,同时计时间,10 s 时立即拧紧螺丝,将齿条测杆下端接触滑杆上端,从刻度盘上读出下沉深度(精确至 1 mm),即为砂浆的稠度值。

(5)盛装容器内的砂浆,只允许测定一次稠度,重复测定时,应重新取样测定。

(四)稠度试验结果确定

(1)取两次试验结果的算术平均值,精确至 1 mm;

(2)如两次试验值之差大于 10 mm,应重新取样测定。

五、表观密度试验

(一)适用范围

本方法适用于测定砂浆拌和物捣实后的单位体积质量。以确定每立方米砂浆拌和物中各组成材料的实际用量。

(二)表观密度试验所用仪器

(1)容量筒:金属制成,内径 108 mm,净高 109 mm,筒壁厚 2~5 mm,容积为 1 L;

(2)天平:称量 5 kg,感量 5 g;

(3)钢制捣棒:直径 10 mm,长 350 mm,端部磨圆;

(4)砂浆密度测定仪;

(5)振动台:振幅(0.5±0.05)mm,频率(50±3)Hz;

(6)秒表。

(三)砂浆拌和物质量密度试验步骤

(1)按本章的规定测定砂浆拌和物的稠度;

(2)用湿布擦净容量筒的内表面,称量容量筒质量 m_1,精确至 5 g。

(3)捣实可采用手工或机械方法。当砂浆稠度大于 50 mm 时,宜采用人工插捣法;当砂浆稠度不大于 50mm 时,宜采用机械振动法。

采用人工插捣时,将砂浆拌和物一次装满容量筒,使稍有富余,用捣棒由边缘向中心均匀地插捣 25 次,插捣过程中如砂浆沉落到低于筒口,则应随时添加砂浆,再用木锤沿容器外壁敲击 5~6 下。

采用机械振动法时,将砂浆拌和物一次装满容量筒连同漏斗在振动台上振 10 s,振动过程中如砂浆沉入到低于筒口,应随时添加砂浆。

(4)捣实或振动后,将筒口多余的砂浆拌和物刮去,使砂浆表面平整,然后将容量筒外壁擦净,称出砂浆与容量筒总质量 m_2,精确至 5 g。

(四)计算

砂浆拌和物的质量密度计算:

$$\rho=\frac{m_2-m_1}{V}\times 1\,000 \tag{5-39}$$

式中 ρ——砂浆拌和物的质量密度,kg/m³;

m_1——容量筒质量,g;

m_2——容量筒及试样质量,g;

V——容量筒容积,L。

取两次试验结果的算术平均值作为测定值,精确至 10 kg/m³。

注:容量筒容积的校正,可采用一块能覆盖住容量筒顶面的玻璃板,先称出玻璃板和容量筒质量,然后向容量筒中灌入温度为(20±5)℃的饮用水,灌到接近上口时,一边不

断加水，一边把玻璃板沿筒口徐徐推入盖严。应注意使玻璃板下不带入任何气泡。然后擦净玻璃板面及筒壁外的水分，称量容量筒、水和玻璃板质量（精确至 5 g）。后者与前者质量之差（以 kg 计）即为容量筒的容积（L）。

六、分层度试验

（一）适用范围

本方法适用于测定砂浆拌和物在运输及停放时内部组分的稳定性。

（二）分层度试验所用仪器

（1）砂浆分层度筒（见图 5-5）内径为 150 mm，上节高度为 200 mm，下节带底净高为 100 mm，用金属板制成，上、下层连接处需加宽到 3～5 mm，并设有橡胶垫圈。

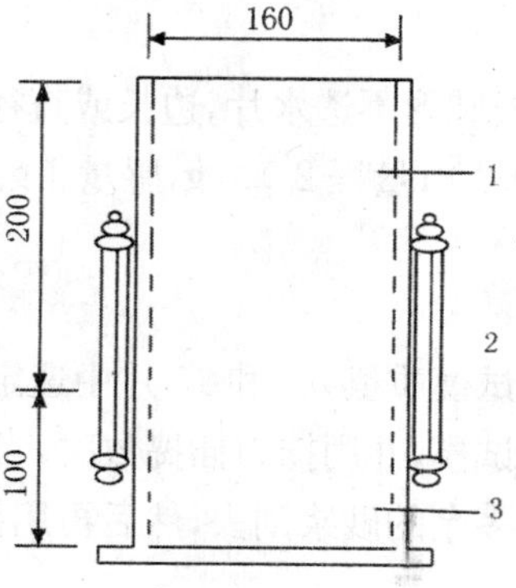

1—无底圆筒；2—连接螺栓；3—有底圆筒

图 5-5 砂浆分层度测定仪 （单位：mm）

（2）振动台：振幅（0.5±0.05）mm，频率（50±3）Hz。

（3）稠度仪、木锤等。

（三）分层度试验

（1）首先将砂浆拌和物按本节砂浆稠度试验方法测定稠度。

（2）将砂浆拌和物一次装入分层度筒内，待装满后，用木锤在容器周围距离大致相等的四个不同部位轻轻敲击 1～2 下，如砂浆沉落到低于筒口，则应随时添加，然后刮去多余的砂浆并用抹刀抹平。

（3）静置 30 min 后，去掉上节 200 mm 砂浆，剩余的 100 mm 砂浆倒出放在拌和锅内拌 2 min，用本节砂浆稠度试验方法测其稠度。前后测得的稠度之差即为该砂浆的分层度值（mm）。

注：也可采用快速法测定分层度，其步骤是：①按本节砂浆稠度试验方法测定稠度；②将分层度筒预先固定在振动台上，砂浆一次装入分层度筒内，振动 20 s；③然后去掉上节 200 mm 砂浆，剩余 100 mm 砂浆倒出放在拌和锅内拌 2 min，再按本节砂浆稠度试验方法测其稠度，前后测得的稠度之差即为该砂浆的分层度值。但如有争议，以标准法为准。

（四）分层度试验结果确定

（1）取两次试验结果的算术平均值作为该砂浆的分层度值；

（2）两次分层度试验值之差如大于 10 mm，应重新取样测定。

七、保水性试验

(一)适用范围

本方法适用于测定砂浆保水性,以判定砂浆拌和物在运输及停放时内部组分的稳定性。

(二)保水性试验所用仪器

(1)金属或硬塑料圆环试模:内径 100 mm、内部高度 25 mm。

(2)可密封的取样容器:应清洁、干燥。

(3)2 kg 的重物。

(4)金属滤网:网格尺寸 45 μm,圆形,直径为(110±1) mm。

(5)超白滤纸,符合《化学分析滤纸》(GB/T 1914)中速定性滤纸。直径 110 mm,单位质量 200 g/m^2。

(6)2 片金属或玻璃的方形或圆形不透水片,边长或直径大于 110 mm。

(7)天平:量程 200 g,感量 0.1 g;量程 2 000 g,感量 1 g。

(8)烘箱。

(三)保水性试验步骤

(1)称量下不透水片与干燥试模质量 m_1 和 15 片中速定性滤纸质量 m_2。

(2)将砂浆和物一次性填入试模,并用抹刀插捣数次,当填充砂浆略高于试模边缘时,用抹刀以 45°角一次性将试模表面多余的砂浆刮去,然后再用抹刀以较平的角度在试模表面反方向将砂浆刮平。

(3)抹掉试模边的砂浆,称量试模、底部不透水片与砂浆总质量 m_3。

(4)用金属滤网覆盖在砂浆表面,再在滤网表面放上 15 片滤纸,用不透水片盖在滤纸表面,以 2 kg 的重物把不透水片压住。

(5)静止 2 min 后移走重物及上部不透水片,取出滤纸(不包括滤网),迅速称量滤纸质量 m_4。

(四)砂浆保水性计算

$$W=\left[1-\frac{m_4-m_2}{a\times(m_3-m_1)}\right]\times 100 \tag{5-40}$$

式中 W——砂浆保水率(%);

m_1——底部不透水片与干燥试模质量,g,精确到 1 g;

m_2——15 片滤纸吸水前的质量,g,精确到 0.1 g;

m_3——试模、底部不透水片与砂浆总质量,g,精确到 1 g;

m_4——15 片滤纸吸水后的质量,g,精确到 0.1 g;

α——砂浆含水率(%)。

取两次试验结果的平均值作为结果,如两个测定值之差超过 2%,则此组试验结果无效。

八、立方体抗压强度试验

(一)抗压强度试验所用仪器设备

(1)试模:尺寸为 70.7 mm×70.7 mm×70.7 mm 的带底试模,应符合现行行业标准

《混凝土试模》JG237 的规定选择，应具有足够的刚度并拆装方便。试模的内表面应机械加工，其不平度应为每 100 mm 不超过 0.05 mm，组装后各相邻面的不垂直度不应超过±0.5°。

(2)钢制捣棒：直径为 10 mm，长为 350 mm，端部应磨圆。

(3)压力试验机：精度为 1%，试件破坏荷载应不小于压力机量程的 20%，且不大于全量程的 80%。

(4)垫板：试验机上、下压板及试件之间可垫以钢垫板，垫板的尺寸应大于试件的承压面，其不平度应为每 100 mm 不超过 0.02 mm。

(5)振动台：空载中台面的垂直振幅应为(0.5±0.05)mm，空载频率应为(50±3)Hz，空载台面振幅均匀度不大于 10%，一次试验至少能固定(或用磁力吸盘)三个试模。

(二)立方体抗压强度试件的制作及养护步骤

(1)采用立方体试件，每组试件 3 个。

(2)应用黄油等密封材料涂抹试模的外接缝，试模内涂刷薄层机油或脱模剂，将拌制好的砂浆一次性装满砂浆试模，成型方法根据稠度而定。当稠度大于 50 mm 时采用人工振捣成型，当稠度不大于 50 mm 时采用振动台振实成型。

①人工插捣：用捣棒均匀地由边缘向中心按螺旋方式插捣 25 次，插捣过程中如砂浆沉落低于试模口，应随时添加砂浆，可用油灰刀插捣数次，并用手将试模一边抬高 5 ～10 mm 各振动 5 次，使砂浆高出试模顶面 6 ～8 mm。

②机械振动：将砂浆一次装满试模，放置到振动台上，振动时试模不得跳动，振动 5～10 s 或持续到表面出浆为止；不得过振。

(3)待表面水分稍干后，将高出试模部分的砂浆沿试模顶面刮去并抹平。

(4)试件制作后应在室温为(20±5)℃的环境下静置(24±2)h，当气温较低时，或者凝结时间大于 24 h 的砂浆，可适当延长时间，但不应超过 2 d。试件拆模后应立即放入温度为(20±2)℃，相对湿度为 90%以上的标准养护室中养护。养护期间，试件彼此间隔不小于 10 mm，混合砂浆、湿拌砂浆试件上面应覆盖，防止有水滴在试件上。

(三)砂浆立方体试件抗压强度试验步骤

(1)试件从养护地点取出后应及时进行试验。试验前将试件表面擦试干净，测量尺寸，并检查其外观。并据此计算试件的承压面积，如实测尺寸与公称尺寸之差不超过 1 mm，可按公称尺寸进行计算。

(2)将试件安放在试验机的下压板(或下垫板)上，试件的承压面应与成型时的顶面垂直，试件中心应与试验机下压板(或下垫板)中心对准。开动试验机，当上压板与试件(或上垫板)接近时，调整球座，使接触面均衡受压。承压试验应连续而均匀地加荷，加荷速度应为 0.25～1.5 kN/s；砂浆强度不大于 2.5 MPa 时，宜取下限。当试件接近破坏而开始迅速变形时，停止调整试验机油门，直至试件破坏，然后记录破坏荷载。

(四)砂浆立方体抗压强度计算

$$f_{m,cu}=K\frac{N_u}{A} \tag{5-41}$$

式中　$f_{m,cu}$——砂浆立方体抗压强度，MPa，精确至 0.1 MPa；

N_u——试件破坏荷载，N；

A——试件承压面积，mm^2；

K——换算系数，取 1.35。

以三个试件测值的算术平均值作为该组试件的砂浆立方体试件抗压强度平均值(精确至 0.1 MPa)。

当三个测值的最大值或最小值中如有一个与中间值的差值超过中间值的 15%时，则把最大值及最小值一并舍除，取中间值作为该组试件的抗压强度值；当有两个测值与中间值的差值均超过中间值的 15%时，则该组试件的试验结果无效。

第五节　孔道压浆

一、技术要求

后张预应力孔道宜采用专用压浆料或专用压浆剂配制的浆液进行压浆。所用原材料应符合下列规定：

(1)水泥应采用性能稳定、强度等级不低于 42.5 的低碱硅酸盐或低碱普通硅酸盐水泥，水泥的性能要求应符合本规范规定。

(2)外加剂应与水泥具有良好的相容性，且不得含有氯盐、亚硝酸盐或其他对预应力筋有腐蚀作用的成分。减水剂应采用高效减水剂，且应满足现行国家标准《混凝主外加剂》(GB 8076)中高效减水剂一等品的要求，其减水率应不小于 20%。

(3)矿物掺合料的品种宜为Ⅰ级粉煤灰、磨细矿渣粉或硅灰，并应符合规定。

(4)水不应含有对预应力筋或水泥有害的成分，每升水中不得含有 350 mg 以上的氯化物离子或任何一种其他有机物，宜采用符合国家卫生标准的清洁饮用水。

(5)膨胀剂宜采用钙矾石系或复合型膨胀剂，不得采用以铝粉为膨胀源的膨胀剂或总碱量 0.75%以上的高碱膨胀剂。

(6)压浆材料中的氯离子含量不应超过胶凝材料总量的 0.06%，比表面积应大于 350 m^2/kg，三氧化硫含量不应超过 6.0%。

二、浆液性能指标要求

采用压浆材料配置的浆液，其性能应符合表 5-26 的规定。

三、后张预应力孔道压浆浆液流动度试验

(一)试验仪器

(1)流动度测试仪：流动锥，其装置如图 5-6 所示。

(2)流动锥的校准：1 725 mL±5 mL，水流出的时间应为 8.0 s±0.2 s。

(二)流动度试验方法

测定时，先将漏斗调整放平，关上底口活门，将搅拌均匀的浆液倾入漏斗内，直至表面触及点测规下端(1 725 mL±5 mL 浆液)；打开活门，让浆液自由流出，浆液全部流完时间

(s)称为压浆浆液的流动度。

表 5-26　后张法预应力孔道压浆浆液性能指标

项　目		性能指标	检验试验方法标准
水胶比		0.26～0.28	《水泥标准稠度用水量、凝结时间、安定性检验方法》(CB/T 1346)
凝结时间(h)	初凝	≥5	
	终凝	≤24	
流动度(25℃)(s)	初始	10～17	JTG/T F50 附录 C3
	30 min 流动度	10～20	
	60 min 流动度	10～25	
泌水率(%)	24 h 自由泌水率	0	JTG/T F50 附录 C4
	3 h 钢丝间泌水率	0	JTG/T F50 附录 C5
压力泌水率(%)	0.22 MPa(孔道垂直高度≤1.8 m 时)	≤2.0	JTG/T F50 附录 C6
	0.36 MPa(孔道垂直高度>1.8 m 时)		
自由膨胀率(%)	3 h	0～2	JTG/T F50 附录 C4
	24 h	0～3	
充盈度		合格	JTG/T F50 附录 C7
抗压强度(MPa)	3 d	≥20	《水泥胶砂强度检验方法(ISO 法)》(GB/T 17671)
	7 d	≥40	
	28 d	≥50	
抗折强度(MPa)	3 d	≥5	
	7 d	≥6	
	28 d	≥10	

注:有抗冻性要求时,宜在压浆材料中掺用适量引气剂,且含气量宜为 1%～3%。

四、压浆浆液自由泌水率和自由膨胀率试验

(一)容器

试验容器如图 5-7 所示,用有机玻璃制成,带有密封盖,高 120 mm,置放于水平面上。

(二)试验方法

往容器内填灌浆液约 100 mm 深,测填灌面高度并记录,然后盖严。置放 3 h 和 24 h 后量测其离析水水面和浆液膨胀面,然后按下列公式计算泌水率及膨胀率:

$$泌水率=\frac{a_2-a_3}{a_1}\times 100\% \qquad (5\text{-}42)$$

$$胀膨率=\frac{a_3-a_1}{a_1}\times100\% \tag{5-43}$$

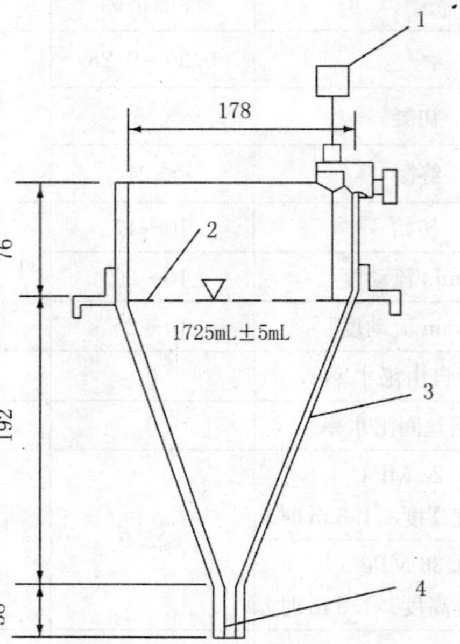

1—点测规；2—水泥浆浆体表面；

3—不锈钢制容器(壁厚 3 mm)；4—流出口(内径 13 mm)

图 5-6　流动锥装置示意图　(单位：mm)

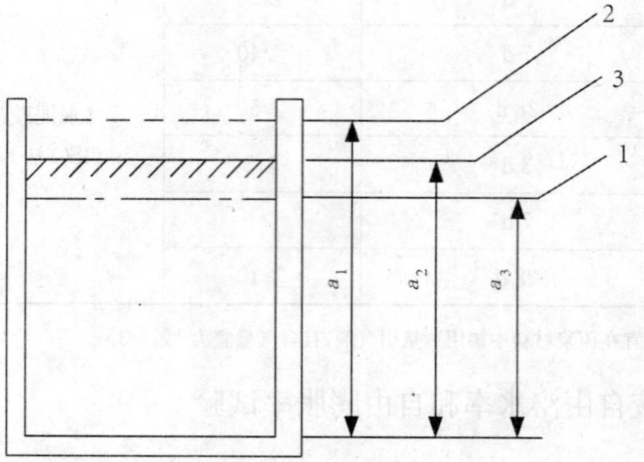

1—最初填灌的浆液面；2—水面；3—膨胀后的浆液面

图 5-7　浆液泌水率和膨胀率试验容器

第六章　路面基层检测

第一节　路面基层概述

经过多年的发展，我国路面基层所用材料已走向规格化和定型化，同时路面基层的设计和施工也更具有科学性，这是路面工程技术发展到一定程度的必然结果。

随着工程技术的发展和标准规范的更新，路基的检测技术有了较大的变化，这些新的检测技术都值得我们去学习研究。本章主要就半刚性和无黏结粒料类基层、底基层材料的技术要求、混合料组成设计方法以及材料试验检测方法作一较系统的论述。

路面基层、底基层混合材料大致可以分为三大类。一类是柔性基层材料，它包括级配型集料、嵌锁型碎石以及沥青碎石（混合料）和沥青贯入式等；第二类是半刚性基层材料，它包括水泥稳定土、石灰稳定土和石灰工业废渣稳定土（如石灰粉煤灰类、石灰炉渣土等）；第三类是刚性基层材料，指水泥混凝土、强度高的贫混凝土和碾压混凝土。无机结合料稳定土混合料属第二类半刚性路面基层材料。半刚性材料、无黏结粒料类材料根据性能要求和设计标准，可运用于各级路面基层和底基层，而刚性基层一般适用于重交通（BZZ～100 kN 累计标准轴次 1 000 万～2 000 万次/车道）、特重交通（BZZ～100 kN 累计标准轴次大于 2 000 万次/车道）或有特殊使用要求的路面基层。

第二节　基层、底基层材料技术要求

一、水泥稳定土类基层

在粉碎的或原来松散的土（包括各种粗、中、细粒土）中，掺入适量的水泥和水，经过拌和得到的混合料在压实及养生后的结构层，称为水泥稳定土类结构层。

用水泥稳定砂性土、粉性土和黏性土得到的混合料简称为水泥土；稳定砂或者石屑得到的混合料简称水泥砂或者水泥石屑。用水泥稳定粗粒土和中粒土得到的混合料，根据所用原材料不同，可以简称为水泥碎石、水泥砂砾等。同时用水泥和石灰稳定某种土得到的混合料，简称综合稳定土。

在半刚性材料中，水泥稳定混合料是一种经济实用的筑路材料，具有优良的性能，可用于各种类别道路的基层和底基层。由于是以水泥为胶结材料，因此具有良好的力学性能和板体性。与其他半刚性材料相比，水泥稳定混合料具有早期强度高、强度增长快、抗冲刷性能好、原材料来源广泛等优点，非常适合现代重型交通要求。

水泥剂量以水泥质量占全部粗细粒土颗粒的干质量的百分率表示，即水泥剂量＝水泥质量/干土质量。

(一)原材料

原材料应符合下列规定。

1. 水泥

水泥应符合下列要求：

(1)应选用初凝时间大于 3 h、终凝时间不小于 6 h 的 32.5 级、42.5 级普通硅酸盐水泥、矿渣硅酸盐、火山灰硅酸盐水泥。水泥应有出厂合格证与生产日期，复验合格方可使用。

(2)水泥贮存期超过 3 个月或受潮，应进行性能试验，合格后方可使用。

2. 土

土应符合下列要求：

(1)土的均匀系数不应小于 5，宜大于 10，塑性指数宜为 10～17；

(2)土中小于 0.6 mm 颗粒的含量应小于 30%；

(3)宜选用粗粒土、中粒土。

3. 粒料

粒料应符合下列要求：

(1)级配碎石、砂砾、未筛分碎石、碎石土、砾石和煤矸石、粒状矿渣等材料均可做粒料原材；

(2)当作基层时，粒料最大粒径不宜超过 37.5 mm；

(3)当作底基层时，粒料最大粒径：对城市快速路、主干路不应超过 37.5 mm，对次干路及以下道路不应超过 53 mm；

(4)各种粒料，应按其自然级配状况，经人工调整使其符合下表的规定；

(5)碎石、砾石、煤矸石等的压碎值：对城市快速路、主干路基层与底基层不应大于 30%，对其他道路基层不应大于 30%，对底基层不应大于 35%；

(6)集料中有机质含量不应超过 2%；

(7)集料中硫酸盐含量不应超过 0.25%。

4. 水

水应符合国家现行行业标准《混凝土用水标准》(JGJ 63)的规定。宜使用饮用水及不含油类等杂质的清洁中性水，pH 值宜为 6～8。

(二)稳定土

稳定土的颗粒范围和技术指标宜符合表 6-1 的规定。

(三)水泥稳定土类材料的配合比设计步骤

(1)分别按照表 6-2 所列的五种剂量配制同一土样、不同剂量的混合料。

(2)确定各种混合料的最佳含水量和最大干密度，至少应做 3 个不同水泥剂量混合料的击实试验，即最大剂量、中间剂量和最小剂量。其他两个剂量混合料的最佳含水量和最大干密度用内插法确定。

(3)按照规定压实度，分别计算不同水泥剂量的试件应有的干密度。

(4)按照最佳含水量和计算得到干密度制备试件进行强度试验。平行试验最少试验数量应不小于表 6-3 的规定。如果试验结果的偏差系数大于表 6-3 中规定值，则应重做试验，并找出原因，加以解决。如不能降低偏差系数，则应增加试件数量。

表 6-1　水泥稳定土类的粒料范围及技术指标

项目		通过质量百分率(%)				
		底基层		基层		
		次干路	城市快速路、主干路	次干路	城市快速路、主干路	
筛孔尺寸(mm)	53	100	—	—	—	
	37.5	—	100	100	90～100	—
	31.5	—	—	90～100	—	100
	26.5	—	—	—	66～100	90～100
	19	—	—	67～90	54～100	72～89
	9.5	—	—	45～68	39～100	47～67
	4.75	50～100	50～100	29～50	28～84	29～49
	2.36	—	—	18～38	20～70	17～35
	1.18	—	—	—	14～57	—
	0.60	17～100	17～100	8～22	8～47	8～22
	0.075	0～50	0～30②	0～7	0～30	0～7①
	0.002	0～30	—	—	—	
液限(%)		—	—	—		<28
塑性指数		—	—	—		<9

注：①集料中 0.5 mm 以下细料土有塑性指数时，小于 0.075 mm 的颗粒含量不得超过 5%；细粒土无塑性指数时，小于 0.075 mm 的颗粒含量不得超过 7%。

②当用中粒土、粗粒土作城市快速路、主干路底基层时，颗粒组成范围宜采用作次干路基层的组成。

表 6-2　水泥稳定土类材料试配水泥掺量

土壤、粒料种类	结构部位	水泥掺量(%)				
		1	2	3	4	5
塑性指数<12 的细粒土	基层	5	7	8	9	11
	底基层	4	5	6	7	9
其他细粒土	基层	8	10	12	14	16
	底基层	6	8	9	10	12
中粒土、粗粒土	基层①	3	4	5	6	7
	底基层	3	4	5	6	7

注：①当强度要求较高时，水泥用量可增加 1%。

表6-3　最少试件数量(件)

土壤类别	偏差系数(%)		
	<10	10～15	15～20
细粒土	6	9	—
中粒土	6	9	13
粗粒土	—	9	13

(5)试件应在规定的温度下制作和养护(养生 6 d,浸水 24 h),按照《公路工程无机结合料稳定材料试验规程》(JTGE 51)进行无侧限抗压强度试验。

(6)水泥剂量应根据设计要求强度值选定。试件试验结果的平均抗压强度应符合式(6-1)要求:

$$\overline{R} \geqslant R_d/(1-Z_a C_v) \tag{6-1}$$

式中　R_d——设计抗压强度;

C_v——试验结果的偏差系数(以小数计);

Z_a——标准正态分布表中随保证率(或置信度 α)而改变的系数,城市快速路和城市主干路应取保证率 95%,即 $Z_a=1.645$,其他道路应取保证率 90%,即 $Z_a=1.282$。

(7)当采用厂拌法生产时,水泥掺量应比试验剂量增加 0.5%,水泥最小掺量对粗粒土、中粒土应为 3%,细粒土为 4%。

(8)水泥稳定土料材料 7 d 抗压强度:城市快速路、主干路基层为 3～4 MPa,对底基层为 1.5～2.5 MPa;对其他等级道路,基层为 2.5～3 MPa,底基层为 1.5～2.0 MPa。

(四)注意事项

现在市政道路比较普遍采用的结构层类型是水泥稳定碎石,而水泥稳定碎石往往存在以下问题:

(1)由于工程项目设计强度取值偏高,造成配合比设计中水泥用量偏高,造成基层整体刚度增强,引起基层的裂缝发生。

(2)为了施工便利,改善外观,人为提高细集料用量,容易产生干缩裂缝。目前国内所用石屑大部分为石料破碎过程中表面剥落的棱角、细粉,其中粉尘含量很高,强度很低。这些都容易引起基层开裂,从而形成面层的反射裂缝,影响路面外观和使用寿命。

(3)部分工程施工管理水平落后,水泥稳定碎石混合料从加水搅拌到碾压成型时间过长,甚至超过水泥的终凝时间,严重影响结构层强度。

二、石灰稳定土类基层

石灰稳定土具有材源丰富、适用范围广和施工简便等特点,因而在我国的路面结构中被广泛用作高等级路面的底基层或垫层。在土中掺入石灰材料后,石灰与土之间发生强烈的作用,从而使土的性质发生根本的改变。在初期表现在土的结团、塑性降低,最佳含水量增大和最大干密度减小等;后期变化主要表现在结晶结构的形成,从而板体性、强度及稳定性提高。

在粉碎的或原来松散的土(包括各种粗、中、细粒土)中,掺入足量的石灰和水,经拌和、压实及养生后得到的混合料,统称为石灰稳定土。

用石灰稳定细粒土得到的混合料,简称石灰土。

用石灰稳定粗粒土和中粒土得到的混合料,名称视所用原材料而定。原材料为天然砂砾土时,简称石灰砂砾土。用石灰土稳定碎石土时,简称石灰碎石土。

石灰剂量以石灰质量占全部粗细粒土颗粒的干质量的百分率表示,即石灰剂量=石灰质量/干土质量。

(一)原材料

原材料应符合下列规定:

1. 土

土应符合下列要求:

(1)宜采用塑性指数为10～15的粉质黏土、黏土。

(2)土中的有机物含量宜小于10%。

(3)使用旧路的级配砾石、砂石或杂填土等应先进行试验。级配砾石、砂石等材料的最大粒径不超过分层厚度的60%,且不得大于10 cm。土中欲掺入碎砖等粒料时,粒料掺入含量应经试验确定。

2. 石灰

石灰应符合下列要求:

(1)宜用Ⅰ～Ⅲ级的新灰,石灰的技术指标应符合表6-4的规定。

表6-4　石灰技术指标

<table>
<tr><th colspan="2" rowspan="3">项　目</th><th colspan="3">钙质生石灰</th><th colspan="3">镁质生石灰</th><th colspan="3">钙质消石灰</th><th colspan="3">镁质消石灰</th></tr>
<tr><th colspan="12">等　级</th></tr>
<tr><th>Ⅰ</th><th>Ⅱ</th><th>Ⅲ</th><th>Ⅰ</th><th>Ⅱ</th><th>Ⅲ</th><th>Ⅰ</th><th>Ⅱ</th><th>Ⅲ</th><th>Ⅰ</th><th>Ⅱ</th><th>Ⅲ</th></tr>
<tr><td colspan="2">有效钙加氧化镁含量(%)</td><td>≥85</td><td>≥80</td><td>≥70</td><td>≥80</td><td>≥75</td><td>≥65</td><td>≥65</td><td>≥60</td><td>≥55</td><td>≥60</td><td>≥55</td><td>≥50</td></tr>
<tr><td colspan="2">未消化残渣含量(5 mm圆孔筛的筛余,%)</td><td>≤7</td><td>≤11</td><td>≤17</td><td>≤10</td><td>≤14</td><td>≤20</td><td>—</td><td>—</td><td>—</td><td>—</td><td>—</td><td>—</td></tr>
<tr><td colspan="2">含水量(%)</td><td>—</td><td>—</td><td>—</td><td>—</td><td>—</td><td>—</td><td>≤4</td><td>≤4</td><td>≤4</td><td>≤4</td><td>≤4</td><td>≤4</td></tr>
<tr><td rowspan="2">细度</td><td>0.71 mm方孔筛的筛余(%)</td><td>—</td><td>—</td><td>—</td><td>—</td><td>—</td><td>—</td><td>0</td><td>≤1</td><td>≤1</td><td>0</td><td>≤1</td><td>≤1</td></tr>
<tr><td>0.125 mm方孔筛的筛余(%)</td><td>—</td><td>—</td><td>—</td><td>—</td><td>—</td><td>—</td><td>≤13</td><td>≤20</td><td>—</td><td>≤13</td><td>≤20</td><td>—</td></tr>
<tr><td colspan="2">钙镁石灰的分界限,氧化镁含量(%)</td><td colspan="3">≤5</td><td colspan="3">>5</td><td colspan="3">≤4</td><td colspan="3">>4</td></tr>
</table>

注:硅、铝、镁氧化物含量之和大于5%的生石灰,有效钙加氧化镁含量指标,Ⅰ等≥75%,Ⅱ等≥70%,Ⅲ等≥60%;未消化残渣含量指标均与镁质生石灰指标相同。

(2)磨细生石灰,可不经消解直接使用;块灰应在使用前 2～3 d 完成消解,未能消解的生石灰块应筛除,消解石灰的粒径不得大于 10 mm。

(3)对储存较久或经过雨期的消解石灰应先经过试验,根据活性氧化物的含量决定能否使用和使用办法。

3. 水

水应符合国家现行标准《混凝土用水标准》(JGJ 63)的规定。宜使用饮用水及不含油类等杂质的清洁中性水,pH 值宜为 6～8。

(二)石灰配合比设计

石灰土配合比设计应符合下列规定:

(1)每种土应按 5 种石灰掺量进行试配,试配石灰用量宜按表 6-5 选取。

表 6-5　石灰土试配石灰用量

土壤类别	结构部位	石灰掺量(%)				
		1	2	3	4	5
塑性指数≤12 的黏性土	基层	10	12	13	14	16
	底基层	8	10	11	12	14
塑性指数>12 的黏性土	基层	5	7	9	11	13
	底基层	5	7	8	9	11
砂砾土、碎石土	基层	3	4	5	6	7

(2)确定混合料的最佳含水量和最大干密度,应做最小、中间和最大 3 个石灰剂量混合料的击实试验,其余两个石灰剂量混合料的最佳含水量和最大干密度用内插法确定。

(3)按规定的压实度,分别计算不同石灰剂量的试件应有的干密度。

(4)强度试验的平行试验最少试件数量,不应小于表 6-6 的规定。如试验结果的偏差系数大于表 6-6 中规定值,应重做试验。如不能降低偏差系数,则应增加试件数量。

表 6-6　最少试件数量(件)

土壤类别	偏差系数(%)		
	<10	10～15	15～20
细粒土	6	9	—
中粒土	6	9	13
粗粒土	—	9	13

(5)试件应在规定的温度下制作和养护(养生 6 d,浸水 24 h),按照《公路工程无机结合料稳定材料试验规程》(JTGE 51)进行无侧限抗压强度试验。

(6)石灰剂量应根据设计要求强度值选定。试件试验结果的平均抗压强度应符合式(6-2)要求:

$$\overline{R} \geqslant R_d(1 - Z_a C_v) \tag{6-2}$$

式中　R_d——设计抗压强度；

C_v——试验结果的偏差系数(以小数计)；

Z_a——正态分布表中随保证率(或置信度 α)而改变的系数，城市快速路和城市主干路应取保证率 95%，即 $Z_a=1.645$，其他道路应取保证率 90%，即 $Z_a=1.282$。

(7)实际采用的石灰剂量应比室内试验确定的剂量增加 0.5%～1.0%。采用集中厂拌时可增加 0.5%。

(8)石灰水泥综合稳定土的设计与上述步骤相同。

(三)注意事项

石灰稳定不含黏性土的级配碎石、未筛分碎石和级配砂砾用做高级沥青路面的基层时，应添加黏性土。石灰和所加土的总质量与碎石或砂砾的质量比宜为 1∶4～1∶5，即碎石或砾石在混合料中的质量应不少于 80%。

三、石灰工业废渣类基层

一定数量的石灰和粉煤灰或石灰和煤渣与其他集料相配合，加入适量的水(通常为最佳含水量)，经拌和、压实及养生后得到的混合料，称石灰工业废渣稳定土。

工业废渣包括粉煤灰、煤渣、高炉矿渣、钢渣(已经过崩解达到稳定)等。

石灰粉煤灰稳定土因为其具有良好的力学性能、板块性、水稳性，而在市政道路工程中得到广泛应用。用石灰粉煤灰稳定的细粒土(含砂)、中粒土和粗粒土，视具体情况可简称为二灰土、二灰砂砾、二灰碎石等。

采用二灰土做基层或底基层时，石灰与粉煤灰的比例可用 1∶2～1∶4(对于粉土，以 1∶2 为宜)，石灰粉煤灰与细粒土的比例可以是 30∶70①～90∶10。

注:①*采用此比例时，石灰与粉煤灰之比宜为 1∶2～1∶3。*

采用二灰级配集料做基层时，石灰与粉煤灰的比例可用 1∶2～1∶4，石灰粉煤灰与集料的比宜为 20∶80～15∶85。

(一)原材料

原材料应符合下列规定。

1.石灰

石灰应符合本规范表 6-4 的规定。

2.粉煤灰

粉煤灰应符合下列规定：

(1)粉煤灰化学成分的 SiO_2、Al_2O_3 和 Fe_2O_3 总量宜大于 70%，在温度为 700 ℃的烧失量宜小于或等于 10%。

(2)当烧失量大于 10%时，应经试验确认混合料强度符合要求时，方可采用。

(3)细度应满足 90%通过 0.3 mm 筛孔，70%通过 0.075 mm 筛孔，比表面积宜大于 2 500 cm^2/g。

3.砂砾

砂砾应经破碎、筛分，级配宜符合表 6-7 的规定，破碎砂砾中最大粒径不得大于

37.5 mm。

表 6-7 砂砾、碎石级配

筛孔尺寸(mm)	通过质量百分率(%)			
	级配砂砾		级配碎石	
	次干路及以下道路	城市快速路、主干路	次干路及以下道路	城市快速路、主干路
37.5	100	—	100	—
31.5	85～100	100	90～100	100
19.0	65～85	85～100	72～90	81～98
9.50	50～70	55～75	48～68	52～70
4.75	35～55	39～59	30～50	30～50
2.36	25～45	27～47	18～38	18～38
1.18	17～35	17～35	10～27	10～27
0.60	10～27	10～25	6～20	8～20
0.075	0～15	0～10	0～7	0～7

4. 水

水应符合国家现行标准《混凝土用水标准》(JGJ 63)的规定。宜使用饮用水及不含油类等杂质的清洁中性水,pH 值宜为 6～8。

(二)石灰、粉煤灰、砂砾(碎石)配合比设计步骤

注:此步骤参照《公路路面基层施工技术规范》(JTJ 034—2000)

(1)制备不同比例的石灰粉煤灰混合料(如 10∶90,15∶85,20∶80,25∶75,30∶70,35∶65,40∶60,45∶55 和 50∶50),确定其各自的最佳含水量和最大干密度,确定同一龄期和同一压实度试件的抗压强度,选用强度最大时的石灰粉煤灰比例。

(2)根据上款所得的二灰比例,制备同一种土样的 4～5 种不同配合比的二灰土或二灰级配集料。其配合比宜位于表 6-7 所列范围内。

(3)确定各种二灰土或二灰级配集料的最佳含水量和最大干密度(用重型击实试验法)。

(4)按规定达到的压实度,分别计算不同配合比时二灰土、二灰级配集料试件应有的干密度。

(5)按最佳含水量和计算得的干密度制备试件。进行强度试验时,作为平行试验的试件数量应符合表 6-8 中的规定。如试验结果的偏差系数大于表 6-8 中规定的值,则应重做试验,并找出原因,加以解决。如不能降低偏差系数,则应增加试件数量。

(6)试件在规定温度下保湿养生 6 d,浸水 24 h 后,按《公路工程无机结合料稳定材料试验规程》(JTGE 51)进行无侧限抗压强度试验。

(7)计算试验结果的平均值和偏差系数。

(8)根据设计强度标准，选定混合料的配合比。在此配合比下试件室内试验结果的平均抗压强度 R 应符合式(6-3)的要求：

表 6-8　最少试件数量

土壤类别	偏差系数(%)		
	<10	10～15	15～20
细粒土	6	9	
中粒土	6	9	13
粗粒土		9	13

$$\overline{R} \geqslant R_d(1 - Z_a C_v) \tag{6-3}$$

式中　R_d——设计抗压强度；

C_v——试验结果的偏差系数(以小数计)；

Z_a——标准正态分布表中随保证率(或置信度 α)而改变的系数，城市快速路和城市主干路应取保证率 95%，即 $Z_a = 1.645$，其他道路应取保证率 90%，即 $Z_a = 1.282$。

(9)为提高石灰工业废渣的早期强度，可外加 1%～2%的水泥。

(10)石灰煤渣混合料的设计可参照上述石灰粉煤灰混合料的设计步骤。

(三)注意事项

石灰粉煤灰与粒料之比为 15：85～20：80 时，在混合料中粒料形成骨架，石灰粉煤灰起填充孔隙和胶结作用，这种混合料称密实型二灰粒料。

石灰粉煤灰与粒料之比为 50：50 左右时，在混合料中粒料形不成骨架，集料是悬浮在石灰粉煤灰混合料中，因此常称悬浮型二灰粒料。悬浮型二灰粒料的收缩性大，容易产生干缩裂缝。实践证明，在其他条件相同的情况下，悬浮型二灰粒料基层上沥青面层的裂缝较密实型二灰粒料基层上沥青面层的裂缝多得多。而且悬浮型二灰粒料的抗冲刷性能明显次于密实型。因此，在条件允许的情况下，尽量采用密实型二灰粒料，以保证其上沥青面层有较好的使用性能和延长其使用寿命。

四、级配碎石及级配碎砾石基层

级配碎石(碎砾石)是由几种粒径不同的碎石(碎砾石)和石屑掺配拌制而成混合料，且由于其造价低廉、排水性良好、能有效减少反射裂缝的优点，在道路工程建设中得到广泛的利用。

级配碎石及级配碎砾石材料应符合下列规定：

(1)轧制碎石的材料可为各种类型的岩石(软质岩石除外)、砾石。轧制碎石的砾石粒径应为碎石最大粒径的 3 倍以上，碎石中不得有黏土块、植物根叶、腐殖质等有害物质。

(2)碎石中针片状颗粒的总含量不得超过 20%。

(3)级配碎石及级配碎砾石颗粒范围和技术指标应符合表 6-9 的规定。

(4)级配碎石及级配碎砾石石料的压碎值应符合表6-10的规定。

(5)碎石或碎砾石应为多棱角块体，软弱颗粒含量应小于5%，扁平细长碎石含量应小于20%。

表6-9 级配碎石及级配碎砾石的颗粒范围及技术指标

筛孔尺寸(mm)		通过质量百分率(%)			
		基层		底基层[3]	
		次干路及以下道路	城市快速路、主干路	次干路及以下道路	城市快速路、主干路
筛孔尺寸(mm)	53	—	—	100	—
	37.5	100	—	85～100	100
	31.5	90～100	100	69～88	83～100
	19.0	73～88	85～100	40～65	54～84
	9.5	49～69	52～74	19～43	29～59
	4.75	29～54	29～54	10～30	17～45
	2.36	17～37	17～37	8～25	11～35
	0.6	8～20	8～20	6～18	6～21
	0.075	0～7[2]	0～7[2]	0～10	0～10
液限(%)		＜28	＜28	＜28	＜28
塑性指数		＜6或＜9[1]	＜6或＜9[1]	＜6或＜9[1]	＜6或＜9[1]

注：①表示潮湿多雨地区塑性指数宜小于6，其他地区塑性指数宜小于9；

②表示对于无塑性的混合料，小于0.075 mm的颗粒含量接近高限；

③表示底基层所列为未筛分碎石颗粒组成范围。

表6-10 级配碎石及级配碎砾石压碎值 (%)

项目	压碎值	
	基层	底基层
城市快速路、主干路	＜26	＜30
次干路	＜30	＜35
次干路以下道路	＜35	＜40

五、级配砂砾及级配砾石基层

级配砂砾及级配砾石可作为城市次干路及其以下道路基层。

级配砂砾及级配砾石应符合下列要求：

(1)天然砂砾应质地坚硬，含泥量不得大于砂质量(粒径小于5 mm)的10%，砾石颗粒中细长及扁平颗粒的含量不得超过20%。

(2)级配砾石作次干路及其以下道路底基层时,级配中最大粒径宜小于 53 mm,作基层时最大粒径不得大于 37.5 mm。

(3)级配砂砾及级配砾石的颗粒范围和技术指标宜符合表 6-11 的规定。

表 6-11　级配砂砾及级配砾石的颗粒范围和技术指标

筛孔尺寸(mm)		通过质量百分率(%)		
		基层		底基层
		砾石	砾石	砂砾
筛孔尺寸(mm)	53		100	100
	37.5	100	90～100	80～100
	31.5	90～100	81～94	
	19.0	73～88	63～81	
	9.5	49～69	45～66	40～100
	4.75	29～54	27～51	25～85
	2.36	17～37	16～35	
	0.6	8～20	8～20	8～45
	0.075	0～7②	0～7②	0～15
液限(%)		<28	<28	<28
塑性指数		<6(或 9①)	<6(或 9①)	<9

注:①表示潮湿多雨地区塑性指数宜小于 6,其他地区塑性指数宜小于 9;

②表示对于无塑性的混合料,小于 0.075 mm 的颗粒含量接近高限。

(4)集料压碎值应符合本规范表 6-10 的规定。

第三节　基层配合比设计

基层配合比设计也称基层混合料设计,它是路面设计的重要组成部分。通过材料组成设计,使采用的材料能符合规定的技术要求,使路面路基设计建立在科学和经济合理的基础上。材料组成设计又是施工质量管理的重要内容,施工要达到设计要求就必须进行材料组成设计。通过材料组成设计,能保证实际使用的材料符合规定的技术要求,使铺筑的路面在技术上是可靠的,经济上也是合理的。

以往一些公路和市政道路的路面质量不好,甚至过早破坏,与习惯上不重视基层和底基层材料的组成设计有关。所谓配合比组成设计,是指根据对某种材料规定的技术要求,选择合适的原材料,确定结合料的种类和数量及混合料的最佳含水量。

路面基层配合比设计的选择必须使其:①具有合适的强度和耐久性;②具有小的收缩变形和强抗冲刷能力;③就地取材,便于施工;④技术可行,经济合理。

一、基层配合比设计流程

无机结合料稳定土混合料配合比设计流程，如图 6-1 所示。

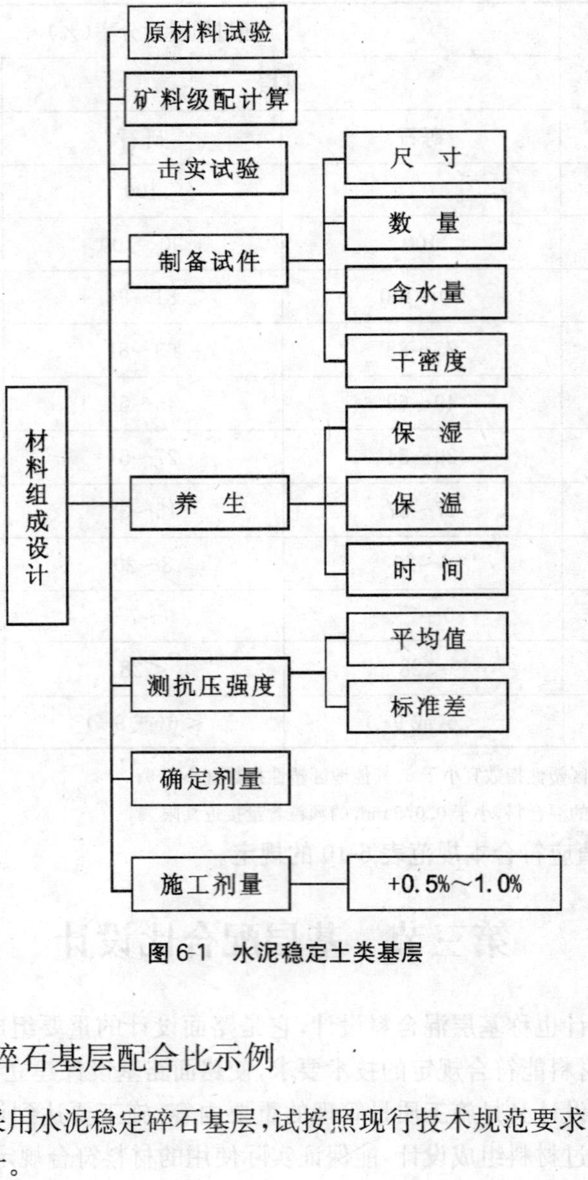

图 6-1　水泥稳定土类基层

二、水泥稳定碎石基层配合比示例

某城市主干道采用水泥稳定碎石基层，试按照现行技术规范要求方法进行水泥稳定碎石混合料配合设计。

(一)设计资料

(1)工程所处地区为暖温带气候，基层水泥稳定碎石 18 cm 厚，设计要求 7 d 无侧限饱水抗压强度为 3.5 MPa，水泥掺量为 4.0%～5.5%，最大不能超过上限。

(2)水泥要求用 32.5 缓凝普通硅酸盐水泥，碎石集料压碎值不大于 30%，碎石集料中小于 0.5 mm 材料的塑性指数小于 9。

(3)施工时混合料采用厂拌，铺筑现场采用摊铺机摊铺，压实度按照 98%控制。

(二)设计步骤

1. 原材料性质检测

基层水泥稳定碎石配合比设计采用原材料为10～30 mm碎石、10～20 mm碎石、5～10 mm碎石、石屑及水泥。其中碎石、石屑产于新乡；水泥为新乡平原同力水泥有限公司生产的P. C32.5水泥。

经检测该水泥、碎石、石屑的技术指标均符合设计文件和相关规范要求。

2. 矿料级配设计

矿料筛分试验结果见表6-12，依据设计文件要求，进行矿料级配设计见图6-2。

表6-12　石料筛分和集料级配合成计算结果

	规格名称	占比(%)	原材料级配(mm)								
			37.5	31.5	26.5	19	9.5	4.75	2.36	0.6	0.075
			通过量百分率(%)								
原材料级配	10～30 mm	30	100	100	91.2	33.0	7.5	2.1	0.3	0.0	0
	10～20 mm	30	100	100	100	93.8	73.3	40.3	6.4	0.1	0
	5～10 mm	15	100	100	100	100	86.0	13.5	1.6	1.0	0.0
	石屑	25	100	100	100	100	100	99.7	87.9	44.1	8.7
合成级配			100.0	100.0	97.4	78.0	62.1	39.7	24.2	11.2	2.2
规范要求级配中值			100	100.0	95.0	80.5	57.0	39.0	26.0	15.0	3.5
规范要求级配下限			100	100	100	89	67	49	35	22	7
规范要求级配上限			100	100	90	72	47	29	17	8	0

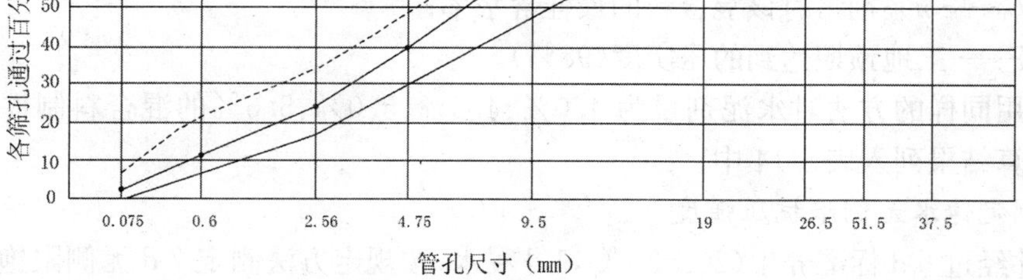

图6-2　级配曲线图

3. 确定水泥剂量掺配范围

依据设计图纸要求，水泥稳定碎石路面基层，设计要求 7 d 无侧限饱水抗压强度为 3.5 MPa，根据经验水泥剂量按 3.5%、4.0%、4.5%、5.0%、5.5%五种比例配制混合料，即水泥比碎石为 3.5∶100、4.0∶100、4.5∶100、5.0∶100、5.5∶100。

4. 确定最大干密度和最佳含水率

首先对三种不同水泥剂量混合料做标准击实试验，即最小剂量(3.5%)、中间剂量(4.5%)和最大剂量(5.5%)，其余两个混合料的最佳含水率和最大干密度按内插法确定，最后得出最大干密度和最佳含水率如表 6-13 所示。

表 6-13　混合料标准击实试验结果

水泥剂量(%)	3.5	4.0	4.5	5.0	5.5
最佳含水率(%)	5.2	5.4	5.6	5.8	5.9
最大干密度(g/cm^3)	2.320	2.321	2.322	2.324	2.326

5. 制作试件

对水泥稳定级配碎石路面基层混合料强度试件制备，按现行无机结合料稳定材料试验规程的规定，采用 Φ150 mm×150 mm 的圆柱体试件，每种水泥剂量按 13 个试件配制，工地压实度按 98%控制，现将制备试件所需的基本参数计算如下：

(1)配制一种水泥剂量一个试件所需的各种材料数量，成型一个试件按 7 000 g 干混合料配制，取水泥和碎石的材料含水率为 0，先计算水泥剂量为 3.5%的各种材料数量：

水泥：7 000×3.5/(100+3.5)=237(g)

集料：7 000×100/(100+3.5)=6 763(g)

需加水量：7 000×5.2%=364(g)

(2)制备一个试件所需混合料的数量：

$$M=V\times\rho_d\times K(1+W_0)$$

$$=1/4\times15\times15\times\pi\times15\times2.320\times98\%\times(1+5.2\%)$$

$$=6\ 340\ (g)$$

式中　M——n%剂量时每个试件所需质量；

V——试模体积(试模尺寸为：Φ150 mm×150 mm)；

ρ_d——n%剂量时该混合料的最大干密度；

W_0——n%剂量时该混合料的最佳含水率；

K——工地预期达到的压实度(98%)。

(3)用同样的方法对水泥剂量为 4.0%、4.5%、5.0%、5.5%的混合料制件参数进行计算，计算结果列入表 6-14 中。

6. 测定饱水无侧限抗压强度

试件经过 6 d 标准养生(20±2) ℃，1 d 浸水，按规定方法测定 7 d 无侧限饱水抗压强度，结果如表 6-15 所示，表中 Z_α 取 1.645 计算。

7. 确定试验室配合比(目标配合比)

通过下列方法确定水泥最佳用量：

比较强度平均值和设计要求值，根据试验结果，水泥剂量为4.0%、4.5%、5.0%、5.5%时，试件强度平均值满足3.5 MPa设计值要求。

表6-14 混合料制件计算结果

水泥剂量(%)	3.5	4.0	4.5	5.0	5.5
水泥(g)	237	269	301	333	365
20～30 mm(g)	2 029	2 019	2 010	2 000	1 991
10～20 mm(g)	2 029	2 019	2 010	2 000	1 991
5～10 mm(g)	1 014	1 010	1 005	1 000	995
石屑(g)	1691	1 683	1 675	1 667	1 659
需加水量(g)	364	378	392	406	413
一个试件所需的质量(g)	6 340	6 355	6v370	6 387	6 399

表6-15 抗压强度试验结果汇总表

水泥剂量(%)	3.5	4.0	4.5	5.0	5.5
强度平均值(MPa)	3.4	4.0	5.1	5.8	6.3
强度标准差σ	0.448	0.362	0.181	0.20	0.346
强度偏差系数C_v(%)	13.2	9.1	3.5	3.4	5.5
$\overline{R}\geqslant R_d/(1-Z_\alpha C_v)$	4.5	4.1	3.7	3.7	3.8
是否满足$\geqslant\overline{R}/(1-Z_\alpha C_v)$	否	否	是	是	是

考虑到试验数据的偏差和施工中的保证率，对水泥剂量4.0%、4.5%、5.0%、5.5%时的数据通过公式$R\geqslant R_d/(1-Z_\alpha C_v)$验算，对城市主干道取95%的保证率，则系数$Z_a=1.645$，通过计算，水泥剂量为4.5%、5.0%、5.5%的强度均能满足设计强度指标要求(验算结果见表6-15)。

以工程经济考虑，4.5%的水泥满足强度指标要求的最少水泥剂量，则试验室配合比为水泥：集料=4.5：100，混合料的最佳含水率为5.6%，最大干密度为2.322 g/cm^3。

8. 确定生产配合比

相对于施工现场情况，对试验室确定的配合比进行调整，根据规范要求，采用集中厂拌法施工时水泥需增加0.5%，拌和时混合料含水率要比试验室最佳含水率大0.5%～1.0%，所以调整后的生产配合比应该是5.0：100，混合料的含水率为6.1%～6.6%(可以根据天气、气温情况取值)，最大干密度为2.322 g/cm^3，施工时压实度按98%控制。

9. 注意事项

本例在配合比设计计算时，对集料的含水量忽略不计。但在工地施工中，集料的含水量不能忽略不计，可以根据具体情况对上述生产配比进行调整，得到最终的施工配合比。

第四节　基层材料检测

本节着重介绍基层材料、混合料的试验检测，如含水量试验、水泥或石灰剂量测定方法、石灰有效氧化钙和氧化镁简易测定方法、无机结合料稳定材料养生试验方法、无机结合料稳定材料无侧限抗压强度试验方法等。

一、含水量试验方法(烘干法)

(一)适用范围

本方法适用于测定水泥、石灰、粉煤灰及无机结合料稳定材料的含水量。

(二)仪器设备

1. 水泥、粉煤灰、生石灰粉、消石灰和消石灰粉、稳定细粒土

(1)烘箱：量程不小于 110 ℃，控温精度为±2 ℃。

(2)铝盒：直径约 50 mm，高 25～30 mm。

(3)电子天平：量程不小于 150 g，感量 0.01 g。

(4)干燥器：直径 200～250 mm，并用硅胶做干燥剂①。

2. 稳定中粒土

(1)烘箱：量程不小于 110 ℃，控温精度为±2 ℃。

(2)铝盒：能放样品 500 g 以上。

(3)电子天平：量程不小于 1 000 g，感量 0.1 g。

(4)干燥器：直径 200～250 mm，并用硅胶做干燥剂①。

3. 稳定粗粒土

(1)烘箱：量程不小于 110 ℃，控温精度为±2 ℃。

(2)大铝盒：能放样品 2 000 g 以上。

(3)电子天平：量程不小于 3 000 g，感量 0.1 g。

(4)干燥器：直径 200～250 mm，并用硅胶做干燥剂①。

(三)试验步骤

1. 水泥、粉煤灰、生石灰粉、消石灰和消石灰粉、稳定细粒土

(1)取清洁干燥的铝盒，称其质量 m_1，并精确至 0.01 g；取约 50 g 试样(对生石灰粉、消石灰和消石灰粉取 100 g)，经手工木锤粉碎后松放在铝盒中，应尽快盖上盒盖，尽量避免水分散失，称其质量 m_2，并精确至 0.01 g。

---

① 用指示硅胶做干燥剂，而不用氯化钙。因为许多黏土烘干后能从氯化钙中吸收水分。

(2)对于水泥稳定材料,将烘箱温度调到 110 ℃;对于其他材料[①],将烘箱调到 105 ℃。待烘箱达到设定的温度后,取下盒盖,并将盛有试样的铝盒放在盒盖上,然后一起放入烘箱中进行烘干,需要的烘干时间随试样种类和试样数量而改变。当冷却试样连续两次称量的差(每次间隔 4 h)不超过原试样质量的 0.1%[②]时,即认为样品已烘干。

(3)烘干后,从烘箱中取出盛有试样的铝盒,并将盒盖盖紧。

(4)将盛有烘干试样的铝盒放入干燥器内冷却[③]。然后称铝盒和烘干试样的质量 m_3,并精确至 0.01 g。

2.稳定中粒土

(1)取清洁干燥的铝盒,称其质量 m_1,并精确至 0.1 g。取 500 g 试样(至少 300 g)经粉碎后松放在铝盒中,盖上盒盖,称其质量 m_2,并精确至 0.1 g。

(2)对于水泥稳定材料,将烘箱温度调到 110 ℃;对于其他材料,将烘箱调到 105 ℃。待烘箱达到设定的温度后,取下盒盖,并将盛有试样的铝盒放在盒盖上,然后一起放入烘箱中进行烘干,需要的烘干时间随土类和试样数量而改变。当冷却试样连续两次称量的差(每次间隔 4 h)不超过原试样质量的 0.1%时,即认为样品已烘干。

(3)烘干后,从烘箱中取出盛有试样的铝盒,并将盒盖盖紧,放置冷却。

(4)称铝盒和烘干试样的质量 m_3,并精确至 0.1 g。

3.稳定粗粒土

(1)取清洁干燥的铝盒,称其质量 m_1,并精确至 0.1 g。取 2 000 g 试样经粉碎后松放在铝盒中,盖上盒盖,称其质量 m_2,并精确至 0.1 g。

(2)对于水泥稳定材料,将烘箱温度调到 110 ℃;对于其他材料,将烘箱调到 105 ℃。待烘箱达到设定的温度后,取下盒盖,并将盛有试样的铝盒放在盒盖上,然后一起放入烘箱中进行烘干,需要的烘干时间随土类和试样数量而改变。当冷却试样连续两次称量的差(每次间隔 4 h)不超过原试样质量的 0.1%时,即认为样品已烘干。

(3)烘干后,从烘箱中取出盛有试样的铝盒,并将盒盖盖紧,放置冷却。

(4)称铝盒和烘干试样的质量 m_3,并精确至 0.1 g。

(四)计算

用式(6-4)计算无机结合料稳定材料的含水量。

$$w=\frac{m_2-m_3}{m_3-m_1}\times 100 \tag{6-4}$$

式中　w——无机结合料稳定材料的含水量(%);

m_1——铝盒的质量,g;

---

① 某些含有石膏的土在烘干时会损失其结晶水,用此方法测定对其含水量有影响。每 1%石膏对含水量的影响约为 0.2%。如果土中有石膏,则试样应该在不超过 80 ℃的温度下烘干,并可能要烘更长的时间。

② 对于大多数土,通常烘干 16～24 h 就足够了。但是,某些土或试样数量过多或试样很潮湿,可能需要烘更长的时间。烘干的时间也与烘箱内试样的总质量、烘箱的尺寸及其通风系统的效率有关。

③ 如铝盒的盖密闭,而且试样在称量前放置时间较短,则可以不放在干燥器中冷却。

m_2——铝盒和湿稳定材料的合计质量,g;

m_3——铝盒和干稳定材料的合计质量,g。

(五)结果整理

本试验应进行两次平行测定,取算术平均值,保留至小数点后两位。允许重复性误差应符合表 6-16 的要求。

表 6-16 含水量测定的允许重复性误差值

含水量(%)	允许误差(%)
≤7	≤0.5
>7,≤40	≤1
>40	≤2

二、石灰有效氧化钙测定方法

(一)适用范围

本方法适用于测定各种石灰的有效氧化钙含量,作为评定路用石灰质量的主要指标。

(二)仪器设备

(1)方孔筛:0.15 mm,1 个。

(2)烘箱:50~250 ℃,1 台。

(3)干燥箱:Φ25 cm,1 个。

(4)称量瓶:Φ30 mm×50 mm。10 个。

(5)瓷研钵:Φ12~13 cm,1 个。

(6)分析天平:量程不小于 50 g,感量 0.000 1 g,1 台。

(7)电子天平:量程不小于 500 g,感量 0.01 g,1 台。

(8)具塞三角瓶:250 mL,20 个。

(9)三角瓶:300 mL,10 个。

(10)容量瓶:250 mL、1 000 mL 各 1 个。

(11)量筒:200 mL、100 mL、50 mL、5 mL,各 1 个。

(12)烧杯:50 mL,5 个;250 mL(或 300 mL),10 个。

(13)棕色广口瓶:60 mL,4 个;250 mL,5 个。

(14)酸滴定管:50 mL,2 支。

(15)大肚移液管:25 mL、50 mL,各 1 支。

(三)试剂

(1)蔗糖(分析纯)。

(2)酚酞指示剂:称取 0.5 g 酚酞溶于 50 mL95%乙醇中。

(3)0.1%甲基橙水溶液:称取 0.05 g 甲基橙溶于 50 mL 蒸馏水(40~50 ℃)中。

(4)盐酸标准溶液(相当于 0.5 mol/L):将 42 mL 浓盐酸(相对密度 1.19)稀释至 1 L,按下述方法标定其摩尔浓度后备用。

称取 0.8～1.0 g(精确至 0.000 1 g)已在 180 ℃烘干 2 h 的碳酸钠(优级纯或基准级)记录为 m，置于 250 mL 三角瓶中，加 100 mL 水使其完全溶解；然后加 2～3 滴 0.1%甲基橙指示剂，记录滴定管中待标定盐酸标准溶液的体积 V_1，用待标定的盐酸标准溶液滴定至碳酸钠溶液由黄色变为橙红色；将溶液加热至微沸，并保持微沸 3 min，然后放在冷水中冷却至室温，如此时橙红色变为黄色，再用盐酸标准溶液滴定，至溶液出现稳定橙红色时为止，记录滴定管中盐酸标准溶液的体积 V_2。V_1、V_2 的差值即为盐酸标准溶液的消耗量 V。

盐酸标准的摩尔浓度按式(6-5)计算。

$$M=m/(V\times 0.053) \tag{6-5}$$

式中　M——盐酸标准溶液的摩尔浓度，mol/L；

m——称取碳酸钠的质量，g；

V——滴定时盐酸标准溶液的消耗量，mL；

0.053——与 1.00 mL 盐酸标准溶液($C(HCl)=1.000$ mol/L)相当的以克表示的无水碳酸钠的质量。

(四)准备试样

(1)生石灰试样：将生石灰样品打碎，使颗粒不大于 1.18 mm。拌和均匀后用四分法缩减至 200 g 左右，放入瓷研钵中研细。再经四分法缩减至 20 g 左右。研磨所得石灰样品，通过 0.15 mm(方孔筛)的筛。从此细样中均匀挑取 10 余 g，置于称量瓶中在 105 ℃烘箱内烘至恒重，储于干燥器中，供试验用。

(2)消石灰试样：将消石灰样品用四分法缩减至 10 余 g。如有大颗粒存在，须在瓷研钵中磨细至无不均匀颗粒存在为止。置于称量瓶中在 105 ℃烘箱内烘至恒重，储于干燥器中，供试验用。

(五)试验步骤

(1)称取约 0.5 g(用减量法称量，精确至 0.000 1 g)试样，记录为 m_1，放入干燥的 250 mL 具塞三角瓶中，取 5 g 蔗糖覆盖在试样表面，投入干玻璃珠 15 粒，迅速加入新煮沸并已冷却的蒸馏水 50 mL，立即加塞震荡 15 min(如有试样结块或粘于瓶壁现象，则应重新取样)。

(2)打开瓶塞，用水冲洗瓶塞及瓶壁，加入 2～3 滴酚酞指示剂，记录滴定管中盐酸标准溶液体积 V_3，用已标定的约 0.5 mol/L 盐酸标准溶液滴定(滴定速度以 2～3 滴/s 为宜)，至溶液的粉红色显著消失并在 30 s 内不再复现即为终点，记录滴定管中盐酸标准溶液的体积 V_4。V_3、V_4 的差值即为盐酸标准溶液的消耗量 V_5。

(六)计算

按式(6-6)计算有效氧化钙的含量：

$$X=(V_5\times M\times 0.028)/m_1\times 100 \tag{6-6}$$

式中　X——有效氧化钙含量(%)；

V_5——滴定时消耗盐酸标准溶液的体积，mL；

0.028——氧化钙毫克当量；

m_1——试样质量，g；

M——盐酸标准溶液的摩尔浓度，mol/L。

（七）结果整理

对同一石灰样品至少应作两个试样和进行两次测定，并取两次结果的平均值代表最终结果。石灰中氧化钙和有效钙含量在30%以下允许重复性误差为0.40，30%～50%的为0.50，大于50%的为0.60。

（八）注意事项

（1）取样时，若是消石灰，用四分法缩至10 g左右研细取得，而不是通过0.15 mm筛取得；

（2）蔗糖要迅速覆盖试样，以防试样被碳化；

（3）加热蒸馏水是为了排除二氧化碳，故冷却后马上进行下一步操作。

另外，在试验检测中要注意石灰的有效钙含量随着其存放时间的增长在减少（尤其是野外露天存放）。

三、石灰氧化镁测定方法

（一）适用范围

本方法适用于测定各种石灰的总氧化镁含量。

（二）仪器设备

同石灰有效氧化钙测定所需仪器。

（三）试剂

（1）1∶10盐酸：将1体积盐酸（相对密度1.19）以10体积蒸馏水稀释。

（2）氢氧化铵 氯化铵缓冲溶液：将67.5 g氯化铵溶于300 mL无二氧化碳蒸馏水中，加浓氢氧化铵（氨水）（相对密度为0.90）570 mL，然后用水稀释至1 000 mL。

（3）酸性铬兰K—萘酚绿B（1∶2.5）混合指示剂：称取0.3 g酸性铬兰K和0.75 g萘酚绿B与50 g已在105 ℃烘干的硝酸钾混合研细，保存于棕色广口瓶中。

（4）EDTA二钠标准溶液：将10 gEDTA二钠溶于40～50 ℃蒸馏水中，待全部溶解并冷却至室温后，用水稀释至1 000 mL。

（5）氧化钙标准溶液：精确称取1.784 8 g在105 ℃烘干（2 h）的碳酸钙（优级纯），置于250 mL烧杯中，盖上表面皿，从杯嘴缓慢滴加1∶10盐酸100 mL，加热溶解，待溶液冷却后，移入1 000 mL的容量瓶中，用新煮沸冷却后的蒸馏水稀释至刻度摇匀。此溶液每毫升的Ca^{2+}含量相当于1 mg氧化钙的Ca^{2+}含量。

（6）20%的氢氧化钠溶液：将20 g氢氧化钠溶于80 mL蒸馏水中。

（7）钙指示剂：将0.2 g钙试剂羧酸钠和20 g已在105 ℃烘干的硫酸钾混合研细，保存于棕色广口瓶中。

（8）10%酒石酸钾钠溶液：将10 g酒石酸钾钠溶于90 mL蒸馏水中。

（9）三乙醇胺（1∶2）溶液：将1体积三乙醇胺以2体积蒸馏水稀释摇匀。

（四）EDTA二钠标准溶液与氧化钙和氧化镁关系的标定

（1）精确吸取V_1=50 mL氧化钙标准溶液放于300 mL三角瓶中，用水稀释至100 mL左右，然后加入钙指示剂约0.2 g，以20%氢氧化钠溶液调整溶液碱度到出现酒红色，再过量加 3～4 mL,然后以 EDTA 二钠标准溶液滴定,至溶液由酒红色变成纯蓝色时为止,记录 EDTA 二钠标准溶液体积。

(2)EDTA 二钠标准溶液对氧化钙的滴定度按式(6-7)计算

$$T_{CaO}=CV_1/V_2 \tag{6-7}$$

式中 T_{CaO}——EDTA 二钠标准溶液对氧化钙的滴定度,即 1 mLEDTA 二钠标准溶液相当于氧化钙的毫克数;

C——1 mL 氧化钙标准溶液含有氧化钙的毫克数,等于 1;

V_1——吸取氧化钙标准溶液的体积,mL;

V_2——消耗 EDTA 二钠标准溶液的体积,mL。

(3)EDTA 二钠标准溶液对氧化镁的滴定度(T_{MgO}),即 1 mL EDTA 二钠标准溶液相当于氧化镁的毫克数,按式(6-8)计算:

$$T_{MgO}=T_{CaO}\times\frac{40.31}{56.08}=0.72T_{CaO} \tag{6-8}$$

(五)试样准备方法

与石灰有效氧化钙测定一致。

(六)试验步骤

(1)称取约 0.5 g(精确至 0.000 1 g)石灰试样,并记录试样质量,放入 250 mL 烧杯中,用水湿润,加 1 : 10 盐酸 30 mL,用表面皿盖住烧杯,加热至微沸,并保持微沸 8～10 min。

(2)用水把表面皿洗净,冷却后把烧杯内的沉淀及溶液移入 250 mL 容量瓶中,加水至刻度摇匀。

(3)待溶液沉淀后,用移液管吸取 25 mL 溶液,放入 250 mL 三角瓶中,加 50 mL 水稀释后,加酒石酸钾钠溶液 1 mL、三乙醇胺溶液 5 mL,再加入铵-铵缓冲溶液 10 mL(此时待测溶液的 pH=10)、酸性铬兰 K-萘酚绿 B 指示剂约 0.1 g。记录滴定管中初始 EDTA 二钠标准溶液体积,用 EDTA 二钠标准溶液滴定,至溶液由酒红色变为纯蓝色时即为终点,记录滴定管中 EDTA 二钠标准溶液的体积 V_6。V_5、V_6 的差值即为滴定钙镁合量的 EDTA 二钠标准溶液的消耗量 V_3。

(4)再从步骤(2)的容量瓶中,用移液管吸取 25 mL 溶液,置于 300 mL 三角瓶中,加水 150 mL 稀释后,加三乙醇胺溶液 5 mL 及 20%氢氧化钠溶液 5 mL(此时待测溶液的 pH≥12),放入约 0.2 g 钙指示剂。记录滴定管中初始 EDTA 二钠标准溶液体积,用 EDTA 二钠标准溶液滴定,至溶液由酒红色变为蓝色即为终点,记录滴定管中 EDTA 二钠标准溶液的体积 V_8。V_7、V_8 的差值即为滴定钙离子的 EDTA 二钠标准溶液的消耗量 V_4。

(七)计算

氧化镁的含量按式(6-9)计算:

$$X=\frac{T_{MgO}(V_3-V_4)\times 10}{m\times 1\,000} \tag{6-9}$$

式中 X——氧化镁的含量(%);

T_{MgO}——EDTA 二钠标准溶液对氧化镁的滴定度；

V_3——滴定钙镁合量消耗 EDTA 二钠标准溶液的体积，mL；

V_4——滴定钙消耗 EDTA 二钠标准溶液的体积，mL；

10——总溶液对分取溶液的体积倍数；

m——试样质量，g。

(八)结果整理

对同一石灰样品至少应做两个试样和进行两次测定，读数精确至 0.1 mL。取两次测定结果平均值代表最终结果。

(九)注意事项

(1)用万分之一天平称取石灰试样时宜用减量法。

(2)一般来说，氧化镁的含量比氧化钙低，V_3、V_4 的差值(滴定终点)很难控制，并且 V_3、V_4 的差值直接影响到氧化镁的含量，因此在试验中应严格做好各步操作。用 EDTA 二钠标准溶液滴定时，V_3 或 V_4 的滴定速度宜为 2～3 滴/s，不宜过快。滴定 V_3 或 V_4 时，有时溶液会由原来的酒红色变蓝色后又复现酒红色，因没有达到滴定终点，此时应继续滴定。其原因是溶液局部浓度过大，造成在滴定未到终点时，指示剂变蓝色，在不到 30 s 内又恢复酒红色。此时应放慢速度，逐滴滴加，并不断摇动三角瓶，使反应充分，仔细观察由红变蓝的瞬间，使反应进行到底，蓝色稳定后再读取 V_3、V_4 的值。

四、石灰有效氧化钙和氧化镁简易测定方法

(一)适用范围

本方法适用于氧化镁含量在 5%以下的低镁石灰。

(二)仪器设备

同石灰有效氧化钙测定所需仪器。

(三)试剂

(1)1 mol/L 盐酸标准溶液：取 83 mL(相对密度 1.19)浓盐酸以蒸馏水稀释至 1 000 mL，按下述方法标定其摩尔浓度后备用。

称取已在 180 ℃烘箱内烘干 2 h 的碳酸钠(优级纯或基准级纯)1.5～2.0 g(精确至 0.000 1 g)，记录为 m_0，置于 250 mL 三角瓶中，加 100 mL 水使其完全溶解；然后加入 2～3 滴 0.1%甲基橙指示剂，记录滴定管中待标定的盐酸标准溶液初始体积 V_1，用待标定的盐酸标准溶液滴定，至碳酸钠溶液由黄色变为橙红色；将溶液加热至微沸，并保持微沸 3 min，然后放在冷水中冷却至室温，如此时橙红色变为黄色，再用盐酸标准液滴定，至溶液出现稳定橙红色时为止，记录滴定管中盐酸标准溶液体积 V_3。V_1、V_2 的差值即为盐酸标准溶液的消耗量 V。

盐酸标准溶液的摩尔浓度按式(6-10)计算。

$$N=m_0/(V\times 0.053) \tag{6-10}$$

式中　N——盐酸标准溶液的摩尔浓度，mol/L；

m_0——称取碳酸钠的质量，g；

V——滴定时消耗盐酸标准溶液的体积，mL；

0.053——与 1.00 mL 盐酸标准溶液（$C(HCl)=1.000$ mol/L）相当的以克表示的无水碳酸钠的质量。

(2)1%酚酞指示剂。

(四)准备试样

(1)生石灰试样：将生石灰样品打碎，使颗粒不大于 1.18 mm。拌和均匀后用四分法缩减至 200 g 左右，放入瓷研钵中研细。再经四分法缩减至 20 g 左右。研磨所得石灰样品通过 0.15 mm(方孔筛)的筛。从此细样中均匀挑取 10 余 g，置于称量瓶中在 105 ℃烘箱烘至恒重，储于干燥器中，供试验用。

(2)消石灰试样：将消石灰样品用四分法缩减至 10 余 g。如有大颗粒存在，须在瓷研钵中磨细至无不均匀颗粒存在为止。置于称量瓶中，在 105 ℃烘箱内烘至恒重，储于干燥器中，供试验用。

(五)试验步骤

(1)迅速称取石灰试样 0.8～1.0 g(精确至 0.000 1 g)放入 300 mL 三角瓶中，记录试样质量 m，加入 150 mL 新煮沸并已冷却的蒸馏水和 10 颗玻璃珠。瓶口上插一短颈漏斗，使用带电阻的电炉加热 5 min(调到最高挡)，但勿使液体沸腾，放入冷水中迅速冷却。

(2)向三角瓶中滴入酚酞指示剂 2 滴，记录滴定管中盐酸标准溶液体积，在不断摇晃下以盐酸标准溶液滴定，控制速度为 2～3 滴/s，至粉红色完全消失，稍停，又出现红色，继续滴入盐酸，如此重复几次，直至 5 min 内不出现红色为止，记录滴定管中盐酸标准溶液体积 V_4。V_3、V_4 的差值即为盐酸标准溶液的消耗量 V_5。如滴定过程持续半小时以上，则结果只能作参考。

(六)计算

有效氧化钙和氧化镁含量按式(6-11)计算：

$$X=\frac{V_5\times N\times 0.028}{m}\times 100 \tag{6-11}$$

式中　X——有效氧化钙和氧化镁的含量(%)；

V_5——滴定消耗盐酸标准溶液的体积，mL；

N——盐酸标准溶液的摩尔浓度，mol/L；

m——样品质量，g；

0.028——氧化钙的毫克当量，因氧化镁含量甚少，并且两者的毫克当量相差不大，故有效氧化钙和氧化镁的毫克当量都以 CaO 的毫克当量计算。

(七)结果整理

(1)读数精确至 0.1 mL。

(2)对同一石灰样品至少应做两个试样和进行两次测定，并取两次测定结果的平均值代表最终结果。

五、水泥或石灰剂量测定方法(EDTA 滴定法)

(一)适用范围

(1)本方法适用于在工地快速测定水泥和石灰稳定材料中水泥和石灰的剂量，并可用于检查现场拌和和摊铺的均匀性。

(2)本方法适用于在水泥终凝之前的水泥含量测定，现场土样的石灰剂量应在路拌后尽快测试，否则需要用相应龄期的 EDTA 二钠标准溶液消耗量的标准曲线确定。

(3)本方法也可以用来测定水泥和石灰综合稳定材料中结合料的剂量。

(二)仪器设备

(1)滴定管(酸式)：50 mL，1 支。

(2)滴定台：1 个。

(3)滴定管夹：1 个。

(4)大肚移液管：10 mL、50 mL，10 支。

(5)锥形瓶(三角瓶)：200 mL，20 支；

(6)烧杯：2 000 mL(或 1 000 mL)，1 只；300 mL，10 只。

(7)容量瓶：1 000 mL，1 个。

(8)搪瓷杯：容量大于 1 200 mL，10 只。

(9)不锈钢棒(或粗玻璃棒)：10 根。

(10)量筒：100 mL 和 5 mL，各 1 只；50 mL，2 只。

(11)棕色广口瓶：60 mL，1 只(装钙红指示剂)。

(12)电子天平：量程不小于 1 500 g，感量 0.01 g。

(13)秒表：1 只。

(14)表面皿：Φ9 cm，10 个。

(15)研钵：Φ12～13 cm，1 个。

(16)洗耳球：1 个。

(17)精密试纸：pH12～14。

(18)聚乙烯桶：20L(装蒸馏水和氯化铵及 EDTA 二钠标准溶液)，3 个；5L(装氢氧化钠)，1 个；5L(大口桶)，10 个。

(19)洗瓶(塑料)：500 mL，1 只。

(三)试剂

(1)0.1 mol/m^3 乙二胺四乙酸二钠(EDTA 二钠)标准溶液(简称 EDTA 二钠标准溶液)：准确称取 EDTA 二钠(分析纯)37.23 g，用 40～50 ℃的无二氧化碳蒸馏水溶解，待全部溶解并冷却至室温后，定容至 1 000 mL。

(2)10%氯化铵(NH_4Cl)溶液：将 500 g 氯化铵(分析纯或化学纯)放在 10 L 的聚乙烯桶内，加蒸馏水 4 500 mL，充分振荡，使氯化铵完全溶解。也可以分批在 1 000 mL 的烧杯内配制，然后倒入塑料桶内摇匀。

(3)1.8%氢氧化钠(内含三乙醇胺)溶液：用电子天平称 18 g 氢氧化钠(NaOH)(分析纯)，放入洁净干燥的 1 000 mL 烧杯中，加 1 000 mL 蒸馏水使其全部溶解，待溶液冷却至室温后，加入 2 mL 三乙醇胺(分析纯)，搅拌均匀后储于塑料桶中。

(4)钙红指示剂：将 0.2 g 钙试剂羧酸钠(分子式 $C_{21}H_{13}N_2NaO_7S$，分子量 460.39)与 20 g 预先在 105 ℃烘箱中烘 1 h 的硫酸钾混合，一起放入研钵中，研成极细粉末，储于棕色广口瓶中，以防吸潮。

(四)准备标准曲线

(1)取样:取工地用石灰和土,风干后用烘干法测其含水量(如为水泥,可假定含水量为0)。

(2)混合料组成的计算。

公式:

$$干料质量=湿料质量/(1+含水量)$$

计算步骤:

①干混合料质量=湿混合料质量/(1+最佳含水量)

②干土质量=干混合料质量/(1+石灰或水泥剂量)

③干石灰或水泥质量=干混合料质量-干土质量

④湿土质量=干土质量×(1+土的风干含水量)

⑤湿石灰质量=干石灰质量×(1+石灰的风干含水量)

⑥石灰土中应加入的水=湿混合料质量-湿土质量-湿石灰质量

(3)准备5种试样,每种两个样品(以水泥稳定材料为例),如为水泥稳定中、粗粒土,每个样品取1 000 g左右(如为细粒土,则可称取300 g左右)准备试验。为了减少中、粗粒土的离散,宜按设计级配单份掺配的方式备料。

5种混合料的水泥剂量应为:水泥剂量为0,最佳水泥剂量左右、最佳水泥剂量±2%和±4%(注:在此,准备标准曲线的水泥剂量可为0、2%、4%、6%、8%。如水泥剂量较高或较低,应保证工地实际所用水泥或石灰的剂量位于标准曲线所用剂量的中间),每种剂量取2个(为湿质量)试样,共10个试样,并分别放在10个大口聚乙烯桶(如为稳定细粒土,可用搪瓷杯或1 000 mL具塞三角瓶;如为粗粒土,可用5L的大口聚乙烯桶)内。土的含水量应等于工地预期达到的最佳含水量,土中所加的水应与工地所用的水相同。

(4)取一个盛有试样的盛样器,在盛样器内加入两倍试样质量(湿料质量)体积的10%氯化铵溶液(如湿料质量为300 g,则氯化铵溶液为600 mL;如湿料质量为1 000 g,则氯化铵溶液为2 000 mL)。湿料为300 g,则搅拌3 min(每分钟搅110~120次);湿料为1 000 g,则搅拌5 min。如用1 000 mL具塞三角瓶,则手握三角瓶(瓶口向上)用力振荡3 min(每分钟120±5次),以代替搅拌棒搅拌。放置沉淀10 min(注:如10 min后得到的是浑浊悬浮液,则应增加放置沉淀时间,直到出现无明显悬浮颗粒的悬浮液为止,并记录所需的时间。以后所有该种水泥(或石灰)稳定材料的试验,均应以同一时间为准),然后将上部清液转移到300 mL烧杯内,搅匀,加盖表面皿待测。

(5)用移液管吸取上层(液面上1~2 cm)悬浮液10.0 mL放入200 mL的三角瓶内,用量管量取1.8%氢氧化钠(内含三乙醇胺)溶液50 mL倒入三角瓶中,此时溶液pH值为12.5~13.0(可用pH12~14精密试纸检验),然后加入钙红指示剂(质量约为0.2 g),摇匀,溶液呈玫瑰红色。记录滴定管中EDTA二钠标准溶液的体积V_1,然后用EDTA二钠标准溶液滴定,边滴定边摇匀,并仔细观察溶液的颜色;在溶液颜色变为紫色时,放慢滴定速度,并摇匀;直到纯蓝色为终点,记录滴定管中EDTA二钠标准溶液的体积V_2(以mL计,读至0.1 mL)。计算V_1-V_2,即为EDTA二钠标准溶液的消耗量。

(6)对其他几个盛样器中的试样,用同样的方法进行试样,并记录各自的EDTA二钠标准溶液的消耗量。

(7)以同一水泥或石灰剂量稳定材料 EDTA 二钠标准溶液消耗量(mL)的平均值为纵坐标，以水泥或石灰剂量(%)为横坐标制图。两者的关系应是一根顺滑的曲线，如图 6-3所示。如素土、水泥或石灰改变，必须重做标准曲线。

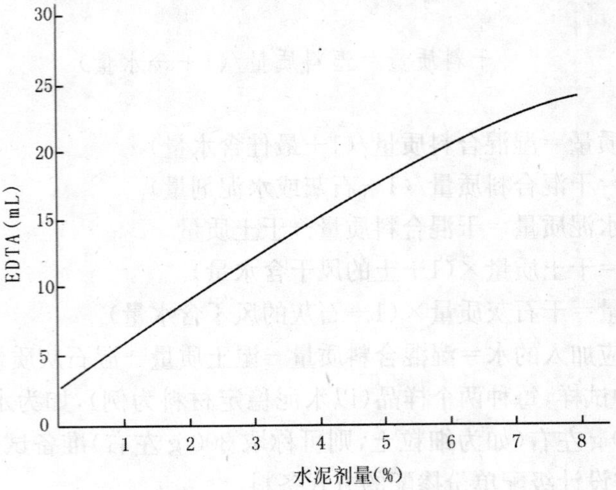

图 6-3　水泥剂量标准曲线

(五)试验步骤

(1)选取有代表性的无机结合料稳定材料，对稳定中、粗粒土取试样约 3 000 g，对稳定细粒土取试样约 1 000 g。

(2)对水泥或石灰稳定细粒土，称 300 g 放在搪瓷杯中，用搅拌棒将结块搅散，加 10% 氯化铵溶液 600 mL；对水泥或石灰稳定中、粗粒土，可直接称取 1 000 g 左右，放入 10% 氯化铵溶液 2 000 mL，然后如前述步骤进行试验。

(3)利用所绘制的标准曲线，根据 EDTA 二钠标准溶液消耗量，确定混合料中的水泥或石灰剂量。

(六)结果整理

本试验应进行两次平行测定，取算术平均值，精确至 0.1 mL。允许重复性误差不得大于均值的 5%；否则，重新进行试验。

(七)注意事项

(1)标准溶液充满滴定管后，应检查管下部是否有气泡。若有气泡，应将其排出。如为酸式滴定管，可将滴定管倾斜一定的角度，迅速转动活塞，使溶液急速流下将气泡带出；如为碱式滴定管，则可将滴定管向上弯曲，并在稍高于玻璃珠所在处用两手指挤压，使溶液从尖嘴口喷出，将气泡带出。

(2)滴定管读数。

由于滴定管读数不准确而引起的误差，是滴定分析误差的主要来源。因此，在滴定前应进行读数练习。滴定管读数前，应将管下端悬挂的液珠除去，读数时遵守读数的三字方针，即“直、平、切”。

“直”即将滴定管从滴定管架上取下，用右手大拇指和食指捏住滴定管上无刻度处，使滴定管保持自然垂直的状态。

“平”即读数时眼睛的视线与溶液弯月面下缘最低点应在同一水平面上。对有色溶液，弯月面不够清晰的，读数时视线应与液面两侧的最高点水平。

“切”即所读数为溶液弯月面下缘切线所对应的刻度。

(3)摇动锥形瓶时要向同一个方向旋转，使溶液既均匀又不会溅出，且没有水的撞击声。滴定过程中，左手不能离开活塞任操作液直流。

(4)只加半滴的操作：小心放出(酸式滴定管)和挤出(碱式滴定管)操作液半滴，提起锥形瓶令其内壁轻轻与滴定管嘴接触，使挂在滴定管嘴的半滴操作液沾在锥形瓶内壁，再用洗瓶将其洗下。

(5)注意观察滴落点附近溶液颜色的变化。滴定开始时速度可稍快，但应是“滴加”而不是流成“水线”。临近终点时滴一滴，摇几下，观察颜色变化情况，直至加半滴乃至1/4滴，溶液的颜色刚好从一种颜色突变为另一种颜色，并一般在1～2 min内不变色，即为终点。

此处要求控制好滴定的各环节。EDTA滴定过程中，溶液的颜色有明显的变化过程，从玫瑰红色变为紫色，并最终变为蓝色。因此要把握好滴定的临界点，切不可直接将溶液滴到纯蓝色，因为在滴定过量时，溶液的颜色始终保持为纯蓝色。如果没有经过临界点，可能已经过量很多。一般来说，在溶液颜色变为紫色后，如水泥剂量较低，1～2滴就能彻底变蓝，如水泥剂量较高，可能需要再多些，因此此时的滴定速度务必放慢，逐滴滴入，并保持摇匀，以免滴定过量。

六、无机结合料稳定材料取样方法

(一)适用范围

本方法适用于无机结合料稳定材料室内试验、配合比设计以及施工过程中的质量抽检等。本方法规范了无机结合料及稳定材料的现场取样操作。

(二)分料

可用下列方法之一将整个样品缩小到每个试验所需材料的合适质量。

1.四分法

(1)需要时应加清水使主样品变湿。充分拌和主样品：在一块清洁、平整、坚硬的表面上将试料堆成一个圆锥体，用铲翻动此锥体并形成一个新锥体，这样重复进行3次。在形成每一个锥体堆时，铲中的料要放在锥顶，使滑到边部的那部分料尽可能分布均匀，使锥体的中心不移动。

(2)将平头铲反复交错垂直插入最后一个锥体的顶部，使锥体顶变平，每次插入后提起铲时不要带有试料。沿两个垂直的直径，将已变成平顶的锥体料堆分成四部分，尽可能使这四部分料的质量相同。

(3)将对角的一对料(如一、三象限为一对，二、四象限为另一对)铲到一边，将剩余的一对料铲到一块。重复上述拌和以及缩小的过程，直到达到要求的试样质量。

2. 分料器法

如果集料中含有粒径 2.36 mm 以下的细料，材料应该是表面干燥的。将材料充分拌和后通过分料器，保留一部分，将另一部分再次通过分料器。这样重复进行，直到将原样品缩小到需要的质量。

(三)料堆取料

在料堆的上部、中部和下部各取一份试样，混合后按四分法分料取样。

(四)试验室分料

(1)目标配合比阶段各种石料应逐级筛分，然后按设定级配进行配料。

(2)生产配合比阶段可采用四分法分料，且取料总质量应大于分料取样后每份质量的 4～8 倍。

(五)施工过程中混合料取样

(1)在进行混合料验证时，宜在摊铺机后取料，且取料应分别来源于 3～4 台不同的料车，然后混合到一起进行四分法取样，进行无侧限抗压强度成型及试验。

(2)在评价施工离散性时，宜在施工现场取料。应在施工现场的不同位置按随机取样原则分别取样品，对于结合料剂量还需要在同一位置的上层和下层分别取样，试样应单独成型。

七、无机结合料稳定材料击实试验方法

(一)适用范围

(1)本方法适用于在规定的试筒内，对水泥稳定材料(在水泥水化前)、石灰稳定材料及石灰(或水泥)粉煤灰稳定材料进行击实试验，以绘制稳定材料的含水量—干密度关系曲线，从而确定其最佳含水量和最大干密度。

(2)试验集料的公称最大粒径宜控制在 37.5 mm 以内(方孔筛)。

(3)试验方法类别。本试验方法分三类，各类击实方法的主要参数列于表 6-17。

表 6-17 试验方法类别表

类别	锤的质量(kg)	锤击面直径(cm)	落高(cm)	试筒尺寸			锤击层数	每层锤击次数	平均单位击实功(J)	容许最大公称粒径(mm)
				内径(cm)	高(cm)	容积(cm^3)				
甲	4.5	5.0	45	10.0	12.7	997	5	27	2.687	19.0
乙	4.5	5.0	45	15.2	12.0	2 177	5	59	2.687	19.0
丙	4.5	5.0	45	15.2	12.0	2 177	5	98	2.677	37.5

(二)仪器设备

(1)击实筒：小型，内径 100 mm、高 127 mm 的金属圆筒，套环高 50 mm，底座；大型，内径 152 mm、高 170 mm 的金属圆筒，套环高 50 mm，直径 151 mm 和高 50 mm 的筒内垫块，底座。

(2)多功能自控电动击实仪：击锤的底面直径 50 mm，总质量 4.5 kg。击锤在导管内的总行程为 450 mm。可设置击实次数，并保证击锤自由垂直落下，落高应为 450 mm，锤

迹均匀分布于试样面。

(3)电子天平:量程 4 000 g,感量 0.01 g。

(4)电子天平:量程 15 kg,感量 0.1 g。

(5)方孔筛:孔径 53 mm、37.5 mm、26.5 mm、19 mm、4.75 mm、2.36 mm 的筛各 1 个。

(6)量筒:50 mL、100 mL 和 500 mL 的量筒各 1 个。

(7)直刮刀:长 200~250 mm、宽 30 mm 和厚 3 mm,一侧开口的直刮刀,用以刮平和修饰粒料大试件的表面。

(8)刮土刀:长 150~200 mm、宽约 20 mm 的刮刀,用以刮平和修饰小试件的表面。

(9)工字形刮平尺:30 mm×50 mm×310 mm,上下两面和侧面均刨平。

(10)拌和工具:约 400 mm×600 mm×70 mm 的长方形金属盘、拌和用平头小铲等。

(11)脱模器。

(12)测定含水量用的铝盒、烘箱等其他用具。

(13)游标卡尺。

(三)试验准备

(1)将具有代表性的风干试料(必要时,也可以在 50 ℃烘箱内烘干)用木锤捣碎或用木碾碾碎。土团均应破碎到能通过 4.75 mm 的筛孔。但应注意不使粒料的单个颗粒破碎或不使其破碎程度超过施工中拌和机械的破碎率。

(2)如试料是细粒土,将已破碎的具有代表性的土过 4.75 mm 筛备用(用甲法或乙法做试验)。

(3)如试料中含有粒径大于 4.75 mm 的颗粒,则先将试料过 19 mm 筛;如存留在 19 mm 筛上的颗粒的含量不超过 10%,则过 26.5 mm 筛,留作备用(用甲法或乙法做试验)。

(4)如试料中粒径大于 19 mm 的颗粒含量超过 10%,则将试料过 37.5 mm 筛;如果存留在 37.5 mm 筛上的颗粒的含量不超过 10%,则过 53 mm 的筛备用(用丙法试验)。

(5)每次筛分后,均应记录超尺寸颗粒的百分率 P。

(6)在预定做击实试验的前一天,取有代表性的试料测定其风干含水量。对于细粒土,试样应不少于 100 g;对于中粒土,试样应不少于 1 000 g;对于粗粒土的各种集料,试样应不少于 2 000 g。

(7)在试验前用游标卡尺准确测量试模的内径、高和垫块的厚度,以计算试筒的容积。

(四)试验步骤

1.准备工作

在试验前应将试验所需要的各种仪器设备准备齐全,测量设备应满足精度要求;调试击实仪器,检查其运转是否正常。

2.甲法

(1)将已筛分的试样用四分法逐次分小,至最后取出 10~15 kg 试料。再用四分法将已取出的试料分成 5~6 份,每份试料的干质量为 2.0 kg(对于细粒土)或 2.5 kg(对于各种中粒土)。

(2)预定 5~6 个不同含水量,依次相差 0.5%~1.5%(对于中、粗粒土,在最佳含水量附近取 0.5%，其余取 1%。对于细粒土，取 1%，但对于黏土，特别是重黏土，可能需要取 2%），且其中至少有两个大于和两个小于最佳含水量。

(3)按预定含水量制备试样。将 1 份试料平铺于金属盘内，将事先计算得的该份试料中应加的水量均匀地喷洒在试料上，用小铲将试料充分拌和到均匀状态（如为石灰稳定材料、石灰粉煤灰综合稳定材料、水泥粉煤灰综合稳定材料和水泥、石灰综合稳定材料，可将石灰、粉煤灰和试料一起拌匀），然后装入密闭容器或塑料口袋内浸润备用。

浸润时间要求：黏质土 12～24 h，粉质土 6～8 h，砂类土、砂砾土、红土砂砾、级配砂砾等可以缩短到 4 h 左右，含土很少的未筛分碎石、砂砾和砂可缩短到 2 h。浸润时间一般不超过 24 h。

应加水量可按式(6-12)计算：

$$m_w=\left(\frac{m_n}{1+0.01w_n}+\frac{m_c}{1+0.01w_c}\right)\times 0.01w-\frac{m_n}{1+0.01w_n}\times 0.01w_n-\frac{m_c}{1+0.01w_c}\times 0.01w_c \tag{6-12}$$

式中　m_w——混合料中应加的水量，g；

m_n——混合料中素土（或集料）的质量，g，其原始含水量为 w_n，即风干含水量（%）；

m_c——混合料中水泥或石灰的质量，g，其原始含水量为 w_c（%）；

w——要求达到的混合料的含水量（%）。

(4)将所需要的稳定剂水泥加到浸润后的试样中，并用小铲、泥刀或其他工具充分拌和到均匀状态。水泥应在土样击实前逐个加入。加有水泥的试样拌和后，应在 1 h 内完成下述击实试验。拌和后超过 1 h 的试样，应予作废（石灰稳定材料和石灰粉煤灰稳定材料除外）。

(5)试筒套环与击实底板应紧密联结。将击实筒放在坚实地面上，用四分法取制备好的试样 400～500 g（其量应使击实后的试样等于或略高于筒高的 1/5）倒入筒内，整平其表面并稍加压紧，然后将其安装到多功能自控电动击实仪上，设定所需锤击次数，进行第 1 层试样的击实。第 1 层击实完后，检查该层高度是否合适，以便调整以后几层的试样用量。用刮土刀或螺丝刀将已击实层的表面“拉毛”，然后重复上述做法，进行其余 4 层试样的击实。最后一层试样击实后，试样超出筒顶的高度不得大于 6 mm，超出高度过大的试件应该作废。

(6)用刮土刀沿套环内壁削挖（使试样与套环脱离）后，扭动并取下套环。齐筒顶细心刮平试样，并拆除底板。如试样底面略突出筒外或有孔洞，则应细心刮平或修补。最后用工字形刮平尺齐筒顶和筒底将试样刮平。擦净试筒的外壁，称其质量 m_1。

(7)用脱模器推出筒内试样。从试样内部从上至下取两个有代表性的样品（可将脱出试件用锤打碎后，用四分法采取），测定其含水量，计算至 0.1%。两个试样的含水量的差值不得大于 1%。所取样品的数量见表 6-18 只取一个样品测定含水量，则样品的质量应为表列数值的 2 倍。擦净试筒，称其质量 m_2。

烘箱的温度应事先调整到 110 ℃左右，以使放入的试样能立即在 105～110 ℃的温度下烘干。

(8)按甲法(3)～(7)的步骤进行其余含水量下稳定材料的击实和测定工作。凡已用过的试样,一律不再重复使用。

表 6-18　材料含水量的样品质量

公称最大粒径(mm)	样品质量(g)
2.36	约 50
19	约 300
37.5	约 1 000

3. 乙法

在缺乏内径 10 cm 的试筒时,以及在需要与承载比等试验结合起来进行时,采用乙法进行击实试验。本法更适宜于公称最大粒径达 19 mm 的集料。

(1)将已过筛的试料用四分法逐次分小,至最后取出约 30 kg 试料。再用四分法将所取的试料分成 5～6 份,每份试料的干质量约为 4.4 kg(细粒土)或 5.5 kg(中粒土)。

(2)以下各步的做法与甲法(2)～(8)相同,但应该先将垫块放入筒内底板上,然后加料并击实。所不同的是,每层需取制备好的试样约 900 g(对于水泥或石灰稳定细粒土)或 1 100 g(对于稳定中粒土),每层的锤击次数为 59 次。

4. 丙法

(1)将已过筛的试料用四分法逐次分小,至最后取约 33 kg 试料。再用四分法将所取的试料分成 6 份(至少要 5 份),每份质量约 5.5 kg(风干质量)。

(2)预定 5～6 个不同含水量,依次相差 0.5%～1.5%。在估计最佳含水量左右可只差 0.5%～1%①。

注:①对于水泥稳定类材料,在最佳含水量附近取 0.5%;对于石灰、二灰稳定类材料,根据具体情况在最佳含水量附近取 1%。

(3)同甲法(3)。

(4)同甲法(4)。

(5)将试筒、套环与夯击底板紧密地联结在一起,并将垫块放在筒内底板上。击实筒应放在坚实地面上,取制备好的试样 1.8 kg 左右(其量应使击实后的试样略高于(高出 1～2 mm)筒高的 1/3)倒入筒内,整平其表面,并稍加压紧。然后将其安装到多功能自控电动击实仪上,设定所需锤击次数,进行第 1 层试样的击实。第 1 层击实完后检查该层的高度是否合适,以便调整以后两层的试样用量。用刮土刀或螺丝刀将已击实的表面"拉毛",然后重复上述做法,进行其余两试样的击实。最后一层试样击实后,试样超出试筒顶的高度不得大于 6 mm。超出高度过大的试件应该作废。

(6)用刮土刀沿套环内壁削挖(使试样与套环脱离),扭动并取下套环。齐筒顶细心刮平试样,并拆除底板,取走垫块。擦净试筒的外壁,称其质量 m_1。

(7)用脱模器推出筒内试样。从试样内部由上至下取两个有代表性的样品(可将脱出试件用锤打碎后,用四分法采取),测定其含水量,计算至 0.1%。两个试样的含水量的差值不得大于1%。所取样品的数量应不少于700 g，如只取一个样品测定含水量，则样品的数量应不少于1 400 g。烘箱的温度应事先调整到110 ℃左右，以使放入的试样能立即在105～110 ℃的温度下烘干。擦净试筒，称其质量m_2。

(8)按丙法(3)～(7)进行其余含水量下稳定材料的击实和测定。凡已用过的试料，一律不再重复使用。

5. 计算

1)稳定材料湿密度计算

按式(6-13)计算每次击实后稳定材料的湿密度：

$$\rho_w=\frac{m_1-m_2}{V} \tag{6-13}$$

式中　ρ_w——稳定材料的湿密度，g/cm^3；

m_1——试筒与湿试样的总质量，g；

m_2——试筒的质量，g；

V——试筒的容积，cm^3。

2)稳定材料干密度计算

按式(6-14)计算每次击实后稳定材料的干密度：

$$\rho_d=\frac{\rho_w}{1+0.01w} \tag{6-14}$$

式中　ρ_d——试样的干密度，g/cm^3；

w——试样的含水量(%)。

3)制图

(1)以干密度为纵坐标、含水量为横坐标，绘制含水量-干密度曲线。曲线必须为凸形的，如试验点不足以连成完整的凸形曲线，则应该进行补充试验。

(2)将试验各点采用二次曲线方法拟合曲线，曲线的峰值点对应的含水量及干密度即为最佳含水量和最大干密度。

4)超尺寸颗粒的校正

当试样中大于规定最大粒径的超尺寸颗粒的含量为5%～30%时，按下列各式对试验所得最大干密度和最佳含水量进行校正(超尺寸颗粒的含量小于5%时，可以不进行校正)①。

(1)最大干密度按式(6-15)计算：

$$\rho'_{dm}=\rho_{dm}(1-0.01p)+0.9\times0.01pG'_a \tag{6-15}$$

式中　ρ'_{dm}——校正后的最大干密度，g/cm^3；

ρ_{dm}——试验所得的最大干密度，g/cm^3；

p——试样中超尺寸颗粒的百分率(%)；

G'_a——超尺寸颗粒的毛体积相对密度。

(2)最佳含水量按式(6-16)计算

---

① 超尺寸颗粒的含量少于5%时，它对最大干密度的影响位于平行试验的误差范围内。

$$w'_0 = w_0(1-0.1p)+0.01pw_a \tag{6-16}$$

式中 w'_0——校正后的最佳含水量(%);

w_0——试验所得的最佳含水量(%);

p——试样中超尺寸颗粒的百分率(%);

w_a——超尺寸颗粒的吸水量(%)。

6.结果整理

(1)应做两次平行试验,取两次试验的平均值作为最大干密度和最佳含水量。两次重复性试验最大干密度的差不应超过 0.05 g/cm^3(稳定细粒土)和 0.08 g/cm^3(稳定中粒土和粗粒土),最佳含水量的差不应超过 0.5%(最佳含水量小于 10%)和 1.0%(最佳含水量大于 10%)。超过上述规定值,应重做试验,直到满足精度要求。

(2)混合料密度计算应保留小数点后 3 位有效数字,含水量应保留小数点后 1 位有效数字。

7.注意事项

(1)预定含水量的确定,对于细粒土,可参照其塑限估计素土的最佳含水量。一般其最佳含水量较塑限小 3%~10%,对于砂类土较塑限值小 3%,对于黏质土较塑限值小 6%~10%。天然砂砾土、级配集料等的最佳含水量与集料中细土的含量和塑性指数有关,一般在 5%~12%范围内。对于细土少的、塑性指数为 0 的未筛分碎石,其最佳含水量接近 5%。对于细土偏多的、塑性指数较大的砂砾土,其最佳含水量在 10%左右。

(2)水泥遇水就要开始水化作用。从加水拌和到进行击实试验间隔的时间愈长,水泥的水化作用和结硬程度就愈大。它会影响水泥混合料所能达到的密实度,间隔时间愈长,影响愈大。例如,一种水泥砂砾混合料加水拌和后立即进行击实试验,得其干密度为 2.37 g/cm^3;拌和后间隔 1 h 进行同样的击实试验,得干密度为 2.30 g/cm^3;间隔 4 h,所得干密度为 2.18 g/cm^3;间隔 8 h,所得干密度只有 2.10 g/cm^3。间隔时间从 1~8 h,所得干密度分别只有无间隔时间的 97%、92%、89%。因此,加有水泥的试样拌和后应在 1 h 内完成击实试验。据施工经验,石灰土(特别是稳定黏土类土)击实最大干密度在 7 d 以内其数值是逐渐减小的,因此应注意击实试验的时间。

(3)不管是采用直径 10 cm 还是直径 15 cm 的试筒,击实所用的锤都是锤击面直径为 5 cm。对于直径 10 cm 的试筒,应在筒内沿筒壁转圈击实。对于直径 15 cm 的试筒,在筒内沿壁锤击一圈(约 6 次)后应到筒中心锤击一次,然后再沿筒壁锤击一圈并在筒中心锤击一次,如此反复进行,直到要求的总次数。采用符合要求的电动击实仪,能严格保持上述条件。手工击实时,还应注意保持击锤自由垂直落下和每次落高均为 45 cm。

八、无机结合料稳定材料试件制作方法(圆柱形)

(一)适用范围

本方法适用于无机结合料稳定材料的无侧限抗压强度、间接抗拉强度、室内抗压回弹模量、动态模量、劈裂模量等试验的圆柱形试件。

(二)仪器设备

(1)方孔筛:孔径 53 mm、37.5 mm、31.5 mm、26.5 mm、4.75 mm 和 2.36 mm 的筛各

1个。

(2)试模:细粒土,试模的直径×高=Φ50 mm×50 mm;中粒土,试模的直径×高=Φ100 mm×100 mm;粗粒土,试模的直径×高=Φ150 mm×150 mm。

(3)电动脱模器。

(4)反力架:反力为400 kN以上。

(5)液压千斤顶:200～1 000 kN。

(6)钢板尺:量程200 mm或300 mm,最小刻度1 mm。

(7)游标卡尺:量程200 mm或300 mm。

(8)电子天平:量程15 kg,感量0.1 g;量程4 000 g,感量0.01 g。

(9)压力试验机:可替代千斤顶和反力架,量程不小于2 000 kN,行程、速度可调。

(三)试验准备

(1)试件的径高比一般为1∶1,根据需要也可成型1∶1.5或1∶2的试件(见图6-4)。试件的成型根据需要的压实度水平,按照体积标准,采用静力压实法制备。

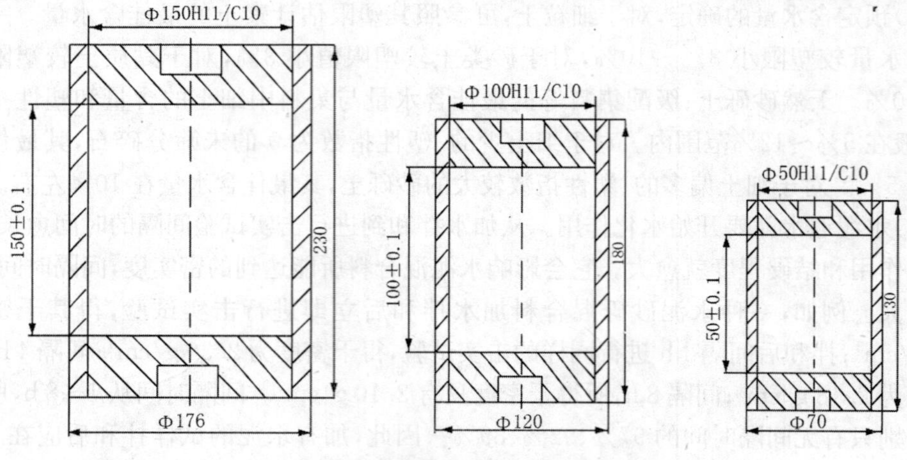

图6-4 圆柱形试件和垫块设计尺寸

(2)将具有代表性的风干试料(必要时,可以在50 ℃烘箱内烘干),用木锤捣碎或用木碾碾碎,但应避免破坏粒料的原粒径。按照公称最大粒径的大一级筛,将土过筛进行分类。

(3)在预定做试验的前一天,取有代表性的试料测定其风干含水量。对于细粒土,试样应不少于100 g;对于中粒土,试样应不少于1 000 g;对于粗粒土,试样应不少于2 000 g。

(4)确定无机结合料稳定材料的最佳含水量和最大干密度。

(5)根据击实结果,称取一定质量的风干土,其质量随试件大小而变。对Φ50 mm×50 mm的试件,1个试件需要干土180～210 g;对于Φ100 mm×100 mm的试件,1个试件约需干土1 700～1 900 g;对于Φ150 mm×150 mm的试件,1个试件需干±5 700～6 000 g。

对于细粒土,一次可称取6个试件的土;对于中粒土,一次宜称取一个试件的土;对于粗粒土,一次只称取一个试件的土。

(6)将准备好的试料分别装入塑料袋中备用。

(四)试验步骤

(1)调试成型所需要的各种设备,检查是否运行正常;将成型用的模具擦拭干净,并涂抹机油。成型中、粗粒土时,试模筒的数量应与每组试件的个数相配套。上下垫块应与试模筒相配套,上下垫块能够刚好放入试筒内上下自由移动(一般来说,上下垫块直径比试筒内径小约 0.2 mm)且上下垫块完全放入试筒后,试筒内未被上下垫块占用的空间体积能满足径高比为 1∶1 的设计要求。

(2)对于无机结合料稳定细粒土,至少应该制备 6 个试件;对于无机结合料稳定中粒土和粗粒土,至少应该分别制备 9 个和 13 个试件。

(3)根据击实结果和无机结合料的配合比按下式计算每份料的加水量、无机结合料的质量。

应加水量按式(6-17)计算:

$$m_w=\left(\frac{m_n}{1+0.01w_n}+\frac{m_c}{1+0.01w_c}\right)\times 0.01w-\frac{m_n}{1+0.01w_n}\times 0.01w_n-\frac{m_c}{1+0.01w_c}\times 0.01w_c \tag{6-17}$$

式中 m_w——混合料中应加的水量,g;

m_n——混合料中素土(或集料)的质量,g,其含水量为 w_n(风干含水量)(%);

m_c——混合料中水泥或石灰的质量,g,其原始含水量为 w_c(%)(水泥的 w_c 通常很小,也可以忽略不计);

W——要求达到混合料的含水量(%)。

(4)将称好的土放在长方盘(约 400 mm×600 mm×70 mm)内。向土中加水拌料、闷料。石灰稳定材料、水泥和石灰综合稳定材料、石灰粉煤灰综合稳定材料、水泥粉煤灰综合稳定材料,可将石灰或粉煤灰和土一起拌和,将拌和均匀后的试料放在密闭容器或塑料袋(封口)内浸润备用。

对于细粒土(特别是黏性土),浸润时的含水量应比最佳含水量小 3%;对于中粒土和粗粒土,可按最佳含水量加水;对于水泥稳定类材料,加水量应比最佳含水量小 1%～2%。

浸润时间要求为:黏质土 12～24 h,粉质土 6～8 h,砂类土、砂砾土、红土砂砾、级配砂砾等可以缩短到 4 h 左右,含土很少的未筛分碎石、砂砾及砂可以缩短到 2 h。浸润时间一般不超过 24 h。

(5)在试件成型前 1 h 内,加入预定数量的水泥并拌和均匀。在拌和过程中,应将预留的水(对于细粒土为 3%,对于水泥稳定类为 1%～2%)加入土中,使混合料达到最佳含水量。拌和均匀的加有水泥的混合料应在 1 h 内按下述方法制成试件,超过 1 h 的混合料应该作废。其他结合料稳定材料,混合料虽不受此限,但也应尽快制成试件。

(6)用反力架和液压千斤顶,或采用压力试验机制件。

将试模配套的下垫块放入试模下部,但外露 2 cm 左右。将称量的规定数量 m_2 的稳定材料混合料分 2～3 次灌入试模中,每次灌入后用夯棒轻轻均匀插实。如制取 Φ50 mm×50 mm 的小试件,则可以将混合料一次倒入试模中,然后将与试模配套的上垫块放入试模内，也应使其外露 2 cm 左右(即上、下垫块露出试模外的部分应该相等)。

(7)将整个试模(连同上、下垫块)放到反力架内的千斤顶上(千斤顶下应放一扁球座)或压力机上，以 1 mm/min 的加载速率加压，直到上下压柱都压入试模为止。维持压力 2 min。

(8)解除压力后，取下试模，并放到脱模器上将试件顶出。用水泥稳定有黏结性的材料(如黏质土)时，制件后可以立即脱模；用水泥稳定无黏结性细粒土时，最好过 2～4 h 再脱模；对于中、粗粒土的无机结合料稳定材料，也最好过 2～6 h 脱模。

(9)在脱模器上取试件时，应用双手抱住试件侧面的中下部，然后沿水平方向轻轻旋转，待感觉到试件移动后，再将试件轻轻抱起，放置到试验台上。切勿直接将试件向上拔起。

(10)称试件的质量 m_2，小试件精确至 0.01 g，中试件精确至 0.01 g，大试件精确至 0.1 g。然后用游标卡尺测量试件的高度 h，精确至 0.1 mm。检查试件的高度和质量，不满足成型标准的试件作为废件。

(11)试件称量后应立即放在塑料袋中封闭，并用潮湿的毛巾覆盖，移放至养生室。

(五)计算

单个试件的标准质量：

$$m_0=V\times\rho_{max}\times(1+w_{opt})\times\gamma \tag{6-18}$$

考虑到试件成型过程中的质量损耗，实际操作过程每个试件的质量可增加 0～2%，即

$$m'_0=m_0\times(1+\delta) \tag{6-19}$$

每个试件的干料(包括干土和无机结合料)总质量：

$$m_1=\frac{m'_0}{1+w_{opt}} \tag{6-20}$$

每个试件中的无机结合料质量：

外掺法
$$m_2=m_1\times\frac{\alpha}{1+\alpha} \tag{6-21}$$

内掺法
$$m_2=m_1\times\alpha \tag{6-22}$$

每个试件中的干土质量：

$$m_3=m_1-m_2 \tag{6-23}$$

每个试件中的加水量：

$$m_w=(m_2+m_3)\times w_{opt} \tag{6-24}$$

验算：

$$m'_0=m_2+m_3+m_w \tag{6-25}$$

式中 V——试件体积，cm^3；

W_{opt}——混合料最佳含水量(%)；

ρ_{max}——混合料最大干密度，g/cm^3；

γ——混合料压实度标准(%)；

m'_0、m_0——混合料质量，g；

m_1——干混合料质量，g；

m_2——无机结合料质量，g；

m_3——干土质量，g；

δ——计算混合料质量的冗余量(%)；

α——无机结合料的掺量(%)；

m_w——加水质量，g。

（六）结果整理

（1）小试件的高度误差范围应为－0.1～0.1 cm，中试件的高度误差范围应为－0.1～0.15 cm，大试件的高度误差范围应为－0.1～0.2 cm。

（2）质量损失：小试件应不超过标准质量 5 g，中试件应不超过 25 g，大试件应不超过 50 g。

（七）注意事项

市政工程中使用的石灰有两种，一种是用块灰自行消解的消石灰粉（通常过 2 mm 的筛），另一种是袋装生石灰粉。试验时采用的石灰应与施工现场所用石灰相同。在采用生石灰粉时，必须与土拌和后一起进行浸润，而且浸润时间不应少于 3 h，使生石灰粉能充分消解；否则，试件在养生过程中易由于生石灰粉膨胀而损坏。

九、无机结合料稳定材料养生试验方法

（一）适用范围

（1）本方法适用水泥稳定材料类和石灰、二灰稳定材料类的养生。

（2）标准养生方法是指无机结合料稳定类材料在规定的标准温度和湿度环境下强度增长的过程。快速养生是为了提高试验效率，采用提高养生温度缩短养护时间的养生方法。

（二）仪器设备

（1）标准养护室：标准养护室温度 20 ℃±2 ℃，相对湿度在 95%以上。

（2）高温养护室：能保持试件养生温度 60 ℃±1 ℃，相对湿度 95%以上。容积能满足试验要求。

（三）试验步骤

1.标准养生方法

（1）试件从试模内脱出并量高称质量后，中试件和大试件应装入塑料袋内。试件装入塑料袋后，将袋内的空气排除干净，扎紧袋口，将包好的试件放入养护室。

（2）标准养生的温度为 20 ℃±2 ℃，标准养生的湿度为≥95%。试件宜放在铁架或木架上，间距至少 10～20 mm。试件表面应保持一层水膜，并避免用水直接冲淋。

（3）对无侧限抗压强度试验，标准养生龄期是 7 d，最后一天浸水。对弯拉强度、间接抗拉强度，水泥稳定材料类的标准养生龄期是 90 d，石灰稳定材料类的标准养生龄期是 180 d。

（4）在养生期的最后一天，将试件取出，观察试件的边角有无磨损和缺块，并量高称质量，然后将试件浸泡于 20 ℃±2 ℃水中，应使水面在试件顶上约 2.5 cm。

2.快速养生方法

1)快速养生龄期的确定

(1)将一组无机结合料稳定材料,在标准养生条件下(20 ℃±2 ℃,湿度≥95%)养生180 d(石灰稳定类材料养生 180 d,水泥稳定类材料养生 90 d)测试抗压强度值。

(2)将同样的一组无机结合料稳定材料,在高温养生条件下(60 ℃±1 ℃,湿度≥95%)下养生 7 d、14 d、21 d、28 d 等,进行不同龄期的抗压强度试验,建立高温养生条件下强度—龄期的相关关系。

(3)在强度一龄期关系曲线上,找出标准养生龄期强度对应的高温养生的短龄期。并以此作为快速养生的龄期。

2)快速养生试验步骤

(1)将高温养护室的温度调至规定的温度 60 ℃±1 ℃,湿度也保持在 95%以上,并能自动控温控湿。

(2)将制备的试件量高称质量后,小心装入塑料袋内。试件装入塑料袋后,将袋内的空气排除干净,并将袋口扎紧,将包好的试件放入养护箱中。

(3)养生期的最后一天,将试件从高温养护室内取出,晾至室温(约 2 h),再打开塑料袋取出试件,观察试件有无缺损,量高称质量后,浸入 20 ℃±2 ℃恒温水槽中,水面高出试件顶 2.5 cm。浸水 24 h 后,取出试件,用软布擦去可见自由水,称质量、量高后,立即进行相关的试验。

(四)结果整理

(1)如养生期间有明显的边角缺损,试件应该作废。

(2)对养生 7 d 的试件,在养生期间,试件质量损失应符合下列规定:小试件不超过 1 g,中试件不超过 4 g,大试件不超过 10 g。质量损失超过此规定的试件,应予作废。

(3)对养生 90 d 和 180 d 的试件,在养生期间,试件质量的损失应符合下列规定:小试件不超过 1 g,中试件不超过 10 g,大试件不超过 20 g,质量损失超过此规定的试件,应予作废。

十、无机结合料稳定材料无侧限抗压强度试验方法

(一)适用范围

本方法适用于测定无机结合料稳定材料(包括稳定细粒土、中粒土和粗粒土)试件的无侧限抗压强度。

(二)仪器设备

(1)标准养护室。

(2)水槽:深度应大于试件高度 50 mm。

(3)压力或万能试验机(也可以用路面强度试验仪和测力环):

压力机应符合现行《液压式压力试验机》(GB/T 3722)及《试验机通用技术要求》(GB/T 2611)中的要求,其测量精度为±1%,同时应具有加载速率指示装置或加载速率控制装置。上下压板平整并有足够刚度,可以均匀地连续加载卸载,可以保持固定荷载。开机停机均灵活自如,能够满足试件吨位要求,且压力机加载速率可以有效控制在

1 mm/min。

(4)电子天平:量程 15 kg,感量 0.1 g;量程 4 000 g,感量 0.01 g。

(5)量筒、拌和工具、大小铝盒、烘箱等。

(6)球形支座。

(7)机油:若干。

(三)试件制备和养护

(1)细粒土,试模的直径×高=Φ50 mm×50 mm;中粒土,试模的直径×高=Φ100 mm×100 mm;粗粒土,试模的直径×高=Φ150 mm×150 mm。

(2)按照规程规定成型方法成型径高比为 1∶1 的圆柱形试件。

(3)按照规程规定的标准养生方法进行 7 d 的标准养生。

(4)将试件两顶面用刮刀刮平,必要时可用快凝水泥砂浆抹平试件顶面。

(5)为保证试验结果的可靠性和准确性,每组试件的数目要求为:小试件不少于 6 个,中试件不少于 9 个,大试件不少于 13 个。

(四)试验步骤

(1)根据试验材料的类型和一般的工程经验,选择合适量程的测力计和压力机,试件破坏荷载应大于测力量程的 20%且小于测力量程的 80%。球形支座和上下顶板涂上机油,使球形支座能够灵活转动。

(2)将已浸水一昼夜的试件从水中取出,用软布吸去试件表面的水分,并称试件的质量 m_4。

(3)用游标卡尺测量试件的高度 h,精确至 0.1 mm。

(4)将试件放在路面材料强度试验仪或压力机上,并在升降台上先放一扁球座,进行抗压试验。试验过程中,应保持加载速率为 1 mm/min。记录试件破坏时的最大压力 P(N)。

(5)从试件内部取有代表性的样品(经过打破),按规定方法测定其含水量 w。

(五)计算

试件的无侧限抗压强度按式(6-26)计算:

$$R_c = P/A \tag{6-26}$$

式中　R_c——试件的无侧限抗压强度,MPa;

P——试件破坏时的最大压力,N;

A——试件的截面积,mm^2,$A=\pi D^2/4$,D 为试件的直径,mm。

(六)结果整理

(1)抗压强度保留 1 位小数。

(2)同一组试件试验中,采用 3 倍均方差方法剔除异常值,小试件可以允许有 1 个异常值,中试件 1～2 个异常值,大试件 2～3 个异常值。异常值数量超过上述规定的试验重做。

(3)同一组试验的变异系数 C_v(%)符合下列规定,方为有效试验:小试件 $C_v \leqslant 6\%$,中试件 $C_v \leqslant 10\%$,大试件 $C_v \leqslant 15\%$。如不能保证试验结果的变异系数小于规定的值,则应按允许误差 10%和 90%概率重新计算所需的试件数量,增加试件数量并另做新试验。新试验结果与老试验结果一并重新进行统计评定,直到变异系数满足上述规定。

第七章　沥青及沥青混合料检测

第一节　沥青材料及检测方法

沥青是由不同分子量的碳氢化合物及其非金属衍生物组成的黑色或黑褐色复杂混合物，在常温下呈液态、半固态或固态。沥青的种类很多，可以按照其来源、原油性质以及加工方法等不同的方式进行适当的分类。目前，主要按照沥青在自然界中的获得方式将其分为天然沥青、石油沥青和焦油沥青三大类。

与天然沥青、焦油沥青相比，石油沥青产量最大，具有来源广、性能好、污染小等优点，并且可以添加各种改性剂制成具有特殊性质的改性沥青，目前在路面工程中应用广泛。为此，本章重点介绍用于道路工程的石油沥青，即道路石油沥青的基本概念及其检测方法。

一、沥青材料的基本概念

(一)石油沥青的组成

1. 石油沥青的元素组成

从化学元素分析来看，石油沥青主要由碳(C)、氢(H)两种化学元素组成，因此石油沥青也可以称之为碳氢化合物。通常，石油沥青中碳和氢的含量占98%～99%，其中碳含量为83%～87%，氢含量为11%～15%。此外，沥青中还含有少量的硫、氮、氧以及一些金属元素，如钠、镍、铁、镁、钙等，均以无机盐或氧化物的形式存在，约占5%。

2. 石油沥青的组分

石油沥青的组成极其复杂，难以将其分离为纯粹的化合物单体，并且作为一种有机化合物，存在着典型的同分异构现象，即化学元素组成相似的沥青，但其结构与性质却存在很大的差别。因此，通常利用沥青对不同溶剂的溶合性，将沥青分离成若干化学成分和物理性质相似，并与沥青性能有一定联系的部分，即石油沥青的组分。

工程中一般将石油沥青划分为沥青质、油分、树脂三个主要组分，或沥青质、饱和分、芳香分、胶质四个主要组分。石油沥青组分的含量和性质与石油沥青的路用性能有密切的关系。三组分分析中，油分赋予沥青流动性，树脂赋予沥青塑性和黏结性，沥青质决定沥青的稳定性(包括耐热性、黏性和脆性)。石油沥青的四组分分析中，沥青质、胶质等重质成分增加，可以改善沥青的高温性能；而饱和分、芳香分等轻质成分增加，对沥青的高温性能可能造成不利的影响，但有助于改善沥青的低温性能。

(二)道路石油沥青的等级、标号及选择

1. 道路石油沥青的等级与标号

根据当前的沥青使用状况及生产水平，按照技术性能将道路石油沥青分为A、B、C三个等级,各个等级沥青的适用范围如表 7-1 所示。

表 7-1　道路石油沥青各个等级的适用范围

沥青等级	适用范围
A 级沥青	各个等级的公路、市政道路,适用于任何场合和层次
B 级沥青	① 高速公路、一级公路沥青下面层及以下的层次,二级及二级以下公路的各个层次 ②市政道路的次干路及其以下道路面层 ③用作改性沥青、乳化沥青、改性乳化沥青、稀释沥青的基质沥青
C 级沥青	三级及三级以下公路的各个层次

在各个沥青等级中,还需要根据具体的分级标准将其分为不同的标号。目前,国内外正在使用的沥青分级体系主要有针入度分级体系、黏度分级体系和性能分级体系三类。

我国目前采用针入度分级体系,按照 25 ℃条件下沥青针入度范围的中值将沥青的标号分为 30 号、50 号、70 号、90 号、110 号、130 号及 160 号七个标号,各沥青标号所对应的针入度范围如表 7-2 所示。

表 7-2　沥青标号与针入度范围

沥青标号	160	130	110	90	70	50	30
针入度(0.1 mm) (25 ℃,5 s,100 g)	140～200	120～140	100～120	80～100	60～80	40～60	20～40

2. 道路石油沥青标号的选择

沥青路面采用的沥青标号,宜按照公路等级、气候条件、交通条件、路面类型及在结构层中的层位以及受力特点、施工方法等,结合当地的使用经验,经技术论证后确定。一般情况下,低标号沥青的针入度小、稠度大、黏度高、适用于夏季温度高、高温持续时间长等高温条件明显的地区,或重载交通、山区及丘陵区上坡路段、服务区、停车场等行车速度缓慢的路段。高标号的沥青针入度大、稠度小、黏度低,适用于冬季寒冷的地区。

目前,对于我国沥青路面经常使用的热拌沥青混合料,大部分地区宜使用针入度 50 号及 70 号的沥青,只有在寒冷地区适用于 90 号沥青,110 号沥青适用于中轻交通的公路上,130 号和 150 号沥青除用于寒冷地区的中低等级公路外,通常用作乳化沥青、稀释沥青以及改性沥青的基质沥青。

二、道路石油沥青的技术性质与技术要求

(一)道路石油沥青的技术性质

沥青路面在使用过程中,经受着自然环境和交通荷载的多种作用,道路石油沥青作为沥青路面的主要组成材料,必须具备一定的技术性质以满足道路正常使用的要求。道路石油沥青的主要技术性质包括黏滞性、延伸性、感温性、黏附性、抗老化性等。

1. 黏滞性

黏滞性是指沥青材料在外力作用下,沥青粒子产生相互位移时抵抗剪切变形的能力。其大小随沥青组分和温度而定,沥青质含量高黏滞性大,温度升高黏滞性降低。沥青的黏

滞性与沥青路面的力学行为有密切的关系，在现代交通条件下，为防止高温时路面出现车辙及过多的变形，沥青黏度是一个很重要的参数。

沥青是一种典型的感温性材料，不同的温度下表现出不同的黏滞性，通常以表观黏度表示其黏滞性。黏度的表达和测试方法分为绝对黏度和条件黏度两大类，实际工作中大多采用经验方法，通过测定沥青的相对条件黏度来表示沥青的黏滞性，常用的条件黏度的表示指标有针入度、软化点等。

2. 延性

延性是沥青在外力作用下发生拉伸变形而不破坏的能力。从分子结构上，由于沥青成环状和链状化学结构和胶体结构，分子间位置可以进行较大调整，因而具有出现较大变形而不断裂的延性性质。

目前主要采用 15 ℃、10 ℃或 5 ℃温度下，5 cm/min 拉伸速率作用下沥青的最大拉伸长度，即沥青延度来表征沥青的延性性质。

3. 感温性

沥青路面在使用过程中要经受一年四季高温和低温的反复作用，从满足道路使用性能的要求出发，通常希望道路石油沥青在高温条件下要硬一些，不致过分软化；在低温条件下要柔韧一些，不致过分脆化。事实上，道路石油沥青总是高温软、低温脆，只是程度上有所差异。表征沥青随温度变化而影响其性质变化的程度就是沥青的温度敏感性，简称为感温性。

目前国内外有多种指标衡量沥青的感温性，目前我国规范采用针入度指数作为沥青的感温性指标。

4. 耐久性

沥青在贮运、加工、施工及使用过程中，由于长时间暴露在空气中，在风雨、温度变化等自然条件的作用下，会发生一系列的物理及化学变化，使沥青逐渐硬化变脆，无法继续发挥其应有的技术性能，这种不可逆的性能变化称为沥青的老化，沥青抵抗老化的能力则称之为沥青的耐久性。

目前主要采用沥青蒸发损失试验的质量变化以及薄膜烘箱或旋转薄膜烘箱加热后沥青针入度以及延度等指标的变化情况评价沥青的耐久性。

5. 黏附性

黏附性是沥青与石料之间相互作用所产生的物理吸附和化学吸附能力，直观的表现为沥青黏结石料的能力。道路石油沥青的主要功能就是作为胶结料将石料黏结成为一个整体。沥青对石料黏附性的优劣，直接影响沥青路面的强度、水稳定性以及耐久性。

沥青与石料的黏附性通常采用水煮法和水浸法，对最大粒径大于 13.2 mm 的石料，采用水煮法；对最大粒径小于或等于 13.2 mm 的石料，采用水浸法。通过水煮或水浸后，石料表面沥青的剥离程度表征沥青的黏附性。

(二)道路石油沥青的技术要求

我国现行规范根据密度、含蜡量、针入度、延度、软化点、黏度、闪点、溶解度，以及热老化试验等，提出了不同等级、不同标号道路石油沥青的技术要求。其中，沥青的 PI 值、60 ℃动力黏度、10 ℃延度在经建设单位同意的条件下，可以作为选择性指标。道路石油沥青的技术要求可参见《公路沥青路面施工技术规范》(JTGF 40—2004)。

三、沥青取样数量及试样准备

(一)沥青的取样数量要求

进行沥青性质常规检验的取样数量为:黏稠沥青或固体沥青不少于4.0 kg,液体沥青不少于1 L,沥青乳液不少于4 L。进行沥青性质非常规检验及沥青混合料性质试验所需的沥青数量,应根据实际需要确定。

(二)沥青试样制备

1. 热沥青试样的制备

(1)将装有试样的盛样器带盖放入恒温烘箱中,当石油沥青试样中含有水分时,烘箱温度为80 ℃左右,加热至沥青全部熔化后供脱水使用。当石油沥青中无水分时,烘箱温度宜为软化点温度以上90 ℃,通常为135 ℃左右。对取来的沥青试样不得直接采用电炉或煤气炉明火加热。

(2)当石油沥青试样中含有水分时,将盛样器皿放在可控温的砂浴、油浴、电热套上加热脱水,不得采用电炉、煤气炉加热,脱水时必须加放石棉垫。时间不超过30 min,并用玻璃棒轻轻搅拌,防止局部过热。在沥青温度不超过100 ℃的条件下,仔细脱水至无泡沫为止,最后的加热温度不宜超过软化点以上100 ℃。

(3)将盛样器中的沥青通过0.6 mm的滤筛过滤,不等冷却立即一次灌入各项试验的模具中。根据需要也可将试样分装入擦拭干净并干燥的一个或数个沥青盛样器皿中,数量应满足一批试验项目所需的沥青样品要求。

(4)在沥青灌模过程中,如温度下降可放入烘箱中适当加热,试样冷却后反复加热的次数不得超过2次,以防止沥青老化影响试验结果。为避免混入气泡,在沥青灌模时不得反复搅动沥青。

(5)灌模剩余的沥青应立即清洗干净,不得重复使用。

2. 乳化沥青试样的制备

(1)将盛有乳化沥青的盛样器皿适当晃动使试样上下均匀,试样数量较少时,宜将盛样器皿上下倒置数次,使上下均匀。

(2)将试样倒出要求数量,装入盛样器皿或烧杯中,供试验使用。

四、沥青针入度试验

沥青的针入度是在规定的温度和时间内,附加一定质量的标准针垂直贯入沥青试样的深度,是表征沥青条件黏度的一种指标。沥青的针入度是确定沥青标号的主要依据,根据不同温度下沥青针入度计算得到的针入度指数是反映沥青温度敏感性的指标。

(一)目的与适用范围

本方法适用于测定道路石油沥青、聚合物改性沥青针入度以及液体石油沥青蒸馏或乳化沥青蒸发后残留物的针入度。其标准试验条件为温度25 ℃,荷重100 g,贯入时间5 s,以0.1 mm计。

针入度指数PI用以描述沥青的温度敏感性,宜在15 ℃、25 ℃、30 ℃等3个或3个以上温度条件下测定针入度后按规定的方法计算得到，若 30 ℃时的针入度值过大，可采用 5 ℃代替。当量软化点 T800 是相当于沥青针入度为 800 时的温度，用以评价沥青的高温稳定性。当量脆点 T1.2 是相当于沥青针入度为 1.2 时的温度，用以评价沥青的低温抗裂性能。

(二)仪具与材料技术要求

(1)针入度仪：为提高测试精度，针入度试验宜采用自动针入度仪进行测定，要求针和针连杆必须在无明显摩擦下垂直运动，针的贯入深度必须准确至 0.1 mm。针和针连杆组合件总质量为 50 g±0.05 g，另附 50 g±0.05 g 砝码一只，试验时总质量为 100 g±0.05 g。仪器应有放置平底玻璃保温皿的平台，并有调节水平的装置，针连杆应与平台相垂直。应有针连杆制动按钮，使针连杆可自由下落。针连杆应易于装拆，以便检查其质量。仪器还设有可自由转动与调节距离的悬臂，其端部有一面小镜或聚光灯泡，借以观察针尖与试样表面接触情况，且应对装置的准确性经常校验。当采用其他试验条件时，应在试验结果中注明。

(2)标准针：由硬化回火的不锈钢制成，洛氏硬度 HRC54～60，表面粗糙度 R_a0.2～0.3 μm，针及针杆总质量 2.5 g±0.05 g，针杆上应打印有号码标志。针应设有固定用装置盒(筒)，以免碰撞针尖。每根针必须附有计量部门的检验单，并定期进行检验。标准针的规格要求见图 7-1。

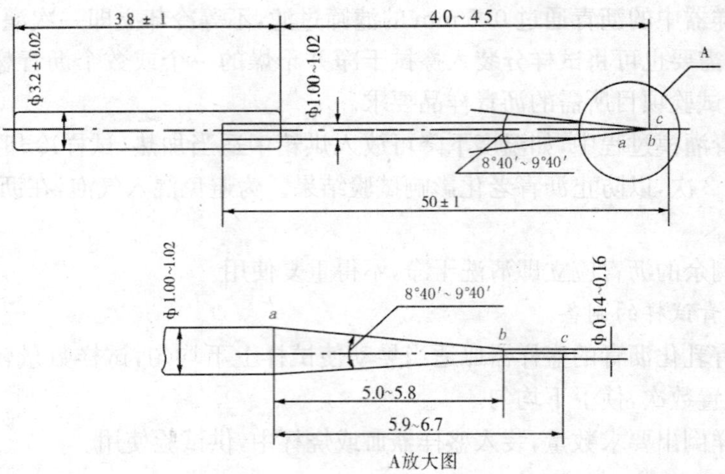

针入度标准针（尺寸单位：mm）

图 7-1　针入度标准针规格要求

(3)盛样皿：金属制，圆柱形平底。小盛样皿的内径 55 mm，深 35 mm(适用于针入度小于 200 的试样)；大盛样皿内径 70 mm，深 45 mm(适用于针入度为 200～350 的试样)；对于针入度大于 350 的试样需要使用特殊的盛样皿，其深度不小于 60 mm，试样体积不小于 125 mL。

(4)恒温水槽：容量不小于 10 L，控温的准确度为 0.1 ℃。水槽中应设有一带孔的搁架，位于水面下不得少于 100 mm，距水槽底不得少于 50 mm 处。

(5)平底玻璃皿：容量不小于 1 L，深度不小于 80 mm。内设有一不锈钢三脚支架，能使盛样皿稳定。

(6)温度计或温度传感器:0～50 ℃,精度为 0.1 ℃。

(7)计时器:精度为 0.1 s。

(8)位移计或位移传感器:精度为 0.1 mm。

(9)盛样皿盖:平板玻璃,直径不小于盛样皿开口尺寸。

(10)溶剂:三氯乙烯等。

(11)其他:电炉或砂浴、石棉网、金属锅或瓷把坩埚等。

(三)方法与步骤

1.准备工作

(1)按沥青试样制备方法准备试样。

(2)按试验要求将恒温水槽调节到要求的试验温度 25 ℃,或 15 ℃、30 ℃(或 5 ℃),保持稳定。

(3)将试样注入盛样皿中,试样高度应超过预计针入度值 10 mm,并盖上盛样皿,以防落入灰尘。盛有试样的盛样皿在 15～30 ℃室温中冷却不少于 1.5 h(小盛样皿)、2 h(大盛样皿)或 3 h(特殊盛样皿)后,应移入保持规定试验温度±0.1 ℃的恒温水槽中,并应保温不少于 1.5 h(小盛样皿)、2 h(大盛样皿)或 2.5 h(特殊盛样皿)。

(4)调整针入度仪使之水平。检查针连杆和导轨,以确认无水和其他外来物,用三氯乙烯或其他溶剂清洗标准针,并擦干。将标准针插入针连杆,用螺钉固紧。按试验条件,加上附加砝码。

2.试验步骤

(1)取出达到恒温的盛样皿,并移入水温控制在试验温度±0.1 ℃(可用恒温水槽中的水)的平底玻璃皿中的三脚支架上,试样表面以上的水层深度不小于 10 mm。

(2)将盛有试样的平底玻璃皿置于针入度仪的平台上。慢慢放下针连杆,用适当位置的反光镜或灯光反射观察,使针尖恰好与试样表面接触,将位移计或刻度盘指针复位为零。

(3)开始试验。按下释放键,这时计时与标准针落下贯入试样同时开始,至 5 s 时自动停止。

(4)读取位移计或刻度盘指针的读数,准确至 0.1 mm。

(5)同一试样平行试验至少 3 次,各测试点之间及与盛样皿边缘的距离不应小于 10 mm。每次试验后应将盛有盛样皿的平底玻璃皿放入恒温水槽,使平底玻璃皿中水温保持试验温度。每次试验应换一根干净标准针或将标准针取下,用蘸有三氯乙烯溶剂的棉花或布揩净,再用干棉花或布擦干。

(6)测定针入度大于 200 的沥青试样时,至少用 3 支标准针,每次试验后将针留在试样中,直至 3 次平行试验完成后,才能将标准针取出。

(7)测定针入度指数 PI 时,按同样的方法在 15 ℃、25 ℃、30 ℃(或 5 ℃)3 个或 3 个以上(必要时增加 10 ℃、20 ℃等)温度条件下分别测定沥青的针入度,但用于仲裁试验的温度条件应为 5 个。

(四)计算

根据测试结果可按以下方法计算针入度指数、当量软化点及当量脆点。

(1)将 3 个或 3 个以上不同温度条件下测试的针入度值取对数,令 $y=\lg P, x=T$,按式(7-1)针入度对数与温度的直线关系,进行 $y=ax+b$ 一元一次方程的直线回归,求取针入度温度指数 A_{lgpen}。

$$\lg P=K+A_{\mathrm{lgpen}}\times T \tag{7-1}$$

式中 $\lg P$——不同温度条件下测得的针入度值的对数;

T——试验温度,℃;

K——同归方程的常数项 a;

A_{lgpen}——回归方程的系数 b。

按式(7-1)回归时必须进行相关性检验,直线回归相关系数尺不得小于 0.997(置信度 95%),否则,试验无效。

(2)按式(7-2)确定沥青的针入度指数 PI,并记为 PI_{lgpen}:

$$PI_{\mathrm{lgpen}}=\frac{20-500A_{\mathrm{lgpen}}}{1+50A_{\mathrm{lgpen}}} \tag{7-2}$$

(3)按式(7-3)确定沥青的当量软化点 T_{800}:

$$T_{800}=\frac{\lg 800-K}{A_{\mathrm{lgpen}}} \tag{7-3}$$

(4)按式(7-4)确定沥青的当量脆点 $T_{1.2}$:

$$T_{1.2}=\frac{\lg 1.2-K}{A_{\mathrm{lgpen}}} \tag{7-4}$$

(5)按式(7-5)计算沥青的塑性温度范围 ΔT:

$$\Delta T=T_{800}-T_{1.2}=\frac{2.8239}{A_{\mathrm{lgpen}}} \tag{7-5}$$

(五)结果处理

同一试样 3 次平行试验结果的最大值和最小值之差在表 7-3 所列允许误差范围内时,计算 3 次试验结果的平均值,取整数作为针入度试验结果,以 0.1 mm 计;当试验值不符合此要求时,应重新进行试验。

表 7-3 针入度试验允许误差要求

针入度(0.1mm)	允许误差(0.1mm)	针入度(0.1 mm)	允许误差(0.1 mm)
0～49	2	150～249	12
50～149	4	250～500	20

(六)针入度试验中应注意的问题

(1)针入度试验的三项关键性条件分别是温度、测试时间、针的质量,如这三项条件控制不准,将严重影响试验结果的准确性。

(2)定期检定标准针,不得使用针尖有损的标准针进行试验,标准针在垂直贯入时,针与针之间、针与试样皿边缘之间的距离不得小于 1 cm。试验后标准针要用棉砂自上而下一擦到底(针尖向下)。

(3)试验时，试样表面不得有气泡，若有气泡可用明火将其消掉，或用嘴吹气将气泡吹至试验皿壁外，以免影响结果的正确性。

(4)试验时，试样表面与标准针要恰好接触上。

(5)重复性试验必须在同一试验室由同一试验员在同一台试验仪器上完成，再现性试验必须在两个以上不同的试验室，由各自的试验人员采用各自的仪器按相同的试验方法完成。

五、沥青软化点试验(环球法)

沥青材料是一种非晶质高分子材料，在由液态凝结为固态，或由固态熔化为液态时，并没有明显的固化点或液化点，在工程应用中为了保证由于温度不致沥青出现流动状态，规定沥青液化点与固化点之间温度间隔的 87.21%作为软化点。沥青的软化点是沥青达到规定条件黏度时的温度，不仅是沥青温度敏感性的重要指标，而且也是沥青黏稠度的一种量度。

(一)目的与适用范围

本方法适用于测定道路石油沥青、聚合物改性沥青的软化点，也适用于测定液体石油沥青、煤沥青蒸馏残留物或乳化沥青蒸发残留物的软化点。

(二)仪器与材料技术要求

(1)软化点试验仪：由下列部件组成：

①钢球：直径 9.53 mm，质量 3.5 g+0.05 g。

②试样环：黄铜或不锈钢等制成，形状和尺寸符合标准规定。

③钢球定位环：黄铜或不锈钢制成，形状和尺寸符合标准规定。

④金属支架：由两个主杆和三层平行的金属板组成。上层为一圆盘，直径略大于烧杯直径，中间有一圆孔，用以插放温度计。中层板上有两个孔，各放置金属环，小孔可支持温度计的测温端部。一侧立杆距环上面 51 mm 处刻有水高标记。环下层底板为 25.4 mm，而下底板距烧杯底不小于 12.7 mm，也不得大于 19 mm。三层金属板和两个主杆由两螺母固定在一起。

⑤耐热玻璃烧杯：容量 800～1 000 mL。直径不小于 86 mm，高不小于 120 mm。

⑥温度计：量程 0～100 ℃，分度值 0.5 ℃。

(2)装有温度调节器的电炉或其他加热炉具(液石油气、天然气等)。应采用带有振荡搅拌器的加热电炉，振荡子置于烧杯底部。

(3)当采用自动软化点仪时，各项要求应与前述相同，温度采用温度传感器测定，并能自动显示或记录，且应对自动装置的准确性经常校验。

(4)试样底板：金属板(表面粗糙度应达 Ra0.8 μm)或玻璃板。

(5)恒温水槽：控温的准确度为±0.5 ℃。

(6)平直刮刀。

(7)甘油、滑石粉隔离剂(甘油与滑石粉的质量比为 2∶1)。

(8)蒸馏水或纯净水。

(9)其他：石棉网。

(三)方法与步骤

1.准备工作

(1)将试样环置于涂有甘油滑石粉隔离剂的试样底板上。按标准规定的方法将准备好的沥青试样徐徐注入试样环内至略高出环面为止。如估计试样软化点高于 120 ℃,则试样环和试样底板(不用玻璃板)均应预热至 80～100 ℃。

(2)试样在室温冷却 30 min 后,用热刮刀刮除环面上的试样,应使其与环面齐平。

2.试验步骤

(1)试样软化点在 80 ℃以下者:

①将装有试样的试样环连同试样底板置于装有 5 ℃±0.5 ℃水的恒温水槽中至少 15 min;同时将金属支架、钢球、钢球定位环等亦置于相同水槽中。

②烧杯内注入新煮沸并冷却至 5 ℃的蒸馏水或纯净水,水面略低于立杆上的深度标记。

③从恒温水槽中取出盛有试样的试样环放置在支架中层板的圆孔中,套上定位环;然后将整个环架放入烧杯中,调整水面至深度标记,并保持水温为 5 ℃±0.5 ℃。环架上任何部分不得附有气泡。将 0～100 ℃的温度计由上层板中心孔垂直插入,使端部测温头底部与试样环下面齐平。

④将盛有水和环架的烧杯移至放有石棉网的加热炉具上,然后将钢球放在定位环中间的试样中央,立即开动电磁振荡搅拌器,使水微微振荡,并开始加热,使杯中水温在 3 min 内调节至维持每分钟上升 0.5 ℃。在加热过程中,应记录每分钟上升的温度值,如温度上升速度超出此范围,则试验应重做。

⑤试样受热软化逐渐下坠,至与下层底板表面接触时,立即读取温度,准确至 0.5 ℃。

(2)试样软化点在 80 ℃以上者:

①将装有试样的试样环连同试样底板置于装有 32 ℃±1 ℃甘油的恒温槽中至少 15 min;同时将金属支架、钢球、钢球定位环等亦置于甘油中。

②在烧杯内注入预先加热至 32 ℃的甘油,其液面略低于立杆上的深度标记。

③从恒温槽中取出装有试样的试样环,按上述(1)的方法进行测定,准确至 1 ℃。

(四)结果处理

同一试样平行试验两次,当两次测定值的差值符合重复性试验允许误差要求时,取其平均值为软化点试验结果。准确至 0.5 ℃。

(五)软化点试验中应注意的问题

(1)当沥青软化点在 80 ℃以下时,加热介质用水;当沥青软化点在 80 ℃以上时,加热介质用甘油。

(2)同一沥青试样,升温速度快,测得的软化点偏高,相反则偏低。因此,试验加热升温速度应控制在(5±0.5) ℃/min,如温度上升速度超出此范围时,试验应重做。

(3)钢球必须严格居中,钢球的偏心对试验结果影响很大。

六、沥青延度试验

沥青的延度是当其受到外力的拉伸作用时,所能承受的塑性变形的能力。一般而言,沥青的延度越大，其抗拉伸断裂破坏能力越强，尤其是低温条件下的延度，是反映沥青低温抗裂性能的主要指标。

(一)目的与适用范围

(1)本方法适用于测定道路石油沥青、聚合物改性沥青、液体石油沥青蒸馏残留物和乳化沥青蒸发残留物等材料的延度。

(2)沥青延度的试验温度与拉伸速率可根据要求采用，通常采用的试验温度为 25 ℃、15 ℃、10 ℃或 5 ℃，拉伸速度为 5 cm/min±0.25 cm/min。当低温采用 1 cm±0.05 cm/min 时，应在报告中注明。

(二)仪器与设备

(1)延度仪：延度仪的测量长度不宜大于 150 cm；仪器应有自动控温、控速系统。应满足试件浸没于水中，能保持规定的试验温度及规定的拉伸速度拉伸试件，且试验时应无明显的震动。

(2)试模：黄铜制，由两个端模和两个侧模组成，试模内侧表面粗糙度 Ra0.2 μm。

(3)试模底板为玻璃板或磨光的铜板、不锈钢板(表面粗糙度 Ra0.2 μm)。

(4)恒温水槽：容量不少于 10 L，控制温度的准确度为 0.1 ℃，水槽中应设有带孔搁架，搁架距水槽底不得少于 50 mm。试件浸入水中深度不小于 100 mm。

(5)温度计量程 0～50 ℃，分度值 0.1 ℃。

(6)砂浴或其他加热炉具。

(7)甘油滑石粉隔离剂(甘油与滑石粉的质量比 2∶1)。

(8)其他：平刮刀、石棉网、酒精、食盐等。

(三)方法与步骤

1.准备工作

(1)将隔离剂拌和均匀，涂于清洁干燥的试模底板和两个侧模的内侧表面，并将试模在试模底板上装妥。

(2)按规程规定的方法准备试样，然后将试样仔细自试模的一端至另一端往返数次缓缓注入模中，最后略高于试模：灌模时不得使气泡混入。

(3)试件在室温中冷却不少于 1.5 h，然后用热刮刀刮除高出试模的沥青，使沥青面与试模面齐平。沥青的刮法应自试模的中间刮向两端，且表面应刮得平滑。将试模连同底板再放入规定试验温度的水槽中保温 1.5 h。

(4)检查延度仪延伸速度是否符合规定要求，然后移动滑板使其指针正对标尺的零点。将延度仪注水，并保温达到试验温度±0.1 ℃。

2.试验步骤

(1)将保温后的试件连同底板移入延度仪的水槽中，然后将盛有试样的试模自玻璃板或不锈钢板上取下，将试模两端的孔分别套在滑板及槽端固定板的金属柱上，并取下侧模。水面距试件表面应不小于 25 mm。

(2)开动延度仪，并注意观察试样的延伸情况。此时应注意，在试验过程中，水温应始终保持在试验温度规定范围内，且仪器不得有振动，水面不得有晃动，当水槽采用循环水时，应暂时中断循环，停止水流。在试验中，当发现沥青细丝浮于水面或沉入槽底时，应在水中加入酒精或食盐，调整水的密度至与试样相近后，重新试验。

(3)试件拉断时，读取指针所指标尺上的读数，以 cm 计。在正常情况下，试件延伸时应成锥尖状，拉断时实际断面接近于零。如不能得到这种结果，则应在报告中注明。

(四)结果处理

同一样品，每次平行试验不少于 3 个，如 3 个测定结果均大于 100 cm，试验结果记作“>100 cm”；特殊需要也可分别记录实测值。3 个测定结果中，当有一个以上的测定值小于 100 cm 时，若最大值或最小值与平均值之差满足重复性试验要求，则取 3 个测定结果的平均值的整数作为延度试验结果，若平均值大于 100 cm，记作“>100 cm”，若最大值或最小值与平均值之差不符合重复性试验要求时，试验应重新进行。

(五)沥青延度试验中应注意的问题

(1)甘油滑石粉隔离剂的使用是为了防止沥青粘在底板或侧模上，隔离剂要调配适当，确保侧模及玻璃板不粘沥青，隔离剂不宜涂抹过多，以免挤占试样体积。

(2)在灌模时应使试样高出试模，以免试样冷却后欠模。

(3)对于延度较大的沥青试样，为了便于观察延度值，延度值底部尽量用白色衬砌。

(4)在刮模时，刮刀温度不宜太高，以免使沥青老化，刮平时用力不能过大，以免将试样底部拉变形。当室温与试验温度相差较多时，为确保试样中心断面准确，试样先恒温后再刮平。

(5)拉伸试验时，水面不能受任何振动，在低头观察时，应用手挡住嘴鼻，防止呼吸气流扰动试样。

七、沥青的标准黏度试验

沥青标准黏度测定试验是国际上测定沥青材料条件黏度的通行方法之一，我国早在20世纪50年代起就从苏联引进了相关的试验设备及试验方法。沥青标准黏度可以表示为沥青材料在一定条件下的流动能力，本质上属于流出型黏度测定方法。

(一)目的与适用范围

本方法适用于采用道路沥青标准黏度计测定液体石油沥青、煤沥青、乳化沥青等材料流动状态时的黏度。本方法测定的黏度应注明温度及流孔孔径，以 $C_{t,d}$ 表示，t 为试验温度(℃)，d 为孔径(mm)。

(二)仪具与材料技术要求

(1)道路沥青标准黏度计(见图 7-2)：形状和尺寸符合规定。

①水槽：环槽形，内径 160 mm，深 100 mm，中央有一圆井，井壁与水槽之间距离不少于 55 mm。环槽中存放保温用液体(水或油)，上下方各设有一流水管。水槽下装有可以调节高低的三脚架，架上有一圆盘承托水槽，水槽底离试验台面约 200 mm。水槽控温精密度±0.2 ℃。

②盛样管：管体为黄铜，而带流孔的底板为磷青铜制成。盛样管的流孔 d 有 3 mm±0.025 mm、4 mm±0.025 mm、5 mm±0.025 mm 和 10 mm±0.025 mm 四种。根据试验需要，选择盛样管流孔的孔径。

③球塞：用以堵塞流孔，杆上有一标记。直径 12.7 mm±0.05 mm 球塞的标记高为

92 mm＋0.25 mm，用以指示 10 mm 盛样管内试样的高度；直径 6.35 mm±0.05 mm 球塞的标记高为 90.3 mm±0.25 mm，用以指示其他盛样管内试样的高度。

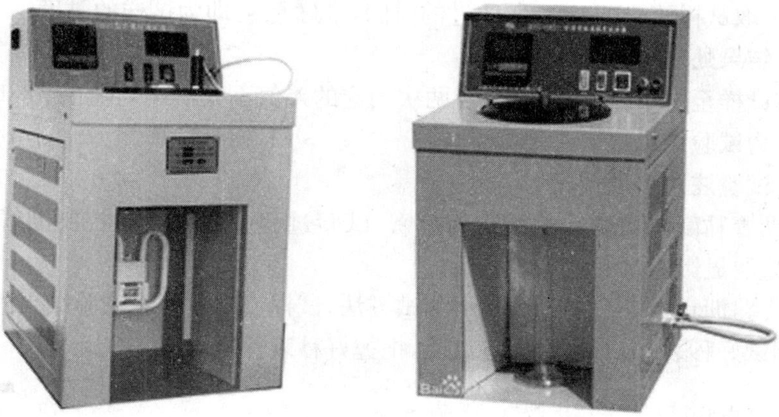

图 7-2　道路沥青标准黏度仪

④水槽盖：盖的中央有套筒，可套在水槽的圆井上，下附有搅拌叶：盖上有一把手，转动把手时可借搅拌叶调匀水槽内水温。盖上还有一插孔，可放置温度计。

⑤温度计：分度值 0.1 ℃。

⑥受瓶：开口，圆柱形玻璃容器，100 mL，在 25 mL、50 mL、75 mL、100 mL 处有刻度；也可采用 100 mL 量筒。

⑦流孔检查棒：磷青铜制，长 100 mm，检查 4 mm 和 10 mm 流孔及检查 3 mm 和 5 mm 流孔各 1 支，检查段位于两端，长度不小于 10 mm，直径按流孔下限尺寸制造。

(2)秒表：分度值 0.1 s。

(3)循环恒温水槽。

(4)肥皂水或矿物油。

(5)其他：加热炉、大蒸发皿等。

(三)方法与步骤

1.准备工作

(1)按规范准备沥青试样。根据沥青材料的种类和稠度，选择需要流孔孔径的盛样管，置水槽圆井中。用规定的球塞堵好流孔，流孔下放蒸发皿，以备接受不慎流出的试样。除 10 mm 流孔采用直径 12.7 mm 球塞外，其余流孔均采用直径为 6.35 mm 的球塞。

(2)根据试验温度需要，调整恒温水槽的水温为试验温度±0.1 ℃，并将其进出口与黏度计水槽的进出口用胶管接妥，使热水流进行正常循环。

2.试验步骤

(1)将试样加热至比试验温度高 2～3 ℃(当试验温度低于室温时，试样须冷却至比试验温度低 2～3 ℃)时注入盛样管，其数量以液面到达球塞杆垂直时杆上的标记为准。

(2)试样在水槽中保持试验温度至少 30 min，用温度计轻轻搅拌试样，测量试样的温度为试验温度±0.1 ℃时，调整试样液面至球塞杆的标记处，再继续保温 1～3 min。

(3)将流孔下蒸发皿移去，放置接收瓶或量筒，使其中心正对流孔：接收瓶或量筒可预先注入肥皂水或矿物油 25 mL，以利洗涤及读数准确。

(4)提起球塞,借标记悬挂在试样管边上。待试样流入接收瓶或量筒达 25 mL(量筒刻度 50 mL)时,按动秒表;待试样流出 75 mL(量筒刻度 100 mL)时,按停秒表。

(5)记取试样流出 50 mL 所经过的时间,准确至 s,即为试样的黏度。

(四)结果处理

同一试样至少平行试验两次,当两次测定的差值不大于平均值的 4%时,取其平均值的整数作为试验结果。

(五)试验注意事项

(1)沥青黏度与温度的关系极为紧密,试验过程中需要严格控制沥青试样的加热温度,否则将明显影响试验结果。

(2)道路沥青标准黏度为流出型测试方法,试样流出时间对试验结果的影响显著。试验前应调试好秒表,进行多次预备试验,把握好秒表按动时机。

八、沥青的黏温曲线测定方法

沥青的黏度不仅是沥青流动性的主要性能指标,也是很多国家沥青分级的指标之一,而且根据不同温度条件下测定的沥青黏度绘制而成的黏温曲线,是确定沥青混合料施工拌和及压实温度的主要依据。

(一)目的与适用范围

(1)本方法适用于布洛克菲尔德黏度计(Brookkfield,简称布氏黏度计)旋转法测定道路沥青在 45 ℃以上温度范围内的表观黏度,以帕斯卡秒(Pa · s)计。

(2)由可以测定沥青不同温度的黏温曲线,用于确定各种沥青混合料的拌和温度和压实温度。

(二)仪具与材料技术要求

(1)布洛克菲尔德黏度计(见图 7-3):具有直接显示黏度、扭矩、剪切应力、剪变率、转速和试验温度等项目的功能。

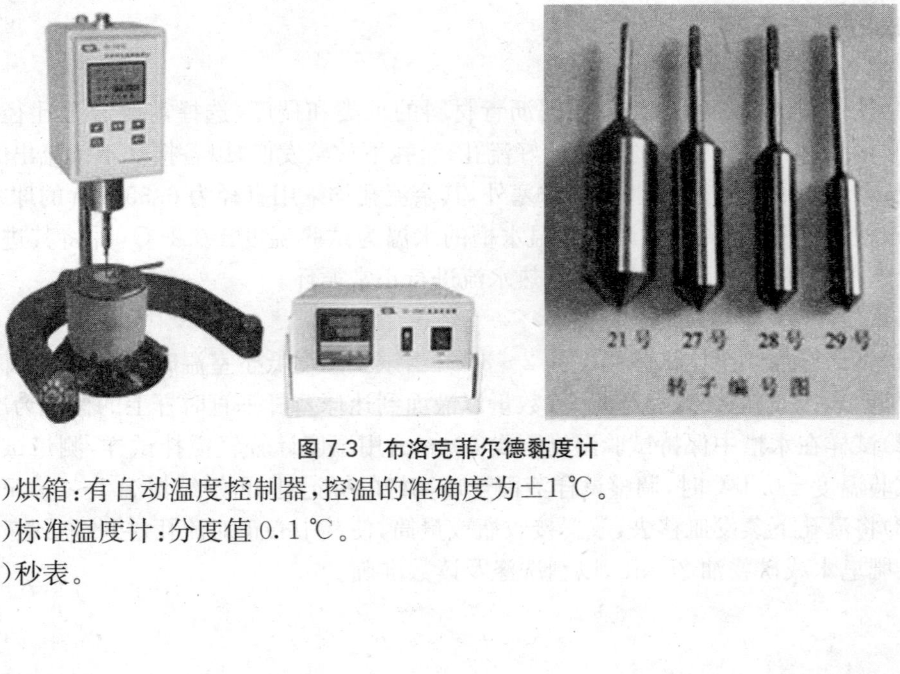

图 7-3　布洛克菲尔德黏度计

(2)烘箱:有自动温度控制器,控温的准确度为±1 ℃。

(3)标准温度计:分度值 0.1 ℃。

(4)秒表。

(三)方法与步骤

1. 沥青的旋转黏度测定

(1)按沥青试样准备方法准备沥青试样，分装在盛样容器中，在烘箱中加热至软化点以上 100 ℃左右保温 30～60 min 备用，对改性沥青尤应注意去除气泡。

(2)仪器在安装时必须调至水平，使用前应检查仪器的水准器气泡是否对中。开启黏度计温度控制器电源，设定温度控制系统至要求的试验温度。此系统的控温准确度应在使用前严格标定。

(3)根据估计的沥青黏度，按仪器说明书规定的不同型号的转子所适用的速率和黏度范围，选择适宜的转子。

(4)取出沥青盛样容器，适当搅拌，按转子型号所要求的体积向黏度计的盛样筒中添加沥青试样，根据试样的密度换算成质量。加入沥青试样后的液面应符合不同型号转子的规定要求，试样体积应与系统标定时的标准体积一致。

(5)将转子与盛样筒一起置于已控温至试验温度的烘箱中保温，维持 1.5 h。当试验温度较低时，可将盛样筒试样适当放冷至稍低于试验温度后再放入烘箱中保温。

(6)取出转子和盛样筒安装在黏度计上，降低黏度计，使转子插进盛样筒的沥青液面中，至规定的高度。

(7)使沥青试样在恒温容器中保温，达到试验所需的平衡温度(不少于 15 min)。

(8)按仪器说明书的要求选择转子速率，例如在 135 ℃测定时，对 RV、HA、HB 型黏度计可采用 20 r/min，对 LV 型黏度计可采用 12 r/min，在 60 ℃测定可选用 0.5 r/min 等。开动布洛克菲尔德黏度计，观察读数，扭矩读数应在 10%～98%范围内。在整个测量黏度过程中，不得改变设定的转速。仪器在测定前是否需要归零，可按操作说明书规定进行。

(9)观测黏度变化，当小数点后面 2 位读数稳定后，在每个试验温度下，每隔 60 s 读数一次，连续读数 3 次，以 3 次读数的平均值作为测定值。

(10)对每个要求的试验温度，重复以上过程进行试验。试验温度宜从低到高进行，盛样筒和转子的恒温时间应不小于 1.5 h。

(11)如果在试验温度下的扭矩读数不在 10%～98%范围内，必须更换转子或降低转子转速后重新试验。

(12)利用布洛克菲尔德黏度计测定不同温度的表观黏度，绘制黏度—温度曲线。一般可采用 135 ℃和 175 ℃的表观黏度，根据需要也可以采用其他温度。

2. 黏温曲线确定拌和与压实温度

将在不同温度条件下测定的黏度，绘于图 7-4 所示的黏度—温度曲线中，确定沥青混合料的拌和与压实温度。当使用石油沥青时，宜以黏度为 0.17 Pa·s±0.02 Pa·s 时的温度作为拌和温度范围；以 0.28 Pa·s±0.03 Pa·s 时的温度作为压实成型温度范围。

(四)结果处理

(1)同一种试样至少平行试验两次，两次测定结果符合重复性试验允许误差要求时，以平均值作为测定值。

(2)报告试验温度、转子的型号和转速。

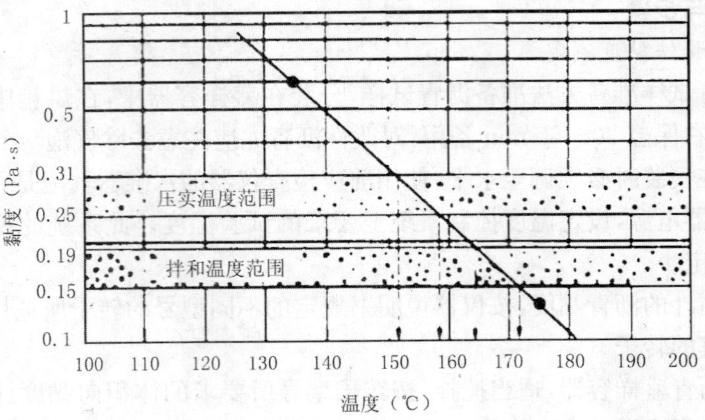

图 7-4 由沥青的黏度—温度曲线确定施工温度

(3)绘制黏度—温度曲线，给出推荐的拌和及压实施工温度范围。

(五)试验注意事项

(1)改性沥青的黏度与温度的关系为非线性关系，不适宜用本方法测定黏度—温度曲线，并确定拌和与压实温度。

(2)旋转黏度仪使用前及使用后，都应将转筒及测定器内壁洗净擦干，以保证仪器测量的精度。

九、沥青薄膜加热试验

(一)目的与适用范围

本方法适用于测定道路石油沥青、聚合物改性沥青薄膜加热后的质量变化，并根据需要，测定薄膜加热后残留物的针入度、延度、软化点、黏度等性质的变化，以评定沥青的耐老化性能。

(二)仪具与设备

(1)薄膜加热烘箱(见图 7-5)：工作温度范围可达 200 ℃，控温的准确度为 1 ℃，装有温度调节器和可转动的圆盘架。圆盘直径 360～370 mm，上有浅槽 4 个，供放置盛样皿，转盘中心由一垂直轴悬挂于烘箱的中央，由传动机构使转盘水平转动，速度为 5.5 r/min ±1 r/min。门为双层，两层之间应留有间隙，内层门为玻璃制，只要打开外门，便可通过玻璃窗读取烘箱中温度计的读数。烘箱应能自动通风，为此在烘箱底部及顶部分别设有空气入口和出口，以供热空气和蒸气的逸出和空气进入。

(2)盛样皿：可用不锈钢或铝制成，不少于 4 个，在使用中不变形。

(3)温度计：量程 0～200 ℃，分度值 0.5 ℃(允许由普通温度计代替)。

(4)分析天平：感量不大于 1 mg。

(5)其他：干燥器、计时器等。

(三)方法与步骤

1. 准备工作

(1)将洁净、烘干、冷却后的盛样皿编号，称其质量(m_0)，准确至 0.001 g。

(2)按沥青试样准备方法准备沥青试样，分别注入4个已称质量的盛样皿中50 g±0.5 g，并形成沥青厚度均匀的薄膜，放入干燥器中冷却至室温后称取质量(m_1)，准确至0.001 g。同时按规定方法，测定沥青试样薄膜加热试验前的针入度、黏度、软化点、脆点及延度等性质。当试验项目需要，预计沥青数量不够时，可增加盛样皿数目，但不允许将不同品种或不同标号的沥青同时放在一个烘箱中进行试验。

(3)将温度计垂直悬挂于转盘轴上，位于转盘中心，水银球应在转盘顶面上的6 mm处，并将烘箱加热并保持至163 ℃±1 ℃。

图7-5　薄膜加热烘箱

2. 试验步骤

(1)把烘箱调整水平，使转盘在水平面上以5.5 r/min±1 r/min的速度旋转，转盘与水平面倾斜角不大于3°，温度计位置距转盘中心和边缘距离相等。

(2)在烘箱达到恒温163 ℃后，迅速将盛有试样的盛样皿放入烘箱内的转盘上，并关闭烘箱门和开动转盘架；使烘箱内温度回升至162 ℃时开始计时，并在163 ℃±1 ℃温度下保持5 h。但从放置试样开始至试验结束的总时间，不得超过5.25 h。

(3)试验结束后，从烘箱中取出盛样皿，如果不需要测定试样的质量变化，按下述步骤(5)进行；如果需要测定试样的质量变化，随机取其中两个盛样皿放入干燥器中冷却至室温后，分别称其质量(m_2)，准确至1 mg。

(4)试样称量后，将盛样皿放回163 ℃±1 ℃的烘箱中转动15 min；取小试样，立即按照下述步骤(5)的步骤进行工作。

(5)将每个盛样皿的试样，用刮刀或刮铲刮入一适当的容器内，置于加热炉上加热，并适当搅拌使充分熔化达流动状态，倒入针入度盛样皿或延度、软化点等试模内，并按规定方法进行针入度等各项薄膜加热试验后残留物的相应试验。如在当日不能进行试验，试样应放置在容器内，但全部试验必须在加热后72 h内完成。

(四)计算

(1)沥青薄膜试验后质量变化按式(7-6)计算，准确至3位小数(质量减少为负值，质量增加为正值)。

$$L_T=\frac{m_2-m_1}{m_1-m_0}\times 100 \tag{7-6}$$

式中　L_T——试样薄膜加热质量变化(%)；

m_0——盛样皿质量，g；

m_1——薄膜烘箱加热前盛样皿与试样合计质量，g；

m_2——薄膜烘箱加热后盛样皿与试样合计质量，g。

(2)沥青薄膜烘箱试验后，残留物针入度比以残留物针入度占原试样针入度的比值按式(7-7)计算：

$$K_P=\frac{P_2}{P_1}\times 100 \tag{7-7}$$

式中　K_P——试样薄膜加热后残留物针入度比(%)；

P_1——薄膜加热试验前原试样的针入度，0.1 mm；

P_2——薄膜烘箱加热后残留物的针入度，0.1 mm。

(3)沥青薄膜加热试验的残留物软化点增值按式(7-8)计算：

$$\Delta T=T_2-T_1 \tag{7-8}$$

式中　ΔT——薄膜加热试验后软化点增值，℃；

T_1——薄膜加热试验前软化点，℃；

T_2——薄膜加热试验后软化点，℃。

(4)沥青薄膜加热试验黏度比按式(7-9)计算：

$$K_\eta=\frac{\eta_2}{\eta_1} \tag{7-9}$$

式中　$K\eta$——薄膜加热试验前后 60 ℃黏度比；

η_2——薄膜加热试验后 60 ℃黏度，Pa·s；

η_1——薄膜加热试验前 60 ℃黏度，Pa·s。

(5)沥青的老化指数按式(7-10)计算：

$$C=\lg\lg(\eta_2\times 10^3)-\lg\lg(\eta_1\times 10^3) \tag{7-10}$$

式中　C——沥青薄膜加热试验的老化指数。

(五)允许误差

(1)当薄膜加热后质量变化小于或等于 0.4%时，重复性试验的允许误差为 0.04%，再现性试验的允许误差为 0.16%。

(2)当薄膜加热后质量变化大于 0.4%时，重复性试验的允许误差为平均值的 8%，再现性试验的允许误差为平均值的 40%。

(3)残留物针入度、软化点、延度、黏度等性质试验的允许误差应符合相应的试验方法规定。

十、沥青旋转薄膜加热试验

(一)目的与适用范围

本方法适用于测定道路石油沥青、聚合物改性沥青旋薄膜烘箱加热(简称 RTFOT)后的质量变化，并根据需要测定旋转薄膜加热后，沥青残留物的针入度、黏度、延度及脆点等性质的变化，以评定沥青的老化性能。

(二)仪具与材料技术要求

(1)旋转薄膜烘箱(见图 7-6)：烘箱恒温室形状符合规定。烘箱具有双层壁，电热系统应有温度自动调节器，可保持温度为 163 ℃±0.5 ℃，其内部尺寸为高 381 mm、宽 483 mm、深 445 mm±13 mm(关门后)。烘箱门上有一双层耐热的玻璃窗，其宽为 305～380 mm、高 203～229 mm，可以通过此窗观察烘箱内部试验情况。最上部的加热元件应位于

图 7-6　旋转薄膜烘箱

烘箱顶板的下方 25 mm±3 mm，烘箱应调整成水平状态。

烘箱的顶部及底部均有通气口。底部通气口面积为 150 mm^2±7 mm^2，对称配置，可供均匀进入空气的加热之用。上部通气口匀称地排列在烘箱顶部，其开口面积为 93 mm^2±45 mm^2。

烘箱内有一内壁，烘箱与内壁之间有一个通风空间，间隙为 38.1 mm。在烘箱宽的中点上，且从环形金属架表面至其轴间 152.4 mm 处，有一外径 133 mm、宽 73 mm 的鼠笼式风扇，并用一电动机驱动旋转，其速度为 1 725 r/min。鼠笼式风扇将以与叶片相反的方向转动。

烘箱温度的传感器装置在距左侧 25.4 mm 及空气封闭箱内上顶板下约 38.1 mm 处，以使测温元件处于距烘箱内后壁约 203.2 mm 位置。将测试用的温度计悬挂或附着在顶板的一个距烘箱右侧中点 50.8 mm 的装配架上。温度计悬挂时，其水银球与环形金属架的轴线相距 25.4 mm 以内。温度控制器应能使全部装好沥青试样后，在 10 min 之内达到试验温度。

烘箱内有一个直径为 304.8 mm 的垂直环形架，架上装备有适当的能锁闭及开启 8 个水平放置的玻璃盛样瓶的固定装置。垂直环形架通过直径 19 mm 的轴，以 15 r/min±0.2 r/min 速度转动。

烘箱内装备有一个空气喷嘴，在最低位置上向转动玻璃盛样瓶喷进热空气。喷嘴孔径为 1.016 mm，连接着一根长为 7.6m、外径为 8 mm 的铜管。铜管水平盘绕在烘箱的底部，并连通着一个能调节流量、新鲜的和无尘的空气源。为保证空气充分干燥，可用活性硅胶作为指示剂。在烘箱表面上装备有温度指示器，空气流量计的流量应为 4 000 mL/min±200 mL/min。

(2)盛样瓶：耐热玻璃制，高为 139.7 mm±1.5 mm，外径为 64 mm±1.2 mm，壁厚为 2.4 mm±0.3 mm，口部直径为 31.75 mm±1.5 mm。

(3)温度计：量程 0～200 ℃，分度值 0.5 ℃。

(4)分析天平：感量不大于 1 mg。

(5)溶剂：汽油、三氯乙烯等。

(三)方法与步骤

1. 准备工作

(1)用汽油或三氯乙烯洗净盛样瓶后，置温度 105 ℃±5 ℃烘箱中烘干，并在干燥器中冷却后编号称其质量(m_0)，准确至 0.001 g。盛样瓶的数量应能满足试验的试样需要，通常不少于 8 个。

(2)将旋转加热烘箱调节水平，并在 163 ℃±0.5 ℃下预热不少于 16 h，使箱内空气充分加热均匀:调节好温度控制器,使全部盛样瓶装入环形金属架后,烘箱的温度应在 10 min 以内达到 163 ℃±0.5 ℃。

(3)调整喷气嘴与盛样瓶开口处的距离为 6.35 mm,并调节流量计,使空气流量为 4 000 mL/min±200 mL/min。

(4)按规定的方法准备沥青试样,分别注入已称质量的盛样瓶中,其质量为 35 g+0.5 g,放入干燥器中冷却至室温后称取质量(m_1),准确至 0.001 g。需测定加热前后沥青性质变化时,应同时灌样测定加热前沥青的性质。

2. 试验步骤

(1)将称量完后的全部试样瓶放入烘箱环形架的各个瓶位中,关上烘箱门后开启环形架转动开关,以 15 r/min±0.2 r/min 速度转动。同时开始将流速 4000 mL/min±200 mL/min 的热空气喷入转动着的盛样瓶的试样中,烘箱的温度应在 10 min 回升到 163 ℃±0.5 ℃,使试样在 163 ℃±0.5 ℃温度下受热时间不少于 75 min。总的持续时间为 85 min。若 10 min 内达不到试验温度,则试验不得继续进行。

(2)到达时间后,停止环形架转动及喷射热空气,立即逐个取出盛样瓶,并迅速将试样倒入一洁净的容器内混匀(进行加热质量变化的试样除外),以备进行旋转薄膜加热试验后的沥青性质的试验,但不允许将已倒过的沥青试样瓶重复加热来取得更多的试样。所有试验项目应在 72 h 内全部完成。

(3)将进行质量变化试验的试样瓶放入真空干燥器中,冷却至室温,称取质量(m_2),准确至 0.001 g。此瓶内的试样即予废弃(不得重复加热用来进行其他性质的试验)。

(四)计算

(1)沥青旋转薄膜加热试验后质量变化按式(7-11)计算,准确至 3 位小数(质量减少为负值,质量增加为正值):

$$L_R=\frac{m_2-m_1}{m_1-m_0}\times 100 \tag{7-11}$$

式中 L_R——试样旋转薄膜加热质量变化(%);

m_0——盛样瓶质量,g;

m_1——薄膜烘箱加热前盛样瓶与试样合计质量,g;

m_2——薄膜烘箱加热后盛样瓶与试样合计质量,g。

(2)沥青旋转薄膜加热试验后,残留物针入度比以残留物针入度占原试样针入度的比值按式(7-12)计算:

$$K_P=\frac{P_2}{P_1}\times 100 \tag{7-12}$$

式中 K_p——试样旋转薄膜加热后残留物针入度比(%);

P_1——旋转薄膜加热试验前原试样的针入度,0.1 mm;

P_2——旋转薄膜加热后残留物的针入度,0.1 mm。

(3)沥青旋转薄膜加热试验的残留物软化点增值按式(7-13)计算:

$$\Delta T=T_2-T_1 \tag{7-13}$$

式中 ΔT——旋转薄膜加热试验后软化点增值,℃;

T_1——旋转薄膜加热试验前软化点,℃;

T_2——旋转薄膜加热试验后软化点,℃。

(4)沥青旋转薄膜加热试验黏度比按式(7-14)计算:

$$K_\eta=\frac{\eta_2}{\eta_1} \tag{7-14}$$

式中　K_η——旋转薄膜加热试验前后60℃黏度比;

η_2——旋转薄膜加热试验后60 ℃黏度,Pa · s;

η_1——旋转薄膜加热试验前60 ℃黏度,Pa · s。

(5)沥青的老化指数按式(7-15)计算:

$$C=\lg\lg(\eta_2\times10^3)-\lg\lg(\eta_1\times10^3) \tag{7-15}$$

式中　C——沥青旋转薄膜加热试验的老化指数。

(五)注意事项

沥青旋转薄膜加热试验(简称RTFOT)与沥青薄膜加热试验(简称TFOT)是同一性质的试验,但试验条件不同,也是国际上通行的一种试验。美国等一些沥青标准中规定旋转薄膜加热可以用薄膜加热试验替代。由于RTFOT沥青膜更薄,只有5～10 μm,因此试验时间可以缩短,且更加接近沥青混合料拌和时的实际情况。目前国内许多单位已有这项试验设备,国内研制的沥青旋转薄膜烘箱也在大批量生产。国内外大量试验证明,RTFOT与TFOT大体上有同等效果,故允许互相替代。尤其是对聚合物改性沥青,当黏度较高的改性沥青在进行RTFOT试验时,在旋转过程中沥青容易堆积在瓶口处,有时就会发生沥青从瓶口流出的现象。

十一、沥青密度与相对密度试验

沥青密度用于储油容器中沥青体积与质量的换算,相对密度用于沥青混合料理论密度的计算,供配合比设计及空隙率计算使用。我国沥青密度采用15 ℃标准,沥青混合料配合比计算时需要沥青25 ℃的相对密度,所以在非特殊要求条件下,宜在试验温度25 ℃及15 ℃下测定沥青密度与相对密度。

(一)目的与适用范围

本方法适用于使用比重瓶测定沥青材料的密度与相对密度,在试验温度25 ℃及15 ℃下测定沥青密度与相对密度。

注:对液体石油沥青,也可以采用适宜的液体比重计测定密度或相对密度。

(二)仪具与材料技术要求

(1)比重瓶:玻璃制,瓶塞下部与瓶口须经仔细研磨。瓶塞中间有一个垂直孔,其下部为凹形,以便由孔中排除空气。比重瓶的容积为20～30 mL,质量不超过40 g。

(2)恒温水槽:控温的准确度为0.1 ℃。

(3)烘箱:200 ℃,装有温度自动调节器。

(4)天平:感量不大于1 mg。

(5)滤筛:0.6 mm、2.36 mm各1个。

(6)温度计:量程0～50 ℃,分度值0.1 ℃。

(7)烧杯:600～800 mL。

(8)真空干燥器。

(9)洗液:玻璃仪器清洗液,三氯乙烯(分析纯)等。

(10)蒸馏水(或纯净水)。

(11)表面活性剂:洗衣粉(或洗涤灵)。

(12)其他:软布、滤纸等。

(三)方法与步骤

1.准备工作

(1)用洗液、水、蒸馏水先后仔细洗涤比重瓶,然后烘干称其质量(m_1),准确至 1 mg。

(2)将盛有冷却蒸馏水的烧杯浸入恒温水槽中保温,在烧杯中插入温度计,水的深度必须超过比重瓶顶部 40 mm 以上。

(3)使恒温水槽及烧杯中的蒸馏水达到规定的试验温度±0.1 ℃。

2.比重瓶水值的测定步骤

(1)将比重瓶及瓶塞放入恒温水槽中的烧杯里,烧杯底浸没水中的深度应不少于 100 mm,烧杯口露出水面,并用夹具将其固牢。

(2)待烧杯中水温再次达到规定温度并保温 30 min 后,将瓶塞塞入瓶口,使多余的水由瓶塞上的毛细孔中挤出。此时比重瓶内不得有气泡。

(3)将烧杯从水槽中取出,再从烧杯中取出比重瓶,立即用干净软布将瓶塞顶部擦拭一次,再迅速擦干比重瓶外面的水分,称其质量(m_2),准确至 1 mg。瓶塞顶部只能擦拭一次,即使由于膨胀瓶塞上有小水滴也不能再擦拭。

(4)以 m_2-m_1 作为试验温度时比重瓶的水值。

3.液体沥青试样的试验步骤

(1)将试样过筛(0.6 mm)后注入干燥比重瓶中至满,不得混入气泡。

(2)将盛有试样的比重瓶及瓶塞移入恒温水槽(测定温度±0.1 ℃)内盛有水的烧杯中,水面应在瓶口下约 40 mm,不得使水浸入瓶内。

(3)待烧杯内的水温达到要求的温度后保温 30 min,然后将瓶塞塞上,使多余的试样由瓶塞的毛细孔中挤出。用蘸有三氯乙烯的棉花擦净孔口挤出的试样,并保持孔中充满试样。

(4)从水中取出比重瓶,立即用干净软布擦去瓶外的水分或黏附的试样(不得再擦孔口)后,称其质量(m_5),准确至 3 位小数。

4.黏稠沥青试样的试验步骤

(1)按规定方法准备沥青试样,沥青的加热温度宜不高于估计软化点以上 100 ℃(石油沥青或聚合物改性沥青),将沥青小心注入比重瓶中,约至 2/3 高度。不得使试样黏附瓶口或上方瓶壁,并防止混入气泡。

(2)取出盛有试样的比重瓶,移入干燥器中,在室温下冷却不少于 1 h,连同瓶塞称其质量(m_4),准确至 3 位小数。

(3)将盛有蒸馏水的烧杯放入已达试验温度的恒温水槽中,然后将称量后盛有试样的比重瓶放入烧杯中(瓶塞也放进烧杯中),等烧杯中的水温达到规定试验温度后保温 30

min,使比重瓶中气泡上升到水面,待确认比重瓶已经恒温且无气泡后,再将比重瓶的瓶塞塞紧,使多余的水从塞孔中溢出,此时应不得带入气泡。

(4)取出比重瓶,按前述方法迅速揩干瓶外水分后称其质量(m_6),准确至3位小数。

5. 固体沥青试样的试验步骤

(1)试验前,如试样表面潮湿,可在干燥、洁净的环境下自然吹干,或置50 ℃烘箱烘干。

(2)将50～100 g试样打碎,过0.6 mm及2.36 mm筛。取0.6～2.36 mm的粉碎试样不少于5 g,放入清洁、干燥的比重瓶中,塞紧瓶塞后称其质量(m_6),准确至3位小数。

(3)取下瓶塞,将恒温水槽内烧杯中的蒸馏水注入比重瓶,水面高于试样约10 mm,同时加入几滴表面活性剂溶液(如1%洗衣粉、洗涤灵),并摇动比重瓶使大部分试样沉入水底,必须使试样颗粒表面所吸附的气泡逸出,摇动时勿使试样摇出瓶外。

(4)取下瓶塞,将盛有试样和蒸馏水的比重瓶置真空干燥箱(器)中抽真空,逐渐达到真空度98 kPa(735 mmHg)不少于15 min。当比重瓶试样表面仍有气泡时,可再加几滴表面活性剂溶液,摇动后再抽真空。必要时,可反复几次操作,直至无气泡为止。

注:抽真空不宜过快,以防止样品被带出比重瓶。

(5)将保温烧杯中的蒸馏水再注入比重瓶中至满,轻轻塞好瓶塞,再将带塞的比重瓶放入盛有蒸馏水的烧杯中,并塞紧瓶塞。

(6)将装有比重瓶的盛水烧杯再置恒温水槽(试验温度±0.1 ℃)中保持至少30 min后,取出比重瓶,迅速揩干瓶外水分后称其质量(m_7),准确至3位小数。

(四)计算

(1)试验温度下液体沥青试样的密度和相对密度按式(7-16)和式(7-17)计算:

$$\rho_b=\frac{m_3-m_1}{m_2-m_1}\times\rho_w \tag{7-16}$$

$$\gamma_b=\frac{m_3-m_1}{m_2-m_1} \tag{7-17}$$

式中　ρ_b——试样在试验温度下的密度,g/cm^3;

γ_b——试样在试验温度下的相对密度;

m_1——比重瓶质量,g;

m_2——比重瓶与所盛满水的合计质量,g;

m_3——比重瓶与所盛满试样的合计质量,g;

ρ_w——试验温度下水的密度,g/cm^3,15 ℃水的密度为0.999 1g/cm^3,25 ℃水的密度为0.997 1g/cm^3。

(2)试验温度下黏稠沥青试样的密度和相对密度按式(7-18)和式(7-19)计算:

$$\rho_b=\frac{m_4-m_1}{(m_2-m_1)-(m_5-m_4)}\times\rho_w \tag{7-18}$$

$$\gamma_b=\frac{m_4-m_1}{(m_2-m_1)-(m_5-m_4)} \tag{7-19}$$

(3)试验温度下固体沥青试样的密度和相对密度按式(7-20)和式(7-21)计算:

$$\rho_b = \frac{m_6 - m_1}{(m_2 - m_1) - (m_7 - m_6)} \times \rho_w \tag{7-20}$$

$$\gamma_b = \frac{m_6 - m_1}{(m_2 - m_1) - (m_7 - m_6)} \tag{7-21}$$

(五)结果处理

同一试样应平行试验两次，当两次试验结果的差值符合重复性试验的允许误差要求时，以平均值作为沥青的密度试验结果，并准确至 3 位小数，试验报告应注明试验温度。

(六)试验注意事项

(1)比重瓶的水值应经常校正，一般每年至少进行一次。

(2)对黏稠石油沥青及液体沥青的密度，重复性试验的允许误差为 0.003 g/cm³，再现性试验的允许误差为 0.007 g/cm³。

(3)对固体沥青，重复性试验的允许误差为 0.01 g/cm³，再现性试验的允许误差为 0.02 g/cm³。

十二、沥青闪点与燃点试验(克利夫兰开口杯法)

沥青的闪点是各国沥青质量的安全性指标，同时沥青燃点是施工安全的一项参考指标。热拌沥青混合料在拌和过程中需要对沥青胶结料进行加热，以提高其流动性，保证施工的和易性。如果沥青的闪点与燃点温度较低，则会在施工过程中燃烧，从而引发火灾，存在严重的安全隐患。

(一)目的与适用范围

本方法适用于克利夫兰开口杯(简称 COC)测定黏稠石油沥青、聚合物改性沥青及闪沥青试验点在 79 ℃以上的液体石油沥青的闪点和燃点，以评定施工的安全性。

(二)仪具与材料技术要求

(1)克利夫兰开口杯式闪点仪。

图 7-7　克利夫兰开口杯式闪点仪

(2)克利夫兰开口杯：用黄铜或铜合金制成，内口直径 63.5 mm±0.5 mm，深 33.6 mm±0.5 mm，在内壁与杯上口的距离为 9.4 mm±0.4 mm 处刻有一道环状标线，带一个弯柄把手。

(3)加热板:黄铜或铸铁制,直径 145～160 mm,厚约 6.5 mm,上有石棉垫板,中心有网孔,以支承金属试样杯。在距中心 58 mm 处有一个与标准试焰大小相当的直径 4.0 mm±0.2 mm 电镀金属小球,供火焰调节的对照使用。

(4)温度计:量程 0～360 ℃,分度值 2 ℃。

(5)点火器:金属管制,端部为产生火焰的尖嘴,端部外径约 1.6 mm,内径为 0.7～0.8 mm,与可燃气体压力容器(如液化丙烷气或天然气)连接,火焰大小可以调节。点火器可以 150 mm 半径水平旋转,且端部恰好通过坩埚中。

(6)加热源附有调节器的 1 kW 电炉或燃气炉,根据需要,可以控制加热试样的升温速度为 14～17 ℃/min、5.5 ℃/min±0.5 ℃/min。

(三)方法与步骤

1. 准备工作

(1)将试样杯用溶剂洗净、烘干,装置于支架上。加热板放在可调电炉上,如用燃气炉时,加热板距炉口约 50 mm,接好可燃气管道或电源。

(2)安装温度计,垂直插入试样杯中,温度计的水银球距杯底约 6.5 mm,位置在与点火器相对一侧距杯边缘约 16 mm 处。

(3)按照规定标准准备试样后,注入试样杯中至标线处,并使试样杯外部不沾有沥青。

注:试样加热温度不能超过闪点以下 55 ℃。

(4)全部装置应置于室内光线较暗且无显著空气流通的地方,并用防风屏三面围护。

(5)将点火器转向一侧,试验点火,调节火苗成标准球的形状或成直径为 4 mm±0.8 mm 的小球形试焰。

2. 试验步骤

(1)开始加热试样,升温速度迅速地达到 14～17 ℃/min。待试样温度达到预期闪点前 56 ℃时,调节加热器降低升温速度,以便在预期闪点前 28 ℃时能使升温速度控制在 5.5 ℃/min±0.5 ℃/min。

(2)试样温度达到预期闪点前 28 ℃时开始,每隔 2 ℃将点火器的试焰沿试验杯口中心以 150 mm 半径作弧水平扫过一次;从试验杯口的一边至另一边所经过的时间约 1 s。此时应确认点火器的试焰为直径 4 mm±0.8 mm 的火球,并位于坩埚口上方 2～2.5 mm 处。

(3)当试样液面上最初出现一瞬间即灭的蓝色火焰时,立即从温度计上读记温度,作为试样的闪点。

(4)继续加热,保持试样升温速度 5.5 ℃/min±0.5 ℃/min,并按上述操作要求用点火器点火试验。

(5)当试样接触火焰立即着火,并能继续燃烧不少于 5 s 时,停止加热,并读记温度计上的温度,作为试样的燃点。

(四)结果处理

(1)同一试样至少平行试验两次,两次测定结果的差值不超过重复性试验允许误差 8 ℃时,取其平均值的整数作为试验结果。

(2)当试验时大气压在 95.3 kPa(715 mmHg)以下时,应对闪点或燃点的试验结果进行修正。当大气压为 95.3～84.5 kPa(715～634 mmHg)时，修正值增加 2.8 ℃；当大气压为 84.5～73.3 kPa(634～550 mmHg)时，修正值增加 5.5 ℃。

(五)试验注意事项

(1)出现一瞬间即灭的蓝色火焰不易观察，试验仪器设备应置于室内光线较暗处，以利于及时发现闪点火焰。

(2)沥青加热试验应将仪器设备置于通风处，但需要用防风屏遮挡，以避免火焰熄灭。

十三、乳化沥青蒸发残留物含量试验

(一)目的与适用范围

本方法适用于测定各类乳化沥青中加热脱水后残留沥青的含量。

(二)仪具与材料技术要求

(1)试样容器：容量 1 500 mL、高约 60 mm、壁厚 0.5～1 mm 的金属盘，也可用小铝锅或瓷蒸发皿代替。

(2)天平：感量不大于 1 g。

(3)烘箱：装有温度控制器。

(4)电炉或燃气炉：有石棉垫。

(5)玻璃棒。

(6)其他：温度计、溶剂、洗液等。

(三)方法与步骤

(1)将试样容器、玻璃棒等洗净、烘干并称其合计质量(m_3)。

(2)在试样容器内称取搅拌均匀的乳化沥青试样 300 g±1 g，称取容器、玻璃棒及乳液合计质量(m_2)，准确至 1 g。

(3)将盛有试样的容器连同玻璃棒一起置于电炉或燃气炉(放有石棉垫)上缓缓加热，边加热边搅拌，其加热温度不应致乳液溢溅，直至确认试样中的水分已完全蒸发(通常需 20～30 min)，然后在 163 ℃±3.0 ℃温度下加热 1 min。

(4)取下试样容器冷却至室温，称取容器、玻璃棒及沥青一起的合计质量(m_3)，准确至 1 g。

(四)计算

乳化沥青的蒸发残留物含量按式(7-22)计算，以整数表示。

$$P_b=\frac{m_3-m_1}{m_2-m_1}\times 100 \tag{7-22}$$

式中 P_b——乳化沥青的蒸发残留物含量(%)；

m_1——试样容器、玻璃棒合计质量，g；

m_2——试样容器、玻璃棒及乳液合计质量，g；

m_3——试样容器、玻璃棒及残留物合计质量，g。

(五)结果处理

同一试样至少平行试验两次，两次试验结果的差值不大于 0.4%时，取其平均值作为试验结果，否则应重新进行试验。

十四、乳化沥青破乳速度试验

(一)目的与适用范围

本方法适用于各种类型的乳化沥青的拌和稳定度试验，以鉴别乳液属于快裂(RS)、中裂(MS)或慢裂(SS)的型号。

(二)仪具与材料技术要求

(1)拌和锅：容量约 1 000 mL。

(2)金属勺。

(3)天平：感量不大于 0.1 g。

(4)标准筛：方孔筛，4.75 mm、2.36 mm，0.6 mm，0.3 mm，0.75 mm。

(5)道路工程用粒径小于 4.75 mm 的石屑。

(6)蒸馏水。

(7)其他：烧杯、量筒、秒表等。

(三)方法与步骤

1. 准备工作

(1)将工程实际使用的集料(石屑)过筛分级，并按表 7-4 的比例称料，混合成两种标准级配矿料各 200 g。

(2)将拌和锅洗净、干燥。

2. 试验步骤

(1)将 A 组矿料 200 g 在拌和锅中拌和均匀。当为阳离子乳化沥青时，先注入 5 mL 蒸馏水拌匀，再注入乳液 20 g；当为阴离子乳化沥青时，直接注入乳液 20 g。用金属匙以 60 r/min 的速度拌和 30 s，观察矿料与乳液拌和后的均匀情况。

表 7-4　拌和试验用矿料颗粒组成比例　(%)

矿料规格(mm)	A 组	B 组
<0.075	3	10
0.075～0.3	3	30
0.3～0.6	5	30
0.6～2.36	7	30
2.36～4.75	85	—
合计	100	100

(2)将拌和锅中的 B 组矿料 200 g 拌和均匀后注入 30 mL 蒸馏水，拌匀后，注入 50 g 乳液试样，再继续用金属匙以 60 r/min 的速度拌和 1 min，观察拌和后混合料的均匀情况。

(3)根据两组矿料与乳液试样拌和均匀情况，按表 7-5 确定试样的破乳速度。

表 7-5　乳化沥青的破乳速度分级

A组矿料拌和结果	B组矿料拌和结果	破乳速度	代号
混合料呈松散状态，一部分矿料颗粒未裹覆沥青，沥青分布不够均匀，有些凝聚成固块	乳液中的沥青拌和后立即凝聚成团块，不能拌和	快裂	RS
混合料混合均匀	混合料呈松散状态，沥青分布不均，并可见凝聚的团块	中裂	MS
	混合料呈糊状，沥青乳液分布均匀	慢裂	SS

(四)结果处理

试验结果应说明拌和情况及破乳速度分级、代号。

第二节　沥青混合料及检测方法

沥青混合料是矿质集料与沥青结合料拌制而成的混合料的总称，其中矿质集料起骨架作用，沥青与填料起胶结与填充作用。沥青混合料是沥青路面的主要材料之一，按照材料组成及结构可以分为连续级配与间断级配混合料，按矿料级配组成及空隙率大小分为密级配、半开级配、开级配混合料，按公称最大粒径的大小可分为特粗式、粗粒式、中粒式、细粒式、砂粒式混合料，按制造工艺分为热拌沥青混合料、冷拌沥青混合料、再生沥青混合料等。

一、沥青混合料的基本概念

(一)沥青混合料分类

1.按集料级配组成及空隙率分类

(1)密级配沥青混合料：按密级配原理设计组成的各种粒径颗粒的矿料与沥青结合料拌和而成，经马歇尔标准击实成型试件的剩余空隙率3%～5%(对重载道路为4%～6%，对人行道路为2%～5%)的密实式沥青混凝土混合料。按粒径大小分为砂粒式、细粒式、中粒式、粗粒式以及特粗式等；按关键筛孔通过率分为细型密级配、粗型密级配沥青混合料等。

(2)半开级配沥青碎石混合料：由适当比例的粗集料、细集料及少量填料(或不加填料)与沥青结合料拌和而成，经马歇尔标准击实成型试件的剩余空隙率在6%～12%的半开式沥青碎石混合料，我国的AM型沥青碎石混合料属于此类。

(3)开级配沥青混合料：矿料级配主要由粗集料嵌挤组成，细集料及填料较少，经高黏度沥青结合料胶结形成的开级配沥青碎石混合料，经马歇尔标准击实成型试件的剩余空隙率通常大于18%。典型类型如排水式沥青磨耗层混合料(以OGFC表示)和排水式沥青稳定碎石(以ATPB表示)。

(4)间断级配沥青混合料：矿料级配组成中缺少1个或几个档次(或用量很少)而形成的沥青混合料，典型类型如沥青玛蹄脂碎石混合料(以SMA表示)。

2.按矿料的最大粒径分类

根据集料的公称最大粒径，沥青混合料分为：

(1)特粗式沥青混合料:公称最大粒径等于或大于 37.5 mm 沥青混合料。

(2)粗粒式沥青混合料:公称最大粒径为 26.5 mm 或 31.5 mm 的沥青混合料。

(3)中粒式沥青混合料:公称最大粒径为 16 mm 或 19 mm 的沥青混合料。

(4)细粒式沥青混合料:公称最大粒径为 9.5 mm 或 13.2 mm 的沥青混合料。

(5)砂粒式沥青混合料:公称最大粒径等于或小于 4.75 mm 的沥青混合料,也称之为沥青石屑或沥青砂。

3. 按制造工艺分类

(1)热拌沥青混合料:沥青和矿料在热态拌和、热态铺筑的混合料。

(2)冷拌沥青混合料:以乳化沥青、液体沥青或改性乳化沥青与矿料在常温状态下拌制、铺筑和混合料。

(二)沥青混合料的结构类型及特点

沥青混合料是由粗集料、细集料、矿粉与沥青以及外加剂所组成的一种复合材料,由于各组成材料用量比例的不同,压实后沥青混合料内部的矿料颗粒的分布状态、剩余空隙率也呈现出不同的特征,形成不同的组成结构,而具有不同组成结构特征的沥青混合料在使用时则表现出不同的性能。

按照沥青混合料的矿料级配组成特点,将沥青混合料分为悬浮密实结构、骨架空隙结构和骨架密实结构三种类型。

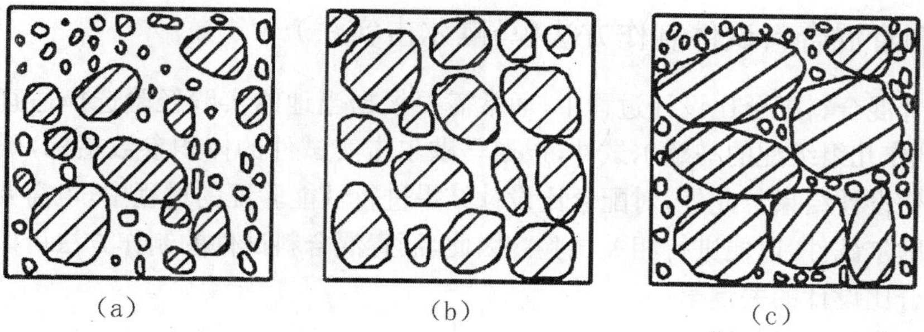

图 7-8　沥青混合料组成结构示意图

1. 悬浮密实结构

采用连续型密级配的矿质混合料,与沥青拌和而得的沥青混合料属悬浮密实结构(见图 7-8(a))。粗集料被细集料推开,相互之间不能接触形成骨架。

悬浮密实结构的沥青混合料经压实后,密实度较大,水稳定性、低温抗裂性和耐久性较好,是使用较为广泛的沥青混合料。但这种沥青混合料结构强度受沥青性质及其状态的影响较大,在高温条件下使用时,由于沥青强度降低,可能会导致沥青混合料强度和稳定性的下降.

2. 骨架空隙结构

采用属于连续型级配的矿质混合料,当矿质集料中粗集料较多,可以形成矿质骨架,但因细集料数量较少,不足以填满空隙时,则形成"骨架"+"空隙"结构(见图 7-8(b))。

骨架空隙结构的沥青混合料,其结构强度主要取决于内摩阻力,黏结力相对较小,受沥青的性质和物理状态影响较小,高温稳定性较好,抗水损害、疲劳和低温性能较差。

3. 骨架密实结构

当采用间断型密级配时，混合料中既有一定数量的粗集料形成骨架，同时细集料足以填充骨架的空隙（见图 7-8(c)）。

骨架密实结构的沥青混合料黏结力与内摩阻力均较高，高温稳定性较好，抗水损害、疲劳和低温性能均较好。

（三）沥青混合料技术指标及含义

空隙率（*VV*）：指压实沥青混合料内矿料及沥青以外的空隙（不包括矿料自身内部已被沥青封闭的孔隙）的体积占混合料总体积的百分率。

矿料间隙率（*VMA*）：指压实沥青混合料试件内矿料部分以外的体积占混合料总体积的百分率。

沥青饱和度（*VFA*）：指沥青混合料试件内沥青部分的体积占矿料部分以外的体积百分率。沥青混合料内有效沥青部分（扣除被集料吸收的沥青以外的沥青）的体积占矿料部分以外的体积的百分率，称为有效沥青饱和度。

稳定度：指标准尺寸试件在规定的温度和加载速度下，在马歇尔稳定度仪中最大的破坏荷载（kN）。

流值：指达到最大破坏荷载时的试件的径向压缩变形（以 0.1 mm 计）。马歇尔模数即为稳定度与流值的比值。

二、沥青混合料试件制作方法（马歇尔击实法）

在沥青混合料配合比设计过程中，通常需要根据当地的实践经验选择适宜的沥青用量，分别制作几组级配的马歇尔试件，根据马歇尔击实试件的体积参数指标，确定沥青混合料配合比设计结果。此外，对配合比设计结果进行性能验证的过程中，也需要制作一定数量的马歇尔试件，以便进行相关试验。因此，沥青混合料试件的制作方法可以说是沥青混合料配合比设计的关键第一步。

（一）目的与适用范围

（1）本方法适用于采用标准击实法或大型击实法制作沥青混合料试件，以供试验室进行沥青混合料物理力学性质试验使用。

（2）标准击实法适用于标准马歇尔试验、间接抗拉试验（劈裂法）等所使用的直径 101.6 mm×63.5 mm 圆柱体试件的成型。大型击实法适用于大型马歇尔试验和直径 152.4 mm×95.3 mm 大型圆柱体试件的成型。

（3）沥青混合料试件制作时的条件及试件数量应符合下列规定：

①当集料公称最大粒径小于或等于 26.5 mm 时，采用标准击实法。一组试件的数量不少于 4 个。

②当集料公称最大粒径大于 26.5 mm 时，宜采用大型击实法。一组试件数量不少于 6 个。

（二）仪具与材料技术要求

（1）自动击实仪：击实仪应具有自动记数、控制仪表、按钮设置、复位及暂停等功能。按其用途分为以下两种：

①标准击实仪：由击实锤、直径 98.5 mm±0.5 mm 平圆形压实头及带手柄的导向棒组成。用机械将压实锤提升，至 457.2 mm±1.5 mm 高度沿导向棒自由落下连续击实，标准击实锤质量 4 536 g±9 g。

②大型击实仪：由击实锤、直径 149.4 mm±0.1 mm 平圆形压实头及带手柄的导向棒组成。用机械将压实锤提升，至 457.2 mm±2.5 mm 高度沿导向棒自由落下击实，大型击实锤质量 10 210 g±10 g。

(2)试验室用沥青混合料拌和机：能保证拌和温度并充分拌和均匀，可控制拌和时间，容量不小于 10 L。搅拌叶自转速度 70～80 r/min，公转速度 40～50 r/min。

(3)试模：由高碳钢或工具钢制成，几何尺寸如下：

①标准击实仪试模的内径为 101.6 mm±0.2 mm，圆柱形金属筒高 87 mm，底座直径约 120.6 mm，套筒内径 104.8 mm、高 70 mm。

②大型击实仪的试模与套筒尺寸。

套筒外径 165.1 mm，内径 155.6 mm±0.3 mm，总高 83 mm。试模内径 152.4 mm±0.2 mm，总高 115 mm；底座板厚 12.7 mm，直径 172 mm。

(4)脱模器：电动或手动，应能无破损地推出圆柱体试件，备有标准试件及大型试件尺寸的推出环。

(5)烘箱：大、中型各 1 台，应有温度调节器。

(6)天平或电子秤：用于称量沥青的，感量不大于 0.1 g；用于称量矿料的，感量不大于 0.5 g。

(7)布洛克菲尔德黏度计。

(8)插刀或大螺丝刀。

(9)温度计：分度值 1 ℃。宜采用有金属插杆的插入式数显温度计，金属插杆的长度不小于 150 mm，量程 0～300 ℃。

(10)其他：电炉或煤气炉、沥青熔化锅、拌和铲、标准筛、滤纸(或普通纸)、胶布、卡尺、秒表、粉笔、棉纱等。

(三)准备工作

1. 确定制作沥青混合料试件的拌和温度与压实温度

(1)按沥青黏度及黏温曲线测试方法，绘制黏温曲线。按以下要求确定适宜于沥青混合料拌和及压实的等黏温度：

适宜于拌和的沥青黏度：0.17 Pa·s±0.02 Pa·s，

适宜于压实的沥青黏度：0.28 Pa·s±0.03 Pa·s。

(2)当缺乏沥青黏度测定条件时，试件的拌和与压实温度可按表 7-6 选用，并根据沥青品种和标号作适当调整。针入度小、稠度大的沥青取高限；针入度大、稠度小的沥青取低限；一般取中值。

(3)对改性沥青，应根据实践经验、改性剂的品种和用量，适当提高混合料的拌和和压实温度；对大部分聚合物改性沥青，通常在普通沥青的基础上提高 10～20 ℃；掺加纤维时，尚需再提高 10 ℃左右。

表 7-6　沥青混合料拌和及压实温度参考表

沥青结合料种类	拌和温度(℃)	压实温度(℃)
石油沥青	140～160	120～150
改性沥青	160～175	140～170

(4)常温沥青混合料的拌和及压实在常温下进行。

2. 沥青混合料试件的制作条件

(1)在拌和厂或施工现场采取沥青混合料制作试样时,按规范规定的方法取样,将试样置于烘箱中加热或保温,在混合料中插入温度计测量温度,待混合料温度符合要求后成型。需要拌和时可倒入已加热的室内沥青混合料拌和机中适当拌和,时间不超过 1 min。不得在电炉或明火上加热炒拌。

(2)在试验室人工配制沥青混合料时,试件的制作按下列步骤进行:

①将各种规格的矿料置 105 ℃±5 ℃的烘箱中烘干至恒重(一般不少于 4～6 h)。

②将烘干分级的粗、细集料,按每个试件设计级配要求称其质量,在一金属盘中混合均匀,矿粉单独放入小盆里;然后置烘箱中加热至沥青拌和温度以上约 15 ℃(采用石油沥青时通常为 163 ℃;采用改性沥青时通常需 180 ℃)备用。一般按一组试件(每组 4～6 个)备料,但进行配合比设计时宜对每个试件分别备料。常温沥青混合料的矿料不应加热。

③将按沥青试样制备方法制备的沥青试样,用烘箱加热至规定的沥青混合料拌和温度,但不得超过 175 ℃。当不得已采用燃气炉或电炉直接加热进行脱水时,必须使用石棉垫隔开。

(四)拌制沥青混合料

1. 黏稠石油沥青混合料

(1)用蘸有少许黄油的棉纱擦净试模、套筒及击实座等,置 100 ℃左右烘箱中加热 1 h 备用。常温沥青混合料用试模不加热。

(2)将沥青混合料拌和机提前预热至拌和温度 100 ℃左右。

(3)将加热的粗细集料置于拌和机中,用小铲子适当混合;然后加入需要数量的沥青(如沥青已称量在一专用容器内,可在倒掉沥青后用一部分热矿粉将粘在容器壁上的沥青擦拭掉并一起倒入拌和锅中),开动拌和机一边搅拌一边使拌和叶片插入混合料中拌和 1～1.5 min;暂停拌和,加入加热的矿粉,继续拌和至均匀为止,并使沥青混合料保持在要求的拌和温度范围内。标准的总拌和时间为 3 min。

2. 液体石油沥青混合料

将每组(或每个)试件的矿料置已加热至 55～100 ℃的沥青混合料拌和机中,注入要求数量的液体沥青,并将混合料边加热边拌和,使液体沥青中的溶剂挥发至 50%以下。拌和时间应事先试拌决定。

3. 乳化沥青混合料

将每个试件的粗细集料,置于沥青混合料拌和机(不加热,也可用人工炒拌)中;注入计算的用水量(阴离子乳化沥青不加水)后,拌和均匀并使矿料表面完全湿润;再注入设计的沥青乳液用量，在 1 min 内使混合料拌匀；然后加入矿粉后迅速拌和，使混合料拌成褐色为止。

（五）成型方法

（1）击实法的成型步骤如下：

①将拌好的沥青混合料，用小铲适当拌和均匀，称取一个试件所需的用量（标准马歇尔试件约 1 200 g，大型马歇尔试件约 4 050 g）。当已知沥青混合料的密度时，可根据试件的标准尺寸计算并乘以 1.03 得到要求的混合料数量。当一次拌和几个试件时，宜将其倒入经预热的金属盘中，用小铲适当拌和均匀分成几份，分别取用。在试件制作过程中，为防止混合料温度下降，应连盘放在烘箱中保温。

②从烘箱中取出预热的试模及套筒，用蘸有少许黄油的棉纱擦拭套筒、底座及击实锤底面。将试模装在底座上，放一张圆形的吸油性小的纸，用小铲将混合料铲入试模中，用插刀或大螺丝刀沿周边插捣 15 次，中间捣 10 次。插捣后将沥青混合料表面整平。对大型击实法的试件，混合料分两次加入，每次插捣次数同上。

③插入温度计至混合料中心附近，检查混合料温度。

④待混合料温度符合要求的压实温度后，将试模连同底座一起放在击实台上固定。在装好的混合料上面垫一张吸油性小的网纸，再将装有击实锤及导向棒的压实头放入试模中。开启电机，使击实锤从 457 mm 的高度自由落下到击实规定的次数（75 次或 50 次）。对大型试件，击实次数为 75 次（相应于标准击实的 50 次）或 112 次（相应于标准击实 75 次）。

⑤试件击实一面后，取下套筒，将试模翻面，装上套筒；然后以同样的方法和次数击实另一面。乳化沥青混合料试件在两面击实后，将一组试件在室温下横向放置 24 h；另一组试件置温度为 105 ℃±5 ℃的烘箱中养生 24 h。将养生试件取出后再立即两面锤击各 25 次。

⑥试件击实结束后，立即用镊子取掉上下面的纸，用卡尺量取试件离试模上口的高度并由此计算试件高度。高度不符合要求时，试件应作废，并按下式调整试件的混合料质量，以保证高度符合 63.5 mm±1.3 mm（标准试件）或 95.3 mm±2.5 mm（大型试件）的要求。

$$\text{调整后混合料质量}=\frac{\text{要求试件高度}\times\text{原用混合料质量}}{\text{所得试件高度}}$$

例如：原用混合料质量 1 200 g，马歇尔击实试验后测量试件高度为 61.5 mm，则调整后用混合料质量为(63.5×1 200)/61.5=1 239(g)。

（2）卸去套筒和底座，将装有试件的试模横向放置冷却至室温后（不少于 12 h），置脱模机上脱出试件。用于现场马歇尔指标检验的试件，在施工质量检验过程中如急需试验，允许采用电风扇吹冷 1 h 或浸水冷却 3 min 以上的方法脱模；但浸水脱模法不能用于测量密度、空隙率等各项物理指标。

（3）将试件仔细置于干燥洁净的平面上，供试验用。

（六）试验注意事项

（1）矿料、试模、套筒及击实座等要按照规定的温度置于烘箱中加热。

(2)严格控制混合料拌和时间和矿粉加入的时机。

(3)需要严格控制马歇尔击实次数，避免欠击或过击。

三、沥青混合料密度试验(表干法)

(一)目的与适用范围

(1)本方法适用于测定吸水率不大于2%的各种沥青混合料试件，包括密级配沥青混凝土、沥青玛蹄脂碎石混合料(SMA)和沥青稳定碎石等沥青混合料试件的毛体积相对密度和毛体积密度。标准温度为25℃±0.5℃。

(2)本方法测定的毛体积相对密度和毛体积密度适用于计算沥青混合料试件的空隙率、矿料间隙率等各项体积指标。

(二)仪具与材料技术要求

(1)浸水天平或电子天平：当最大称量在3 kg以下时，感量不大于0.1 g；最大称量3 kg以上时，感量不大于0.5 g。应有测量水中重的挂钩。

(2)网篮。

(3)溢流水箱：使用洁净水，有水位溢流装置，保持试件和网篮浸入水中后的水位一定。能调整水温至25℃±0.5℃。

(4)试件悬吊装置：天平下方悬吊网篮及试件的装置，吊线应采用不吸水的细尼龙线绳，并有足够的长度。对轮碾成型机成型的板块状试件可用铁丝悬挂。

(5)秒表。

(6)毛巾。

(7)电风扇或烘箱。

(三)方法与步骤

(1)准备试件。本试验可以采用室内成型的试件，也可以采用工程现场钻芯、切割等方法获得的试件。试验前试件宜在阴凉处保存(温度不宜高于35℃)，且放置在水平的平面上，注意不要使试件产生变形。

(2)选择适宜的浸水天平或电子天平，最大称量应满足试件质量的要求。

(3)除去试件表面的浮粒，称取干燥试件的空中质量(m_a)，根据选择的天平的感量读数，准确至0.1 g或0.5 g。

(4)将溢流水箱水温保持在25℃±0.5℃。挂上网篮，浸入溢流水箱中，调节水位，将天平调平并复零，把试件置于网篮中(注意不要晃动水)浸水中3～5 min，称取水中质量(m_w)。若天平读数持续变化，不能很快达到稳定，说明试件吸水较严重，不适于用此法测定，应改用蜡封法测定。

(5)从水中取出试件，用洁净柔软的拧干湿毛巾轻轻擦去试件的表面水(不得吸走空隙内的水)，称取试件的表干质量(m_f)。从试件拿出水面到擦拭结束不宜超过5 s，称量过程中流出的水不得再擦拭。

(6)对从工程现场钻取的非干燥试件，可先称取水中质量(m_w)和表干质量(m_f)，然后用电风扇将试件吹干至恒重(一般不少于12 h，当不需进行其他试验时，可用60℃±5℃烘箱烘干至恒重)，再称取空中质量(m_a)。

(四)计算

(1)按式(7-23)计算试件的吸水率,取1位小数。

$$S_a=\frac{m_f-m_a}{m_f-m_w} \tag{7-23}$$

式中　S_a——试件的吸水率(%);

m_a——干燥试件的空中质量,g;

m_w——试件的水中质量,g;

m_f——试件的表干质量,g。

(2)按式(7-24)和式(7-25)分别计算试件的毛体积相对密度和毛体积密度,取3位小数。

$$\gamma_f=\frac{m_a}{m_f-m_w} \tag{7-24}$$

$$\rho_f=\frac{m_a}{m_f-m_w}\times\rho_w \tag{7-25}$$

式中　γ_f——试件毛体积相对密度,无量纲;

ρ_f——试件毛体积密度,g/cm^3;

ρ_w——25 ℃时水的密度,取0.997 1 g/cm^3。

(3)按式(7-26)计算试件的空隙率,取1位小数。

$$VV=\left(1-\frac{\gamma_f}{\gamma_t}\right)\times 100 \tag{7-26}$$

式中　VV——试件的空隙率(%);

γ_t——沥青混合料理论最大相对密度,按计算法或实测得到,无量纲;

γ_f——试件的毛体积相对密度,无量纲,通常采用表干法测定,当试件吸水率$S_a>2\%$时,宜采用蜡封法测定,当按规定容许采用水中重法测定时,也可采用表观相对密度代替。

(五)注意事项

(1)沥青混合料的吸水率与集料的吸水率的概念和计算方法是不同的,沥青混合料试件的吸水率为达到饱和面干状态时所吸收的水的体积与试件毛体积的比值(体积比);集料的吸水率是吸收水的质量与集料烘干质量的比值(质量比)。

(2)试件毛体积密度试验重复性的允许误差为0.020 g/cm^3。试件毛体积相对密度试验重复性的允许误差为0.020。

四、沥青混合料密度试验(蜡封法)

(一)目的与适用范围

(1)本方法适用于测定吸水率大于2%的沥青混凝土或沥青碎石混合料试件的毛体积相对密度或毛体积密度。标准温度为25 ℃±0.5 ℃。

(2)本方法测定的毛体积相对密度适用于计算沥青混合料试件的空隙率、矿料间隙率等各项体积指标。

(二)仪具与材料技术要求

(1)浸水天平或电子天平:当最大称量在 3 kg 以下时,感量不大于 0.1 g;最大称量 3 kg 以上时,感量不大于 0.5 g。应有测量水中重的挂钩。

(2)网篮。

(3)水箱:使用洁净水,有水位溢流装置,保持试件和网篮浸入水中后的水位一定。

(4)试件悬吊装置:天平下方悬吊网篮及试件的装置,吊线应采用不吸水的细尼龙线绳,并有足够的长度。对轮碾成型机成型的板块状试件可用铁丝悬挂。

(5)石蜡:熔点已知。

(6)冰箱:可保持温度为 4～5 ℃。

(7)铅或铁块等重物。

(8)滑石粉。

(9)秒表。

(10)电风扇。

(11)其他:电炉或燃气炉。

(三)方法与步骤

(1)选择适宜的浸水天平或电子天平,最大称量应满足试件质量的要求。

(2)称取干燥试件的空中质量(m_a),根据选择的天平感量读数,准确至 0.1 g 或 0.5 g。当为钻芯法取得的非干燥试件时,应用电风扇吹干 12 h 以上至恒重作为空中质量,但不得用烘干法。

(3)将试件置于冰箱中,在 4～5 ℃条件下冷却不少于 30 min。

(4)将石蜡熔化至其熔点以上 5.5 ℃±0.5 ℃。

(5)从冰箱中取出试件立即浸入石蜡液中,至全部表面被石蜡封住后迅速取出试件,在常温下放置 30 min,称取蜡封试件的空中质量(m_p)。

(6)挂上网篮,浸入水箱中,调节水位,将天平调平或复零。调整水温并保持在 25 ℃±0.5 ℃内。将蜡封试件放入网篮浸水约 1 min,读取水中质量(m_c)。

(7)如果试件在测定密度后还需要做其他试验,为便于除去石蜡,可事先在干燥试件表面涂一薄层滑石粉,称取涂滑石粉后的试件质量(m_s),然后再蜡封测定。

(8)用蜡封法测定时,石蜡对水的相对密度按下列步骤实测确定:

①取一块铅或铁块之类的重物,称取空中质量(m_g);

②测定重物在水温 25 ℃±0.5 ℃的水中质量(m'_g);

③待重物干燥后,按上述试件蜡封的步骤将重物蜡封后测定其空中质量(m_d)以及水温在 25 ℃±0.5 ℃时的水中质量m'_d);

④按式(7-27)计算石蜡对水的相对密度:

$$\gamma_p=\frac{m_d-m_g}{(m_d-m_g)(m'_d-m')} \tag{7-27}$$

(四)计算

计算试件的毛体积相对密度,取 3 位小数。

(1)蜡封法测定的试件毛体积相对密度按式(7-28)计算:

$$\gamma_f=\frac{m_a}{(m_p-m_c)-(m_p-m_a)/\gamma_p} \tag{7-28}$$

式中　γ_f——由蜡封法测定的试件的毛体积相对密度，无量纲；

m_a——试件的空中质量，g；

m_p——蜡封试件的空中质量，g；

m_c——蜡封试件的水中质量，g。

（2）涂滑石粉后，用蜡封法测定的试件毛体积相对密度按式（7-29）计算：

$$\gamma_f=\frac{m_a}{(m_p-m_c)-[(m_p-m_s)/\gamma_p-(m_s-m_a)/\gamma_s]} \tag{7-29}$$

式中　m_s——试件涂滑石粉后的空中质量，g；

γ_s——滑石粉对水的相对密度，无量纲。

（3）试件的毛体积密度按式（7-30）计算：

$$\rho_f=\gamma_f\times\rho_w \tag{7-30}$$

式中　ρ_f——蜡封法测得的试件毛体积密度，g/cm^3；

ρ_w——25 ℃时水的密度，取 0.9971 g/cm^3。

（五）试验注意事项

（1）试件表面涂覆一层薄薄的蜡膜，保证水分不致渗入试件内部即可，不宜涂覆过多的石蜡。

（2）试件必须在低温下冷冻 15 min，时间不宜太长，否则试件会收缩；时间也不宜太短，否则试件表面温度还可能较高。

（3）将凉试件迅速完全浸入蜡液中，要快，使试件壁裹覆一层薄薄的蜡，速度慢了，会有较多的蜡浸入试件，影响体积测定。

五、沥青混合料密度试验（体积法）

（一）目的与适用范围

（1）本方法采用体积法测定沥青混合料的毛体积相对密度或毛体积密度。

（2）本方法仅适用于不能用表干法、蜡封法测定的空隙率较大的沥青碎石混合料及大空隙透水性开级配沥青混合料（OGFC）等。

（3）本方法测定的毛体积相对密度适用于计算沥青混合料试件的空隙率、矿料间隙率等各项体积指标。

（二）仪具与材料技术要求

（1）电子天平：当最大称量在 3 kg 以下时，感量不大于 0.1 g；最大称量在 3 kg 以上时，感量不大于 0.5 g。

（2）卡尺。

（三）方法与步骤

（1）选择适宜的电子天平，最大称量应满足试件质量的要求。

（2）清理试件表面，刮去突出试件表面的残留混合料，称取干燥试件的空中质量（m_a），根据选择的天平感量读取，准确至 0.1 g 或 0.5 g。当为钻芯法取得的非干燥试件时，应用电风扇吹干 12 h 以上至恒重作为空中质量，但不得用烘干法。

(3)用卡尺测定试件的各种尺寸，准确至 0.01 cm。圆柱体试件的直径取上下 2 个断面测定结果的平均值，高度取十字对称 4 次测定的平均值；棱柱体试件的长度取上下 2 个位置的平均值，高度或宽度取两端及中间 3 个断面测定的平均值。

(四)计算方法

(1)圆柱体试件毛体积按式(7-31)计算：

$$V=\frac{\pi d^2}{4}\times h \tag{7-31}$$

式中　V——试件的毛体积，cm^3；

d——圆柱体试件的直径，cm；

h——试件的高度，cm。

(2)棱柱体试件的毛体积按式(7-32)计算：

$$V=lbh \tag{7-32}$$

式中　l——试件长度，cm；

b——试件的宽度，cm；

h——试件的高度，cm。

(3)试件的毛体积密度按式(7-33)计算：

$$\rho_s=\frac{m_s}{V} \tag{7-33}$$

式中　ρ_s——体积法测得的试件毛体积密度，g/cm^3；

m_s——干燥试件的空中质量，g。

(4)试件的毛体积相对密度按式(7-34)计算：

$$\gamma_s=\frac{\rho_s}{\rho_w} \tag{7-34}$$

式中　γ_s——用体积法测定的试件 25 ℃条件下的毛体积相对密度，无量纲；

ρ_w——25 ℃时水的密度，取 0.997 1 g/cm^3。

(五)试验注意事项

(1)试件应保证干燥再称重，试件干燥过程中不可放入烘箱进行烘干，应放置在阴凉处自然风干，或使用电风扇吹干。

(2)试件体积测量时，应采用游标卡尺，精确测量试件的高度、宽度、直径等数据。

六、沥青混合料理论最大相对密度试验(真空法)

采用抽取真空的方法，将沥青混合料空隙中的空气排出，测算沥青混合料实体部分的密度，即可得到在理论概念下沥青混合料的最大密度，将其与 25 ℃时水的密度相比，可以得到沥青混合料理论最大相对密度。沥青混合料理论最大相对密度，是进行沥青混合料配合比设计、路况调查或路面施工质量管理、计算空隙率、压实度的基础数据。

(一)目的与适用范围

(1)本方法适用于采用真空法测定沥青混合料理论最大相对密度，供沥青混合料配合比设计、路况调查或路面施工质量管理计算空隙率、压实度等使用。

(2)本方法不适用于吸水率大于3%的多孔性集料的沥青混合料。

(二)仪具与材料技术要求

(1)天平:称量5 kg以上,感量不大于0.1 g;称量2 kg以下,感量不大于0.05 g。

(2)负压容器:根据试样数量选用表7-7中的A、B、C任何一种类型。负压容器口带橡皮塞,上接橡胶管,管口下方有滤网,防止细料部分吸入胶管。为便于抽真空时观察气泡情况,负压容器至少有一面透明或者采用透明的密封盖。

表7-7　负压容器类型

类型	容器	附属设备
A	耐压玻璃,塑料或金属制的罐,容积大于2 000 mL	有密封盖,接真空胶管,与真空泵连接
B	容积大于200 mL的真空容量瓶	带胶皮塞,接真空胶管,与真空泵连接
C	4 000 mL的耐压真空器皿或干燥器	带胶皮塞,接真空胶管,与真空泵连接

(3)真空负压装置:由真空泵、真空表、调压装置、压力表及干燥器或积水装置等组成。真空泵应使负压容器内产生3.7 kPa±0.3 kPa(27.5 mmHg±2.5 mmHg)负压;真空表分度值不得大于2 kPa。

(4)调压装置应具备过压调节功能,以保持负压容器的负压稳定在要求范围内,同时还应具有卸除真空压力的功能。

(5)振动装置:试验过程中根据需要可以开启或关闭。

(6)恒温水槽:水温控制25 ℃±0.5 ℃。

(7)温度计:分度值0.5 ℃。

(8)其他:玻璃板、平底盘、铲子等。

(三)准备工作

(1)按沥青混合料取样方法或从沥青路面上采取(或钻取)沥青混合料试样,试样数量宜不少于表7-8的规定数量。

表7-8　沥青混合料试样数量

公称最大粒径(mm)	试样最小质量(g)	公称最大粒径(mm)	试样最小质量(g)
4.75	500	26.5	2 500
9.5	1 000	31.5	3 000
13.2、16	1 500	37.5	3 500
19	2 000		

(2)将沥青混合料团块仔细分散,粗集料不破碎,细集料团块分散到小于6.4 mm。若混合料坚硬时可用烘箱适当加热后再分散,加热温度不超过60 ℃。分散试样时可用铲子翻动、分散,在温度较低时应用手掰开,不得用锤打碎,防止集料破碎。当试样是从施工现场采取的非干燥混合料时,应用电风扇吹干至恒重后再操作。

(3)负压容器标定方法(B、C类负压容器):

①大端口的负压容器，需要有大于负压容器端口的玻璃板。将负压容器和玻璃板放进水槽中，注意轻轻摇动负压容器使容器内气泡排除。恒温 10 min±1 min，取出负压容器和玻璃板，向负压容器内加满 25 ℃±0.5 ℃水至液面稍微溢出，用玻璃板先盖住容器端口 1/3，然后慢慢沿容器端口水平方向移动盖住整个端口，注意查看有没有气泡。擦除负压容器四周的水，称取盛满水的负压容器质量为 m_b。

②小口的负压容器，需要采用中间带垂直孔的塞子，其下部为凹槽，以便于空气从孔中排除。将负压容器和塞子放进水槽中，注意轻轻摇动负压容器使容器内气泡排除。恒温 10 min±1 min，在水中将瓶塞塞进瓶口，使多余的水由瓶塞上的孔中挤出。取出负压容器，将负压容器用干净软布将瓶塞顶部擦拭一次，再迅速擦除负压容器外面的水分，最后称其质量 m_b。

(4)采用 A 类容器时，将容器全部浸入 25 ℃±0.5 ℃的恒温水槽中，负压容器完全浸没、恒温 10 min±1 min 后，称取容器的水中质量 m_1。

(5)将负压容器干燥、编号，称取其干燥质量。

(四)试验步骤

(1)将沥青混合料试样装入干燥的负压容器中，称容器及沥青混合料总质量，得到试样的净质量 m_a。试样质量应不小于上述规定的最小数量。

(2)在负压容器中注入 25 ℃±0.5 ℃的水，将混合料全部浸没，并较混合料顶面高出约 2 cm。

(3)将负压容器放到试验仪上，与真空泵、压力表等连接，开动真空泵，使负压容器内负压在 2 min 内达到 3.7 kPa±0.3 kPa(27.5 mmHg±2.5 mmHg)时，开始计时，同时开动振动装置和抽真空，持续 15 min±2 min。为使气泡容易除去，试验前可在水中加 0.01%浓度的表面活性剂(如每 100 mL 水中加 0.01 g 洗涤灵)。

(4)当抽真空结束后，关闭真空装置和振动装置，打开调压阀慢慢卸压，卸压速度不得大于 8 kPa/s(通过真空表读数控制)，使负压容器内压力逐渐恢复。

(5)当负压容器采用 A 类容器时，将盛试样的容器浸入保温至 25 ℃±0.5 ℃的恒温水槽中，恒温 10 min±1 min 后，称取负压容器与沥青混合料的水中质量(m_2)。

(6)当负压容器采用 B、C 类容器时，将装有沥青混合料试样的容器浸入保温至 25 ℃±0.5 ℃的恒温水槽中，恒温 10 min±1 min 后，注意容器中不得有气泡，擦净容器外的水分，称取容器、水和沥青混合料试样的总质量(m_c)。

(五)计算

(1)采用 A 类容器时，沥青混合料的理论最大相对密度按式(7-35)计算：

$$\gamma_t=\frac{m_a}{m_a-(m_2-m_1)} \tag{7-35}$$

式中 γ_t——沥青混合料理论最大相对密度；

m_a——干燥沥青混合料试样的空中质量，g；

m_1——负压容器在 25 ℃水中的质量，g；

m_2——负压容器与沥青混合料在 25 ℃水中的质量，g。

(2)采用 B、C 类容器作负压容器时，沥青混合料的理论最大相对密度按式(7-36)计算：

$$\gamma_t = \frac{m_a}{m_a + m_b - m_c} \tag{7-36}$$

式中　m_b——装满 25 ℃水的负压容器质量，g；

m_c——25 ℃时试样、水与负压容器的总质量，g。

(3)沥青混合料 25 ℃时的理论最大密度按式(7-37)计算：

$$\rho_t = \gamma_t \times \rho_w \tag{7-37}$$

式中　ρ_t——沥青混合料的理论最大密度，g/cm^3；

ρ_w——25 ℃时水的密度，0.997 1 g/cm^3。

(六)结果处理

(1)同一试样至少平行试验两次，计算平均值作为试验结果，取 3 位小数。

(2)理论最大相对密度试验重复性试验的允许误差为 0.011 g/cm^3，再现性试验的允许误差为 0.019 g/cm^3。

(七)注意事项

对聚合物改性沥青，由于沥青结合料黏度较大，即使分散到 6 mm 以下的颗粒，内部仍难免有较多的小气泡，对测定结果有影响，所以对于改性沥青混合料不宜采用此方法测定理论最大相对密度。

七、沥青混合料马歇尔稳定度试验

马歇尔稳定度是按规定条件采用马歇尔试验仪测定的沥青混合料所能承受的最大荷载，以 kN 计。流值是沥青混合料在马歇尔试验室相应于最大荷载时试件的竖向变形，以 mm 计。马歇尔稳定度试验是目前沥青混合料中最重要的一个试验方法，根据试验时浸水条件的不同，可以细分为标准马歇尔试验、浸水马歇尔试验及真空饱水马歇尔试验。

(一)目的与适用范围

(1)本方法适用于马歇尔稳定度试验和浸水马歇尔稳定度试验，以进行沥青混合料的配合比设计或沥青路面施工质量检验。浸水马歇尔稳定度试验(根据需要，也可进行真空饱水马歇尔试验)供检验沥青混合料受水损害时抵抗剥落的能力时使用，通过测试其水稳定性检验配合比设计的可行性。

(2)本方法适用于按规范成型的标准马歇尔试件圆柱体和大型马歇尔试件圆柱体。

(二)仪具与材料技术要求

(1)沥青混合料马歇尔试验仪。

①当集料公称最大粒径小于或等于 26.5 mm 时，宜采用 Φ101.6 mm×63.5 mm 的标准马歇尔试件，试验仪最大荷载不得小于 25 kN，读数准确至 0.1 kN，加载速率应能保持 50 mm/min±5 mm/min。钢球直径 16 mm±0.05 mm，上下压头曲率半径为 50.8 mm±0.08 mm。

②当集料公称最大粒径大于 26.5 mm 时，宜采用 Φ152.4 mm×95.3 mm 大型马歇尔试件，试验仪最大荷载不得小于 50 kN，读数准确至 0.1 kN。上下压头的曲率内径为 152.4 mm±0.2 mm，上下压头间距 19.05 mm±0.1 mm。

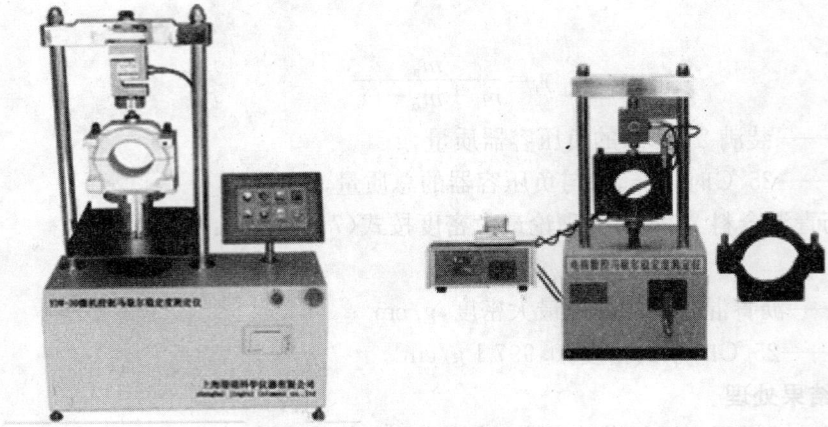

图 7-9 马歇尔试验仪

(2)恒温水槽:控温准确至 1 ℃,深度不小于 150 mm。

(3)真空饱水容器:包括真空泵及真空干燥器。

(4)烘箱。

(5)天平:感量不大于 0.1 g。

(6)温度计:分度值 1 ℃。

(7)卡尺。

(8)其他:棉纱、黄油。

(三)准备工作

(1)按标准击实法成型马歇尔试件,标准马歇尔试件尺寸应符合直径 101.6 mm±0.2 mm、高 63.5 mm±1.3 mm 的要求。对大型马歇尔试件,尺寸应符合直径 152.4 mm±0.2 mm、高 95.3 mm±2.5 mm 的要求。一组试件的数量不得少于 4 个,并符合相关规定。

(2)量测试件的直径及高度:用卡尺测量试件中部的直径,用马歇尔试件高度测定器或用卡尺在十字对称的 4 个方向量测离试件边缘 10 mm 处的高度,准确至 0.1 mm,并以其平均值作为试件的高度。如试件高度不符合 63.5 mm±1.3 mm 或 95.3 mm±2.5 mm 要求或两侧高度差大于 2 mm,此试件应作废。

(3)按规范规定的方法测定试件的密度,并计算空隙率、沥青体积百分率、沥青饱和度、矿料间隙率等体积指标。

(4)将恒温水槽调节至要求的试验温度,对黏稠石油沥青或烘箱养生过的乳化沥青混合料为 60 ℃±1 ℃,对煤沥青混合料为 33.8 ℃±1 ℃,对空气养生的乳化沥青或液体沥青混合料为 25 ℃±1 ℃。

(四)试验步骤

(1)将试件置于已达规定温度的恒温水槽中保温,保温时间对标准马歇尔试件需30～40 min,对大型马歇尔试件需 45～60 min。试件之间应有间隔,底下应垫起,距水槽底部不小于 5 cm。

(2)将马歇尔试验仪的上下压头放入水槽或烘箱中达到同样温度。将上下压头从水槽或烘箱中取出擦拭干净内面。为使上下压头滑动自如,可在下压头的导棒上涂少量黄油。再将试件取出置于下压头上，盖上上压头，然后装在加载设备上。

(3)在上压头的球座上放妥钢球，并对准荷载测定装置的压头。

(4)当采用自动马歇尔试验仪时，将自动马歇尔试验仪的压力传感器、位移传感器与计算机正确连接，调整好适宜的放大比例，压力和位移传感器调零。

(5)当采用压力环和流值计时，将流值计安装在导棒上，使导向套管轻轻地压住上压头，同时将流值计读数调零。调整压力环中百分表，对零。

(6)启动加载设备，使试件承受荷载，加载速度为 50 mm/min±5 mm/min。计算机自动记录传感器压力和试件变形曲线并将数据自动存入计算机。

(7)当试验荷载达到最大值的瞬间，取下流值计，同时读取压力环中百分表读数及流值计的流值读数。

(8)从恒温水槽中取出试件至测出最大荷载值的时间，不得超过 30 s。

(五)浸水马歇尔试验方法

浸水马歇尔试验方法与标准马歇尔试验方法的不同之处在于，试件在已达规定温度恒温水槽中的保温时间为 48 h，其余步骤均与标准马歇尔试验方法相同。

(六)真空饱水马歇尔试验方法

试件先放入真空干燥器中，关闭进水胶管，开动真空泵，使干燥器的真空度达到 97.3 kPa(730 mmHg)以上，维持 15 min；然后打开进水胶管，靠负压进入冷水流使试件全部浸入水中，浸水 15 min 后恢复常压，取出试件再放入已达规定温度的恒温水槽中保温 48 h。其余均与标准马歇尔试验方法相同。

(七)计算

(1)试件的稳定度及流值。

①当采用自动马歇尔试验仪时，将计算机采集的数据绘制成压力和试件变形曲线，按图 7-10 所示的方法在切线方向延长曲线与横坐标轴交于 O_1，将 O_1 作为修正原点，从 O_1 量取相应于荷载最大值时的变形作为流值(*FL*)，以 mm 计，准确至 0.1 mm。最大荷载即为稳定度(*MS*)，以 kN 计，准确至 0.01 kN。

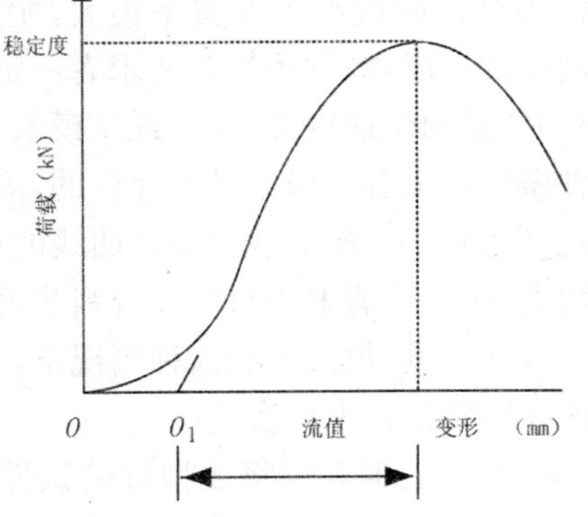

图 7-10　马歇尔试验结果修正方法

②采用压力环和流值计测定时，根据压力环标定曲线，将压力环中百分表的读数换算为荷载值，或者由荷载测定装置读取的最大值即为试样的稳定度(*MS*)，以 kN 计，准确至

0.01 kN。由流值计及位移传感器测定装置读取的试件垂直变形，即为试件的流值(FL)，以 mm 计，准确至 0.1 mm。

(2)试件的马歇尔模数按式(7-38)计算：

$$T=\frac{MS}{FL} \tag{7-38}$$

式中　T——试件的马歇尔模数，kN/mm；

MS——试件的稳定度，kN；

FL——试件的流值，mm。

(3)试件的浸水残留稳定度按式(7-39)计算：

$$MS_0=\frac{MS_1}{MS} \tag{7-39}$$

式中　MS_0——试件的浸水残留稳定度(%)；

MS_1——试件浸水 48 h 后的稳定度，kN。

(4)试件的真空饱水残留稳定度按式(7-40)计算：

$$MS'_0=\frac{MS_2}{MS} \tag{7-40}$$

式中　MS'_0——试件的真空饱水残留稳定度(%)；

MS_2——试件真空饱水后浸水 48 h 后的稳定度，kN。

(八)报告

当一组测定值中某个测定值与平均值之差大于标准差的 k 倍时，该测定值应予舍弃，并以其余测定值的平均值作为试验结果。当试件数目 n 为 3、4、5、6 个时，k 值分别为 1.15、1.46、1.67、1.82。

例如：一组 4 个试件的马歇尔试验结果为 8.2 kN、8.5 kN、9.6 kN、14.0 kN(试验数目为 4 时，k 值取 1.46)，计算得到平均值为 10.075 kN，标准差为 2.685 kN，第四个数据 14.0 kN 与平均值的差值与标准差之比为 1.462，大于标准差的 1.46 倍，应予以舍弃。剩余 3 个数据求取平均值 8.76 kN 为该组马歇尔试验的报告结果。

(九)注意事项

(1)马歇尔试验变异性与试件的成型高度关系很大，尤其是对空隙率的影响可能较大，所以制件时要严格控制试件高度，高度不符合要求者一定要剔除。

(2)用于施工质量检验时，必须快速得知结果，或试模数量不足时，规定允许用电风扇吹冷或冷水浸泡脱模，这种做法对配合比设计是不允许的，应引起注意。

(3)在工程上有时出现马歇尔试验的荷载－变形曲线的顶部很平坦的现象，即荷载增加很小，变形却持续不断增大，改性沥青和 SMA 混合料也经常出现这种情况，致使对应于最大荷载(稳定度)处的变形(流值)很大。在这种情况下，可以以最大荷载的 98%对应的变形值作为流值，但应该在试验报告中如实说明。

(4)对浸水马歇尔试验在原方法中规定将成型好的试件在 60 ℃热水中浸 48 h 后试验。

八、沥青混合料车辙试验

车辙试验是一种模拟实际车轮荷载在路面上行走而形成车辙的工程试验方法，该方法源于英国，由于试验方法本身比较简单，试验结果直观而且与实际沥青路面的车辙相关性甚好，因此在国内外得到广泛应用。目前，我国规范主要采用车辙试验评价沥青混合料在规定温度条件下抵抗塑性流动变形的能力。该方法根据沥青混合料试件在规定温度及荷载条件下，测定试验轮往返行走所形成的车辙变形速率，以每产生 1 mm 变形的行走次数即车辙动稳定度表示。

(一)目的与适用范围

(1)本方法适用于测定沥青混合料的高温抗车辙能力，供沥青混合料配合比设计时的高温稳定性检验使用，也可用于现场沥青混合料的高温稳定性检验。

(2)车辙试验的温度与轮压(试验轮与试件的接触压强)可根据有关规定和需要选用，非经注明，试验温度为 60 ℃，轮压为 0.7 MPa。根据需要，如在寒冷地区也可采用 45 ℃，在高温条件下试验温度可采用 70 ℃等，对重载交通的轮压可增加至 1.4 MPa，但应在报告中注明。计算动稳定度的时间原则上为试验开始后 45～60 min。

(3)本方法适用于规范用轮碾成型机碾压成型的长 300 mm、宽 300 mm、厚 50～100 mm 的板块状试件。根据工程需要也可采用其他尺寸的试件。本方法也适用于现场切割板块状试件，切割试件的尺寸根据现场面层的实际情况由试验确定。

(二)仪具与材料技术要求

1. 车辙试验机(见图 7-11)

车辙试验机主要由下列部分组成：

(1)试件台：可牢固地安装两种宽度(300 mm 及 150 mm)规定尺寸试件的试模。

(2)试验轮：橡胶制的实心轮胎，外径 200 mm，轮宽 50 mm，橡胶层厚 15 mm。橡胶硬度(国际标准硬度)20 ℃时为 84±4，60 ℃时为 78±2。轮胎橡胶硬度应注意检验，不符合要求者应及时更换。试验轮行走距离为 230 mm±10 mm，往返碾压速度为 42 次/min±1 次/min(21 次往返/min)。采用曲柄连杆驱动加载轮往返运行方式。

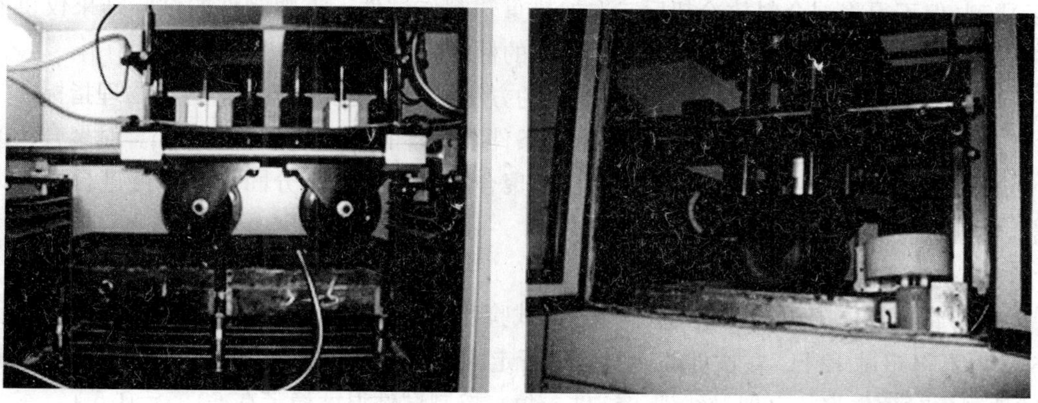

图 7-11　车辙试验机

(3)加载装置：通常情况下试验轮与试件的接触压强在 60 ℃时为 0.7 MPa±0.05 MPa，施加的总荷载为 780 N 左右，根据需要可以调整接触压强大小。

(4)试模：钢板制成，由底板及侧板组成，试模内侧尺寸宜采用长为 300 mm、宽为 300 mm、厚为 50～100 mm，也可根据需要对厚度进行调整。

(5)试件变形测量装置：自动采集车辙变形并记录曲线的装置，通常用位移传感器

LVDT 或非接触位移计。位移测量范围 0～130 mm，精度±0.01 mm。

(6)温度检测装置：自动检测并记录试件表面及恒温室内温度的温度传感器，精度±0.5 ℃。温度应能自动连续记录。

2. 恒温室

恒温室应具有足够的空间。车辙试验机必须整机安放在恒温室内，装有加热器、气流循环装置及装有自动温度控制设备，同时恒温室还应有至少能保温 3 块试件并进行试验的条件。保持恒温室温度 60 ℃±1 ℃(试件内部温度 60 ℃±0.5 ℃)，根据需要也可采用其他试验温度。

3. 台秤

称量 15 kg，感量不大于 5 g。

(三)方法与步骤

1. 准备工作

(1)试验轮接地压强测定：测定在 60 ℃时进行，在试验台上放置一块 50 mm 厚的钢板，其上铺一张毫米方格纸，上铺一张新的复写纸，以规定的 700 N 荷载后试验轮静压复写纸，即可在方格纸上得出轮压面积，并由此求得接地压强。当压强不符合 0.7 MPa±0.05 MPa 时，荷载应予适当调整。

(2)按规范用轮碾成型法制作车辙试验试块。在试验室或工地制备成型的车辙试件，板块状试件尺寸为长 300 mm×宽 300 mm×厚 50～100 mm(厚度根据需要确定)。也可从路面切割得到需要尺寸的试件。

(3)当直接在拌和厂取拌和好的沥青混合料样品制作车辙试验试件检验生产配合比设计或混合料生产质量时，必须将混合料装入保温桶中，在温度下降至成型温度之前迅速送达试验室制作试件。如果温度稍有不足，可放在烘箱中稍事加热(时间不超过 30 min)后成型，但不得将混合料放冷却后二次加热重塑制作试件。重塑制件的试验结果仅供参考，不得用于评定配合比设计检验是否合格的标准。

(4)如需要，将试件脱模按本规程规定的方法测定密度及空隙率等各项物理指标。

(5)试件成型后，连同试模一起在常温条件下放置的时间不得少于 12 h。对聚合物改性沥青混合料，放置的时间以 48 h 为宜，使聚合物改性沥青充分固化后方可进行车辙试验，室温放置时间不得长于一周。

2. 试验步骤

(1)将试件连同试模一起，置于已达到试验温度 60 ℃±1 ℃的恒温室中，保温不少于 5 h，也不得超过 12 h。在试件的试验轮不行走的部位上，粘贴一个热电偶温度计(也可在试件制作时预先将热电偶导线埋入试件一角)，控制试件温度稳定在 60 ℃±0.5 ℃。

(2)将试件连同试模移置于轮辙试验机的试验台上，试验轮在试件的中央部位，其行走方向须与试件碾压成行车方向一致。开动车辙变形自动记录仪，然后启动试验机，使试验轮往返行走，时间约 1 h，或最大变形达到 25 mm 时为止。试验时，记录仪自动记录变形曲线及试验温度。对试验变形较小的试件，也可对一块试件在两侧 1/3 位置上进行两次试验，然后取平均值。

(四)计算

(1)从车辙变形曲线上读取 45 min(t_1)及 60 min(t_2)时的车辙变形 d_1 及 d_2，准确至 0.01 mm。

当变形过大，在未到 60 min 变形已达 25 mm 时，则以达到 25 mm(d_2)的时间为 t_2，将其前 15 min 为 t_1，此时的变形量为 d_1。

(2)沥青混合料试件的动稳定度按式(7-41)计算。

$$DS=\frac{(t_2-t_1)N}{d_2-d_1}c_1c_2 \tag{7-41}$$

式中　DS——沥青混合料的动稳定度，次/mm；

d_1——对应于时间 t_1 的变形量，mm；

d_2——对应于时间 t_2 的变形量，mm；

c_1——试验机类型系数，曲柄连杆驱动加载轮往返运行方式为 1.0；

c_2——试件系数，试验室制备宽 300 mm 的试件为 1.0；

(五)试验结果处理

(1)同一沥青混合料或同一路段路面，至少平行试验 3 个试件。当 3 个试件动稳定度变异系数不大于 20%时，取其平均值作为试验结果；变异系数大于 20%时应分析原因，并追加试验。如计算动稳定度值大于 6 000 次/mm，记作>6 000 次/mm。

(2)试验报告应注明试验温度、试验轮接地压强、试件密度、空隙率及试件制作方法等。

(六)允许误差

重复性试验动稳定度变异系数不大于 20%。

(七)试验注意事项

(1)车辙试验是沥青混合料性能检验中最重要的指标。车辙大小除受混合料自身影响外，与荷载、温度、时间(含车速)的关系也很大。根据 2002 年 NCAT 试验路的观测，车辙发生在路面连续 7 d 的平均最高气温在 28 ℃以上的日子里，我国绝大部分地区夏季高温季节气温在此温度以上，所以有可能发生车辙。如果还有超载车重载交通的同时作用，尤其是连续上坡的慢速路段，很可能在短短的几天里产生很大的车辙，而且经常发生在中面层或下面层。中面层虽然温度会略低于表面层，但剪应力比表面层更大，所以对动稳定度的要求不能降低。

(2)配合比设计“检验”指标主要是反映了不同沥青结合料和混合料级配类型，在配合比设计合理的情况下它可能达到的水平，是检验配合比及最佳油石比设计是否合理的指标。但路面发生车辙更重要的是受施工质量与均匀性、路面结构组合、气温、荷载及车速等的影响，不能简单地认为配合比设计检验达到了规范指标，路面就不会发生车辙等损坏。

(3)混合料放冷却后二次加热重塑制作试件过程中，沥青混合料会出现明显的老化现象，导致沥青混合料偏硬，动稳定度数值偏高，无法准确地反映沥青混合料的高温性能。因此，严禁采用冷却后二次加热的混合料进行车辙试验。

九、沥青路面芯样马歇尔稳定度试验

按照沥青混合料配合比设计结果铺筑的沥青路面，需要从路面上钻芯取样或开挖分析其性能，检验沥青用量及矿料级配，以分析并调整沥青路面施工工艺。此外，如果沥青路面在使用过程中出现病害，也需要根据路面取样分析、判断病害的成因，其中最主要的就是沥青路面取样材料的性能及其材料组成情况。

(一)目的与适用范围

本方法适用于从沥青路面钻取的芯样进行马歇尔试验，供评定沥青路面施工质量是否符合设计要求或进行路况调查。标准芯样钻孔试件的直径为 100 mm，适用的试件高度为 30～80 mm；大型钻孔试件的直径为 150 mm，适用的试件高度为 80～100 mm。

(二)仪具与材料技术要求

本方法所用的仪具与材料与沥青混合料马歇尔稳定度试验相同。

(三)方法与步骤

(1)按规范要求钻取压实沥青混合料路面芯样试件。

(2)试验前必须将芯样试件黏附的黏层油、透层油和松散颗粒等清理干净。对与多层沥青混合料联结的芯样，宜采用以下方法进行分离：

①在芯样上对不同沥青混合料层间画线作标记，然后将芯样在 0 ℃以下冷却 20～25 min。

②取出芯样，用宽 5 cm 以上的凿子对准层间画线标记处，用锤子敲打凿子，在敲打过程中不断旋转试件，直到试件分开。

③如果以上方法无法将试件分开，特别是层与层之间的界线难以分清时，宜采用切割方法进行分离。切割时需要连续加冷却水切割，并注意观察切割后的试件不能含有其他层次的混合料。

(3)试件宜在阴凉处存放(温度不宜高于 35 ℃)，且放置在水平的地方，注意不要使试件产生变形等。

(4)如缺乏沥青用量、矿料配合比及各种材料的密度数据时，应按规程测定沥青混合料的理论最大相对密度。

(5)按规程规定的方法测定试件的密度，并计算空隙率、沥青体积百分率、沥青饱和度、矿料间隙率等体积指标。

(6)用卡尺测定试件的直径，取两个方向的平均值。

(7)测定试件的高度，取 4 个对称位置的平均值，准确至 0.1 mm。

(8)按规程规定的方法进行马歇尔试验，由试验实测稳定度乘以试件高度修正系数 K 得到标准高度试件的稳定度 MS，其余与沥青混合料马歇尔稳定度试验相同。

(四)试验注意事项

(1)当钻取芯样试件高度不符合 63.5 mm±1.3 mm 或 95.3 mm±2.5 mn 时，必须对测得的稳定度按照修正系数进行修正。

(2)试验前测定的试件高度可用于路面厚度检验。

十、沥青混合料中沥青含量检测(离心分离法)

(一)目的与适用范围

(1)本方法采用离心分离法测定黏稠石油沥青拌制的沥青混合料中的沥青含量(或油石比)。

(2)本方法适用于热拌热铺沥青混合料路面施工时的沥青用量检测,以评定拌和厂产品质量。此法也适用于旧路调查时检测沥青混合料的沥青用量,用此法抽提的沥青溶液可用于回收沥青,以评定沥青的老化性质。

(二)仪具与材料技术要求

(1)离心抽提仪(见图 7-12):由试样容器及转速不小于 3 000 r/min 的离心分离器组成,分离器备有滤液出口。容器盖与容器之间用耐油的圆环形滤纸密封。滤液通过滤纸排出后从出口流出收入回收瓶中。仪器必须安放稳固并有排风装置。

(2)圆环形滤纸。

(3)回收瓶:容量 1 700 mL 以上。

(4)压力过滤装置。

(5)天平:感量不大于 0.01 g、1 mg 的天平各 1 台。

(6)量筒:分度值 1 mL。

(7)电烘箱:装有温度自动调节器。

(8)三氯乙烯:工业用。

图 7-12　抽提仪

(9)碳酸铵饱和溶液:供燃烧法测定滤纸中的矿粉含量用。

(10)其他:小铲、金属盘、大烧杯等。

(三)方法与步骤

1. 准备工作

(1)按规范规定的沥青混合料取样方法,在拌和厂从运料车采取沥青混合料试样,放在金属盘中适当拌和,待温度稍下降后至 100 ℃以下时,用大烧杯取混合料试样质量 1 000～1 500 g(粗粒式沥青混合料用高限,细粒式用低限,中粒式用中限),准确至 0.1 g。

(2)当试样在施工现场用钻机法或切割法取得时,应用电风扇吹风使其完全干燥,置烘箱中适当加热后成松散状态取样,不得用锤击,以防集料破碎。

2. 试验步骤

(1)向装有试样的烧杯中注入三氯乙烯溶剂，将其浸没(也可直接在离心分离器中浸泡)，浸泡 30 min，用玻璃棒适当搅动混合料，使沥青充分溶解。

(2)将混合料及溶液倒入离心分离器，用少量溶剂将烧杯及玻璃棒上的黏附物全部洗入分离器中。

(3)称取洁净的圆环形滤纸质量，准确至 0.01 g。注意滤纸不宜多次反复使用，有破损者不能使用，有石粉黏附时应用毛刷清除干净。

(4)将滤纸垫在分离器边缘上，加盖紧固，在分离器出口处放上回收瓶，上口应注意密封，防止流出液成雾状散失。

(5)开动离心机，转速逐渐增至 3 000 r/min，沥青溶液通过排出口注入回收瓶中，待流出停止后停机。

(6)从上盖的孔中加入新溶剂，数量大体相同，稍停 3～5 min 后，重复上述操作，如此数次直至流出的抽提液成清澈的淡黄色为止。

(7)卸下上盖，取下圆环形滤纸，在通风橱或室内空气中蒸发干燥，然后放入 105 ℃±5 ℃的烘箱中干燥，称取质量，其增重部分(m_2)为矿粉的一部分。

(8)将容器中的集料仔细取出，在通风橱或室内空气中蒸发后放入 105 ℃±5 ℃烘箱中烘干(一般需 4 h)，然后放入大干燥器中冷却至室温，称取集料质量(m_1)。

(9)用压力过滤器过滤回收瓶中的沥青溶液，由滤纸的增重(m_3)得出泄漏入滤液中的矿粉。无压力过滤器时也可用燃烧法测定。

(10)用燃烧法测定抽提液中矿粉质量的步骤如下：

①将回收瓶中的抽提液倒入量筒中，准确定量至毫升(V_a)。

②充分搅匀抽提液，取出 10 mL(V_b)放入坩埚中，在热浴上适当加热使溶液试样蒸发成暗黑色后，置高温炉(500～600 ℃)中烧成残渣，取出坩埚冷却。

③向坩埚中按每 1 g 残渣 5 mL 的用量比例，注入碳酸铵饱和溶液，静置 1 h，放入 105 ℃±5 ℃炉箱中干燥。

④取出坩埚放在干燥器中冷却，称取残渣质量(m_4)，准确至 1 mg。

(四)计算

(1)沥青混合料中矿料的总质量按式(7-42)计算。

$$m_a = m_1 + m_2 + m_3 \tag{7-42}$$

式中 m_a——沥青混合料中矿料部分的总质量，g；

m_1——容器中留下的集料干燥质量，g；

m_2——圆环形滤纸在试验前后的增重，g；

m_3——泄漏入抽提液中的矿粉质量，g，用燃烧法时可按式(7-43)计算：

$$m_3 = m_4 \times \frac{V_a}{V_b} \tag{7-43}$$

式中 V_a——抽提液的总量，mL；

V_b——取出燃烧干燥的抽提液数量，mL；

m_4——坩埚中燃烧干燥的残渣质量，g。

(2)沥青混合料中的沥青含量按式(7-44)计算,油石比按式(7-45)计算。

$$P_b=\frac{m-m_a}{m} \tag{7-44}$$

$$P_a=\frac{m-m_a}{m_a} \tag{7-45}$$

式中　m——沥青混合料的总质量,g;

P_b——沥青混合料的沥青含量(%);

P_a——沥青混合料的油石比(%)。

(五)试验结果处理

同一混合料至少取两个试样平行试验两次,取平均值作为试验结果,两次结果的差值应小于0.3%,当大于0.3%但小于0.5%时,应补充平行试验一次,以3次试验的平均值作为试验结果,3次试验的最大值与最小值之差不得大于0.5%。

(六)试验注意事项

(1)本方法在试验过程中使用了三氯乙烯溶剂,该溶剂具有刺激和麻醉作用,吸入后急性中毒者有头晕、头疼、恶心、运动失调等症状。因此,使用三氯乙烯的工序必须与其他工序完全隔开,避免无关人员接触。试验场地应具有良好的通风设施,接触者应佩戴防毒口罩、防护手套、眼镜等个人防护用具。

(2)三氯乙烯一般不会燃烧,但是长时间暴露在明火及高温下仍能燃烧,储存时应注意远离火种、热源,避免阳光直射。

(3)试验结束后对未用完的三氯乙烯溶剂,应密封存储在专用试验室化学试剂存储柜,专人管理;试验后的废液严禁直接倒入下水道,应分类倒入废液桶,并做好登记。

十一、沥青混合料矿料级配检验方法

(一)目的与适用范围

本方法适用于测定沥青路面施工过程中沥青混合料的矿料级配,供评定沥青路面施工质量时使用。

(二)仪具与材料技术要求

(1)标准筛:方孔筛,在尺寸为53.0 mm、37.5 mm、31.5 mm、26.5 mm、19.0 mm、16.0 mm、13.2 mm、9.5 mm、4.75 mm、2.36 mm、1.18 mm、0.6 mm、0.3 mm、0.15 mm、0.075 mm的标准筛系列中,根据沥青混合料级配选用相应的筛号,标准筛必须有密封圈、盖和底。

(2)天平:感量不大于0.1 g。

(3)摇筛机。

(4)烘箱:装有温度自动控制器。

(5)其他:样品盘、毛刷等。

(三)方法与步骤

1.准备工作

(1)按照规范规定的沥青混合料取样方法从拌和厂选取代表性样品。

(2)将沥青混合料试样按规程等沥青混合料中沥青含量的试验方法抽提沥青后，将全部矿质混合料放入样品盘中置温度 105 ℃±5 ℃烘干，并冷却至室温。

(3)按沥青混合料矿料级配设计要求，选用全部或部分需要筛孔的标准筛，作施工质量检验时，至少应包括 0.075 mm、2.36 mm、4.75 mm 及集料公称最大粒径等 5 个筛孔，按大小顺序排列成套筛。

2. 试验步骤

(1)将抽提后的全部矿料试样称量，准确至 0.1 g。

(2)将标准筛带筛底置摇筛机上，并将矿质混合料置于筛内，盖妥筛盖后，压紧摇筛机，开动摇筛机筛分 10 min。取下套筛后，按筛孔大小顺序，在一清洁的浅盘上，再逐个进行手筛，手筛时可用手轻轻拍击筛框并经常地转动筛子，直至每分钟筛出量不超过筛上试样质量的 0.1%时为止，不得用手将颗粒塞过筛孔。筛下的颗粒并入下一号筛，并和下一号筛中试样一起过筛。在筛分过程中，针对 0.075 mm 筛的料，根据需要可参照《公路工程集料试验规程》(JTGE42—2005)的方法采用水筛法，或者对同一种混合料，适当进行几次干筛与湿筛的对比试验后，对 0.075 mm 通过率进行适当的换算或修正。

(3)称量各筛上筛余颗粒的质量，准确至 0.1 g。并将沾在滤纸、棉花上的矿粉及抽提液中的矿粉计入矿料中通过 0.075 mm 的矿粉含量中。所有各筛的分计筛余量和底盘中剩余质量的总和与筛分前试样总质量相比，相差不得超过总质量的 1%。

(四)计算

(1)试样的分计筛余量按式(7-46)计算。

$$P_i=\frac{m_i}{m}\times 100 \tag{7-46}$$

式中 P_i——第 i 级试样的分计筛余量(%)；

m_i——第 i 级筛上颗粒的质量，g；

m——试样的质量，g。

(2)累计筛余百分率：该号筛上的分计筛余百分率与大于该号筛的各号筛上的分计筛余百分率之和，准确至 0.1%。

(3)通过筛分百分率：用 100 减去该号筛上的累计筛余百分率，准确至 0.1%。

(4)以筛孔尺寸为横坐标，各个筛孔的通过筛分百分率为纵坐标，绘制矿料组成级配曲线，评定该试样的颗粒组成。

(五)试验结果处理

同一混合料至少取两个试样平行筛分试验两次，取平均值作为每号筛上的筛余量的试验结果，报告矿料级配通过百分率及级配曲线。

(六)试验注意事项

(1)目前沥青混合料级配控制中最重要的是 3 个筛孔：0.075 mm 控制矿粉含量，2.36 mm 控制细集料含量，4.75 mm 控制粗集料量。只要这些筛孔的通过率控制合格，其他筛孔的通过率就不会有较大的出入。因此，筛分试验应按沥青混合料矿料级配设计要求，选用全部或部分需要筛孔的标准筛进行筛分。

(2)筛分过程中应注意不能忽略在抽提过程中泄漏的矿粉。

(3)抽提筛分联合测定的自动抽提仪,矿料级配相当于水洗法,而将矿料烘干后集中由摇筛机筛分的,相当于干筛,其结果会有所差别。根据需要也可采用水筛法,以便与配合比设计时的方法一致,这一点对检验 0.075 mm 通过率尤为重要。

第三节　沥青混合料配合比设计

沥青混合料配合比设计就是确定粗集料、细集料、矿粉和沥青材料相互配合的最佳组成比例,使之能够满足沥青混合料的技术要求,从而为工程施工提供沥青混合料的材料品种、矿料级配及沥青用量。目前我国热拌沥青混合料配合比设计主要采用马歇尔稳定度法,设计流程包括目标配合比设计、生产配合比设计和生产配合比验证等三个阶段,其中最为关键的是在试验室内进行的目标配合比设计。

一、沥青混合料目标配合比设计步骤

沥青混合料目标配合比设计阶段,以符合配合比设计技术标准和配合比设计试验要求为目标,使用工程实际使用的材料,按照沥青混合料配合比设计方法,优选矿料级配,确定最佳沥青用量,以此作为目标配合比,供拌和楼确定各冷料仓的供料比例、进料速度及试拌试铺使用。

(一)确定工程设计级配

沥青路面工程的混合料设计级配范围由工程设计文件或招标文件规定,密级配沥青混合料的设计级配宜在我国规范规定的级配范围内,根据公路等级、工程性质、气候条件、交通条件、材料品种,通过对条件大体相当的工程的使用情况进行调查研究后调整确定,必要时允许超出规范级配范围。密级配沥青稳定碎石混合料可直接以规范规定的级配范围作工程设计级配范围使用。经确定的工程设计级配范围是配合比设计的依据,不得随意变更。

调整工程设计级配范围宜遵循下列原则:

(1)首先按规范确定采用粗型(C 型)或细型(F 型)的混合料。对夏季温度高且高温持续时间长、重载交通多的路段,宜选用粗型密级配沥青混合料(AC—C 型),并取较高的设计空隙率。对冬季温度低且低温持续时间长的地区,或者重载交通较少的路段,宜选用细型密级配沥青混合料(AC—F 型),并取较低的设计空隙率。

(2)为确保高温抗车辙能力,同时兼顾低温抗裂性能的需要。配合比设计时宜适当减少公称最大粒径附近的粗集料用量,减少 0.6 mm 以下部分细粉的用量,使中等粒径集料较多,形成 S 型级配曲线,并取中等或偏高水平的设计空隙率。

(3)确定各层的工程设计级配范围时应考虑不同层位的功能需要,经组合设计的沥青路面应能满足耐久、稳定、泌水、抗滑等要求。

(4)根据公路等级和施工设备的控制水平,确定的工程设计级配范围应比规范级配范围窄,其中 4.75 mm 和 2.36 mm 通过率的上下限差值宜小于 12%。

(5)沥青混合料的配合比设计应充分考虑施工性能,使沥青混合料容易摊铺和压实,避免造成严重的离析。

(二)材料选择与准备

配合比设计的各种矿料必须按现行《公路工程集料试验规程》规定的方法，从工程实际使用的材料中取代表性样品。进行生产配合比设计时，取样至少应在干拌5次以后进行。

配合比设计所用的各种材料必须符合气候和交通条件的需要。其质量应符合规范规定的技术要求。当单一规格的集料某项指标不合格，但不同粒径规格的材料按级配组成的集料混合料指标能符合规范要求时，允许使用。

(三)矿料配比设计

高速公路和一级公路沥青路面矿料配合比设计宜借助电子计算机的电子表格用试配法进行。其他等级公路沥青路面也可参照进行。

矿料级配曲线按《公路工程沥青及沥青混合料试验规程》的方法绘制，以原点与通过集料最大粒径100%的点的连线作为沥青混合料的最大密度线。

对高速公路和一级公路，宜在工程设计级配范围内计算1～3组粗细不同的配比，绘制设计级配曲线，分别位于工程设计级配范围的上方、中值及下方。设计合成级配不得有太多的锯齿形交错，且在0.3～0.6 mm范围内不出现"驼峰"。当反复调整不能满意时，宜更换材料设计。

根据当地的实践经验选择适宜的沥青用量，分别制作几组级配的马歇尔试件，测定矿料间隙率*VMA*，初选一组满足或接近设计要求的级配作为设计级配。

(四)马歇尔试验

配合比设计各阶段均应进行马歇尔试验，经配合比设计得到的沥青混合料应符合设计或规范提出的配合比设计标准。

1.拌和与压实温度的确定

沥青混合料试件的沥青加热温度、拌和温度，按黏温曲线的方法确定，并与施工实际温度相一致，成型温度应高于规范规定的开始碾压的最低温度。改性沥青混合料的成型温度在此基础上再提高10～20 ℃。

2.密度和体积参数的计算

(1)按式(7-47)计算矿料混合料的合成毛体积相对密度γ_{sb}，取3位小数。

$$\gamma_{sb}=\frac{100}{\frac{P_1}{\gamma_1}+\frac{P_2}{\gamma_2}+\cdots+\frac{P_n}{\gamma_n}} \tag{7-47}$$

式中 P_1、P_2、…、P_n——各种矿料成分的配比(%)，其和为100；

γ_1、γ_2、…、γ_n——各种矿料相应的毛体积相对密度，对2.36 mm以上的粗集料(含从机制砂及石屑中筛出的大于2.36 mm部分)按T0304方法测定，机制砂及石屑可按T0330方法测定，也可以用筛出的2.36～4.75 mm部分的毛体积相对密度代替，矿粉(含消石灰、水泥)以表观相对密度代替。

(2)按式(7-48)计算矿料混合料的合成表观相对密度γ_{sa}，取3位小数。

$$\gamma_{sa}=\frac{100}{\frac{P_1}{\gamma'_1}+\frac{P_2}{\gamma'_2}+\cdots+\frac{P_n}{\gamma'_n}} \tag{7-48}$$

式中　P_1、P_2、…、P_n——各种矿料成分的配比(%)，其和为 100；

γ'_1、γ'_2、…、γ'_n——各种矿料的表观相对密度，无量纲。

(3)按式(7-49)或按式(7-50)预估沥青混合料的适宜的油石比 P_a 或沥青用量为 P_b。

$$P_a=\frac{P_{a1}\times\gamma_{sb1}}{\gamma_{sb}} \tag{7-49}$$

$$P_b=\frac{P_a}{100+\gamma_{sb}}\times 100 \tag{7-50}$$

式中　P_a——预估的最佳油石比(与矿料总量的百分比)(%)；

P_b——预估的最佳沥青用量(占混合料总量的百分数)(%)；

P_{a1}——已建类似工程沥青混合料的标准油石比(%)；

γ_{sb}——集料的合成毛体积相对密度；

γ_{sb1}——已建类似工程集料的合成毛体积相对密度。

(4)确定矿料的有效相对密度，取 3 位小数。

①对非改性沥青混合料，宜预估适宜的最佳油石比拌和 2 组混合料，采用真空法实测理论最大相对密度，取平均值。然后按式(7-51)反算合成矿料的有效相对密度 γ_{se}。

$$\gamma_{se}=\frac{100-P_b}{\dfrac{100}{\gamma_t}-\dfrac{P_b}{\gamma_b}} \tag{7-51}$$

式中　P_b——沥青用量，即沥青质量占沥青混合料总质量的百分比(%)；

γ_t——实测的沥青混合料理论最大相对密度，无量纲；

γ_b——25 ℃时沥青的相对密度，无量纲。

②对改性沥青及 SMA 等难以分散的混合料，有效相对密度宜直接由矿料的合成毛体积相对密度与合成表观相对密度按式(7-52)计算确定，其中沥青吸收系数 C 值根据材料的吸水率按式(7-53)求得，合成矿料的吸水率按式(7-54)计算。

$$\gamma_{se}=C\times\gamma_{sa}+(1-C)\times\gamma_{sb} \tag{7-52}$$

$$C=0.033W_x{}^2-0.2936W_x+0.9339 \tag{7-53}$$

$$W_x=\left(\frac{1}{\gamma_{sb}}-\frac{1}{\gamma_{sa}}\right)\times 100 \tag{7-54}$$

式中　C——沥青吸收系数，无量纲；

W_x——合成矿料的吸水率(%)。

3. 马歇尔试验

(1)以预估的油石比为中值，按一定间隔(对密级配沥青混合料通常为 0.5%，对沥青碎石混合料可适当缩小间隔为 0.3%～0.4%)，取 5 个或 5 个以上不同的油石比分别成型马歇尔试件。每一组试件的试样数按现行试验规程的要求确定，对粒径较大的沥青混合料，宜增加试件数量。

(2)测定压实沥青混合料试件的毛体积相对密度 γ_f 和吸水率，取 4 个以上试件的平均值。测试方法应遵照以下规定执行：

①通常采用表干法测定毛体积相对密度。

②对吸水率大于 2%的试件，宜改用蜡封法测定的毛体积相对密度。

③对空隙率大于8%的试件，应采用体积法测定的毛体积相对密度。

④对吸水率小于0.5%的特别致密的沥青混合料，在施工质量检验时，允许采用水中重法测定的表观相对密度作为标准密度，钻孔试件也采用相同方法。但配合比设计时不得采用水中重法。

(3)确定沥青混合料的理论最大相对密度，取3位小数。

对非改性的普通沥青混合料，采用真空法实测沥青混合料的理论最大相对密度 γ_{ti}。

对改性沥青或SMA混合料宜按式(7-55)或式(7-56)计算沥青混合料对应油石比的理论最大相对密度。

$$\gamma_{ti}=\frac{100+P_{ai}}{\frac{100}{\gamma_{se}}+\frac{P_{ai}}{\gamma_{b}}} \tag{7-55}$$

$$\gamma_{ti}=\frac{100}{\frac{P_{si}}{\gamma_{se}}+\frac{P_{bi}}{\gamma_{b}}} \tag{7-56}$$

式中　P_{ai}——所计算的沥青混合料的油石比(%)；

P_{bi}——所计算的沥青混合料的沥青用量(%)，；

P_{si}——所计算的沥青混合料的矿料含量(%)，；

γ_{se}——合成矿料的有效相对密度，无量纲；

γ_{b}——25 ℃时沥青的相对密度，无量纲。

(4)按式(7-57)～式(7-59)计算试件的空隙率、矿料间隙率 VMA 和有效沥青的饱和度 VFA，取1位小数，进行体积组成分析。

$$VV=\left(1-\frac{\gamma_{f}}{\gamma_{t}}\right)\times 100 \tag{7-57}$$

$$VMA=\left(1-\frac{\gamma_{f}}{\gamma_{sb}}\times P_{s}\right)\times 100 \tag{7-58}$$

$$VFA=\frac{VMA-VV}{VMA}\times 100 \tag{7-59}$$

式中　VV——沥青混合料试件的空隙率(%)；

VMA——沥青混合料试件的矿料间隙率(%)；

VFA——沥青混合料试件的有效沥青饱和度(%)；

P_{s}——各种矿料占沥青混合料总质量的百分率之和(%)，$P_{s}=100-P_{b}$；

γ_{sb}——矿料的合成毛体积相对密度，无量纲。

(5)在60 ℃条件下进行马歇尔试验，测定马歇尔稳定度和流值。

(五)最佳沥青用量确定

(1)以沥青用量为横坐标，以实测的密度、空隙率、饱和度、稳定度、流值为纵坐标，分别将试验结果点入坐标中，沥青用量与这些指标之间连成圆滑的曲线。确定均符合规范规定的沥青混合料技术标准的沥青用量范围 OAC_{min}～OAC_{max}。选择的沥青用量范围必须涵盖设计空隙率的全部范围，并尽可能涵盖沥青饱和度的要求范围，并使密度及稳定度曲线出现峰值。如果没有涵盖设计空隙率的全部范围，试验必须扩大沥青用量范围重新进行。

各项指标与沥青用量的关系：随着沥青用量的增加，沥青与矿粉的交互作用形成结构沥青，混合料的强度增加，但沥青用量持续增加会形成多余的自由沥青，会在矿料之间形成润滑作用，导致稳定度和密度随沥青用量的增加而增加，但是达到一定程度后逐渐减小。由于沥青用量的增加，逐步填充矿料之间的空隙，因此空隙率随着沥青用量的增加而逐渐减小，沥青饱和度随沥青用量的增加而逐渐增加。流值随沥青用量的增加而增加。

(2)根据试验曲线的走势，按下列方法确定沥青混合料的最佳沥青用量 OAC_1。

①从曲线图中求取相应于密度最大值、稳定度最大值、规定空隙率范围中值(或目标空隙率)、沥青饱和度范围的中值的沥青用量 a_1、a_2、a_3、a_4。按式(7-60)取平均值作为 OAC_1。

$$OAC_1=\frac{a_1+a_2+a_3+a_4}{4} \tag{7-60}$$

②如果在所选择的沥青用量范围未能涵盖沥青饱和度的要求范围，宜从曲线图中求取相应于密度最大值、稳定度最大值、规定空隙率范围中值(或目标空隙率)的沥青用量 a_1、a_2、a_3。按式(7-61)求取3者的平均值作为 OAC_1。

$$OAC_1=\frac{a_1+a_2+a_3}{3} \tag{7-61}$$

③对所选择试验的沥青用量范围，密度或稳定度没有出现峰值(最大值经常在曲线的两端)时，可直接以目标空隙率所对应的沥青用量 a_3 作为 OAC_1，但 OAC_1 必须介于 $OAC_{min}\sim OAC_{max}$ 的范围内。否则应重新进行配合比设计。

(3)以各项指标均符合技术标准(不含 VMA)的沥青用量范围 $OAC_{min}\sim OAC_{max}$ 的中值作为 OAC_2。

$$OAC_2=\frac{OAC_{min}+OAC_{max}}{2} \tag{7-62}$$

(4)通常情况下取 OAC_1 及 OAC_2 的中值作为计算的最佳沥青用量 OAC。

$$OAC=\frac{OAC_1+OAC_2}{2} \tag{7-63}$$

(5)按式(7-63)计算的最佳沥青用量 OAC，得出所对应的空隙率和 VMA 值，检验是否能满足规范关于最小 VMA 值的要求。OAC 宜位于 VMA 凹形曲线最小值的贫油一侧。当空隙率不是整数时，最小 VMA 按内插法确定，并将其画入图中。

(6)检查图中相应于此 OAC 的各项指标是否均符合马歇尔试验技术标准。

(7)根据实践经验和公路等级、气候条件、交通情况，调整确定最佳沥青用量 OAC。

①调查当地各项条件相接近的工程的沥青用量及使用效果，论证适宜的最佳沥青用量。检查计算得到的最佳沥青用量是否相近，如相差甚远，应查明原因，必要时重新调整级配，进行配合比设计。

②对炎热地区公路以及高速公路、一级公路的重载交通路段，山区公路的长大坡度路段，预计有可能产生较大车辙时，宜在空隙率符合要求的范围内将计算的最佳沥青用量减小0.1%～0.5%作为设计沥青用量。此时，除空隙率外的其他指标可能会超出马歇尔试验配合比设计技术标准，配合比设计报告或设计文件必须予以说明。但配合比设计报告

必须要求采用重型轮胎压路机和振动压路机组合等方式加强碾压，以使施工后路面的空隙率达到未调整前的原最佳沥青用量时的水平，且渗水系数符合要求。如果试验段试拌试铺达不到此要求，宜调整所减小的沥青用量的幅度。

③对寒区公路、旅游公路、交通量很少的公路，最佳沥青用量可以在 OAC 的基础上增加 0.1%～0.3%，以适当减小设计空隙率，但不得降低压实度要求。

（五）目标配合比设计检验

对用于高速公路和一级公路的密级配沥青混合料，需在配合比设计的基础上按规范要求进行各种使用性能的检验，不符合要求的沥青混合料，必须更换材料或重新进行配合比设计。其他等级公路的沥青混合料可参照执行。

（1）配合比设计检验。按计算确定的设计最佳沥青用量在标准条件下进行。如按照实践经验和公路等级、气候条件、交通情况将计算的设计沥青用量调整后作为最佳沥青用量，或者改变试验条件时，各项技术要求均应适当调整，不宜照搬。

（2）高温稳定性检验。对公称最大粒径等于或小于 19 mm 的混合料，按规定方法进行车辙试验，动稳定度应符合规范要求。

（3）水稳定性检验。按规定的试验方法进行浸水马歇尔试验和冻融劈裂试验，残留稳定度及残留强度比均必须符合规范规定。

（4）低温抗裂性能检验。对公称最大粒径等于或小于 19 mm 的混合料，按规定方法进行低温弯曲试验，其破坏应变宜符合规范要求。

（5）渗水系数检验。利用轮碾机成型的车辙试件进行渗水试验检验的渗水系数宜符合规范要求。

二、沥青混合料目标配合比设计示例

（一）原材料检测

本次目标配合比设计所用的碎石、石屑产地为宜阳千兴，其中碎石包括 1# 碎石：10～15 mm，2# 碎石：5～10 mm，机制砂（安山岩）：0～5 mm，机制砂（石灰岩）：0～5 mm，矿粉产自黄河同力水泥有限公司，沥青为 SBS 改性沥青。

本次配合比设计计算所用到的各种矿料及沥青的密度检测结果见表 7-9 和表 7-10，各种矿料的水洗筛分结果见表 7-11。

（二）配合比设计

该目标配合比设计级配类型为细粒式 AC—13C 型密级配沥青混合料，依据《公路沥青路面施工技术规范》（JTGF 40—2004）的规定，采用马歇尔试验配合比设计方法。

1. 矿料级配

因委托方未指定该沥青路面工程的规定级配范围，故本次 AC—13C 型沥青混合料目标配合比设计级配范围依据《公路沥青路面施工技术规范》（JTGF 40—2004）中相应要求结合本工程情况设计如下，见表 7-12。

表 7-9　各种矿料密度检测结果

材料	规格(mm)	检测项目	检测结果	技术要求	检测方法
1# 碎石	10～15	表观相对密度	2.801	≥2.50	T 0304—2005
		毛体积相对密度	2.756	/	T 0304—2005
2# 碎石	5～10	表观相对密度	2.801	≥2.50	T 0304—2005
		毛体积相对密度	2.746	/	T 0304—2005
机制砂（安山岩）	0～5	表观相对密度	2.764	≥2.50	T 0304—2005
		毛体积相对密度	2.649	/	T 0304—2005
机制砂（石灰岩）	0～5	表观相对密度	2.776	≥2.50	T 0330—2005
		毛体积相对密度	2.644	/	T 0330—2005
矿粉	/	表观密度(g/cm^3)	2.808	≥2.50	T 0352—2000
		表观相对密度	2.808	/	T 0352—2000

表 7-10　沥青密度检测结果表

材料	相对密度(25 ℃)	技术要求	备注
改性沥青	1.031	实测值	/

表 7-11　各种矿料水洗筛分结果

矿料	通过下列筛孔(mm)的质量百分率(%)										
	19	16	13.2	9.5	4.75	2.36	1.18	0.6	0.3	0.15	0.075
1# 碎石	100	98.9	93.5	29.5	0.3	0.3	0.3	0.3	0.3	0.3	0.3
2# 碎石	100	100	100	98.4	12.5	0.5	0.4	0.4	0.4	0.4	0.4
机制砂（安山岩）	100	100	100	100	61.8	3.4	1.5	1.1	0.9	0.8	0.8
机制砂（石灰岩）	100	100	100	100	100.0	71.0	47.2	30.6	20.5	14.9	11.4
矿粉	100	100	100	100	100	100	100	100	99.9	97.4	93.4

表 7-12　AC—13C 型沥青混合料矿料级配范围

AC—13C	通过下列筛孔(mm)的质量百分率(%)										
	19	16	13.2	9.5	4.75	2.36	1.18	0.6	0.3	0.15	0.075
级配上限	100	100	100	85	68	40	38	28	20	15	8
级配下限	100	100	90	68	38	24	15	10	7	5	4

2. 矿料级配的确定

按照《公路沥青路面施工技术规范》(JTGF 40—2004)中对高速公路及一级公路的工程设计级配规定，密级配型沥青混合料配合比设计宜选择1～3种粗、细不同配合比，绘制设计级配曲线进行试配。本次配合比设计时，选择三种级配使其各级筛孔累计质量通过百分率分别位于推荐级配范围的下方、中值及上方附近(级配一、级配二和级配三)，其主要控制筛孔2.36mm通过率分别为29.6%、32.7%、35.8%，矿料级配曲线见图7-13，三种矿料级配组成见表7-13。对比选的三种初试级配，依据《公路工程沥青及沥青混合料试验规程》(JTGE 20—2011)中(T 0702—2011)的试验方法，均以预估油石比4.9%成型马歇尔试件，马歇尔试件双面各击实75次，击实温度160～170 ℃。测定3组试件的毛体积相对密度、空隙率 *VV*、矿料间隙率 *VMA*、沥青饱和度 *VFA* 等指标，试验结果见表7-14。

由表7-14可知，级配一(粗级配)空隙率较大，级配三空隙率较小且矿料间隙率不符合规范要求，级配二(中级配)的空隙率、矿料间隙都较级配一(粗级配)、级配二(细级配)合理，因此确定级配二(中级配)为该配合比设计级配。

3. 最佳油石比的确定

为了确定已定级配的最佳油石比，按照《公路沥青路面施工技术规范》(JTGF 40—2004)规定，依据《公路工程沥青及沥青混合料试验规程》(JTGE 20—2011)中(T 0702—2011)的试验方法，分别成型油石比为3.9%、4.4%、4.9%、5.4%、5.9%的5组马歇尔试件，马歇尔试件双面各击实75次，击实温度160～170 ℃。各组马歇尔试验结果见表7-15。

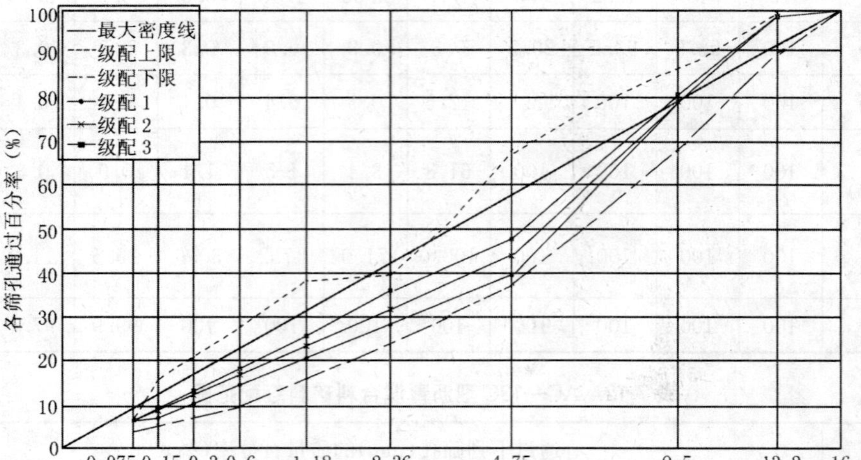

图7-13　AC—13C沥青混合料目标配比矿料合成级配曲线

表 7-13　三种配合比矿料级配设计组成结果

配合比	通过下列筛孔(mm)的质量百分率(%)										
	19	16	13.2	9.5	4.75	2.36	1.18	0.6	0.3	0.15	0.075
级配一(粗) 30：33：18：18：1	100	99.7	98.1	78.3	40.6	29.6	21.3	14.8	10.2	7.4	5.1
级配二(中) 28：31：20：20：1	100	99.7	98.2	79.8	44.3	32.7	23.5	16.3	11.2	8.0	5.6
级配三(细) 26：29：22：22：1	100	99.7	98.3	81.2	48.0	35.8	25.8	17.8	12.2	8.7	6.0

表 7-14　三种初试级配的马歇尔试验结果

试验项目	级配一	级配二	级配三	技术要求
2.36mm 筛孔通过率(%)	29.6	32.7	35.8	/
试件毛体积相对密度 γ_f	2.428	2.435	2.444	/
计算最大理论相对密度 γ_t	2.555	2.552	2.549	/
空隙率 *VV*(%)	5.0	4.6	4.1	4～6
矿料混合料的合成毛体积相对密度 γ_{sb}	2.732	2.720	2.717	/
矿料间隙率 *VMA*(%)	15.0	14.7	14.2	/
沥青饱和度 *VFA*(%)	66.8	68.6	71.0	65～75
稳定度(kN)	10.07	10.66	11.23	≥8.0
流值(mm)	2.0	2.1	2.5	1.5～4.0

表 7-15　确定最佳油石比马歇尔试验结果

油石比(%)	毛体积相对密度	最大理论相对密度	空隙率 *VV*(%)	矿料间隙率 VMA(%)	有效沥青饱和度 *VFA*(%)	稳定度(kN)
3.9	2.421	2.589	6.5	14.3	54.7	9.47
4.4	2.429	2.571	5.5	14.5	61.9	9.70
4.9	2.435	2.552	4.6	14.7	68.6	10.66
5.4	2.440	2.535	3.7	14.9	74.9	10.54
5.9	2.442	2.517	3.0	15.2	80.3	10.15
技术要求	/	/	4～6	/	65～75	≥8.0

将表 7-15 中马歇尔试验结果以油石比为横坐标,其他各项指标为纵坐标绘成马歇尔试验结果曲线图,见图 7-14。

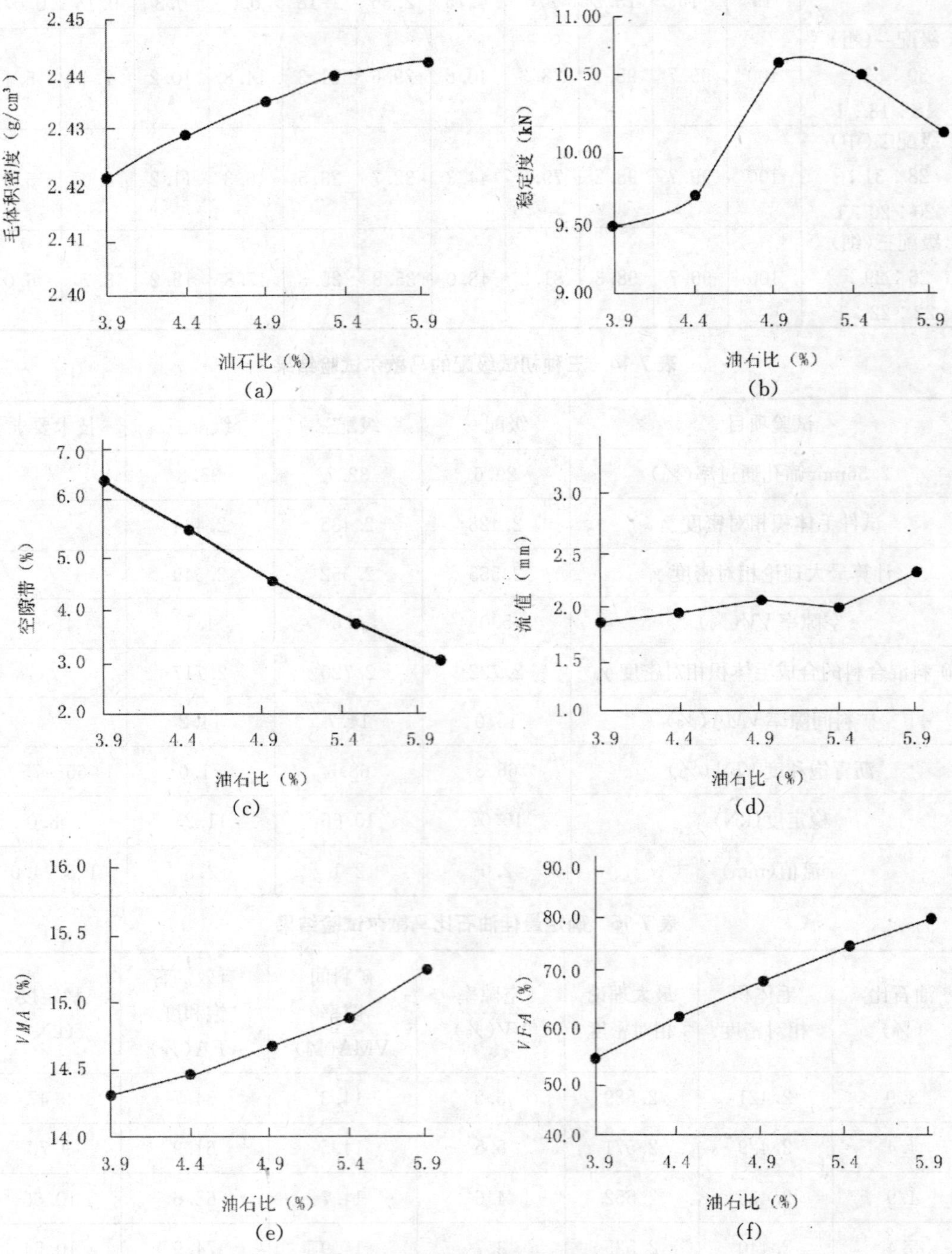

图 7-14　马歇尔试验结果曲线

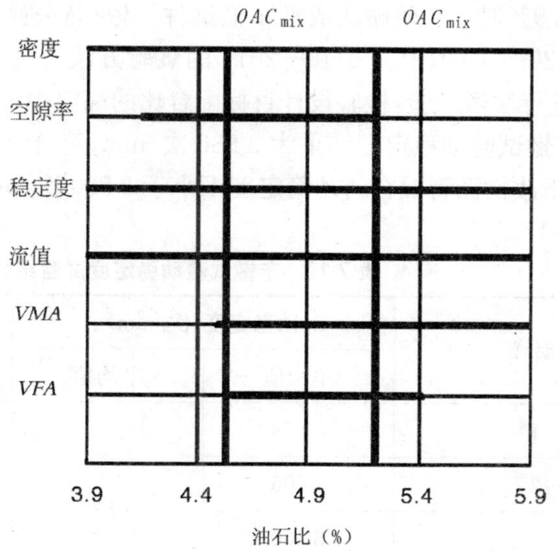

续图 7-14

最佳油石比确定：

(1)因密度没有出现峰值，故可直接以目标空隙率(4.5%)所对应的油石比 $a_3=4.93\%$作为 OAC_1，即 $OAC_1=4.93\%$。

(2)$OAC_{min}=4.54\%$，$OAC_{max}=5.20\%$

$OAC_2=(OAC_{min}+OAC_{max})/2=(4.54\%+5.20\%)/2=4.87\%$。

(3)$OAC=(OAC_1+OAC_2)/2=(4.93\%+4.87\%)/2=4.90\%$。

(4)由试验检测得出结果，结合河南省沥青路面使用经验，最佳油石比最终定为4.9%。

在最佳油石比 4.9%时的马歇尔试验结果见表 7-16，其结果全部符合规范要求。

表 7-16 最佳油石比 4.9%时的马歇尔试验结果

试验项目	试验结果	技术要求
计算最大理论相对密度 γ_t	2.552	/
实测毛体积相对密度 γ_f	2.435	/
空隙率 VV(%)	4.6	4～6
矿料间隙率 VMA(%)	14.7	VV=4.6%，VMA≥14.6
沥青饱和度 VFA(%)	68.6	65～75
稳定度(kN)	10.66	≥8.0
流值(mm)	2.1	1.5～4.0

(三)配合比设计检验

1. 高温稳定性检验

按照《公路沥青路面施工技术规范》(JTGF 40—2004)的规定，依据《公路工程沥青及沥青混合料试验规程》(JTGE 20—2011)中 T 0703—2011 的试验方法采用设计级配，在最佳油石比 4.9%时采用轮碾法成型车辙试件。依据《公路工程沥青及沥青混合料试验规程》(JTGE 20—2011)中 T 0719—2011 的试验方法，在试验温度 60 ℃、荷载轮压 0.7 MPa 条件下进行车辙试验，检验设计目标配合比的高温稳定性。

经检验车辙试验动稳定度结果为 3 836 次/mm，符合该沥青路面工程所处地气候分区为 1～3 区下改性沥青混合料动稳定度不小于 2 800 次/mm 的要求。车辙试验动稳定度结果见表 7-17。

表 7-17 车辙试验动稳定度试验结果

试件编号	动稳定度(次/mm)		变异系数(%)	技术要求(次/mm)
	单个值	平均值		
4.9—1#	3 938	3 836	7.9	≥2 800
4.9—2#	3 706			
4.9—3#	3 500			
4.9—4#	4 200			

2. 水稳定性检验

1)浸水马歇尔检验

按《公路沥青路面施工技术规范》(JTGF 40—2004)的规定，依据《公路工程沥青及沥青混合料试验规程》(JTGE 20—2011)中 T 0702—2011、T 0709—2011 的试验方法，采用设计级配，在最佳油石比为 4.9%时成型马歇尔试件，进行浸水马歇尔试验。经检验马歇尔残留稳定度为 89.9%，符合该沥青路面工程气候分区下改性沥青混合料不小于 85%的要求。浸水马歇尔试验结果见表 7-18。

表 7-18 浸水马歇尔试验结果

组类	试验条件	稳定度试验结果(kN)	残留稳定度(%)	技术要求(%)
标准马歇尔试验	60 ℃浸水 0.5 h	11.75	89.9	≥85
浸水马歇尔试验	60 ℃浸水 48 h	10.56		

2)冻融劈裂检验

按照《公路沥青路面施工技术规范》(JTGF 40—2004)的规定，依据《公路工程沥青及沥青混合料试验规程》(JTGE 20—2011)中 T 0729—2011 的试验方法，采用设计级配成型最佳油石比为 4.9%双面各击实 50 次的马歇尔试件，用冻融劈裂试验残留强度比来检验混合料的水稳定性。

经试验马歇尔试件劈裂抗拉强度比为 92.2%，符合该沥青路面工程气候分区下改性沥青混合料不小于 80%的规定。冻融劈裂马歇尔试验结果见表 7-19。

表 7-19　冻融劈裂马歇尔试验结果

未进行冻融循环的第一组试件	高度(mm)	破坏荷载(N)	劈裂抗拉强度 RT(MPa)
	63.4	9 590	0.950
经受冻融循环的第二组试件	63.2	8 810	0.876
冻融劈裂试验强度比 TSR(%)	检测结果		技术要求
	92.2		≥80

3. 低温弯曲检验

按照《公路沥青路面施工技术规范》(JTGF 40—2004)的规定，依据《公路工程沥青及沥青混合料试验规程》(JTGE 20—2011)中 T 0715—2011 沥青混合料弯曲试验方法，测定 250 mm×30 mm×35 mm 棱柱体小梁试件在－10 ℃、加载速率为 50 mm/min 条件下的破坏时的抗弯拉强度，实测破坏时的梁底最大弯拉应变值为 2 691με，符合大于 2 500με 的规范要求。试验结果见 7-20。

表 7-20　低温弯曲应变试验结果

检测参数	检测结果	技术要求
破坏时的抗弯拉强度 *RB*(MPa)	7.86	/
破坏时的弯曲劲度模量(MPa)	2 924	/
破坏时的最大弯拉应变(με)	2 691	≥2 500

4. 渗水系数检验

按照《公路沥青路面施工技术规范》(JTGF 40—2004)的规定，依据《公路工程沥青及沥青混合料试验规程》(JTGE 20—2011)中 T 0730—2011 规定的试验方法，采用设计配合比用轮碾法制作车辙的试件，进行室内渗水试验。渗水系数为 40 mL/min，符合规范要求。

5. 最佳沥青用量时的粉胶比和有效沥青膜厚度检验

经计算，混合料在最佳油石比 4.9%时，粉胶比 FB＝1.34，符合规范 0.6～1.6 的要求，沥青膜有效厚度 DA＝8.43 μm。

(四)结论

通过对混合料级配调试和相关性能的验证试验，表明所设计的 AC—13C 型沥青混合料的高温稳定性、水稳定性、低温抗裂性及渗水系数等各项技术指标均能满足《公路沥青路面施工技术规范》(JTGF 40—2004)中的相应技术要求，可作为该路面工程生产配合比调试的依据。该沥青混合料目标配合比设计结果见表 7-21、表 7-22。

表 7-21　AC—13C 型沥青混合料目标配合比设计结果

混合料类型	各种矿料所占比例(%)					油石比(%)
	1# 碎石(10～15 mm)	2# 碎石(5～10 mm)	机制砂(安山岩)	机制砂(石灰岩)	矿粉	
AC—13C	28.0	31.0	20.0	20.0	1.0	4.9

注:标准马歇尔密度 2.435 g/cm³。

表 7-22　AC—13C 型沥青混合料目标配合比设计级配

AC—13C	通过下列筛孔(mm)的质量百分率(%)										
	19	16	13.2	9.5	4.75	2.36	1.18	0.6	0.3	0.15	0.075
设计级配	100	99.7	98.2	79.8	44.3	32.7	23.5	16.3	11.2	8.0	5.6
级配上限	100	100	100	85	68	40	38	28	20	15	8
级配下限	100	100	90	68	38	24	15	10	7	5	4

第八章 路基路面现场检测

公路路基路面现场检测是指为评价公路工程路基路面施工质量和使用技术状况在现场进行的原位测试，是路基路面施工质量控制的重要技术环节之一，也是路基路面施工质量和使用技术状况评定的基础。为了保证技术评定的科学性、公正性和规范性，我国公路交通部门制定了相关测试技术规程，规范了各类现场试验检测的目的与适用范围、仪具与设备、试验方法和操作技术要求。

第一节 路面厚度检测

路面厚度是施工过程中质量控制与施工验收的关键项目。路面厚度的检测通常规定通过钻孔试件厚度或挖坑法为标准试验方法，但是上述试验方法属于破坏性试验。在相关测试技术及测试装备不断更新的背景下，目前国内有许多部门开始采用路面雷达法进行路面厚度的无损检测，以减少对路面造成的损坏或留下的隐患。需要注意的是，目前我国技术规范中仍然以挖坑或钻芯法为路面厚度的标准试验方法，路面雷达检测方法应进行适当的标定后方可使用。

一、挖坑及钻芯法测定路面厚度试验方法

(一)目的与适用范围

本方法适用于路面各层施工过程中的厚度检验及工程竣工验收检查使用。

(二)仪具与材料技术要求

本方法根据需要选用下列仪具和材料：

(1)挖坑用镐、铲、凿子、锤子，小铲，毛刷。

(2)路面取芯机及钻头、冷却水。钻头的直径为 Φ100 mm，如芯样仅供测量厚度，不做其他试验时，对沥青面层，或水泥混凝土板也可用直径 Φ50 mm 的钻头，对基层材料有可能损坏试件时，也可用直径 Φ150 mm 的钻头，但钻孔深度均须达到层厚。

(3)量尺：钢板尺，钢卷尺，卡尺。

(4)补坑材料：与检测层位的材料相同。

(5)补坑用具：夯、热夯、水等。

(6)其他：搪瓷盘，棉纱等。

(三)方法与步骤

基层或砂石路面的厚度可用挖坑法测定，沥青面层及水泥混凝土路面板的厚度应由钻孔法测定。

1. 挖坑法厚度测试步骤

(1)根据现行规范的要求，随机取样决定挖坑检查的位置，如为旧路，该点有坑洞等显

著缺陷或接缝时，可在其旁边检测。

(2)选择试验地点。选一块约 40 cm×40 cm 的平坦表面，用毛刷清理干净。

(3)根据材料坚硬程度，进择镐、铲、凿子等适当的工具，开挖这一层材料。直至层位底面，在便于开挖的前提下。开挖面积应尽量缩小，坑体显圆形，边开挖边将材料铲出，置于搪瓷盘中。

(4)用毛刷将坑槽清扫干净。确认为下一层的顶面。

(5)将钢板尺平放横跨于坑的两边，用另一把钢尺或卡尺等量具在坑的中部位置垂直于坑底，测量坑底至钢板尺的距离。即为检查层的厚度，以 mm 计，准确至 1 mm。

2. 钻孔取芯件法厚度测试步骤

(1)根据现行相关规范的要求，随机决定钻孔的位置，如为旧路，该点有显著的坑槽或接缝时，应在其旁边检测。

(2)按规范推荐的方法用路面取芯钻机钻孔，芯样的直径应符合规范要求。钻孔深度必须达到层厚。

(3)仔细取出芯样，清扫底面灰土，找出与下层的分界面。

(4)用钢板尺或卡尺沿圆周对称的十字方向四处量取表面至上下层界面的高度，取其平均值即为该层厚度。准确至 1 mm。

(5)沥青混凝土施工时，当沥青混合料尚未冷却时，可根据需要用大螺丝刀插至沥青底面然后读数，量取沥青层厚，以 mm 计，准确 1 mm。

按照规范要求用与取样层相同的材料填补挖坑或钻孔。

(四)计算

(1)按式(8-1)计算路面实测厚度 T_{1i} 与设计厚度 T_{0i} 之差：

$$\Delta T_i = T_{1i} - T_{0i} \tag{8-1}$$

式中 T_{1i}——路面的实测厚度，mm；

T_{0i}——路面的设计厚度，mm；

ΔT_i——路面实测厚度与设计厚度的差值，mm，

(2)当为检查路面总厚度时，则将各层平均厚度相加即为路面总厚度。按式(8-2)计算一个评定路段检测厚度的代表值：

$$X_L = \overline{X} - \frac{t_\alpha}{\sqrt{n}} S \tag{8-2}$$

式中 X_L——厚度代表值；

$\overline{X}$——厚度平均值；

S——标准差；

n——检测数量；

t_α——t 分布表中随检测点数和保证率(或置信度 α)而变的系数，采用的保证率：高速、一级公路基层、底基层为 99%，面层为 95%，其他公路基层、底基层为 95%，面层为 90%。

(五)报告

路面厚度检测报告应列表填写，并记录与设计厚度之差，不足设计厚度为负，大于设

计厚度为正。

二、路面厚度试验检测新技术

目前,国内外在新建、改建路面工程质量验收和旧路加铺路面设计的厚度调查过程中逐渐开始采用短脉冲雷达无损检测路面面层厚度。该方法利用了雷达发射的电磁波在路面层传播过程中会逐渐削弱、消散、层面反射的基本原理,实现快速无损检测路面面层厚度。雷达最大探测深度是由雷达系统的参数以及路面材料的电磁属性决定的。对于材料过度潮湿或饱和以及有高含铁量矿渣集料的路面不适合用雷达法测试。

短脉冲雷达无损检测路面面层厚度方法以雷达测试系统为核心,雷达测试系统通常由承载车、天线、雷达发射接收器和控制系统组成。目前常用的主要有车载式雷达以及手推式雷达两大类,如图 8-1、图 8-2 所示。其中车载式路面雷达适用于长距离、大面积的路面结构层厚度检测,手推式路面雷达则适用于工作面较小、测试距离较短、测试范围有限的路面结构层厚度检测。

图 8-1　车载式路面雷达

图 8-2　手推式路面雷达

路面雷达无损检测路面厚度方法在测试过程中,应选择试验段,调试好仪器设备的工作状态。同时,为了准确反算出路面厚度,必须知道路面材料的介电常数,通常采用在路面上钻芯取样方法以获取路面材料的介电常数。其做法是首先令雷达天线在需要标定芯样点的上方采样,然后钻芯,最后将芯样的真实厚度数据输入到计算程序中,反算出路面材料的介电常数或者雷达波在材料中的传播速度;路面材料的介电常数会随集料类型、沥青产地、密度、湿度等而不同。测试过程中应根据实际情况增加芯样钻取数量,以保证测试厚度的准确性。

为了保证短脉冲雷达测定路面面层厚度的精度,应根据测试路面厚度选择相应的天线频率,相关测试规程推荐的路面测试厚度与雷达天线频率之间的关系如下,实际使用中可以参考:

路面厚度小于 10 cm 时,宜选用频率大于 2 GHz 的雷达天线;

路面厚度为 10～25 cm 时,宜选用频率大于 1.5 GHz 的雷达天线;

路面厚度大于 25 cm 时,宜选用频率大于 1 GHz 的雷达天线。

第二节　路基路面压实度

路基路面的压实质量是公路工程施工质量管理的最重要指标之一，只有对路基路面进行了充分的压实，保证路基路面的强度、稳定性和平整度，才可以保证路面结构的使用寿命。目前我国主要采用压实度表征路基路面的压实质量，对于路基土及路面基层，压实度一般是指工地实际达到的干密度与室内击实试验所得的最大干密度的比值；对沥青面层，压实度一般是指现场实际达到的密度与标准密度的比值。

一、挖坑灌砂法测定压实度试验方法

(一)目的与适用范围

(1)本试验法适用于在现场测定基层(或底基层)、砂石路面及路基土的各种材料压实层的密度和压实度，但不适用于填石路堤等有大孔洞或大孔隙材料的压实度检测。

(2)挖坑灌砂法测定密度和压实度时，应符合下列规定：

①当集料的最大粒径小于 15 mm、测定层的厚度不超过 150 mm 时，宜采用 Φ100 mm 的小型灌砂筒测试。

②当集料的最大粒径等于或大于 15 mm，但不大于 40 mm，测定层的厚度超过 150 mm，但不超过 200 mm 时，应用 Φ150 mm 的大型灌砂筒测试。

(二)仪具与材料技术要求

(1)灌砂筒：有大小两种，根据需要采用。型式和主要尺寸应符合规范要求。当尺寸与规范要求不一致，但不影响使用时，亦可使用。

(2)金属标定罐：用薄铁板制作的金属罐，上端周围有一罐缘。

(3)基板：用薄铁板制作的金属方盘，盘的中心有一圆孔。

(4)玻璃板：边长 500～600 mm 的方形板。

(5)试样盘：小筒挖出的试样可用饭盒存放。大筒挖出的试样可用 300 mm×500 mm×400 mm 的搪瓷盘存放。

(6)天平或台秤：称量 10～15 kg，感量不大于 1 g。用于含水率测定的天平精度，对细粒土、中粒土、粗粒土宜分别为 0.01 g、0.1 g、1.0 g。

(7)含水率测定器具：如铝盒、烘箱等。

(8)量砂：粒径 0.3～0.6 mm 或 0.25～0.5 mm 清洁干燥的均匀砂，20～40 kg，使用前须洗净、烘干，并放置足够的时间，使其与空气的湿度达到平衡。

(9)盛砂的容器：塑料桶等。

(10)其他：凿子、改锥、铁锤、长把勺、长把小簸箕、毛刷等。

(三)方法与步骤

(1)按现行试验方法对检测对象试样用同一种材料进行击实试验，得到最大干密度(ρ_c)及最佳含水率。

(2)按规定选用适宜的灌砂筒。

(3)按下列步骤标定灌砂筒下部圆锥体内砂的质量：

①在灌砂筒筒口高度上，向灌砂筒内装砂至距筒顶 15 mm 左右为止，称取装入筒内砂的质量 m_1，准确至 1 g。以后每次标定及试验都应该维持装砂高度与质量不变。

②将开关打开，使灌砂筒筒底的流砂孔、圆锥形漏斗上端开口圆孔及形状铁板中心的圆上下对准，让砂自由流出，并使流出砂的体积与工地所挖坑内的体积相当(或等于标定罐的容积)，然后关上开关。

③不晃动储砂筒的砂，轻轻地将罐砂筒移至玻璃板上，将开关打开，让砂流出，直到筒内砂不再下流时，将开关关上，并细心地取走灌砂筒。

④收集并称量留在玻璃板上的砂或称量筒内的砂，准确至 1 g。玻璃板上的砂就是填满筒下部圆锥体的砂(m_2)。

⑤重复上述测量 3 次，取其平均值。

(4)按下列标定量砂的松方密度 ρ_s(g/cm³)：

①用水确定标定罐的容积 V，准确至 1 mL。

②在储砂筒中装入质量为 m_1 的砂，并将灌砂筒放在标定罐上，将开关打开，让砂流出。在整个流砂过程中，不要碰动灌砂筒，直到储砂筒内的砂不再下流时，将开关关闭。取下灌砂筒，称取筒内剩余的质量(m_3)，准确至 1 g。

③按式(8-3)计算填满标定罐所需砂的质量 m_a(g)：

$$m_a = m_1 - m_2 - m_3 \tag{8-3}$$

式中　m_a——标定罐中砂的质量，g；

m_1——装入灌砂筒内的砂的总质量，g；

m_2——灌砂筒下部圆锥体内砂的质量，g；

m_3——灌砂入标定罐后，筒内剩余砂的质量，g；

④重复上述测量 3 次，取其平均值。

⑤按式(8-4)计算量砂的单位质量 ρ_s(g/cm³)：

$$\rho_s = \frac{m_a}{V} \tag{8-4}$$

式中　ρ_s——量砂的单位质量，g/cm³；

V——标定罐的体积，cm³。

(5)试验步骤：

①在试验地点，选一块平坦表面，并将其清扫干净，其面积不得小于基板面积。

②将基板放在平坦表面上，当表面的粗糙度较大时，则将盛有量砂(m_5)的灌砂筒放在基板中间的圆孔上，将灌砂筒的开关打开，让砂流入基板的中孔内，直到储砂筒内的砂不再下流时关闭开关。取下灌砂筒，并称量筒内砂的质量(m_6)，准确至 1 g。当需要检测厚度时，应先测量厚度后再进行这一步骤。

③取走基板，并将留在试验地点的量砂收回，重新将表面清扫干净。

④将基板放回清扫干净的表面上(尽量放在原处)，沿基板中孔凿洞(洞的直径与灌砂筒一致)。在凿洞过程中，应注意不使凿出的材料丢失，并随时将凿松的材料取出装入塑料袋中，不使水分蒸发。也可放在大试样盒内。试洞的深度应等于测试层厚度，但不得有下层材料混入，最后将洞内的全部凿松材料取出。对土基或基层，为防止试样盘内材料的

水分蒸发，可分几次称取材料的质量。全部取出材料的总质量为 m_w，准确至1 g。

⑤从挖出的全部材料中取有代表性的样品，放在铝盒或洁净的搪瓷盘中，测定其含水率（ω，以%计）。样品的数量如下：用小灌砂筒测定时，对于细粒土，不少于100 g；对于各种中粒土，不少于500 g。用大灌砂筒测定时，对于细粒土，不少于200 g；对于各种中粒土，不少于1 000 g；对于粗粒土或水泥、石灰、粉煤灰等无机结合料稳定材料，宜将取出的全部材料烘干，且不少于2 000 g，称其质量（m_d），准确至1 g。

⑥将基板安放在试坑上，将灌砂筒安放在基板中间（储砂筒内放满砂到要求质量（m_1），使灌砂筒的下口对准基板的中孔及试洞，打开灌砂筒的开关，让砂流入试坑内，在此期间，应注意勿碰动灌砂筒。直到储砂筒内的砂不再下流时，关闭开关，仔细取走灌砂筒，并称量筒内剩余砂的质量（m_4），准确至1 g。

⑦如清扫干净的平坦表面的粗糙度不大，也可省去②和③的操作。在试洞挖好后，将灌砂筒直接对准放在试坑上，中间不需要放基板。打开筒的开关，让砂流入试坑内。在此期间，应注意勿碰动灌砂筒。直到储砂筒内的砂不再下流时，关闭开关。仔细取走灌砂筒，并称量剩余砂的质量（m_4），准确至1 g。

⑧仔细取出试筒内的量砂，以备下次试验时再用。若量砂的湿度已发生变化或量砂中混有杂质，则应该重新烘干、过筛，并放置一段时间，使其与空气的湿度达到平衡再用。

(四)计算

(1)按式(8-5)或式(8-6)计算填满试坑所用的砂的质量 m_b(g)：

灌砂时，试坑上放有基板时：

$$m_b = m_1 - m_4 - (m_5 - m_6) \tag{8-5}$$

灌砂时，试坑上不放基板时：

$$m_b = m_1 - m'_4 - m_2 \tag{8-6}$$

式中　m_b——填满试坑的砂的质量，g；

m_1——灌砂前灌砂筒内砂的质量，g；

m_2——灌砂筒下部圆锥体内砂的质量，g；

m_4、m'_4——灌砂后，灌砂筒内剩余的质量，g；

$m_5 - m_6$——灌砂筒下部圆锥体内及基板和粗糙表面间砂的合计质量，g。

(2)按式(8-7)计算试坑材料的湿密度 ρ_w(g/cm³)：

$$\rho_w = \frac{m_w}{m_b} \times \rho_s \tag{8-7}$$

式中　m_w——试坑中取出的全部材料的质量，g；

ρ_s——量砂的单位质量，g/cm³。

(3)按式(8-8)计算试坑材料的干密度 ρ_d(g/cm³)：

$$\rho_d = \frac{\rho_w}{1 + 0.01\omega} \tag{8-8}$$

式中　ω——试坑材料的含水率(%)。

(4)当为水泥、石灰、粉煤等无机结合料稳定土的场合，可按式(8-9)计算干密度 ρ_d(g/cm³)：

$$\rho_d = \frac{m_d}{m_b} \times \rho_s \tag{8-9}$$

式中　m_b——试坑中取出的稳定土的烘干质量，g。

(5)按式(8-10)计算施工压实度：

$$K = \frac{\rho_d}{\rho_c} \times 100 \tag{8-10}$$

式中　K——测试地点的施工压实度(%)；

ρ_d——试样的干密度，g/cm³；

ρ_c——由击实试验得到的试样的最大干密度，g/cm³。

当试坑材料组成与击实试验的材料有较大差异时，可以试坑材料作标准击实，求取试样的最大干密度。

(五)报告

计算一个评定路段检测的压实度的平均值、标准差、变异系数，并按式(8-11)计算代表压实度。

$$K = \overline{K} - \frac{t_\alpha}{\sqrt{n}} S \tag{8-11}$$

式中　K——压实度代表值；

$\overline{K}$——压实度平均值；

S——标准差；

n——检测数量；

t_α——t 分布表中随检测点数和保证率(或置信度)而变的系数，采用的保证率：高速、一级公路基层、底基层为 99%，面层为 95%，其他公路基层、底基层为 95%，面层为 90%。

二、钻芯法测定沥青面层压实度试验方法

(一)目的与适用范围

(1)沥青混合料面层的压实度是按施工规范规定的方法测定的混合料试样的毛体积密度与标准密度之比值，以百分率表示。

(2)本方法适用于检验从压实的沥青路面上钻取的沥青混合料芯样试件的密度，以评定沥青面层的施工压实度。

(二)仪具与材料技术要求

(1)路面取芯钻机。

(2)天平：感量不大于 0.1 g。

(3)水槽。

(4)吊篮。

(5)石蜡。

(6)其他：卡尺、毛刷、小勺、取样袋(容器)、电风扇。

(三)方法与步骤

1. 钻取芯样

按规范规定的方法钻取路面芯样,芯样直径不宜小于 Φ100 mm。当一次钻孔取得的芯样包含有不同层位的沥青混合料时,应根据结构组合情况用切割机将芯样沿各层结合面锯开分层进行测定。

钻孔取样应在路面完全冷却后进行,对普通沥青路面通常在第二天取样,对改性沥青及 SMA 路面宜在第三天以后取样。

2. 测定试件密度

(1)将钻取的试件在水中用毛刷轻轻刷净黏附的粉尘。如试件边角有浮松颗粒,应仔细清除。

(2)将试件晾干或用电风扇吹干不少于 24 h,直至恒重。

(3)按沥青混合料密度试验方法测定试件的密度 ρ_s。通常情况下采用表干法测定试件的毛体积相对密度;对吸水率大于 2%的试件,宜采用蜡封法测定试件的毛体积相对密度;对吸水率小于 0.5%特别致密的沥青混合料,在施工质量检验时,允许采用水中重法测定表观相对密度。

3. 确定标准密度

根据《公路沥青路面施工技术规范》(JTGF 40－2004)附录 E 的规定,确定计算压实度的标准密度。

(四)计算

(1)当计算压实度的标准密度采用每天试验室实测的马歇尔击实试件密度或试验路段钻孔取样密度时,沥青面层的压实度按式(8-12)计算。

$$K=\frac{\rho_s}{\rho_0}\times 100 \tag{8-12}$$

式中　K——沥青面层某一测定部位的压实度(%);

ρ_s——沥青混合料芯样试件的实际密度,g/cm³;

ρ_0——沥青混合料的标准密度,g/cm³。

(2)计算压实度的标准密度采用最大理论密度时,沥青面层的压实度按式(8-13)计算:

$$K=\frac{\rho_s}{\rho_t}\times 100 \tag{8-13}$$

式中　ρ_s——沥青混合料芯样试件的实际密度,g/cm³;

ρ_t——沥青混合料的最大理论密度,g/cm³。

(3)计算一个评定路段检测的压实度的平均值、标准差、变异系数,并计算代表压实度。

(五)报告

压实度试验报告应记载压实度检查的标准密度及依据,并列表表示各测点的试验结果。

(六)试验注意事项

压实度是施工质量管理最为重要的指标之一,沥青路面的成败与否,压实度是最重要的工序。压实度的大小取决于实测的压实密度,同样也与标准密度的大小有关。由于对标准密度的规定并不统一，一些工程在压实度达不到要求时，重新进行马歇尔试验，调整标准密度，只要把标准密度做的小一些便可以提高压实度。如果再把不合格的数据随意舍弃，那么钻孔试件的压实度数据将失去价值。为了防止上述弄虚作假的行为，在试验评定过程中，应严格按照规范的规定，选择合理的标准密度数值。

三、环刀法测定压实度试验方法

(一)目的与适用范围

(1)本方法规定在公路工程现场用环刀法测定土基和路面材料的密度及压实度。

(2)本方法适用于细粒土及无机结合料稳定细粒土的密度。但无机结合料稳定细粒土，其龄期不宜超过 2 d，且宜用于施工过程中的压实度检验。

(二)仪具与材料技术要求

(1)人工取土器：包括环刀、环盖，定向筒和击实锤系统(导杆、落锤、手柄)。环刀内径 6～8 cm，高 2～3 cm，壁厚 1.5～2 mm。

(2)电动取土器：包括底座、行走轮、立柱齿、轮箱、升降机构、取芯头等。

(3)天平：感量 0.1 g(用于取芯头内径小于 70 mm 样品的称量)。

(4)其他：镐、小铁锹、修土刀、直尺、木板、毛刷、钢丝锯、凡士林，测定含水量设备等。

(三)方法与步骤

(1)按有关试验方法对检测对象试样用同种材料进行击实试验，得到最大干密度(ρ_c)及最佳含水量。

(2)用人工取土器测定黏性土及无机结合料稳定细粒土密度的步骤：

①擦净环刀，称取环刀质量 m_2。准确至 0.1 g。

②在试验地点，将面积约 30 cm×30 cm 的地面清扫干净，并将压实层铲去表面浮动及不平整的部分，达一定深度，使环刀打下后能达到要求的取土深度，但不得将下层扰动。

③将定向筒齿钉固定在铲平的地面上。顺次将环刀、环盖放入定向筒内与地面垂直。

④将导杆保持垂直状态，用取土器落锤将环刀打入压实层中，至环盖顶面与定向筒上口齐平为止。

⑤去掉击实锤和定向筒，用镐将环刀及试样挖出。

⑥轻轻取下环盖，用修土刀自边到中削去环刀两端余土，用直尺检测直到修平为止。

⑦擦净环刀外壁，用天平称取出环刀及试样合计质量 m_1，准确到 0.1 g。

⑧自环刀中取出试样，取具有代表性的试样，测定其含水率(w)。

(3)用人工取土器测定砂性土或砂层密度时的步骤：

①如为湿润的砂土，试验时不能使用击实锤和定向筒，在铲平的地面上，细心挖出一个直径较环刀外径略大的砂土柱，将环刀刃口向下，平置于砂土柱上，用两手平稳地将环刀垂直下压，直至砂土柱突出环刀上端约 2 cm 为止。

②削掉环刀口上的多余砂土，并用直尺刮平。

③在环刀上口盖一块平滑的木板，一手按住木板，另一手用小铁锹将试样从环刀底部切断，然后将装满试样的环刀反转过来，削掉环刀口上部多余砂土，并用直尺刮平。

④擦净环刀外壁称环刀与试样合计质量(m_1)准确到 0.1 g。

⑤自环刀取出具有代表性的试样测定其含水量。

⑥干燥的砂土不能挖成砂土样柱时,可直接将环刀压入或打入土中。

(4)用电动取土器测定无机结合料细粒土和硬塑土密度的步骤:

①装上所需规格的取芯头,在施工现场取芯前,选择一块平整的路段,将四只行走轮打起,四根定位销钉采用人工加压的方法,压入路基土层中。松开锁紧手柄,旋动升降手轮,使取芯头刚好与土层接触,锁紧手柄。

②将电瓶与调速器接通,调速器的输出端接入取芯机电源插口。指示灯亮,显示电路已通;启动开关,电动机工作,带动取芯机构转动。根据土层含水率调节转速,操作升降手柄,上提取芯机构,停机,移开机器。由于取芯头圆筒外表有几条螺旋状突起,切下的土屑排在筒外顺螺纹上旋抛出地表。因此,将取芯套筒套在切削好的土芯立柱上,摇动即可取出样品。

③取出样品,立即按取芯套筒长度用修土刀或钢丝锯修平两端,制成所需规格土芯,如拟进行其他试验项目,装入铝盒,送试验室备用。

④用天平称量取芯带套筒质量 m_1。从土芯中心部分取试样测定含水率。

本试验须进行两次平行测定,其平行差值不得大于 0.03 g/cm³。求其算术平均值。

(四)计算

(1)按式(8-14)和式(8-15)分别计算土样的湿密度和干密度:

$$\rho=\frac{4\times(m_1-m_2)}{\pi d^2 h} \tag{8-14}$$

$$\rho_d=\frac{\rho}{1+0.01\omega} \tag{8-15}$$

式中 ρ——试样的湿密度,g/cm³;

ρ_d——试样的干密度,g/cm³;

m_1——环刀或取芯套筒与试样合计质量,g;

m_2——环刀或取芯套筒质量,g;

d——环刀或取芯套筒直径,cm;

h——环刀或取芯套筒高度,cm;

ω——试样的含水率(%)。

(2)按式(8-16)计算施工压实度:

$$K=\frac{\rho_d}{\rho_c}\times 100 \tag{8-16}$$

式中 K——测试地点的施工压实度(%);

ρ_d——试样的干密度,g/cm³;

ρ_c——由击实试验得到的试样最大干密度,g/cm³。

(五)报告

试验应报告土的鉴别分类、含水率、湿密度、干密度、压实度等。

(六)试验注意事项

采用环刀法测定压实层密度时,应注意:

(1)环刀应尽量打入到压实层的中部位置,否则测定结果可能出现偏差。一般情况下,环刀在压实层上部位置测得的密度值偏大,在下部位置测得的密度值偏小。

(2)截取环刀时,尽量不要扰动环刀上下底面之间的材料。

四、压实度试验检测新技术

挖坑灌砂法、钻芯法以及环刀法等路基路面压实度测试方法均属于破坏性试验方法,在试验检测过程中无法避免对路基路面造成损坏。而且上述检测方法属于事后检测,具有一定的滞后性,无法对路基路面的压实度进行快速检测。

从快速、无损测定路基路面压实的理念出发,国内外主要使用核子密度仪和无核密度仪两类测试仪器,现场快速测定路基路面的压实度。核子密度仪与无核密度仪的外观形态如图8-3、图8-4所示,两种测试仪器在外观上并无明显差别,最主要的不同之处在于两者的测试原理。核子密度仪利用放射性元素发射出的射线在不同的介质中衰减程度不同来间接测定被测量物体的密度,无核密度仪则是利用电磁波等非放射性媒介在不同的介质中传播速率不同来间接测定被测量物体的密度。

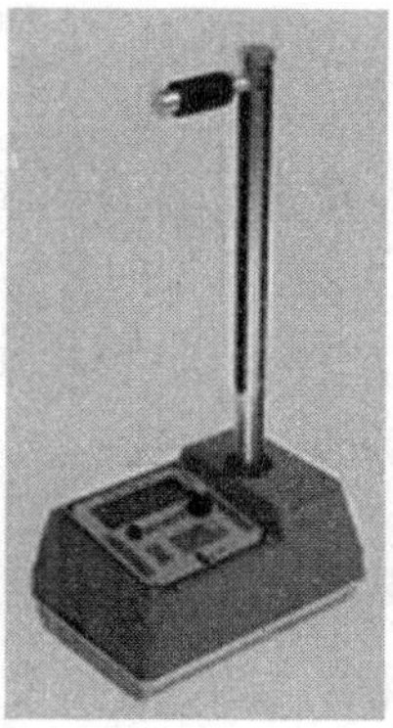

图8-3　核子密度仪

图8-4　无核密度仪

核子密度仪作为一种含小型密封放射源仪器,因其使用简便,快捷,已在堤坝、道路、机场及市政等工程建设中广泛用于对土方、沥青、沥青混凝土、碾压混凝土等材料湿度和密度的快速检测。但由于其使用多以野外为主,且流动性大、接触人员多、工作场所和条件千变万化,其放射防护易被忽视或淡化,易于导致放射事故。如:1995年12月,三峡工程右岸纵向围堰施工中,就曾发生核子密度仪被施工车辆压坏,导致放射源裸露,使表面空气中γ射线剂量率超过国家公众剂量约定值200倍,由于采取措施及时,未造成大的危害。因此,在核子密度仪使用过程中一定要加强放射防护宣传,提高放射工作人员的法规意识和公众的自我防护意识。

相对于核子密度仪,无核密度仪因为采用了非放射性媒介,因此具有更好的操作安全性。目前最新的两种无核密度仪产品是利用电磁法原理的PQI无核密度仪和利用时域反射(TDR)技术的M+DI无核密度仪。近几年,PQI无核密度仪在国内应用越来越广泛,PQI利用电磁辐射测试热沥青混合料的相对密度,具有较高的测试精度和较快的测试速度。国内一些科研单位已经开始研究利用PQI实时控制路基路面压实度的方法,其应用前景比较广阔。无论是核子密度仪还是无核密度仪,在使用前必须经过严格的标定,通过对比试验，确认其可靠性。同时需要注意的是，上述无损快速测定方法适用于快速测定沥青路面各层沥青混合料的密度，并计算施工压实度，但测定结果不宜用于评定验收或仲裁。

第三节 路面平整度

平整度是评价路面施工质量和服务水平的一个重要指标，通常定义平整度为道路表面相对于理想平面的竖向偏差。路表的平整度与其下各结构层的平整状况有一定的联系，即各结构层的平整效果将累积反映到路表面上来。路表的不平整会增大行车阻力，使车辆产生附加振动，造成行车颠簸，影响乘客的舒适性。同时，附加振动作用还会对路面施加额外的冲击力，从而加剧路面和车辆的损坏及轮胎的磨耗，增加油耗。而且不平整的路面会积滞雨水，不仅加速路面损坏，而且影响行车安全。因此，平整度是路面状况评价的一项重要参数。

一、三米直尺测定平整度试验方法

(一)目的与适用范围

(1)本方法规定用三米直尺测定路表面的平整度，定义三米直尺基准面距离路表面的最大间隙表示路基路面的平整度，以 mm 计。

(2)本方法适用于测定压实成型的路面各层表面的平整度，以评定路面的施工质量及使用质量，也可用于路基表面成型后的施工平整度检测。

(二)仪具与材料技术要求

(1)三米直尺：硬木或铝合金型钢制，底面平直，长 3 m。

(2)楔形塞尺：木或金属制的三角形塞尺，有手柄。塞尺的长度与高差之比不小于10，宽度不大于 15 mm，边部有高度标记，刻度精度不小于 0.2 mm，也可使用其他类型的量尺。

(3)其他：皮尺或钢卷尺、粉笔等。

(三)方法与步骤

1. 准备工作

(1)按有关规定选择测试路段。

(2)在测试路段路面上选择测试地点：当为沥青路面施工过程中质量检测时，测试地点应选在接缝处，以单杆检测评定；除高速公路外，可用其他等级公路路基路面工程质量检查验收或进行路况评定，每 200 m 测 2 处，每处连续测量 10 尺。除特殊需要者外，应以行车道一侧车轮轮迹(距车道线 80～100 cm)作为连续测定的标准位置。对旧路已形成车辙的路面，应取车辙中间位置为测定位置，用粉笔在路面上作好标记。

(3)清扫路面测定位置的污物。

2. 测试步骤

(1)在施工过程中检测时，按根据需要确定的方向，将三米直尺摆在测试地点的路面上。

(2)目测三米直尺的底面与路面之间的间隙情况，确定间隙为最大的位置。

(3)用有高度标线的塞尺塞进间隙处，量记其最大间隙的高度(mm)，准确至 0.2 mm。

(四)计算

单杆检测路面的平整度计算以三米直尺与路面的最大间隙度为测定结果。连续测定10尺时，判断每个测定值是否合格，根据要求计算合格百分率，并计算 10 个最大间隙的平均值。

(五)报告

单杆检测的结果应随时记录测试位置及检测结果。连续测定 10 尺时，报告平均值、不合格尺数、合格率。

(六)试验注意事项

三米直尺测定法有单尺测定最大间隙及等距离(1.5 m)连续测定两种。两种方法测定的路面平整度有较好的相关关系。前者常用于施工质量控制与检查验收，单尺测定时要计算出测定段的合格率；等距离连续测试也可用于施工质量检查验收，要算出标准差，用标准差来表示平整程度，但不适用于单尺测定最大间隙评定。

二、连续式平整度仪测定平整度试验方法

(一)目的与适用范围

(1)本方法适用于连续式平整度仪测定路表面不平整度的标准差 δ，以表示路面的平整度，以 mm 计。

(2)本方法适用于测定路表面的平整度，评定路面的施工质量和使用质量，但不适用于在已有较多坑槽、破损严重的路面上测定。

(二)仪具与材料技术要求

1. 连续式平整度仪

(1)整体结构：连续式平整度仪的标准长度为 3 m，其质量应符合仪器标准的要求。中间为一个 3 m 长的机架，机架可缩短或折叠，前后各有 4 个行走轮，前后两组轮的轴间距离为 3 m。

(2)标准差测量传感器：安装在机架中间，可以是能起落的测定轮或非接触式位移传感器，如激光或超声位移测量传感器。

(3)其他辅助机构：蓄电池源、距离传感器，与数据采集、处理、存储、输出部分配套的采集控制箱及计算机、打印机等。

(4)测量功能要求：测定间距为 10 cm，每一计算区间的长度为 100 m，100 m 输出一次结果。可记录测试长度(m)、曲线振幅大于某一定值(3 mm、5 mm、8 mm、10 mm 等)的次数、曲线振幅的单向(凸起或凹下)累计值及以 3 m 机架为基准的中点路面偏差曲线图，并打印输出。

(5)牵引装置：机架头装有一牵引钩及手拉柄，可用人力或汽车牵引。

2. 牵引车

使用小面包车或其他小型牵引汽车。

3. 皮尺或测绳

用以丈量测试路段的距离。

(三)方法与步骤

1. 准备工作

(1)选择测试路段路面测试地点,同三米直尺法。

(2)当为施工过程中质量检测需要时,测试地点根据需要决定;当为路面工程质量检查验收或进行路况评定需要时,通常以行车道一侧车轮轮迹带作为连续测定的标准位置。对旧路已形成车辙的路面,取一侧车辙中间位置为测定位置。按照规定在测试路段路面上确定测试位置,当以内侧轮迹带(IWP)或外侧轮迹带(OWP)作为测定位置时,测定位置距车道标线 80～100 cm。

(3)清扫路面测定位置处的污物。

(4)检查仪器,检测箱各部分应完好、灵敏,并将各连接线接妥,安装记录设备。

2. 测试步骤

(1)将连续式平整度测定仪置于测试路段路面起点上。

(2)在牵引汽车的后部,将平整度的挂钩挂上后,放下测定轮,启动检测器及记录仪。

(3)启动汽车,沿道路纵向行驶、横向位置保持稳定。

(4)检查确认连续式平整度检测仪表上测定数字显示、打印、记录的情况。如检测设备中某项仪表发生故障,即停车检测,牵引平整度仪的速度应均匀,速度宜为 5 km/h,最大不得超过 12 km/h。

在测试路段较短时,亦可用人力拖拉平整度仪测定路面的平整度。但拖拉时应保持匀速前进。

(四)计算

(1)连续式平整度测定仪测定后,可按每 10 cm 间距采集的位移值自动计算得到 100 m 计算区间的平整度标准差 σ(mm),还可记录测试长度(m)。

(2)每一计算区间的路面平整度以该区间测定结果的标准差 σ 表示,按式(8-17)计算:

$$\sigma_i=\sqrt{\frac{\sum d_i^{\,2}-(\sum d_i)^2/N}{N-1}} \tag{8-17}$$

式中 σ_i——各计算区间的平整度计算值;

d_i——以 100 m 为一个计算区间,每隔一定距离(自动采集间距为 10 cm,人工采集间距为 1.5 m)采集的路面凹凸偏差位移值,mm;

N——计算区间用于计算标准差的测试数据个数。

(3)计算一个评定路段内各区间平整度标准差的平均值、标准差、变异系数。

(五)报告

试验应列表报告每一个评定路段内各测定区间的平整度标准差。各评定路段平整度的平均值、标准差、变异系数以及不合格区间数。

(六)试验注意事项

八轮连续平整度仪是目前常用的一种平整度检测手段,但是不适合城市道路,因为八轮连续平整度仪传感器极为灵敏，价格昂贵，城市道路有各种窨井，并不一定统一，仪器在试用中极易损坏。在使用过程中应予注意。

三、颠簸累积仪测定平整度试验方法

(一)目的与适用范围

(1)本方法适用于各类颠簸累积仪在新建、改建路面工程质量验收和无严重坑槽、车辙等病害的正常行车条件下连续采集路段平整度数据。

(2)本方法的数据采集、传输、记录和处理分别由专用软件自动控制进行。

(二)仪具与材料技术要求

1. 测试系统

测试系统由承载车辆、距离测量装置、颠簸累积值测试装置和主控制系统组成。主控制系统对测试装置的操作实施控制，完成数据采集、传输、存储与计算过程。

2. 设备承载车要求

根据设备供应商的要求选择测试系统承载车辆。

3. 测试系统的基本技术要求和参数

(1)测试速度：30～80 km/h。

(2)最大测试幅值：±20 cm。

(3)垂直位移分辨率：1 mm。

(4)距离标定误差：<0.5%。

(5)系统工作环境温度：0～60 ℃。

(6)系统软件能够依据相关关系公式自动对颠簸累积值进行换算，间接输出国际平整度指数 *IRI*。

(三)方法与步骤

1. 准备工作

(1)测试车辆具备下列条件之一时，都应进行仪器测值与国际平整度指数 IRI 的相关性标定，相关系数 R 应不低于 0.99。在正常状态下行驶超过 20 000 km；标定的时间间隔超过 1 年；减震器、轮胎等发生更换、维修。

(2)检查测试车轮胎气压，应达到车辆轮胎规定的标准气压；车胎应清洁，不得粘附杂物；车上载重、人数以及分布应与仪器相关性标定试验时一致。

(3)距离测量系统需要现场安装的，根据设备操作手册说明进行安装，确保紧固装置安装牢固。

(4)检查测试系统，各部分应符合测试要求，不应有明显的可视性破损。

(5)打开系统电源，启动控制程序，检查系统各部分的工作状态。

2. 测试步骤

(1)测试开始之前应让测试车以测试速度行驶 5～10 km，按照设备操作手册规定的预热时间对测试系统进行预热。

(2)测试车停在测试起点前 300～500 m 处，启动平整度测试系统程序，按照设备操作手册的规定和测试路段的现场技术要求设置完毕所需的测试状态。

(3)驾驶员在进入测试路段前应保持车速在规定的测试速度范围内，沿正常行车轨迹驶入测试路段。

(4)进入测试路段后，测试人员启动系统的采集和记录程序，在测试过程中必须及时准确地将测试路段的起终点和其他需要特殊标记点的位置输入测试数据记录中。

(5)当测试车辆驶出测试路段后，仪器操作人员停止数据采集和记录，并恢复仪器各部分至初始状态。

(6)操作人员检查数据文件，文件应完整，内容应正常，否则需要重新测试。

(7)关闭测试系统电源，结束测试。

(四)计算

颠簸累积仪直接测试输出的颠簸累积值 *VBI*，要按照相关性标定试验得到相关关系式，并以 100 m 为计算区间换算成 *IRI*(以 m/km 计)。

(五)试验注意事项

(1)试验前应选择长度不小于 300 m、每段 *IRI* 值变化幅度不小于 0.1 的不少于 4 段的标定路段，进行颠簸累积仪测试结果与国际平整度指数 *IRI* 的对比试验，用数理统计的方法将各标定路段的 *IRI* 值和相应的颠簸累积仪测值进行回归分析，建立相关关系方程式，相关系数 *R* 不得小于 0.99。

(2)由于颠簸累积仪测值受测试速度等因素的影响，因此测试系统的每一种实际采用的测试速度都应单独进行标定，建立相关关系公式。标定过程及分析结果应详细记录并存档。

四、车载式激光平整度仪测定平整度试验方法

(一)目的与适用范围

(1)本方法适用于各类车载式激光平整度仪在新建、改建路面工程质量验收和无严重坑槽、车辙等病害及无积水、积雪、泥浆的正常通车条件下连续采集路段平整度数据。

(2)本方法的数据采集、传输、记录和处理分别由专用软件自动控制进行。

(二)仪具与材料技术要求

1. 测试系统

测试系统由承载车辆、距离传感器、纵断面高程传感器和主控制系统组成。主控制系统对测试装置的操作实施控制，完成数据采集、传输、存储与计算过程。

2. 设备承载车要求

根据设备供应商的要求选择测试系统承载车辆。

3. 测试系统基本技术要求和参数。

(1)测试速度：30～100 km/h。

(2)采样间隔：≤500 mm。

(3)传感器测试精度：0.5 mm。

(4)距离标定误差：<0.1%。

(5)系统工作环境温度：0～60 ℃。

(三)方法与步骤

1. 准备工作

(1)设备安装到承载车上以后应按本方法第 5 条的规定进行相关性试验。

(2)根据设备操作手册的要求对测试系统各传感器进行校准。

(3)检查测试车轮胎气压,应达到车辆轮胎规定的标准气压,车胎应清洁,不得粘附杂物。

(4)距离测量装置需要现场安装的,根据设备操作手册说明进行安装,确保机械紧固装置安装牢固。

(5)检查测试系统各部分应符合测试要求,不应有明显的可视性破损。

(6)打开系统电源,启动控制程序,检查各部分的工作状态。

2. 测试步骤

(1)测试开始之前应让测试车以测试速度行驶 5～10 km,按照设备使用说明规定的预热时间对测试系统进行预热。

(2)测试车停在测试起点前 50～100 m 处,启动平整度测试系统程序,按照设备操作手册的规定和测试路段的现场技术要求设置完毕所需的测试状态。

(3)驾驶员应按照设备操作手册要求的测试速度范围驾驶测试车,宜在 50～80 km/h,避免急加速和急减速,急弯路段应放慢车速,沿正常行车轨迹驶入测试路段。

(4)进入测试路段后,测试人员启动系统的采集和记录程序,在测试过程中必须及时准确地将测试路段的起终点和其他需要特殊标记的位置输入测试数据记录中。

(5)当测试车辆驶出测试路段后,测试人员停止数据采集和记录,并恢复仪器各部分至初始状态。

(6)检查测试数据文件,文件应完整,内容应正常,否则需要重新测试。

(7)关闭测试系统电源,结束测试。

(四)计算

激光平整度仪采集的数据是路面相对高程位,应以 100 m 为计算区间长度用 *IRI* 的标准计算程序计算 *IRI* 值,以 m/km 计。

(五)试验注意事项

试验前应选择长度不小于 300 m、每段 *IRI* 值变化幅度不小于 0.1 的不少于 4 段的标定路段,进行激光平整度仪测试结果与国际平整度指数 *IRI* 的对比试验,用数理统计的方法将各标定路段的 *IRI* 值和相应的激光平整度仪测值进行回归分析,建立相关关系方程式,相关系数 R 不得小于 0.99。

第四节　路基路面强度及模量

路基路面材料应具有一定的强度才能够承受车辆荷载的作用,保证路基路面的稳定,不致产生严重的结构损坏。在我国现行路基路面设计方法设计规范中,主要采用弹性层状体系理论,采用弹性理论公式描述车辆荷载与路基路面变形之间的关系,并通过相关设计参数的计算以确定路基路面设计结果。其中,路基路面材料的回弹模量是最为核心的设计参数。尤其是在旧路改建设计过程中，需要现场实测路基路面的回弹模量，以分析评价路基路面结构的强度状况，进行科学的计算分析，确定合理的设计方案。

一、土基现场 *CBR* 值测试方法

(一)目的与适用范围

(1)本方法适用于在现场测定各种土基材料的现场 *CBR* 值，同时也适合于基层、底基层砂性土、天然砂砾、级配碎石等材料 *CBR* 值的试验。

(2)本方法所用试样的最大集料粒径宜小于 19.0 mm，最大不得超过 31.5 mm。也不适用于大粒径的土石混填或填石路基。

(二)仪具与材料技术要求

(1)荷载装置：装载有铁块或集料等重物的载重汽车，后轴重不小于 60 kN，在汽车大梁的后轴之后设有一加劲横梁作反力架用。

(2)现场测试装置：由千斤顶(机械或液压)、测力计(测力环或压力表)及球座组成。千斤顶可使贯入杆的贯入速度调节成 1 mm/min。测力计的容量不小于土基强度，测定精度不小于测力计量程的 1%。

(3)贯入杆：直径 50 mm，长约 200 mm 的金属圆柱体。

(4)承载板：每块 1.25 kg，直径 150 mm，中心孔眼直径 52 mm，不少于 4 块，并沿直径分为两个半圆块。

(5)贯入量测定装置：由平台及百分表组成，百分表量程 20 mm，精度 0.01 mm，数量 2 个，对称固定于贯入杆上，端部与平台接触，平台跨度不小于 50 cm。此设备也可用两台贝克曼梁弯沉仪代替。

(6)细砂：洁净干燥的细干砂，粒径 0.3～0.6 mm。

(7)其他：铁铲、盘、直尺、毛刷、天平等。

(三)方法与步骤

1. 准备工作

(1)将试验地点约直径 30 cm 范围的表面找平，用毛刷刷净浮土，如表面为粗粒土时，应撒布少许洁净的细砂填平，但不能覆盖全部土基表面，避免形成夹层。

(2)装置测试设备，设置好贯入杆及千斤顶，千斤顶顶在加劲横梁上且调节至高度适中。贯入杆应与土基表面紧密接触，但不应在土基表面形成贯入痕迹。

(3)安装贯入量测定装置，将支架平台、百分表(或两台贝克曼梁弯沉仪)安装好。

2. 试验步骤

(1)在贯入杆位置安放 4 块 1.25 kg 分开成半圆的承载板，共 5 kg。

(2)试验贯入前，先在贯入杆上施加 45 N 荷载后，将测力计及贯入量百分表调零，记录初始读数。

(3)启动千斤顶：使贯入杆以 1 mm/min 的速度压入土基，相应于贯入量为 0.5 mm、1.0 mm、1.5 mm、2.0 mm、2.5 mm、3.0 mm、4.0 mm、5.0mrn、6.5 mm、10.0 mm 及 11.5 mm 时，分别读取测力计读数。根据情况，也可在贯入量达 6.5 mm 时结束试验。

(4)卸除荷载，移去测定装置。

(5)在试验点下取样,测定材料含水率。取样数量如下:

①最大粒径不大于 4.75 mn,试样数量约 120 g;

②最大粒径不大于 19.0 mm,试样数量约 250 g;

③最大粒径不大于 31.5 mm,试样数量约 500 g。

(6)在紧靠试验点旁边的适当位置,用灌砂法或环刀法等测定土基的密度。

(四)计算

(1)将贯入试验得到的等级荷重数除以贯入断面积($19.625\ cm^2$),得到各级压强(MPa),绘制荷载压强—贯入量曲线。当图中曲线在起点处有明显凹凸的情况时,应在曲线的拐弯处作切线延长进行修正,以与坐标轴相交的点 O' 作原点,得到修正后的压强—贯入量曲线。

(2)从压强—贯入量曲线上读取贯入量为 2.5 mm 及 5.0 mm 时的荷载压强 p_1,按式(8-18)计算现场 CBR 值。CBR 一般以贯入量 2.5 mm 时的测定值为准,当贯入量 5.0 mm 时的 CBR 大于 2.5 mm 时的 CBR 时,应重新试验,如重新试验仍然如此时,则以贯入量 5.0 mm 时的 CBR 为准。

$$现场\ CBR=\frac{p_1}{p_0}\times 100(\%) \tag{8-18}$$

式中 p_1——荷载压强,MPa;

p_2——标准压强,当贯入量 2.5 mm 时为 7 MPa,当贯入量 5.0 mm 时为 10.5 MPa。

(五)报告

试验报告应包括:

(1)土基含水率(%);

(2)测点的干密度(g/cm^3);

(3)现场 CBR 值及贯入量。

(六)试验注意事项

(1)应选择合适量程的测力装置,一般土基强度相对路面材料较低,为了保证测力装置容量不小于土基强度而一味选用大量程测力计,可能会导致小贯入量期间测力计无法读数的情况发生,这时需要更换较小量程的测力装置,对于土基材料,可采用 10 kN 或 7.5 kN 测力计,技术人员应在试验中注意总结经验。

(2)当采用贝克曼梁弯沉仪作为贯入量测定装置时,应注意需要进行贯入量的换算。平台跨度应不小于 50 cm,以免造成贯入量读数失真、试用中如发现平台有明显位移,应重新进行试验。

(3)用千斤顶连续加载,两个贯入量百分表及测力计均应在同时刻读数。当两个百分表读数差值不超过平均值的 30%时,以其平均值作为贯入量;当两个百分表读数差值超过平均值的 30%时,应停止试验。

二、承载板测定土基回弹模量试验方法

(一)目的与适用范围

(1)本方法适用于在现场土基表面,通过用承载板对土基逐级加载、卸载的方法,测出

每级荷载下相应的土基回弹变形值，通过计算求得土基回弹模量。

(2)本方法测定的土基回弹模量可作为路面设计参数使用。

(二)仪具与材料技术要求

(1)加载设施：载有铁块或集料等重物，后轴重不小于 60 kN 的载重汽车 1 辆，作为加载设备，在汽车大梁的后轴之后约 80 cm 处，附设加劲横梁 1 根作反力架。汽车轮胎充气压力 0.50 MPa。

(2)现物测试装置：由千斤顶、测力计(测力环或压力表)及球座组成。

(3)刚性承载板一块，板厚 20 mm，直径 30 cm，直径两端设有立柱和可以调整高度的支座，供安放弯沉仪测头用，承载板安放在土基表面上。

(4)路面弯沉仪两台，由贝克曼梁、百分表及其支架组成。

(5)液压千斤顶一台，80～100 kN，装有经过标定的压力表或测力环，其容量不小于土基强度，测定精度不小于测力计量的 1%。

(6)秒表、水平尺。

(三)方法与步骤

1. 准备工作

(1)根据需要选择有代表性的测点，测点应位于水平的路基上，土质均匀，不含杂物。

(2)仔细平整土基表面，撒干燥洁净的细砂填平土基凹处，细砂不可覆盖全部土基表面，避免形成夹层。

(3)安置承载板，并用水平尺进行校正，使承载板置于水平状态。

(4)将试验车置于测点上，在加劲横梁中部悬挂垂球测试，使之恰好对准承载板中心，然后收起垂球。

(5)在承载板上安放千斤顶，上面衬垫钢圆筒、钢板，并将球座置于顶部与加劲横梁接触，如用测力环时，应将测力环置于千斤顶与横梁中间，千斤顶及衬垫物必须保持垂直，以免加压时千斤顶倾倒发生事故并影响测试数据的准确性。

(6)安放弯沉仪，将两台弯沉仪的测头分别置于承载板立柱的支座上，百分表对零或其他合适的初始位置上。

2. 试验步骤

(1)用千斤顶开始加载，注视测力环或压力表，至预压 0.05 MPa，稳压 1 min，使承载板与土基紧密接触，同时检查百分表的工作情况应正常，然后放松千斤顶油门卸载，稳压 1 min 后，将指针对零，或记录初始读数。

(2)测定土基的压力—变形曲线。用千斤顶加载，采用逐级加载卸载法，用压力表或测力环控制加载量，荷载小于 0.1 MPa 时，每级增加 0.02 MPa，以后每级增加 0.04 MPa 左右。为了使加载和计算方便，加载数值可适当调整为整数。每次加载至预定荷载(P)后，稳定 1 min，立即读记两台弯沉仪百分表数值，然后轻轻放开千斤顶油门卸载至 0，待卸载稳定 1 min 后，再次读数，每次卸载后百分表不再对零。当两台弯沉仪百分表读数之差不超过平均值的 30%时，取平均值。如超过 30%，则应重测。当回弹变形值超过 1 mm 时，即可停止加载。

(3)各级荷载的回弹变形和总变形，按以下方法计算：

回弹变形(L)=(加载后读数平均值－卸载后读数平均值)×弯沉仪杠杆比

总变形(L')=(加载后读数平均值－加载初始前读数平均值)×弯沉仪杠杆比

(4)测定总影响量 a。最后一次加载卸载循环结束后,取走千斤顶,重新读取百分表初读数,然后将汽车开出 10 m 以外,读取终读数,两只百分表的初、终读数差之平均值即为总影响量 a。

(5)在试验点下取样,测定材料含水率。取样数量如下:

最大粒径不大于 4.75 mm,试样数量约 120 g;

最大粒径不大于 19.0 mm,试样数量约 250 g;

最大粒径不大于 31.5 mm,试样数量约 500 g。

(6)在紧靠试验点旁边的适当位置,用灌砂法或环刀法等测定土基的密度。

(四)计算

(1)各级压力的回弹变形值加上该级的影响量后,则为计算回弹变形值。表 8-1 是以后轴重 60 kN 的标准车为测试车的各级荷载影响量的计算值。当使用其他类型测试车时,各级压力下的影响量 a_i 按式(8-19)计算:

$$a_i=\frac{(T_1+T_2)\pi D^2 P_i}{4T_iQ}\times a \tag{8-19}$$

式中　T_1——测试车前后轴距,m;

T_2——加劲小梁距后轴距离,m;

D——承载板直径,m;

Q——测试车后轴重,N;

P_i——该级承载板压力,Pa;

a——总影响量,0.01 mm;

a_i——该级压力的分级影响量,0.01 mm。

表 8-1　各级荷载影响量

承载板压力(MPa)	0.05	0.10	0.15	0.20	0.30	0.40
影响量	0.06a	0.12a	0.18a	024a	0.36a	0.48a

(2)将各级计算回弹变形值点绘于标准计算纸上,排除显著偏离的异常点并绘出顺滑的 $P-L$ 曲线。如曲线起始部分出现反弯,应按对原点进行修正。

(3)按式(8-20)计算相应于各级荷载下的土基回弹模量 E_i 值:

$$E_i=\frac{\pi D}{4}\times\frac{P_i}{L_i}(1-{\mu_0}^2) \tag{8-20}$$

式中　E_i——相应于各级荷载下的土基回弹模量,MPa;

μ_0——土的泊松比,根据相关路面设计规范规定取用;

D——承载板直径 30 cm;

P_i——承载板压力,MPa;

L_i——相对于荷载 P_i 时的回弹变形,cm。

(4)取试验结束前的各回弹变形值,按线性回归的方法由式(8-21)计算土基回弹模量

E_0 值：

$$E_0=\frac{\pi D}{4}\times\frac{\sum P_i}{\sum L_i}(1-\mu_0{}^2) \tag{8-21}$$

式中 E_0——土基回弹模量，MPa；

μ_0——土的泊松比，根据相关路面设计规范规定取用；

L_i——试验结束前的各级实测回弹变形，cm；

P_i——相应于 L_i 的各级压力，MPa。

(五)报告

试验报告应包括：

(1)试验时所使用的加载车辆情况；

(2)近期天气情况；

(3)试验时的土基含水率(%)；

(4)土基密度(g/cm^3)和压实度(%)；

(5)相应于各级荷载下的土基回弹模量 E_i 值(MPa)；

(6)土基回弹模量值 E_0。

(六)试验注意事项

(1)测点不宜选在大纵坡及超高路段上，尽可能位于水平的路段上，且土质均匀，不含杂物。平整土基表面是必要的，但找平过程中应避免形成人为夹层，使试验结果失真。

(2)承载板应置于水平状态，且试验车加劲横梁中部应恰好对准承载板中心。

(3)采用逐级加载卸载法，测定土基的压力—变形曲线，荷载增量可视土基承载能力大小而定。土基承载能力小荷载增量可减小，反之可适当加大。一般情况下，荷载小于 0.1 MPa 时，每级增加 0.02 MPa，以后每级增加 0.04 MPa 左右。

(4)国产贝克曼梁弯沉仪的杠杆比一般为 2∶1。

三、贝克曼梁测定路基路面回弹模量试验方法

(一)目的与适用范围

本方法适用于在土基、厚度不小于 1 m 的粒料整层表面，用弯沉仪测试各测点的回弹弯沉值，通过计算求得该材料的回弹模量值。也适用于在旧路表面测定路基路面的综合回弹模量。

(二)仪具与材料技术要求

(1)标准车。

(2)路面弯沉仪，由贝克曼梁、百分表及表架组成。贝克曼梁由铝合金制成，上有水准泡，其前臂(接触路面)与后臂(安装百分表)长度比为 2∶1，标准弯沉仪前后臂长分别为 240 cm 和 120 cm，加长弯沉仪分别为 360 cm 和 180 cm。弯沉采用百分表量得。

(3)路表温度计，分度不大于 1 ℃。

(4)接长杆，直径 16 mm，长 500 mm。

(5)皮尺、口哨、粉笔、指挥旗等。

(三)方法与步骤

1.准备工作

(1)选择洁净的路基路面表面作为测点,在测点处做好标记并编号。

(2)无结合料粒料基层的整层试验段(试槽)应符合下列要求:

①整层试槽可修筑在行车带范围内,或路肩及其他合适处,也可在室内修筑,但均应适于用汽车测定弯沉。

②试槽应选择在干燥或中湿路段处,不得铺筑在软土基上。

③试槽面积不小于 3 m×2 m,厚度不宜小于 1 m。铺筑时,先挖 3 m×2 m×1 m(长×宽×深)的坑,然后用欲测定的同一种路面材料按有关施工规范规定的压实层厚度分层铺筑并压实,直至顶面,使其达到要求的压实度标准。应严格控制材料组成,级配均匀一致,符合施工质量要求。

④试槽表面的测点间距可按图 8-5 布置在中间 2 m×1 m 的范围内,可测定 23 点。

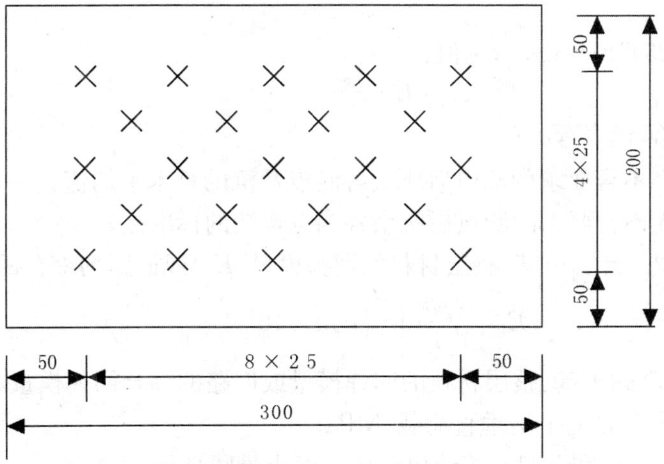

图 8-5　试槽表面的测点布置　(单位:cm)

2.试验步骤

按贝克曼梁测定路基路面回弹弯沉测试方法,实测各测点处的路面回弹弯沉值 L_i。如在旧沥青面层上测定时,应读取温度,并进行测定弯沉值的温度修正,得到标准温度 20 ℃时的弯沉值。各测点的弯沉检测应有一定的时间间隔,以便给土基恢复回弹变形的时间。

(四)计算

(1)按式(8-22)~式(8-24)分别计算全部测定值的算术平均值,单次测量的标准差以及自然误差:

$$\overline{L}=\frac{\sum L_i}{N} \tag{8-22}$$

$$S=\sqrt{\frac{(L_i-\overline{L})^2}{N-1}} \tag{8-23}$$

$$r_0=0.675\times S \tag{8-24}$$

式中　$\overline{L}$——回弹弯沉的平均值,0.01 mm;

S——回弹弯沉测定值的标准差,0.01 mm;

r_0——回弹弯沉测定值的自然误差,0.01 mm;

L_i——各测点的回弹弯沉值,0.01 mm;

N——测点总数。

(2)计算各测点的测定值与算术平均值的偏差值,并计算较大的偏差与自然误差之比。当某个测点的观测值的值大于表 8-2 所列极限值时,则应舍弃该测值。然后重复上述步骤,计算各剩余测点的算术平均值及标准差。

表 8-2　相应于不同观测次数的极限值

N	5	10	15	20	50
极限值	2.5	2.9	3.2	3.3	3.8

(3)按式(8-25)计算代表弯沉值:

$$L_1=\overline{L}+S \tag{8-25}$$

式中　L_1——计算代表弯沉;

$\overline{L}$——舍弃不合要求的测点后所余各测点弯沉的算术平均值;

S——舍弃不合要求的测点后所余各测点弯沉的标准差。

(4)按式(8-26)计算土基、整层材料的回弹模量(E_1)或旧路的综合回弹模量:

$$E_1=\frac{2p\delta}{L_1}(1-\mu^2)a\times 10^2 \tag{8-26}$$

式中　E_1——计算的土基、整层材料的回弹模量或旧路的综合回弹模量,MPa;

P——测定车轮的平均垂直荷载,MPa;

δ——测定用标准车双圆荷载单轮传压面当量圆半径,mm;

μ——材料的泊松比,根据规范的规定取用;

a——弯沉系数,取 0.712。

(五)报告

报告应包括弯沉测定表、计算的弯沉代表值、采用的泊松比以及计算得到的材料回弹模量等,对沥青路面应报告测试时的路面温度。

(六)试验注意事项

(1)采用贝克曼梁弯沉测试方法规定的标准车(BZZ－100),轮胎接地压强为 0.7 MPa。

(2)材料泊松比是反算回弹模量的必要指标,而且对反算结果的影响较大,其值并不是固定的。我国通常采用近似的定值,取用时可以参考相应的设计规范给出的数值,其中路基的泊松比通常取 0.35,沥青材料的泊松比通常取 0.25。

第五节　路基路面承载能力

路基路面结构应具有一定承载能力以承受交通荷载的反复作用，目前我国主要采用路基路面的回弹弯沉表征路基路面结构的承载能力。一般所说的回弹弯沉是指标准后轴载双轮组轮隙中心处的最大回弹弯沉值，回弹弯沉值越大，路基路面的承载能力越低。尽管国际上对回弹弯沉与路基路面结构的承载能力之间的关系还存在一定的争议，但是回弹弯沉值在我国已广泛使用多年，且有很多的应用经验和研究成果，不仅用于新建道路与旧路补强路面结构设计计算，同时还用于施工控制与施工验收，是目前道路工程中的一个重要的基本参数。

一、贝克曼梁测定路基路面回弹弯沉试验方法

（一）目的与适用范围

（1）本方法适用于测定各类路基、路面的回弹弯沉，用以评定其整体承载能力，可供路面结构设计使用。

（2）本方法测定的路基、柔性路面的回弹弯沉值可供交工和竣工验收使用。

（3）本方法测定的路面回弹弯沉可为公路养护管理部门制订养路修路计划提供依据。

（4）沥青路面的弯沉以标准温度 20 ℃时为准，在其他温度（超过 20 ℃±2 ℃范围）测试时，对厚度大于 5 cm 的沥青路面，弯沉值应予温度修正。

（二）仪具与材料技术要求

（1）测试车：双轴，后轴双侧 4 轮的载重车，其标准轴荷载、轮胎尺寸、轮胎间隙及轮胎气压等主要参数应符合要求。测试车可根据需要按公路等级选择，高速公路、一级及二级公路应采用后轴 100 kN 的 BZZ－100；其他等级公路也可采用后轴 60 kN 的 BZZ－60。

（2）路面弯沉仪：由贝克曼梁、百分表及表架组成，贝克曼梁由铝合金制成，上有水准泡，其前臂（接触路面）与后臂（装百分表）长度比为 2∶1。弯沉仪长度有两种：一种长 3.6 m，前后臂分别为 2.4 m 和 1.2 m；另一种加长的弯沉仪长 5.4 m，前后臂分别为 3.6 m 和 1.8 m。当在半刚性基层沥青路面或水泥混凝土路面上测定时，宜采用长度为 5.4 m 的贝克曼梁弯沉仪，并采用 BZZ－100 标准车；弯沉值采用百分表量得，也可用自动记录装置进行测量。

（3）接触式路面温度计：端部为平头，分度不大于 1 ℃。

（4）其他：皮尺、口哨、白油漆或粉笔、指挥旗等。

（三）方法与步骤

1. 准备工作

（1）检查并保持测定用标准车的车况及刹车性能良好，轮胎内胎符合规定充气压力。

（2）向汽车车槽中装载铁块或集料，并用地中衡称量后轴总质量，符合要求的轴重规定，汽车行驶及测定过程中，轴重不得变化。

（3）测定轮胎接地面积：在平整光滑的硬质路面上用千斤顶将汽车后轴顶起，在轮胎下方铺一张新的复写纸，轻轻落下千斤顶，即在方格纸上印上轮胎印痕，用求积仪或数方

格的方法测算轮胎接地面积，精确至 0.1 cm^2。

(4)检查弯沉仪百分表测量灵敏情况。

(5)当在沥青路面上测定时，用路表温度计测定试验时气温及路表温度(一天中气温不断变化，应随时测定)，并通过气象台了解前 5 d 的平均气温(日最高气温与最低气温的平均值)。

(6)记录沥青路面修建或改建时材料、结构、厚度、施工及养护等情况。

2.试验步骤

(1)在测试路段布置测点，其距离随测试需要而定，测点应在路面行车车道的轮迹带上，并用白油漆或粉笔画上标记。

(2)将试验车后轮轮隙对准测点后 3～5 cm 处的位置上。

(3)将弯沉仪插入汽车后轮之间的缝隙处，与汽车方向一致，梁臂不得碰到轮胎，弯沉仪测头置于测点上(轮隙中心前方 3～5 m 处)，并安装百分表于弯沉仪的测定杆上，百分表调零，用手指轻轻叩打弯沉仪，检查百分表是否稳定回零。

弯沉仪可以是单侧测定，也可以双侧同时测定。

(4)测定者吹哨发令指挥汽车缓缓前进，百分表随路面变形的增加而持续向前转动。当表针转动到最大值时，迅速读取初读数 L_1。汽车仍在继续前进，表针反向回转；待汽车驶出弯沉影响半径(3 m 以上)后，吹口哨或挥动红旗指挥停车。待表针回转稳定后读取终读数 L_2。汽车前进的速度宜为 5 km/h 左右。

3.弯沉仪的支点变形修正

(1)当采用长度为 3.6 m 的弯沉仪对半刚性基层沥青路面、水泥混凝土路面等进行弯沉测定时，有可能引起弯沉仪支座处变形，因此测定时应检验支点有无变形。此时应用另一台检验用的弯沉仪安装在测定用的弯沉仪的后方，其测点架于测定用弯沉仪的支点旁。当汽车开出时，同时测定两台弯沉仪的弯沉读数，如检验用弯沉仪百分表有读数，即应该记录并进行支点变形修正。当在同一结构层上测定时，可在不同的位置测定 5 次，求平均值，以后每次测定时以此作为修正值。

(2)当采用长 5.4 m 的弯沉仪测定时，可不进行支点变形修正。

(四)计算

(1)路面测点的回弹弯沉值按式(8-27)计算：

$$L_T=(L_1-L_2)\times 2 \tag{8-27}$$

式中 L_T——在路面温度 T 时的回弹弯沉值(0.01 mm)；

L_1——车轮中心临近弯沉仪测头时百分表的最大读数(0.01 mm)；

L_2——汽车驶出弯沉影响半径后百分表的最终读数(0.01 mm)。

(2)当需要进行弯沉仪支点变形修正时，路面测点的回弹弯沉值按式(8-28)计算。

$$L_T=(L_1-L_2)\times 2+(L_3-L_4)\times 6 \tag{8-28}$$

式中 L_1——车轮中心临近弯沉仪测头时测定用弯沉仪的最大读数(0.01 mm)；

L_2——汽车驶出弯沉影响半径后用弯沉仪的最终读数(0.01 mm)；

L_3——车轮中心临近弯沉仪测头时检验用弯沉仪的最大读数(0.01 mm)；

L_4——汽车驶出弯沉影响半径后检验用弯沉仪的终读数(0.01 mm)。

注：此式适用于测定用弯沉仪支座处有变形，但百分表架处路面已无变形的情况。

(3)沥青面层厚度大于 5 cm 的沥青路面，回弹弯沉值应进行温度修正，温度修正及回弹弯沉的计算宜按下列步骤进行。

①测定时的沥青层平均温度按式(8-29)计算：

$$T=(T_{25}+T_m+T_e)/3 \tag{8-29}$$

式中　T——测定时沥青层平均温度，℃；

T_{25}——路表下 25 mm 处的温度，℃；

T_m——沥青层中间深度的温度，℃；

T_e——沥青层底面处的温度，℃。

可以按照《公路路基路面现场测试规程》(JTGE 60—2006)的图解法，查出相应系数，按照式(8-29)计算测定时沥青层的平均温度 T，然后查出温度修正系数 K。

另外，温度修正也可以参考现行《公路沥青路面设计规范》(JTGD 60—2006)的公式法计算：

当 $T \geqslant 20$ ℃时

$$K=e^{\left(\frac{1}{t}-\frac{1}{20}\right)h} \tag{8-30}$$

当 $T<20$ ℃时

$$K=e^{0.002(20-T)h} \tag{8-31}$$

式中　T——沥青层平均温度，℃；

h——沥青面层厚度，cm。

(2)沥青路面回弹弯沉按式(8-32)计算：

$$l_{20}=l_T \times K \tag{8-32}$$

式中　K——温度修正系数；

l_{20}——换算为 20 ℃的沥青路面回弹弯沉值(0.01 mm)；

l_T——测定时沥青面层的平均温度为 T 时的回弹弯沉值(0.01 mm)。

(五)报告

(1)弯沉测定表、支点变形修正值、测试时的路面温度及温度修正值。

(2)每一个评定路段的各测点弯沉的平均值、标准差及代表弯沉。

(六)试验注意事项

(1)测定车的充气压力、轴重、轮胎接地面积与标准车的要求相差不宜超过本方法规定的值。

(2)回弹弯沉测定的正确与否，与弯沉仪的支架距离有明显关系，前臂长 2.4 m 对半刚性基层沥青路面或水泥混凝土路面来说，很难避免由于车辆荷载造成的支架下降变形的影响。

(3)为检验有无支架变形影响或进行修正起见，测定时可以在支架处再用一台弯沉仪测定，将两台弯沉仪的测定弯沉相加可得出测点弯沉。

(4)对柔性基层或混合式结构沥青路面宜采用长度为 3.6 m 的贝克曼梁弯沉仪测定。如支点处有变形，则必须进行支点变形修正。

二、自动弯沉仪测定路面弯沉试验方法

(一)目的与适用范围

(1)本方法适用于各类 Laoroix 型自动弯沉仪在新、改建路面工程的质量验收,无严重坑槽、车辙等病害的正常通车条件下连续采集沥青路面弯沉数据。

(2)本方法的数据采集、记录、传输与处理分别由专用软件自动控制进行。

(二)仪具与材料技术要求

(1)Laoroix 型自动弯沉仪由承载车、测量机架及控制系统、位移、温度和距离传感器、数据采集与处理系统等基本部分组成。

(2)设备承载车技术要求和参数:

自动弯沉仪的承载车辆应为单后轴、单侧双轮组的载重车,其标准条件参考贝克曼梁测定路基路面回弹弯沉试验方法中 BZZ—100 车型的标准参数。

(3)测试系统基本技术要求和参数:

位移传感器分辨率:0.01 mm;

位移传感器有效量程:≥3 mm;

设备工作环境温度:0～60 ℃;

距离标定误差:≤1%。

(三)方法与步骤

1. 准备工作

(1)位移传感器标定。每次测试之前必须按照设备使用手册规定的方法进行位移传感器的标定,记录下标定数据并存档。

(2)检查承载车轮胎气压。每次测试之前都必须检查后轴轮胎气压,应满足 0.70 MPa±0.05 MPa 要求。

(3)检查承载车轮载。一般每年检查一次,如果承载车因改装等原因改变了后轴载,也必须进行此项工作,后轴载应满足 100 kN±1 kN 要求。

(4)检查测量架的易损部件情况,及时更换损坏部件。

(5)打开设备电源,检查控制面板功能键、指示灯、显示器等应正常;

(6)开动承载车试测 2～3 个步距,观察测试机构应正常,否则需要调整。

2. 试验步骤

(1)测试系统在开始测试前需要通电预热,时间不少于设备操作手册要求,并开启工程警灯和导向标等警告标志。

(2)在测试路段前 20 m 处将测量架放落在路面上,并检查各机构的部件情况。

(3)操作人员按照设备使用手册的规定和测试路段的现场技术要求设置完毕所需的测试状态。

(4)驾驶员缓慢加速承载车到正常测试速度,沿正常行车轨迹驶入测试路段。

(5)操作人员将测试路段起终点、桥涵等特殊位置的桩号输入到记录数据中。

(6)当测试车辆驶出测试路段后,操作人员停止数据采集和记录,并恢复仪器各部分至初始状态,驾驶员缓慢停止承载车,提起测量架。

(7)操作人员检查数据文件应完整，内容应正常，否则需要重新测试。

(8)关闭测试系统电源，结束测试。

(四)计算

(1)采用自动弯沉仪采集路面弯沉盆峰值数据；

(2)数据组中左臂测值、右臂测值按单独弯沉处理；

(3)对原始弯沉测试数据进行温度、坡度、相关性等修正。

(五)弯沉值的横坡修正

当路面横坡不超过4%时，不进行超高影响修正；当横坡超过4%时，超高影响的修正参照表8-3的规定进行。

表8-3　弯沉值的横坡修正

横坡范围	高位修正系数	低位修正系数
>4%	$\frac{1}{1-i}$	$\frac{1}{1+i}$

(六)自动弯沉仪与贝克曼梁弯沉仪测值的对比试验

1. 试验条件

(1)按弯沉值不同水平范围选择不少于4段路面结构相似的路段。路段长度可为300～500 m，标记好起终点位置。

(2)对比试验路段的路面应清洁干燥，温度应在10～35 ℃范围内，并且温度变化不大的时间，天气宜选择在晴天无风条件，试验路段附近没有重型交通和震动。

2. 试验步骤

(1)按照自动弯沉仪测试步骤，令自动弯沉仪按照正常测试车速测试选定路段，工作人员仔细用油漆每隔3个测试步距或约20 m标记测点位置。

(2)自动弯沉仪测试完毕后，等待30 min。然后，在每一个标记位置用贝克曼梁按照贝克曼梁测定路基路面回弹弯沉试验方法测定各点回弹弯沉值。

3. 试验数据处理

从自动弯沉仪的记录数据中按照路面标记点的相应桩号提出各试验点测值，并与贝克曼梁测值一一对应，用数理统计的回归分析方法得到贝克曼梁测值与自动弯沉仪测值之间的相关关系方程，相关系数R不得小于0.95。

(七)报告

(1)弯沉平均值、标准差、代表值、测试时的路面温度及温度修正系数。

(2)自动弯沉仪测值与贝克曼梁测值的相关关系式及相关系数。

(八)试验注意事项

(1)测试系统需要定期进行传感器标定，尤其长期停放或长距离行驶后再次使用时。此外，每次现场测试开始前，必须检查车辆轮胎气压，满足规定要求。

(2)自动弯沉仪测定的是路面结构总弯沉，我国现行设计规范中所采用的设计弯沉值都是指路面回弹弯沉值，所以需要经过相关性修正后才能用于路面评价或设计。关于自动弯沉仪所采集的弯沉盆数据，目前还没有统一的认识，因为它所采集的弯沉盆，是在测点不变、荷载位置发生变化的情况下采集得到的，与FWD的弯沉盆不是一个概念，并非真正意义上的弯沉盆。

三、落锤式弯沉仪测定弯沉试验方法

(一)目的与适用范围

用于在落锤式弯沉仪(FWD)标准质量的重锤落下一定高度发生的冲击荷载的作用下,测定路基和路面所产生的瞬时变形,即测定在动态荷载作用下产生的动态弯沉及弯沉盆,并可由此反算路基路面各层材料的动态弹性模量,作为设计参数使用。所测结果也可用于评定道路承载能力,调查水泥混凝土路面的接缝的传力效果,探查路面板下的空洞等。

(二)仪具与材料技术要求

落锤式弯沉仪,简称 FWD,由荷载发生装置、弯沉检测装置、运算控制系统与车辆牵引系统等组成。

(1)荷载发生装置,重锤的质量及落高根据使用目的与道路等级选择,荷载由传感器测定,如无特殊需要,重锤的质量为 200 kg±10 kg,可采用产生 50 kN±2.5 kN 的冲击荷载,承载板宜为十字对称分开成 4 部分且底部固定有橡胶片的承载板。承载板的直径一般为 300 mm。

(2)弯沉检测装置,由一组高精度位移传感器组成,传感器可为差动变压器式位移计(LVDT)或地震检波器。自承载板中心开始,沿道路纵向隔开一定距离布设一组传感器,传感器总数不少于 7 个,建议布置在 0~250 cm 范围以内,必须包括 0、30、60、90 四点,其他根据需要及设备性能决定。

(3)运算及控制装置,能在冲击荷载作用的瞬间,记录冲击荷载及各个传感器所在位置测点的动态变形。

(4)牵引装置,牵引 FWD 并安装运算及控制装置的车辆。

(三)方法与步骤

1. 准备工作

(1)调整重锤的质量及落高,使重锤的质量及产生的冲击荷载符合上文要求。

(2)在测试路段的路基或路面各层表面布置测点,其位置或距离随测试需要而定。当在路面表面测定时,测点宜布置在行车车道的轮迹带上。测试时,还可利用距离传感器定位。

(3)检查 FWD 的车况及使用性能,用手动操作检查,各项指标符合仪器规定要求。

(4)将 FWD 牵引至测定地点,将仪器打开,进入工作状态。牵引 FWD 行驶的速度不宜超过 50 km/h。

(5)对位移传感器按仪器使用说明书进行标定,使之达到规定的精度要求。

2. 试验步骤

(1)承载板中心位置对准测点,承载板自动落下,放下弯沉装置的各个传感器。

(2)启动落锤装置,落锤瞬即自由落下,冲击力作用于承载板上,又立即自动提升至原来位置固定。同时,各个传感器检测结构层表面变形,记录系统将位移信号输入计算机,并得到峰值,即路面弯沉,同时得到弯沉盆。每一测点重复测定应不少于三次,除去第一个测定值，取以后几次测定值的平均值作为计算依据。

(3)提起传感器及承载板，牵引车向前移动至下一个测点，重复上述步骤，进行测定。每个测点落锤应不少于3次，一般认为第一锤可让路基结构基本稳定，第二锤仪器自身稳定，试验可直接取第三次落锤测值，也可取后两次测值的平均值。

(四)计算

(1)按桩号记录各测点的弯沉及弯沉盆数据，计算评定一个评定路段的平均值、标准差及变异系数。

(2)当为调查水泥混凝土路面接缝的传力效果时，利用分开在接缝两侧布置的位移传感器的测定值的差异及弯沉盆的形状，进行判断。

(3)当为探查路面板下的空洞时，利用在不同位置测定的测定值的差异及弯沉盆的形状进行判断。

(4)试验报告应包括：各测点的最大弯沉和弯沉盆测定数据，以及每一个评定路面全部测点弯沉的平均值、标准差、变异系数和代表弯沉。

(五)试验注意事项

(1)本方法测试的是路面结构体的静态总弯沉，而非回弹弯沉，与贝克曼梁弯沉有所区别。由于采取连续测量的方式，探测梁需要在被测路面上拖动，因此要求路面无严重坑槽、车辙等病害，避免损坏探测梁。

(2)当利用贝克曼梁回弹弯沉值作为工程评价控制指标时，不可直接用FWD弯沉值与工程标准比较得出结论，而应先与贝克曼梁弯沉仪进行对比试验，得出相关关系式并换算成回弹弯沉后才可进行比较与评价。

(3)对比试验应选择长度300～500 m且结构类型完全相同的路段作为标定路段，通过标定路段的对比试验得出回归方程，要求回归方程式的相关系数R应不小于0.95。

(4)在对比试验过程中，两种仪器对一点弯沉测试的时间间隔不应超过10 min。

第六节　路面抗滑能力

路面抗滑性能是路面的表面安全技术性能，通常是指车辆轮胎受到制动作用时，路面防止轮胎滑移的能力。影响抗滑性能的因素主要有路面表面的特性、路面的潮湿程度和行车速度。目前，国内外一般用轮胎与路面之间的摩擦系数或表面宏观构造深度来表示，其中摩擦系数直接表征了道路表面的防滑性能优劣；路表构造深度体现了当道路表面有水存在时，路面防止车辆高速行驶情况下摩擦系数下降的能力。

一、手工铺砂法测定路面构造深度试验方法

(一)目的与适用范围

本方法适用于测定沥青路面及水泥混凝土路面表面构造深度，用以评定路面表面的宏观构造。

(二)仪具与材料技术要求

(1)人工铺砂仪：由圆筒、推平板组成。

①量砂筒：一端是封闭的，容积为 25 mL±0.15 mL，可通过称量砂筒中水的质量以确定其容积 V，并调整其高度，使其容积符合规定。带一专门的刮尺，可将筒口量砂刮平。

②推平板：推平板应为木制或铝制，直径 50 mm，底面粘一层厚 1.5 mm 的橡胶片，上面有一圆柱把手。

③刮平尺：可用 30 cm 钢板尺代替。

(2)量砂：足够数量的干燥洁净的匀质砂，粒径 0.15～0.3 mm。

(3)量尺：钢板尺，钢卷尺，或采用将直径换成构造深度作为刻度单位的专用构造深度尺。

(4)装砂容器(小铲)、扫帚或毛刷、挡风板等。

(三)方法与步骤

1. 准备工作

(1)量砂准备：取洁净的细砂，晾干过筛，取 0.15～0.3 mm 的砂置于适当的容器中备用。量砂只能在路面上使用一次，不宜重复使用。

(2)对试验路段按随机取样选点的方法，决定测点所在的横断面位置。测点应选在车道的轮迹带上，距路面边缘不应小于 1 m。

2. 试验步骤

(1)用扫帚或毛刷将测点附近的路面清扫干净，面积不小于 30 cm×30 cm。

(2)用小铲装砂，沿筒壁向量砂筒中注满砂，手提量砂筒上方，在硬质路表面上轻轻地叩打 3 次，使砂密实，补足砂面用钢尺一次刮平。

(3)将砂倒在地面上，用底面粘有橡胶片的推平板，由里向外重复做旋转摊铺运动，稍稍用力将砂细心地尽可能地向外摊开，使砂填入凹凸不平的路表面的空隙中，尽可能将砂摊成圆形，并不得在表面留有浮动余砂。注意摊铺时不可用力过大或向外推挤。

(4)用钢板尺测量所构成圆的两个垂直方向的直径，取其平均值，准确至 5 mm。

(5)按以上方法，同一处平行测定不少于 3 次，3 个测点均位于轮迹带上，测点间距 3～5 m。对同一处，应该由同一试验员进行测定。该处的测定位置以中间测点的位置表示。

(四)计算

(1)路面表面构造深度测定结果按式(8-33)计算：

$$TD=\frac{1\,000V}{\pi D^2/4}=\frac{31\,831}{D^2} \tag{8-33}$$

式中　TD——路面表面构造深度，mm；

V——砂的体积，25 cm³；

D——摊平砂的平均直径，mm。

(2)每一处均取 3 次路面构造深度的测定结果的平均值作为试验结果，准确至 0.01 mm。

(3)计算每一个评定区间的路面构造深度的平均值、标准差、变异系数。

(五)报告

(1)列表逐点报告路面构造深度的测定值及 3 次测定的平均值。当平均值小于 0.2

mm 时，试验结果以<0.2 mm 表示。

(2)每一个评定区间的路面构造深度的平均值、标准差、变异系数。

(六)试验注意事项

(1)摊铺时不可用力过大或向外推挤，且应按同一方向由内向外摊铺，尽可能将砂摊成圆形。

(2)装入砂的量砂筒必须在硬质路表面上轻轻叩打 3 次，以使砂密实。

(3)铺砂法试验测试点应与摆式仪法测点和渗水试验测点位置一一对应。

(4)试验过程中试验人员必须做好安全防范措施，身穿反光服饰。

二、车载式激光构造深度仪测定路面构造深度试验方法

(一)目的与适用范围

(1)本方法适用于各类车载式激光构造深度仪在新建、改建路面工程质量验收和无严重破损病害及无积水、积雪、泥浆等正常行车条件下测定，连续采集路面构造深度，但不适用于带有沟槽构造的水泥混凝土路面构造深度的测定。

(2)本方法的数据采集、传输、记录和处理分别由专用软件自动控制进行。

(二)仪具与材料技术要求

1.测试系统构成

测试系统由承载车辆、距离传感器、激光传感器和主控制系统组成主控制系统对测试装置的操作实施控制，完成数据采集、传输、存储与计算过程。

2.设备承载车要求

根据设备供应商的要求选择测试系统承载车辆

3.测试系统基本技术要求和参数

(1)最大测试速度：≥50 km/h；

(2)采样间隔：≤10 mm；

(3)传感器测试精度：0.1 mm；

(4)距离标定误差：<0.1%

(5)系统工作环境温度：0～60 ℃。

(三)方法与步骤

1.准备工作

(1)设备安装到承载车上以后应按第 4 条进行相关性标定试验。

(2)根据设备操作手册的要求对测试系统各传感器进行校准。

(3)距离测量装置需要现场安装的，根据设备操作手册说明进行安装，确保机械紧固装置安装牢固。

(4)测试系统各部分应符合测试要求，不应有明显的可视性破损。

(5)打开系统电源，启动控制程序，检查各部分的工作状态。

2.测试步骤

(1)按照设备使用说明规定的预热时间对测试系统预热。

(2)测试车停在测试起点前 50～100 m 处，启动测试系统程序，按照设备操作手册的

规定和测试路段的现场技术要求设置完毕所需的测试状态。

(3)驾驶员应按照设备操作手册要求的测试速度范围驾驶测试车，避免急加速和急减速，急弯路段应放慢车速，沿正常行车轨迹驶入测试路段。

(4)进入测试路段后，测试人员启动系统的采集和记录程序，在测试过程中必须及时准确地将测试路段的起终点和其他需要特殊标记的位置输入测试数据记录中。

(5)当测试车辆驶出测试路段后，测试人员停止数据采集和记录，并恢复仪器各部分至初始状态。

(6)检查：测试数据文件应完整，内容应正常，否则需要重新测试。

(7)关闭测试系统电源，结束测试。

(四)激光构造深度仪测值与铺砂法构造深度值相关关系对比试验

(1)选择构造深度分别在 0～0.3 mm、0.3～0.55 mm、0.55～0.8 mm、0.8～1.2 mm 范围的 4 个各长 100 m 的试验路段。试验前将路面清扫干净，并在起终点做上标记。

(2)在每个试验路段上沿一侧行车轮迹用铺砂法测试至少 10 点的构造深度值，并计算平均值。

(3)驾驶测试车以 30～50 km/h 速度驶过试验路段，并且保证激光构造深度仪的激光传感器探头沿铺砂法所测构造深度的行车轮迹运行，计算试验路段的构造深度平均值。

(4)建立两种方法的相关关系式，要求相关系数 R 不小于 0.97。

(五)报告

构造深度检测报告应包括以下内容：

(1)路段构造深度平均值、标准差。

(2)提供激光构造深度仪测值与铺砂法构造深度值在选定测试条件下的相关关系式及相关系数。

三、摆式仪测定路面摩擦系数试验方法

(一)目的与适用范围

本方法适用于以摆式摩擦系数测定仪(摆式仪)测定沥青路面、标线或其他材料试件的抗滑值，用以评定路面材料试件在潮湿状态下的抗滑能力。

(二)仪具与材料技术要求

(1)摆式仪：摆及摆的连接部分总质量为 1 500 g±30 g，摆动中心至摆的重心距离为 410 mm±5 mm，测定时摆在路面上滑动长度为 126 mm±1 mm，摆上橡胶片端部距摆动中心的距离为 510 mm，橡胶片对路面的正向静压力为 22.2 N±0.5 N。

(2)橡胶片：当用于测定路面抗滑时，其尺寸为 6.35 mm×25.4 mm×76.2 mm。橡胶质量应符合规范要求。当橡胶片使用后，端部在长度方向上磨耗超过 1.6 mm 或边缘在宽度方向上磨耗超过 3.2 mm，或有油类污染时，即应更换新橡胶片。新橡胶片应先在干燥路面上测试 10 次后再用于测试。橡胶片的有效使用期从出厂日期起算为 12 个月。

(3)滑动长度量尺：长 126 mm。

(4)喷水壶。

(5)硬毛刷。

(6)路面温度计:分度不大于1℃。

(7)其他:扫帚、记录表格等。

(三)方法与步骤

1.准备工作

(1)检查摆式仪的调零灵敏情况,并定期进行仪器的标定。

(2)按规范规定的方法,进行测试路段的取样选点。在横断面上测点应选在行车轮迹处,且距路面边缘应不小于1 m。

2.测试步骤

(1)清洁路面:用扫帚或其他工具将测点处的路面打扫干净。

(2)仪器调平。

①将仪器置于路面测点上,并使摆的摆动方向与行驶方向一致。

②转动底座上的调平螺栓,使水准泡居中。

(3)调零。

①放松紧固把手,转动升降把手,使摆升高并能自由摆动,然后旋紧紧固把手。

②将摆固定在右侧悬壁上,使摆处于水平位置,并把指针拨至右端与摆杆平行处。

③按下释放开关,使摆向左带动指针摆动。当摆达到最高位置后下落时,用手将摆杆接住,此时指针应指零。

④若不指零,可稍旋紧或旋松摆的调节螺母。

⑤重复上述4个步骤,直至指针指零。调零允许误差为±1。

(4)校核滑动长度。

①让摆处于自然下垂状态,松开固定把手,转动升降把手,使摆下降。与此同时,提起举升柄使摆向左侧移动,然后放下举升柄使橡胶片下缘轻轻触地,紧靠橡胶片摆放滑动长度量尺,使量尺左端对准橡胶片下缘;再提起举升柄使摆向右侧移动,然后放下举升柄使橡胶片下缘轻轻触地,检查橡胶片下缘应与滑动长度量尺的右端齐平。

②若齐平,则说明橡胶片两次触地的距离(滑动长度)符合126 mm的规定。校核滑动长度时,应以橡胶片长边刚刚接触路面为准,不可借摆的力量向前滑动,以免标定的滑动长度与实际不符。

③若不齐平,升高或降低摆或仪器底座的高度。微调时用旋转仪器底座上的调平螺丝调整仪器底座的高度的方法比较方便,但需注意保持水准泡居中。

④重复上述动作,直至滑动长度符合126 mm的规定。

(5)将摆固定在右侧悬壁上,使摆处于水平释放位置,并把指针拨至右端与摆杆平行处。

(6)用喷水壶浇洒测点,使路面处于湿润状态。

(7)按下右侧悬壁上的释放开关,使摆在路面滑过。当摆杆回落时,用手接住,读数但不记录。然后使摆杆和指针重新置于水平释放位置。

(8)重复(6)和(7)的操作5次,并读记每次测定的摆值。

单点测定的5个值中最大值与最小值的差值不得大于3,如差值大于3时,应检查产生的原因,并再次重复上述各项操作,至符合规定为止。

取 5 次测定的平均值作为单点的路面抗滑值(摆值 BPN_t),取整数。

(9)在测点位置用温度计测记潮湿路表温度,准确至 1 ℃。

(10)每个测点由 3 个单点组成,即需按以上方法在同一测点处平行测定 3 次,以 3 次测定结果的平均值作为该测点的代表值(精确到 1)。

3 个单点均应位于轮迹带上,单点间距离为 3～5 m。该测点的位置以中间单点的位置表示。

(四)抗滑值的温度修正

当路面温度为 t(℃)时,测得的摆值为 BPN_t 必须按式(8-34)换算成标准温度 20 ℃的摆值 BPN_{20}。

$$BPN_{20}=BPN_t-\Delta BPN \tag{8-34}$$

式中 BPN_{20}——换算成标准温度 20 ℃时的摆值;

BPN_t——路面温度 t 时测得的摆值;

ΔBPN——温度修正值,按表 8-4 采用。

表 8-4 温度修正值

温度(℃)	0	5	10	15	20	25	30	35	40
温度修正值 ΔBPN	−6	−4	−3	−1	0	2	3	5	7

(五)报告

报告应包含如下内容:

(1)路面单点测定值 BPN_t 经温度修正后的 BPN_{20}、现场温度、3 次平均值。

(2)评定路段路面抗滑的平均值、标准差、变异系数。

四、路面横向力系数测试系统测定路面摩擦系数试验方法

路面横向力系数是通过车轮与路面摩擦,间接测定路面摩擦系数的试验方法,目前常用的主要有单轮式 SRIM 测试车和双轮式 Mu－Meter 测试系统两大类。这两类测试方法主要适用于工作原理和结构与相同的横向力系数测试系统在新建、改建路面工程质量验收和无严重坑槽、车辙等病害的正常行车条件下连续采集路面的横向力系数。

不论是单轮式还是双轮式横向力测试系统,均由承载车辆、距离测试装置、横向力测试装置、供水装置和主控制系统组成,主控制系统除实施对测试装置和供水装置的操作控制外,同时还控制数据的传输、记录与计算等环节。

(一)主要步骤

路面横向力系数测试方法的主要步骤如下:

(1)正式开始测试前,首先应按设备操作手册规定的时间要求对系统进行通电预热。

(2)进入测试路段前应将测试轮胎降至路面上预跑约 500 m。

(3)按照设备操作手册的规定和测试路段的现场技术要求设置完毕所需的测试状态。

(4)驾驶员在进入测试路段前应保持车速在规定的测试速度范围内,沿正常行驶轨迹驶入测试路段。

(5)进入测试路段后,测试人员启动系统的采集和记录程序。在测试过程中必须及时

准确地将测试路段的起终点和其他需要特殊标记点的位置输入测试数据记录中。

(6)当测试车辆驶出测试路段后，仪器操作人员停止数据采集和记录，提升测量轮并恢复仪器各部分至初始状态。

(7)操作人员检查数据文件应完整，内容应正常，否则需要重新测试。

(8)关闭测试系统电源，结束测试。

(二)结果修正

路面横向力测试结果与测试速度和测试温度有关，因此应将非标准状态下的测试结果修正为标准状态下的测试结果。

1. *SFC* 值的速度修正

测试系统的标准测试速度范围规定为 50 km/h±4 km/h，其他速度条件下测试的 *SFC* 值必须通过式(8-35)转换至标准速度下的等效 *SFC* 值。

$$SFC_{标}=SFC_{测}-0.22(v_{标}-v_{测}) \tag{8-35}$$

式中　$SFC_{标}$——标准测试速度下的等效 *SFC* 值；

$SFC_{测}$——现场实际测试速度下的 *SFC* 测试值；

$v_{标}$——标准测试速度，取 50 km/h；

$v_{测}$——现场实际测试速度。

2. *SFC* 值的温度修正

测试系统的标准现场测试地面温度范围为 20 ℃±5 ℃，其他地面温度条件下测试的 *SFC* 值必须通过表 8-5 转换至标准温度下的等效 *SFC* 值。系统测试要求地面温度控制在 8～60 ℃范围内。

表 8-5　*SFC* 值的温度修正　(单位 ℃)

温度	10	15	20	25	30	35	40	45	50	55	60
修正	−3	−1	0	+1	+3	+4	+6	+7	+8	+9	+10

第七节　路面渗水检测

沥青路面的水损害是影响沥青路面使用性能的主要病害之一，我国部分高速公路曾在通车后 1～2 年内就出现大面积的松散、坑槽等水损害现象，造成了极其恶劣的社会影响。因此，路面渗水问题已经成为公路设计、施工和管理养护部门重点关注的问题之一。目前，国内已经普遍采用路面渗水试验定量地评价路面的渗水能力。沥青路面的渗水试验对检测路面的密实度、密水性至关重要。沥青路面渗水性能不仅是反映路面沥青混合料级配组成的一个间接指标，而且还是沥青路面水稳定性的一个重要指标。目前，沥青路面渗水试验及其评价指标已经列入相关技术规范中，成为路面竣工验收的重要指标之一。

一、目的与适用范围

本方法适用于路面渗水仪测定沥青路面的渗水系数。

二、仪具与材料技术要求

(1)路面渗水仪：上部盛水量筒由透明有机玻璃制成，容积 600 mL，上有刻度，在 100 mL 及 500 mL 处有粗标线，下方通过直径为 10 mm 的细管与底座连接，中间有一开关。量筒通过支架连结，底座下方开口内径 150 mm、外径 220 mm。仪器附不锈钢圈压重两个，每个质量约 5 kg，内径 160 mm。

(2)量筒及大漏斗。

(3)秒表。

(4)密封材料：防水腻子、油灰或橡皮泥。

(5)其他：水、粉笔、塑料圈、刮刀、扫帚等。

三、方法与步骤

(一)准备工作

(1)在测试路段的行车道面上，按随机取样方法选择测试位置，每一个检测路段应测定 5 个测点，用扫帚清扫表面，并用粉笔画上测试标记。

(2)试验前，首先用扫帚清扫表面，并用刷子将路面表面的杂物刷去。杂物的存在一方面会影响水的渗入；另一方面也会影响渗水仪和路面或者试件的密封效果。

(3)装妥路面渗水仪。

(二)试验步骤

(1)将试件放置于稳定的平面上，将塑料圈置于试件中央的测点上，用粉笔分别沿塑料圈的内侧和外侧画上圈，在外环和内环之间的部分就是需要用密封材料进行密封的区域。

(2)用密封材料对环状密封区域进行密封处理，注意不要使密封材料进入内圈；如密封材料不小心进入内圈；必须用刮刀将其刮走。然后再将搓成拇指粗细的条状密封材料摞在环状密封区域的中央，并且摞成一圈。

(3)将渗水仪放在试件或路面表面上，注意使渗水仪的中心尽量和圆环中心重合，然后略微使劲将渗水仪压在调整密封材料的表面，再将配重加上，以防压力水从底座与试件间流出。

(4)将开关关闭，向量筒中注满水，然后打开开关，使量筒中的水下流排出渗水仪底部内的空气，当量筒中水面下降速度变慢时用双手轻压渗水仪使渗水仪底部的气泡全部排出。关闭开关，并再次向量筒中注满水。

(5)将开关打开，待水面下降至 100 mL 刻度时，立即开动秒表开始计时，每间隔 60 s，读记仪器管的刻度一次，至水面下降 500 mL 时为止。测试过程中，如水从底座与密封材料间渗出，说明底座与路面密封不好，应重新密封。当水面下降速度较慢，则测定 3 min 的渗水量即可停止；如果水面下降速度较快，在不到 3 min 的时间内到达 500 mL 刻度线，则记录到达 500 mL 刻度线时的时间；若水面下降至一定程度后基本保持不动，说明基本不透水或根本不透水，在报告中注明。

(6)按以上步骤对同一种材料制作 3 块试件测定渗水系数，取其平均值作为检测结果。

四、计算

沥青混合料试件的渗水系数按式计算，计算时以水面从 100 mL 下降到 500 mL 所需的时间为标准；若渗水时间过长，也可以采用 3 min 通过的水量计算。

$$C_w = \frac{V_2 - V_1}{t_2 - t_1} \times 60 \tag{8-36}$$

式中　C_w——路面渗水系数，mL/min；

V_1——第一次计时时的水量，mL，通常为 100 mL；

V_2——第二次计时时的水量，mL，通常为 500 mL；

t_1——第一次计时的时间，s；

t_2——第二次计时的时间，s。

五、报告

现场检测，每一个检测路段应测定 5 个测点，计算其平均值作为检测结果。若路面不透水，应在报告中注明渗水系数为 0。

第八节　沥青路面车辙

沥青路面是沥青混合料铺筑的路面结构层，沥青混合料是一种典型的黏弹性材料，其强度和抗变形能力会随着温度的升高而下降。在高温条件下，由于车辆荷载的重复作用，沥青混合料会产生进一步压密以及侧向位移，从而在沥青路面上形成沿轮迹带的带状凹陷，即沥青路面车辙。在沥青路面的各种早期破坏中，车辙病害最为普遍，也最为严重。车辙直接影响到沥青路面的平整度、路面使用性能、行车安全与舒适，严重威胁沥青路面结构及其使用性能。当车辙达到一定的深度，轮迹处沥青层厚度减薄，削弱了面层及路面结构的整体强度；在雨水天气时，车辙槽内将会积水，降低路面的抗滑性能，并且辙槽底部在行车荷载作用下很快产生微小裂缝，导致积水下渗，在水和荷载双重作用下，裂缝进一步发展，逐步形成网裂、龟裂、脱皮、坑槽等病害，严重影响沥青路面的结构性能和使用性能。

一、目的与适用范围

本方法适用于测定沥青路面的车辙，供评定路面使用状况及计算维修工作量使用。

二、仪具与材料技术要求

(1)路面横断面仪：长度不小于一个车道宽度，横梁上有一位移传感器，可自动记录横断面形状，测试间距小于 20 cm，测试精度 1 mm。

(2)激光或超声波车辙仪：包括多点激光或超声波车辙仪、线激光车辙仪和线扫描激光车辙仪等类型，通过激光测距技术与激光成像和数字图像分析技术得到车道横断面相对高程数据,并按规定模式计算车辙深度。

要求激光或超声波车辙仪有效测试宽度不小于 3.2 m,测点不少于 13 点,测试精度 1 mm。

(3)横断面尺:为硬木或金属制直尺,刻度间距 5 cm,长度不小于一个车道宽度。顶面平直,最大弯曲不超过 1 mm,两端有把手及高度为 10～20 cm 的支脚,两支脚的高度相同。

(4)量尺:钢板尺、卡尺、塞尺,量程大于车辙深度,刻度至 1 mm。

(5)其他:皮尺、粉笔等。

三、方法与步骤

(1)车辙测定的基准测量宽度应符合以下规定:

①对高速公路及一级公路,以发生车辙的一个车道两侧标线宽度中点到中点的距离为基准测量宽度。

②对二级及二级以下公路,有车道区画线时,以发生车辙的一个车道两侧标线宽度中点到中点的距离为基准测量宽度;无车道区画线时,以形成车辙部位的一个设计车道宽度作为基准测量宽度。

(2)以评定路段为单位,用激光车辙仪连续检测时,测定间隔不大于 10 m。用其他方法非连续测定时,在车道上每隔 50 m 作为一测定断面,用粉笔画上标记进行测定。根据需要也可按照规范的方法在行车道上随机选取测定断面,在特殊需要的路段如交叉口前后可予以加密。

(3)采用激光或超声波车辙仪的测试步骤如下:

①将检测车辆就位于测定区间起点前。

②启动并设定检测系统参数。

③启动车辙和距离测试装置,开动测试车沿车道轮迹位置且平行于车道线平稳行驶,测试系统自动记录出每个横断面和距离数据。

④到达测定区间终点后,结束测试。

⑤系统处理软件按照规范规定的模式通过各横断面相对高程数据计算车辙深度。

(4)采用路面横断面仪的测试步骤如下:

①将路面横断面仪就位于测定断面上,方向与道路中心线垂直,两端支脚立于测定车道的两侧边缘,记录断面桩号。

②调整两端支脚高度,使其等高。

③移动横断面仪的测量器,从测定车道的一端移动至另一端,记录断面形状。

(5)采用横断面尺的测试步骤如下:

①将横断面尺就位于测定断面上,两端支脚置于测定车道两侧。

②沿横断面尺每隔 20 cm 一点,用量尺垂直立于路面上,用目视测记横断面尺顶面与路面之间的距离,精确至 1 mm。如断面的最高处或最低处明显不在测定点上,应加测该点距离。

③记录测定读数,绘出横断面图,最后连接成圆滑的横断面曲线。

④横断面尺也可用细绳代替。

⑤当不需要测定横断面，仅需要测定最大车辙时，亦可用不带支脚的横断面尺架在路面上由目测确定最大车辙位置，用尺量取。

四、计算

(1)根据断面线按图 8-6 的方法画出横断面图及顶面基准线。通常为其中之一种形式。

(2)在图 8-6 上确定车辙深度 D_1 及 D_2，读至 1 mm，以其中最大值作为断面的最大车辙深度。

(3)求取各测定断面最大车辙深度的平均值作为该路段的平均车辙深度。

五、报告

(1)采用的测定方法。

(2)路段描述，包括里程桩号、路面结构及横断面、使用年限、交通情况等。

(3)各测定断面的横断面图。

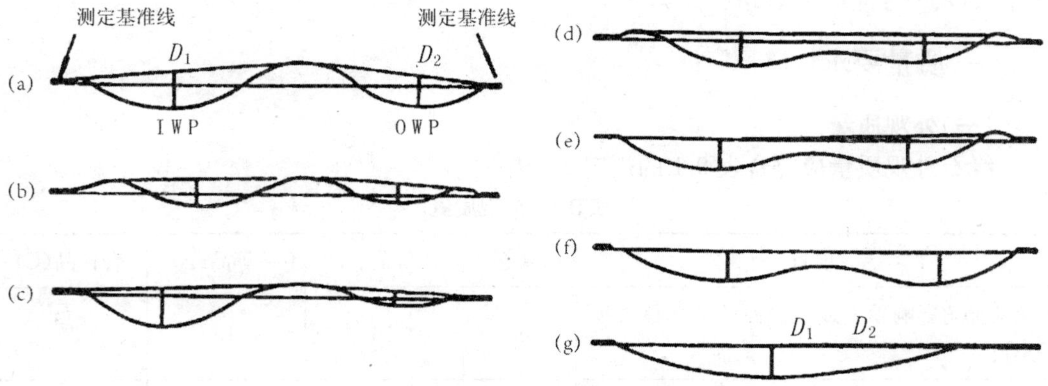

注：IWP、OWP标识内侧轮迹带及外侧轮迹带

图 8-6　不同形状、不同程度的沥青路面车辙示意图

(4)各测定断面的最大车辙深度表。

(5)各评定路段的最大车辙深度及平均车辙深度。

(6)根据测定目的应记录的其他事项或数据。

第九章 预制件及排水管道检测

本章主要介绍混凝土路缘石、混凝土路面砖、井盖、井箅、钢筋混凝土排水管等预制产品构件的质量检测，以及排水管道的闭水试验。

第一节 混凝土路缘石检测

本方法适用于以水泥和密实集料为主要原料，经振动法、压缩法或以其他能达到同等效能的方法预制的铺设在路面边缘、路面界限及导水用缘石。其可视面可以是有面层(料)或无面层(料)的、本色或彩色及凿毛加工的。

直线形缘石抗折强度等级分为 $C_f6.0$、$C_f5.0$、$C_f4.0$、$C_f3.0$。

曲线形及直线形、截面 L 状缘石抗压强度等级分为 C_c40、C_c35、C_c30、C_c25。

质量等级：符合某个强度等级的缘石，根据其外观质量、尺寸偏差和物理性能分为优等品(A)、一等品(B)、合格品(C)。

一、质量要求

(一)外观质量

缘石外观质量应符合表 9-1 的规定

表 9-1 外观质量

项目	单位	优等品(A)	一等品(B)	合格品(C)
缺棱掉角影响顶面或正侧面的破坏最大投影尺寸 ≤	mm	10	15	30
面层非贯穿裂纹最大投影尺寸 ≤	mm	0	10	20
可视面粘皮(脱皮)及表面缺损最大面积 ≤	mm^2	20	30	40
贯穿裂纹	不允许			
分层	不允许			
色差、杂色	不明显			

(二)尺寸偏差缘石尺寸允许偏差应符合表 9-2 的规定

(三)力学性能

(1)直线型缘石抗折强度应符合表 9-3 的规定。

(2)曲线形缘石、直线型、截面 L 缘石抗压强度应符合表 9-4 规定。

表 9-2　尺寸允许偏差　　（单位：mm）

项目	优等品(A)	一等品(B)	合格品(C)
长度 c	±3	+4 −3	+5 −3
宽度 b	±3	+4 −3	+5 −3
高度 h	±3	+4 −3	+5 −3
平整度≤	2	3	4
垂直度≤	2	3	4

表 9-3　抗折强度　　（单位：MPa）

等级	$C_f6.0$	$C_f5.0$	$C_f4.0$	$C_f3.0$
平均值 $\overline{C}_f$≥	6.00	5.00	4.00	3.00
单块最小值 C_{fmin}≥	4.80	4.00	3.20	2.40

表 9-4　抗压强度　　（单位：MPa）

等级	C_c40	C_c35	C_c30	C_c25
平均值 $\overline{C}_c$ ≥	40.0	35.0	30.0	25.0
单块最小值 C_{cmin}≥	32.0	28.0	24.0	20.0

(四)吸水率

缘石吸水率应符合表 9-5 规定。

表 9-5　吸水率　　（%）

项目	优等品(A)	一等品(B)	合格品(C)
吸水率≤	6.0	7.0	8.0

二、外观质量试验方法

(一)量具

分度值为 1 mm 的钢板尺、卡尺。

(二)测量方法

1. 面层(料)厚度

将缘石断开，在其截面测量面层(料)厚度尺寸(可用抗折试件的断口处测量)，精确至 1 mm。

2. 缺棱掉角

测量顶面和正侧面缺棱掉角处损坏、掉角的长度和宽度(或高度)投影尺寸，精确至 1 mm。

3. 表面裂纹

测量裂纹所在面上的投影长度；若裂纹由一个面延伸至相邻面时，测量其延伸长度之和，精确至 1 mm。

4. 粘皮(脱皮)

测量顶面和正侧面上粘皮(脱皮)及表面缺损或伤痕处互相垂直的两个最大尺寸，精确至 1 mm；计算其面积，精确至 1 mm^2。

5. 分层、色差和杂色

在自然光照或不低于 40 W 日光灯下，距缘石 1.5 m 处，对缘石的端面、背面(或底面)肉眼检验分层；对表面风干的缘石肉眼检验色差及杂色。

三、尺寸偏差试验方法

(一)量具

分度值为 1 mm，量程为 300 mm 和 1 000 mm 的钢板尺、卡尺、塞尺、直角尺或丁字尺。

(二)测量方法

1. 长度

分别在缘石顶面中部、正侧面及背面距底面 10 mm 处测量长度，取其 3 个测量值的算术平均值为该试件的长度值，精确至 1 mm。

2. 宽度

分别在缘石底面的两端，距端面 10 mm 处及底面中部测量宽度，取其 3 个测量值的算术平均值为该试件的宽度值，精确至 1 mm。

3. 高度

分别在缘石背面两端，距端面 10 mm 处及背面中部测量高度，取其 3 个测量值的算术平均值为该试件的高度值，精确至 1 mm。

4. 平整度

用 1 000 mm 长的钢板尺分别侧立在缘石顶面和正侧面的中部，另用塞尺测量缘石表面与侧立钢板尺之间的最大间隙，取其最大值，精确至 1 mm。

5. 垂直度

用直角尺或丁字尺的一边紧靠缘石的顶面，另用小量程钢板尺或卡尺测量直角尺(或丁字尺)另一边与其端面所垂直面之间的最大间隙，记录其最大值，精确至 1 mm。

四、抗折强度试验方法

(一)适用范围

本方法适用直线形缘石。

(二)仪器设备、量具、材料

1. 试验机

试验机可采用压力试验机或经国家计量部门检定合格的满足缘石抗折试验的设备。试验机的示值相对误差应不大于 1%。试件的预期破坏荷载值不小于试验机全量程的

20%,也不大于全量程的 80%。

2. 加载压块

采用厚度大于 20 mm,直径为 50 mm,硬度大于 HB200,表面平整光滑的圆形钢块。

3. 抗折试验支承装置要求

抗折试验支承装置应可自由调节试件处于水平,同时可调节支座间距,精确至 1 mm。支承装置两端支座上的支杆直径为 30 mm:一为滚动支杆,一为铰支杆;支杆长度应大于试件的宽度 b_0,且应互相平行。

4. 量具

分度值为 1 mm,量程为 1 000 mm、300 mm 的钢板尺。

5. 找平垫板

垫板厚度为 3 mm,直径大于 50 mm 的胶合板或硬纸板。

(三)试件的制备

在试件的正侧面标定出试验跨距,以跨中试件宽度(b_0)1/2 处为施加荷载的部位,如试件正侧面为斜面、切削角面、圆弧面,则试验时加载压块不能与试件完全水平吻合接触,应用 1∶2 的水泥砂浆将加载压块所处部位抹平使之试验时可均匀受力,抹平处理后试件,养护 3 d 后方可试验。如图 9-1 所示。

将制备好的试件在水中浸没 24 h,水温度为 20 ℃±3 ℃。

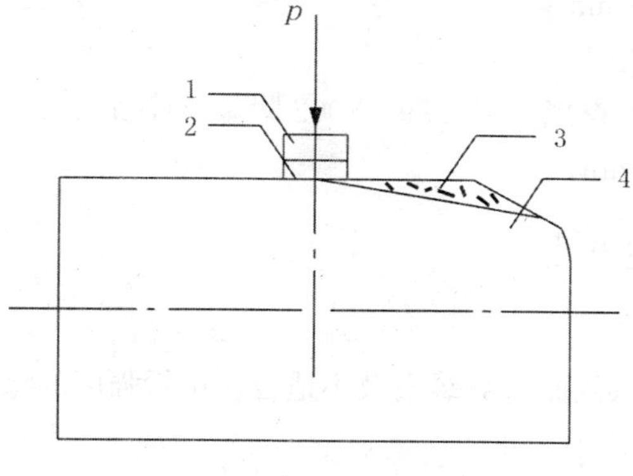

1—压块;2—垫板;3—找平层;4—试件

图 9-1 试件制备示意图

(四)试验步骤

(1)使抗折试验支承装置处于可进行试验状态。调整试验跨距 $l_s = l - 2 \times 50$ mm,精确至 1 mm。

(2)将试件从水中取出擦去表面附着水,正侧面朝上置于试验支座上,试件的长度方向与支杆垂直,使试件加载中心与试验机压头同心。将加载压块置于试件加载位置,并在其与试件之间垫上找平垫板。如图 9-2 所示。

(3)检查支具、加荷点无误后,启动试验机,加荷速度调整在 0.04~0.06 MPa/s,均匀连续地加荷,直至试件断裂,记录最大荷载 P_{max}。

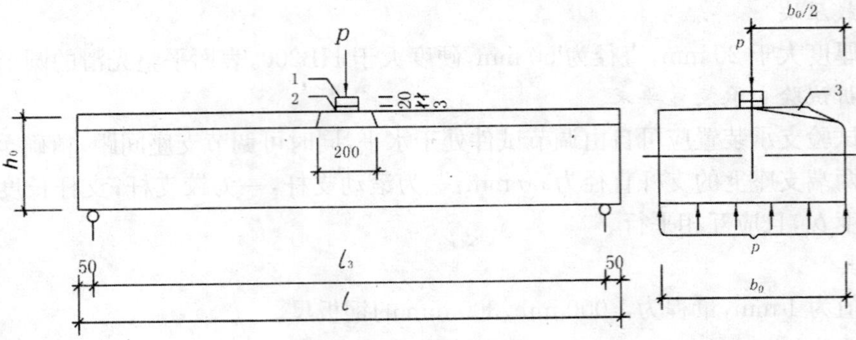

1—φ50mm压块；2—垫板；3—找平层

图 9-2　抗折试验示意图　(单位:mm)

(五)结果计算

$$C_f = \frac{MB}{1\,000 \times W_{ft}} \tag{9-1}$$

$$MB = P_{max} l_s / 4 \tag{9-2}$$

式中　C_f——抗折强度,MPa;

MB——弯矩,N·mm;

P_{max}——最大荷载,N;

W_{ft}——截面模量(查规范 JC 899—2002 附录 F),cm^3;

l_s——试件跨距,mm。

五、抗压强度试验方法

(一)适用范围

曲线形缘石,直线形、截面 L 状缘石及不适合作抗折强度的缘石应做抗压强度试验。

(二)试验设备

1. 混凝土切割机

满足本标准要求的,能制备抗压强度、吸水率试块的切割机。

2. 压力试验机

试验机可采用压力试验机或经国家计量部门检定合格的满足缘石抗折试验的设备。试验机的示值相对误差应不大于 1%。试件的预期破坏荷载值不小于试验机全量程的 20%,也不大于全量程的 80%。

(三)试件制备

从缘石的正侧面距端面和顶面各 20 mm 以内的部位切割出 100 mm×100 mm×100 mm 试块。以垂直于缘石成型加料方向的面作为承压面。试块的两个承压面应平行、平整。否则应对承压面磨平或用水泥净浆抹面找平处理,找平层厚度不大于 5 mm,养护 3 d。与承压面相邻的面应垂直于承压面。

制备好的试块,清除其表面的粘渣、毛刺,放入 20 ℃±3 ℃的清水中浸泡 24 h。

(四)试验步骤

(1)用卡尺或钢板尺测量承压面互相垂直的两个边长,分别取其平均值,精确至 1 mm,计算承压面积 A,精确至 1 mm^2。将试块从水中取出用拧干的湿毛巾擦去表面附着水,承压面应面向上、下压板,并置于试验机下压板的中心位置上。

(2)启动试验机,加荷速度调整在 0.3~0.5 MPa/s,均匀连续地加荷,直至试件破坏,记录最大荷载 P_{max}。

(五)结果计算

$$C_c = P_{max}/A \tag{9-3}$$

式中　C_c——抗压强度,MPa;

P_{max}——最大荷载,N;

A——试块承压面积,mm^2。

六、吸水率试验方法

(一)适用范围

本方法适用于各种路缘石的吸水率试验。

(二)试验仪器、设备

(1)天平:称量 5 kg,感量 5 g。

(2)干燥箱:鼓风干燥箱自动控制温度 105 ℃±2 ℃,具有鼓风排湿功能。

(3)水槽:能浸试样的,深度约为 300 mm 的水箱或水槽。

(4)混凝土切割机。

(三)试件制备

从缘石截取约为 100 mm×100 mm×100 mm 带有可视面的立方体的块体为试块。

(四)试验步骤

将试块截取后,用硬毛刷将试块表面及周边松动的渣粒清除干净,放入温度为 105 ℃±2 ℃的干燥箱内烘干。试块之间、试块与干燥箱内壁之间距离不得小于 20 mm。每间隔 4 h 将试块取出分别称量一次,直至两次称量差小于 0.1%时,视为试块干燥质量,精确至 5 g。

将试块放入水槽中,注入温度为 20 ℃±3 ℃的洁净水,使试块浸没水中 24 h±0.5 h,水面应高出试块 20~30 mm。

取出试块,用拧干的湿毛巾擦去表面附着水,立即分别称量试块浸水后的质量,精确至 5 g。

(五)结果计算

吸水率按式(9-4)计算:

$$W = \frac{m_1 - m_0}{m_0} \times 100 \tag{9-4}$$

式中　W——吸水率(%);

m_1——试块吸水 24 h 后的质量,g;

m_0——试块烘干后质量,g。

第二节　井盖及水箅检测

检查井盖和水箅根据所用的材料不同可分为铸铁、钢纤维混凝土、复合材料、再生树脂复合材料等类型。因检查井盖的质量和使用管理问题造成的人身伤亡事故时有发生，检查井盖的质量问题涉及城市基础设施建设和管理的方方面面，本节主要介绍钢检查井盖和钢纤维混凝土水箅的检测。

一、检查井盖

(一)适用范围

本方法适用于安装在绿化带、人行道、非机动车道、机动车道、停车场、码头、机场跑道等地面井座净开孔(c_o)不大于 900 mm 的金属及非金属材料检查井盖。

(二)井盖等级

按井盖承载能力分为 A15、B125、C250、D400、E600 和 F900 六级。

检查井盖按使用场所分为如下六组：

第一组(最低选用 A15 类型)：绿化带、人行道等禁止机动车辆驶入的区域。

第二组(最低选用 B125 类型)：人行道、非机动车道、小车停车场及地下停车场。

第三组(最低选用 C250 类型)：住宅小区、背街小巷、仅有轻型机动车或小车行驶的区域，道路两边路缘石开始 0.5 m 以内。

第四组(最低选用 D400 类型)：城市主路、公路、高等级公路、高速公路等区域。

第五组(最低选用 E600 类型)：货运站、码头、机场等区域。

第六组(最低选用 F900 类型)：机场跑道等区域。

(三)规格尺寸

检查井盖按规格尺寸划分为人孔和非人孔两种。非人孔规格尺寸不作规定，人孔规格尺寸按井座净开孔(c_o)分为如下四类：600 mm、700 mm、800 mm、900 mm。

(1)嵌入深度(A)、井座支承面宽度(B)和斜度(e)，见图 9-3 和图 9-4。

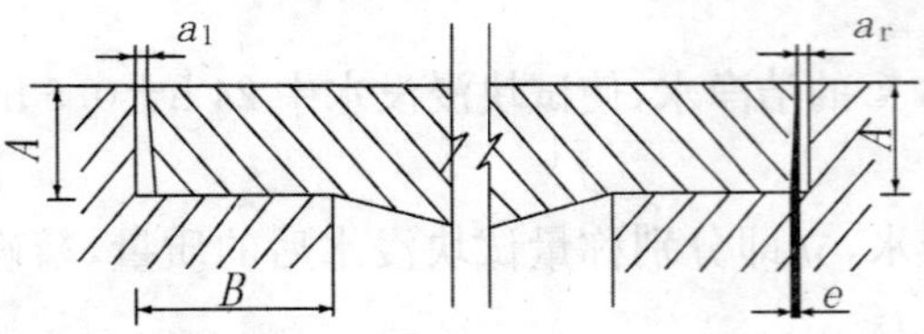

图 9-3

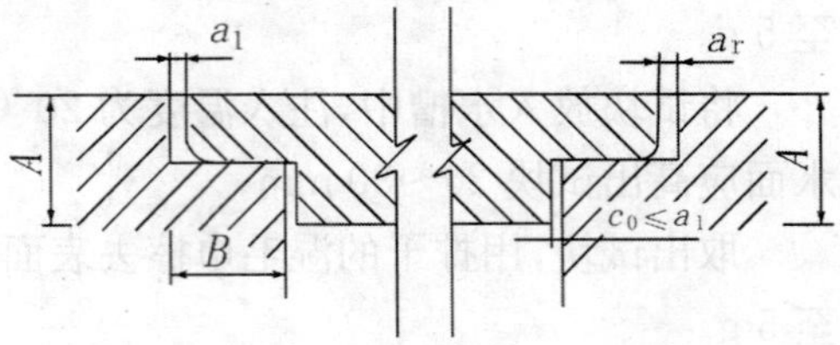

图 9-4

(2)总间隙(a)，见图 9-5(a_l 为左间隙，a_c 为中间间隙，a_r 为右间隙)。

(3)井座静开口尺寸(c_o)见图 9-6。

(四)材料要求

检查井盖可以由以下一种或几种材料制成。

(1)灰口铸铁：制作检查井盖所用的灰口铸铁应符合 GB/T 9439 的规定。

(2)球墨铸铁：制作检查井盖所用的球墨铸铁应符合 GB/T 1348 的规定。

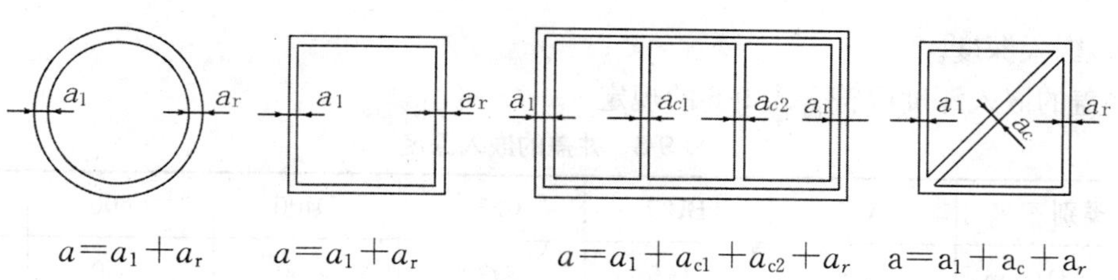

图 9-5

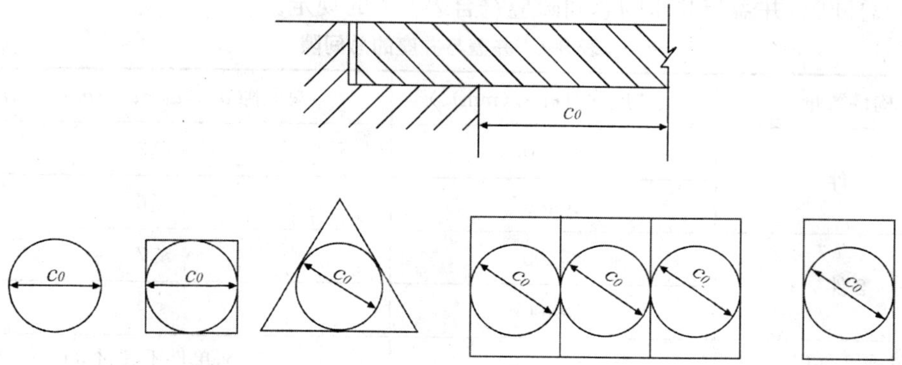

图 9-6

(3)铸钢:制作检查井盖所用的铸钢应符合 GB/T 700 和 GB/T 14408 的规定。

(4)轧制钢:制作检查井盖所用的轧制钢应符合 GB/T 700 和 GB 1499.2 的规定。

(5)聚合物:聚合物为各种高分子材料及其再生品。不饱和聚酯树脂符合 GB/T 8237 的规定。其他聚合物材料应符合相应的标准。

(6)填充增强材料:填充增强材料为各种颗粒状、纤维状材料及其再生品。其中,玻璃纤维无捻粗纱应符合 GB/T 18369 的规定,玻璃纤维无捻粗纱布应符合 GB/T 18370 的规定,玻璃纤维短切原丝毡和连续原丝毡应符合 GB/T 17470 的规定。

(7)钢纤维混凝土:水泥应符合 GB 175 的有关规定,砂应符合 GB/T 14684 的有关规定,石子应符合 GB/T 14685 的有关规定,外加剂应符合 GB 8076 的有关规定。混凝土用其他材料也应符合现行有关标准规定。

(8)其他材料:采用上述以外的其他材料,都应符合本标准规定的要求,而且任何改良的独立部分都应当符合相关要求并经过检测。

(五)外观要求

(1)井盖的表面应完整,材质均匀,无影响产品使用的缺陷。

(2)盖座保持顶平,井盖上表面不应有拱度,井盖与井座的接触面应平整、光滑。铸铁井盖与井座应为同一种材质,井盖与井座装配尺寸应符合 GB/T 6414 的要求。

(六)尺寸要求

(1)检查井盖上表面应有防滑花纹,其高度,对 A15、B125、C250 为 2～6 mm;对 D400、E600、F900 为 3～8 mm。凹凸部分面积与整个面积相比不应小于 10%,不应大于 70%。

(2)铰接井盖的仰角不应小于 100°。

(3)检查井盖的斜度 e 以 1∶10 为宜。

(4)嵌入深度。

井盖的嵌入深度应符合表 9-6 的规定。

表 9-6 井盖的嵌入深度

类别	A15	B125	C250	D400	E600	F900
嵌入深度 A(mm)	≥20	≥30	≥30	≥50	≥50	≥50

(5)总间隙,井盖与井座的总间隙应符合表 9-7 的规定。

表 9-7 井盖与井座的总间隙

构件数量	井座净开孔 c_0(mm)	总间隙 $a=(a_1+a_c+a_r)$(mm)
1 件	≤400	≤3
	>400	≤6
2 件	≤400	≤7
	>400	≤9
3 件或 3 件以上		≤15,单件不超过 5 mm

(6)井座支承面宽度。井座支承面的宽度应符合表 9-8 的规定。

表 9-8 井座支承面宽度

井座净开孔 c_0(mm)	井座支承面宽度 B(mm)
<600	≥20
≥600	≥24

(7)通风孔。检查井盖分为普通井盖和通风井盖,通风井盖的开孔值应符合表 9-9 的规定。通风孔可设在井盖上,也可设在井座上,设在井座上时,应有专门措施保证在使用环境中可起到通风作用。

最小通风孔面积为所有通风开口的面积之和。

表 9-9 通风孔尺寸

井座净开孔 c_a(mm)	最小通风孔面积(mm^2)
≤600	为井座净开孔面积的 5%
>600	1.4×10^6

注:1. 对于 A15 到 B125 型,通风孔直径为 18~38 mm。

2. 对于 C250 到 F900 型,通风孔直径为 30~38 mm。

(8)井座。

①井座底面支承压强不应小于 7.5 N/mm^2。

②井座高度:D400、E600、F900 的井座其高度不应小于 100 mm。

③检查井盖的制造应当确保与井座的适配性。对于 D400、E600、F900 型,其井座的制造应当确保使用时的安静稳定。金属检查井盖应通过如接触表面的加工、防噪音的橡胶垫圈或三点接触的设计以确保无噪声。

(9)井座净开孔。

井座净开孔设计应切实满足相关的安全和使用功能要求，一般人孔井座净开孔直径不应小于 600 mm，其尺寸偏差见表 9-10。

表 9-10　净开孔尺寸偏差

人孔尺寸(mm)	600	700	800	900
尺寸偏差(mm)	0～10	±10	±10	±10

(六)承载能力

1. 试验荷载

井盖的承载能力应符合表 9-11 的规定，对于井座净开孔(c_o)小于 250 mm 井盖的试验荷载应按表 9-11 所示乘以 $c_0/250$，但不小于 0.6 倍表 9-11 的荷载。

表 9-11　试验荷载

类别	A15	B125	C250	D400	E600	F900
试验荷载 F(kN)	15	125	250	400	600	900

2. 残留变形

井盖的允许残留变形值应符合表 9-12 的规定：

表 9-12　允许的残留变形

<table>
<tr><th>类型</th><th colspan="2">允许的残留变形</th></tr>
<tr><td>A15 和 B125</td><td colspan="2">当 c_o＜450 mm 时为 $c_o/50$，当 c_o≥450 mm 时为 $c_o/100$</td></tr>
<tr><td>C250 到 F900</td><td>(1)$c_o/300$
当 c_o＜300 mm 时最大为 1 mm</td><td>(2)$c_o/500$
当 c_o＜500 mm 时最大为 1 mm</td></tr>
</table>

注：对于 C250 到 F900 的产品：当采用锁定装置或特殊设计的安全措施时采用(1)要求；当产品未采取特殊安全措施仅依靠产品重量达到安全措施的采用(2)要求。

(七)试验方法

1. 试验设备

试验设备主要有加载系统和量具。

(1)加载系统。

加载系统由加载设备、刚性垫块、橡胶垫片等组成。

加载设备应当能提供试验荷载 1.2 倍以上的加载能力，并经过计量校准，其加载精度为不大于±3%。加载试验装置如图 9-7 和图 9-8 所示。

(2)井盖检测的刚性垫块尺寸要求见表 9-13。

(3)橡胶垫片安装在刚性垫块与井盖之间，垫片的外缘尺寸应与刚性垫块相同，垫片的厚度为 6～10 mm。

(4)量具

试验用主要量具见表 9-14。

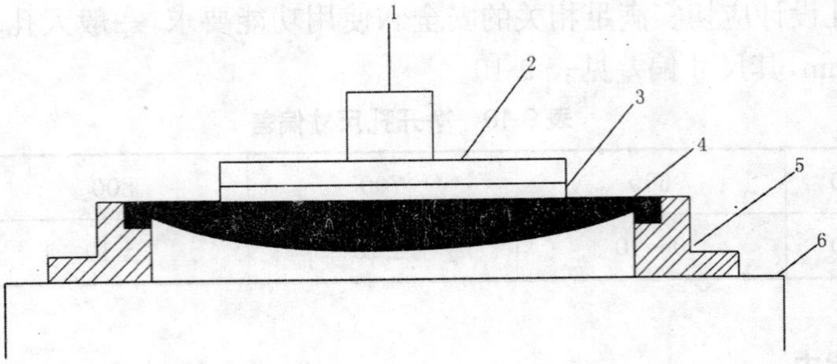

1—加载；2—刚性垫块；3—橡胶垫片；4—井盖；5—井座；6—台面

图 9-7　上加压试验装置示意图

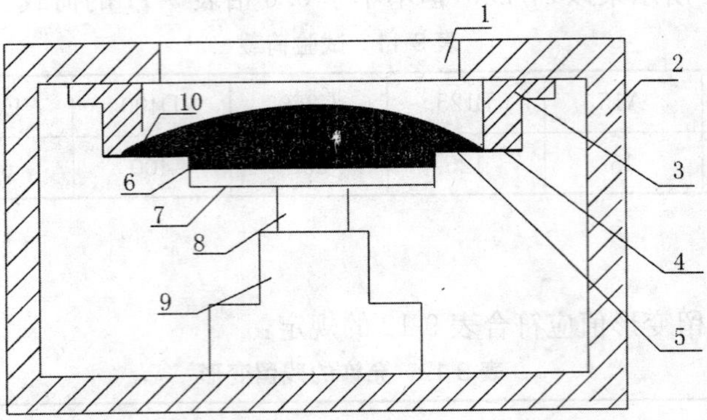

1—观察孔；2—机架；3—井座；4—橡胶避震圈；5—井盖；
6—橡胶垫片；7—刚性垫块；8—传感器；9—千斤顶；10—钢箍

图 9-8　下加载试验装置示意图

2. 试验项目

1）外观质量

按前述“（五）外观要求”规定目测产品外观，用量具测量井盖与井座装配尺寸。

2）尺寸偏差

（1）检查井盖上表面防滑花纹以 0.5 mm 的精度计算，通过测量凸起的上表面面积占总面积的百分比计算得出。

（2）铰接井盖的仰角按第（六）项第（2）条规定用量具测量。

（3）检查井盖的斜度按第（六）项第（3）条规定用量具测量。

（4）嵌入深度按第（六）项第（4）条规定用量具测量。检查井盖嵌入深度以毫米为单位测量。

（5）总间隙按第（六）项第（5）条规定用量具测量，测量井盖与井座之间的间隙应精确到 0.5 mm，间隙相加得到总间隙。

（6）井座支承面宽度按第（六）项第（6）条规定用量具测量。检查井盖井座支承面宽度以毫米为单位测量。

（7）通风孔按第（六）项第（7）条规定用量具测量并计算得出面积。最小通风孔面积为所有通风开口的面积之和。

表 9-13　刚性垫块尺寸要求

检查井盖的形状和井座净开孔(mm)	垫块的尺寸(mm)
$300<c_o\leqslant 900$ 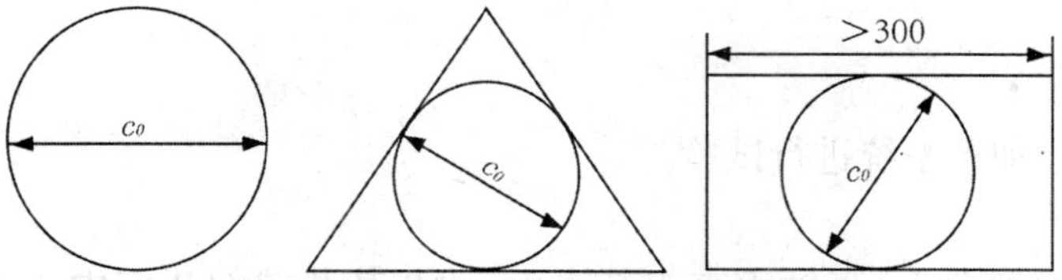	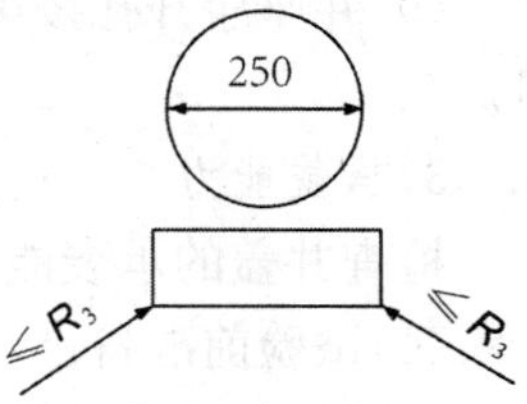
$200\leqslant c_o\leqslant 300$ 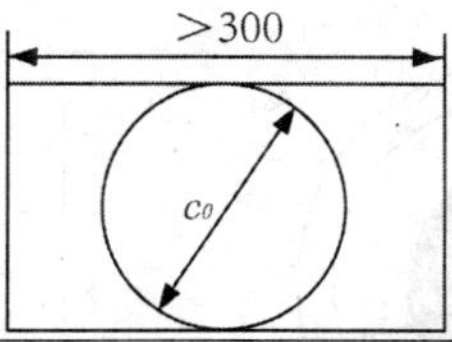	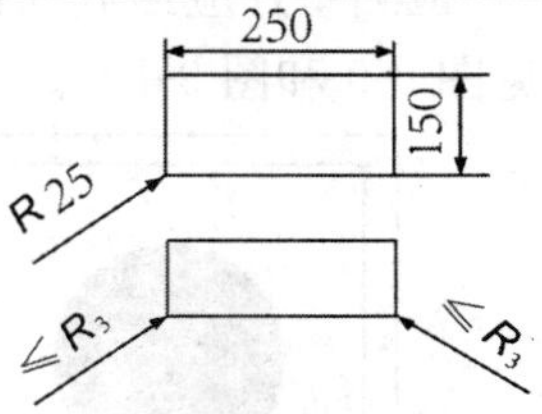
$200\leqslant c_o\leqslant 300$ 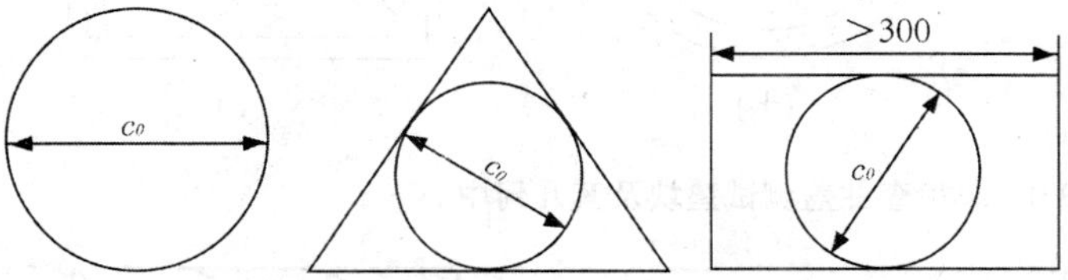	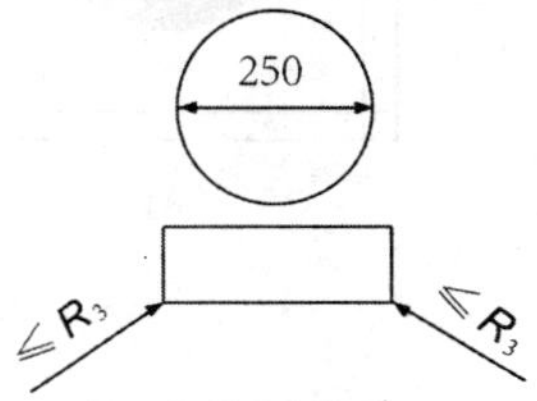
$c_o<200$ 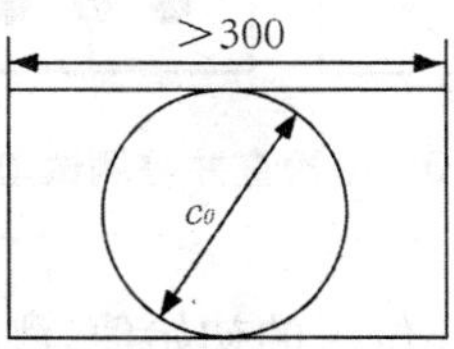	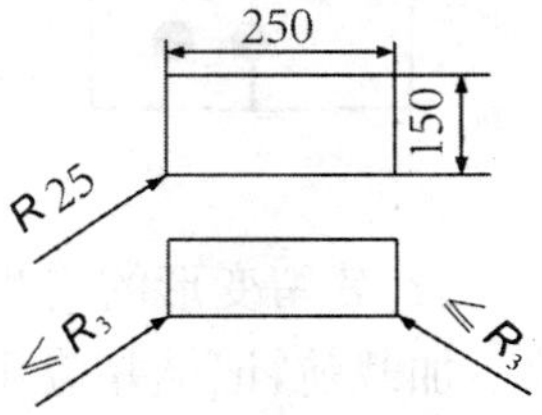
$c_o<200$ 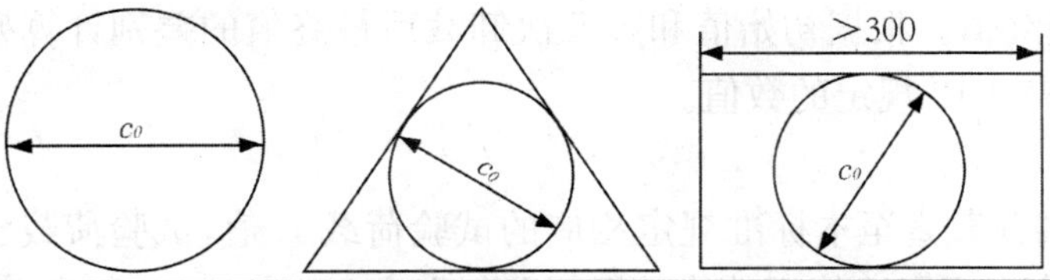	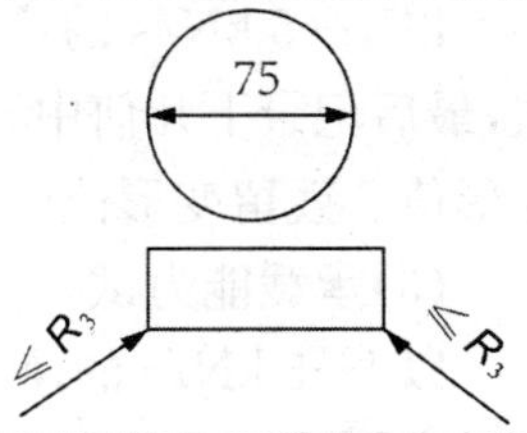

表 9-14　主要量具

序号	名称	测量范围(mm)	精确度(mm)
1	游标卡尺	0～1 000	±0.1
2	深度游标卡尺	0～200	±0.1
3	钢直尺	0～300	±0.5
4	钢卷尺	1 000	±1
5	角尺	根据需要选择	

(8)井座按第(六)项第(8)条规定用量具测量,井座高度以毫米为单位测量,井座底面支承压强通过试验荷载 F 除以井座底面积得出。

(9)井座净开孔按第(六)项第(9)条规定用量具测量。井座净开孔以毫米为单位测量。

3)承载能力

检查井盖的承袭能力通过加载系统进行试验。

(1)试验前准备。

检测垫片应当放在被测的井盖上,竖轴垂直于其表面,并与其井盖的几何中心重合(见图 9-9 和图 9-10)。

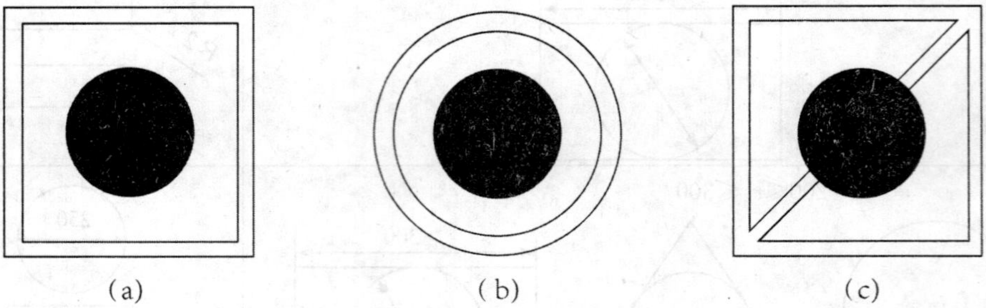

图 9-9 单检查井盖测试垫块及其几何中心

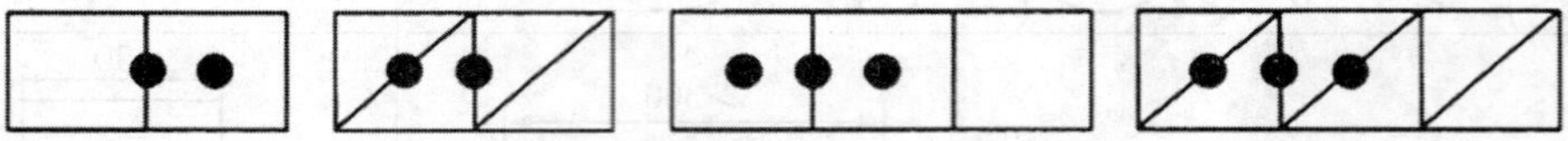

图 9-10 多检查井盖测试垫块及其几何中心

(2)残留变形的检测。

加载前,记录井盖几何中心位置的初始值,测量精度为 0.1 mm。

以 1～5 kN/s 的速率施加荷载,直至达到 2/3 检测荷载,然后卸载。此过程重复 5 次,最后记录下几何中心的最终值。根据初始值和第 5 次卸载后最终值的差别计算残留变形值。残留变形值应符合表 9-12 规定的数值。

(3)承载能力试验。

以 l～5 kN/s 的速率施加荷载直至本标准规定相应的试验荷载 F 值,试验荷载施加上后应保持 30 s。检查井盖未出现影响使用功能的损坏即判定为合格。

二、钢纤维混凝土水箅

(一)适用范围

本方法适用于公路、城市道路、工厂和生活小区等机动车辆及非机动车辆行驶或停放场地上排泄雨水口或明沟上的水箅盖,也适用于园林、绿化带、商场等禁止机动车辆行驶或停放的通道、场地上排泄雨水口和明沟上的水箅盖。

(二)产品分类

(1)钢纤维混凝土水箅盖按承载力分为Ⅰ、Ⅱ、Ⅲ三级。

①Ⅰ级钢纤维混凝土水箅盖用于机动车行驶、停放的城市道路、厂区道路、公路、停车

场。

②Ⅱ级钢纤维混凝土水箅盖用于非机动车行驶、停放的城市道路慢车道、停车场、居民住宅小区内通道、人行道、商场、小巷。

③Ⅲ级钢纤维混凝土水箅盖用于无车辆通行的园林内通道和绿化带。

(2)钢纤维混凝土水箅盖几何形状为矩形。按其底部形状可分为板型(B)、带肋型(D)和圆孤底型(Y)。

(三)外观质量

产品表面应光洁、平整、无破损、无裂缝和标记清晰。

(四)尺寸及偏差

水箅盖的尺寸允许偏差应符合表 9-15 的规定。

表 9-15　钢纤维混凝土水箅盖尺寸允许偏差　(单位:mm)

等级	水箅盖边长允许偏差	水箅盖搁置高度允许偏差	水箅盖搁置面宽度允许偏差
Ⅰ	±2	±2	±3
Ⅱ			
Ⅲ			

(五)物理力学性能

(1)水箅盖及盖座用钢纤维混凝土应按 JG/T 3064 的规定配制和成型,混凝土强度等级不得低于 C50。

(2)水箅盖的承载能力应符合表 9-16 的规定。

表 9-16　钢纤维混凝土水箅盖的承载能力　(单位:kN)

水箅盖等级	裂缝荷载	破坏荷载
I	78	156
II	37	74
III	8	16

注:裂缝荷载系指对钢纤维混凝土水箅盖加载时表面裂缝宽度达到 0.2 mm 时的试验荷载值。破坏荷载系指在检验时达到的最大荷载值。

(六)试验方法

1. 试验用仪器设备和量具

试验用仪器设备和量具见表 9-17。

2. 外观检验

用目测检查钢纤维混凝土水箅盖的表面有无破损和裂纹,是否光洁、平整,标志是否清晰。

3. 尺寸测量

(1)边长。用钢卷尺测量水箅盖的每个边长,精确至 1 mm。

(2)搁置高度 H。在水箅盖每边中点处,测量四个搁置高度值,精确至 1 mm。

表 9-17　试验用仪器设备和量具

序号	名称	量程范围	精确度	最小分度值
1	钢卷尺	0～1 m	II 级	1 mm
	钢直尺	0～150 mm	±0.10 mm	0.5 mm
	角度尺	0～90°	±2′	2′
	JC－10 读数显微镜	0～8 mm	±0.01 mm	0.01 mm
2	承载能力试验装置测力仪	0～500 kN	2%	1 kN
	塞尺	0.01～5 mm	±0.03 mm	

(3)搁置面宽度 B。目测水箅盖搁置面宽度范围内是否均匀、平整，用直尺在宽度最大和最小处测量两个搁置面宽度值，精确至 1 mm。

上述测量值与设计值之差即为产品的尺寸偏差，取其最大值为测量结果。

4. 钢纤维混凝土水箅盖承载能力的试验装置和试验方法

(1)钢纤维混凝土水箅盖的承载能力试验在专用的承载能力试验装置上进行。

(2)试验装置由机架、橡胶垫片、刚性垫块、加压装置、测力仪组成，如图 9-11 所示。

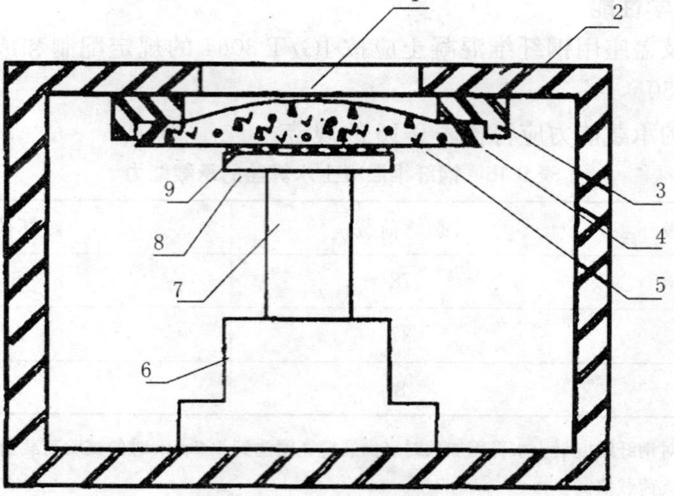

1—观察孔；2—机架；3—配套盖座；4—钢板箍；5—水箅盖；
6—千斤顶；7—传感器；8—刚性垫块；9—橡胶垫块

图 9-11　试验装置结构原理图

(3)配套支座支承面应与水箅盖接触面匹配，且平整。

(4)橡胶垫片在刚性垫块与水箅盖之间，其平面尺寸应与刚性垫块相同，厚度为 6～10 mm，且具有一定的弹性。

(5)刚性垫块为上、下表面平整的矩形钢板，边长 200 mm×500 mm；对盖座孔口净尺寸 D_1(长度)<550 mm 的水箅盖可用边长 200 mm×250 mm 刚性垫块，厚度均等于或大于 40 mm。

(6)承载能力试验装置由对水箅盖施加荷载的机架和加压泵等组成，能施加的荷载不小于 500 kN，其工作面尺寸必须大于水箅盖配套支座最大外缘尺寸。

(7)传感器的测力范围应使试验荷载在其量程的 30%～80%。

5. 试验荷载

用边长 200 mm×500 mm 刚性垫块测得的试验荷载应符合表 9-16 的规定：用边长 200 mm×250 mm 刚性垫块测得的试验荷载，除以刚性垫块尺寸效应系数 0.75 后应符合表 9-16 的规定。

6. 试验步骤

(1)每批试件抽检两块。

(2)按图 9-11 将试件安置在试验装置上，调整刚性垫块的位置，使其中心与水箅盖的几何中心重合。

(3)裂缝荷载检验。

以 1～3 kN/s 的速度加载，按裂缝荷载值分级加荷，每级加荷量为裂缝荷载的 20%，恒压 1 min，逐级加荷至裂缝出现或表 9-16 规定的裂缝荷载，然后以裂缝荷载的 5%的级差继续加载，同时用塞尺或读数显微镜测量裂缝宽度，当裂缝宽度达到 0.2 mm 时，读取的荷载值即为裂缝荷载值。

(4)破坏荷载检验。

读取裂缝荷载值后继续按表 9-16 规定的破坏荷载分级加荷，每级加荷量为破坏荷载的 20%，恒压 1 min，逐级加荷至表 9-16 规定的破坏荷载值，再继续按破坏荷载值的 5%的级差加载至破坏，读取检查水箅盖的破坏荷载。

第三节　排水管道检测

混凝土和钢筋混凝土排水管作为市政工程用排水管道的一种主要构件，在城市排水管网建设中广为采用。以前的排水工程所用的绝大多数为平口钢筋混凝土排水管，近年来柔性接口的承插管、热塑性塑料排水管材以及塑衬混凝土复合管得到了广泛的运用。

排水管道需要检测的是闭水试验，而作为预制产品的钢筋混凝土排水管主要检测项目是内水压试验和外压试验。

一、无压管道闭水试验

闭水试验应按设计要求和试验方案进行。试验管段应按井距分隔，抽样选取，带井试验。

(一)试验管段技术要求

无压管道闭水试验时，试验管段应符合下列规定：

(1)管道及检查井外观质量已验收合格；

(2)管道未回填土且沟槽内无积水；

(3)全部预留孔应封堵，不得渗水；

(4)管道两端堵板承载力经核算应大于水压力的合力，除预留进出水管外，应封堵紧

固,不得渗水;

(5)顶管施工,其注浆孔封堵且管口按设计要求处理完毕,地下水位于管底以下。

(二)管道闭水试验水头技术要求

(1)试验段上游设计水头不超过管顶内壁时,试验水头应以试验段上游管顶内壁加 2 m 计;

(2)试验段上游设计水头超过管顶内壁时,试验水头应以试验段上游设计水头加 2 m 计;

(3)计算出的试验水头小于 10 m,但已超过上游检查井井口时,试验水头应以上游检查井井口高度为准。

(三)闭水法试验步骤

(1)试验管段灌满水后浸泡时间不应少于 24 h。

(2)试验水头达规定水头时开始计时,观测管道的渗水量,直至观测结束时,应不断地向试验管段内补水,保持试验水头恒定。渗水量的观测时间不得小于 30 min;

(3)实测渗水量应按式(9-5)计算:

$$q=\frac{W}{TL} \tag{9-5}$$

式中 q——实测渗水量,L/(min·m);

W——补水量;

T——实测渗水观测时间,min;

L——试验管段的长度,m。

(四)合格标准

管道闭水试验时,应进行外观检查,不得有漏水现象,且符合下列规定时,管道闭水试验为合格。

(1)实测渗水量小于或等于表 9-18 规定的允许渗水量。

(2)管道内径大于表 9-18 规定时,实测渗水量应小于或等于按式(9-6)计算的允许渗水量。

$$q=1.25\sqrt{D_i} \tag{9-6}$$

(3)异型截面管道的允许渗水量可按周长折算为圆形管道计。

(4)化学建材管道的实测渗水量应小于或等于按式(9-7)计算的允许渗水量。

$$q=0.0046D_i \tag{9-7}$$

式中 q——允许渗水量,m^3/(24 h·km);

D_i——管道内径,mm。

(五)试验记录

管道闭水试验记录表见表 9-19。

二、混凝土和钢筋混凝土排水管试验

本方法适用于采用离心、悬辊、芯模振动、立式挤压及其他方法成型的混凝土和钢筋混凝土排水管。

表 9-18　无压管道闭水试验允许渗水量

管材	管道内径 D_i(mm)	允许渗水量(m^3/(24 h·km))	管道内径 D_i(mm)	允许渗水量(m^3/(24 h·km))
钢筋混凝土管	200	17.60	1 200	43.30
	300	21.62	1 300	45.00
	400	25.00	1 400	46.70
	500	27.95	1 500	48.40
	600	30.60	1 600	50.00
	700	33.00	1 700	51.50
	800	35.35	1 800	53.00
	900	37.50	1 900	54.48
	1 000	39.52	2 000	55.90
	1 100	41.45		

表 9-19　管道闭水试验记录表

工程名称				试验日期	年　月　日	
桩号及地段						
管道内径(mm)		管材种类		接口种类	试验段长度(m)	
试验段上游设计水头(m)			试验水头(m)		允许渗水量(m^3/(24 h·km))	
渗水量测定记录	次数	观测起始时间 t_1	观测结束时间 t_2	恒压时间 T(min)	恒压时间内补入的水量 W(L)	实测渗水量 q(L/(min·m))
	1					
	2					
	3					
	折合平均实测渗水量(m^3/(24 h·km))					
外观记录						
评语						

排水管按是否配置钢筋骨架分为混凝土管(CP)和钢筋混凝土管(RCP)，以下简称管子。按外压荷载分级，其中混凝土管分为Ⅰ、Ⅱ两级；钢筋混凝土管分为Ⅰ、Ⅱ、Ⅲ级。按施工方法分为开槽施工管和顶进施工管(DRCP)等，管子按连接方式分为柔性接头管和刚性接头管。

2. 蜂窝

(1)目测管体表面有无蜂窝；

(2)用钢直尺和20号铁丝测量蜂窝的深度、尺寸，计算其面积；

(3)记录蜂窝的面积、最大深度。

3. 露筋

(1)目测管体表面有无露筋和锈斑；

(2)用钢卷尺测量露筋的长度；

(3)记录外露钢筋的根数、最大长度。

4. 空鼓

(1)用250 g羊角锤敲打管子表面，依据声音的差异确定管体有无空鼓；

(2)沿着敲打管子时发出的不同声音的界限，确定空鼓的范围；

(3)用钢直尺或钢卷尺测量尺寸并计算其面积；

(4)记录空鼓的部位、处数及面积。

5. 裂缝

(1)目测管体表面有无可见裂缝；

(2)用读数显微镜或混凝土裂缝检验规测量裂缝的最大宽度；

(3)用钢直尺或钢卷尺测量裂缝的最大长度；

(4)记录裂缝的最大宽度和最大长度。

6. 合缝漏浆

(1)目测管体外表面在管模合缝处有无漏浆；

(2)用钢直尺或钢卷尺测量每处合缝漏浆的长度；

(3)用钢直尺和20号铁丝测量合缝漏浆的最大深度；

(4)记录合缝漏浆的长度、最大深度。

7. 端面碰伤

(1)目测管子两端有无碰伤；

(2)用钢直尺或钢卷尺测量碰伤处的环向长度和纵向长度；

(3)记录碰伤的环向长度、纵向长度。

8. 凹坑

(1)目测管子外表面有无局部凹坑；

(2)对直径小于或等于50 mm的凹坑，直接用深度游标卡尺测量凹坑的最大深度；

(3)对直径大于50 mm的凹坑，用钢直尺和深度游标卡尺测量，钢直尺沿着管的轴线竖放在管体表面，用深度游标卡尺测量凹坑底部至管体表面的最大距离；

(4)记录凹坑的处数、最大深度。

9. 接头工作面圆滑

(1)目测柔性接口管的承口、插口工作面有无凹坑或凸起;

(2)对其存在的凹坑或凸起,用钢直尺和 20 号铁丝或深度游标卡尺测量其凹坑深度或凸起高度;

(3)记录凹坑最大深度、凸起的最大高度。

(二)几何尺寸

1. 直径的环向测点位置确定(以下简称方法一)

各项直径环向测点的位置为与合缝连线形成约为圆心角的两个方向,见图 9-12。

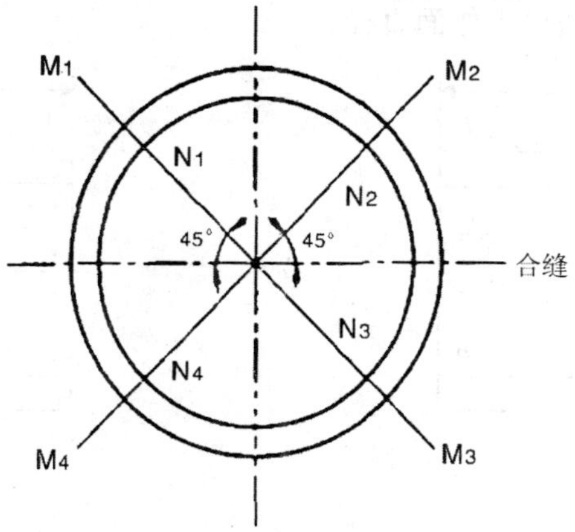

M—外径的测点位置;N—内径的测点位置

图 9-12 直径环向测点位置示意

2. 直径的纵向测点位置确定(以下简称方法二)

(1)双插口管、承插口管、企口管、钢承口管的承口、插口工作面直径,纵向测点位置在工作面长度的中点。

(2)平口管、双插口管、企口管的内径可在任一端测量;承插口管、钢承口管的内径在插口端测量。

测点的纵向位置:

公称内径小于或等于 300 mm 时,测点位置距管子端部约 100 mm;

公称内径大于 300 mm,小于或等于 800 mm 时,测点位置距管子端部约 200 mm;

公称内径大于 800 mm 时,测点位置距管子端部约 500 mm。

3. 管公称内径、承口工作面内径测量

(1)按照方法一、方法二确定平口管、双插口管公称内径的测点,确定企口管、承插口管、钢承口管公称内径和承口工作面直径测点,用内径千分尺(或专用量具)测量。

(2)将内径千分尺的固定测头紧贴在管内径的一个测点,可调测头沿通过相对测点的弧线移动,测得的最大值即为该测点的管公称内径值或承口工作面内径值,在另一个测点处采用相同的方法,测得另一个值;

(3)数值修约:管内径取两个测量值的平均值,修约到 1 mm;承口工作面内径两个测量值,分别修约到 1 mm。

4.插口工作面直径测量

(1)按照方法一、方法二确定柔性接口乙型和丙型承插口管、企口管、刚性接口双插口管等插口工作面直径的测点，用游标卡尺(或专用量具)测量。将游标卡尺的一个测量爪紧贴在一个测点，另一个测量爪沿通过相对测点的弧线移动，测得的最大值为插口工作面直径。

(2)按照方法一、方法二确定柔性接口甲型承插口管、钢承口管、柔性接口双插口管等插口工作面直径的测点，用游标卡尺(或专用量具)测量密封槽靠插口端的槽顶外径，再用钢直尺和深度游标卡尺测量与槽顶外径相对应的两处密封槽的深度，槽顶外径减去两处密封槽深度即为该类管插口工作面直径。

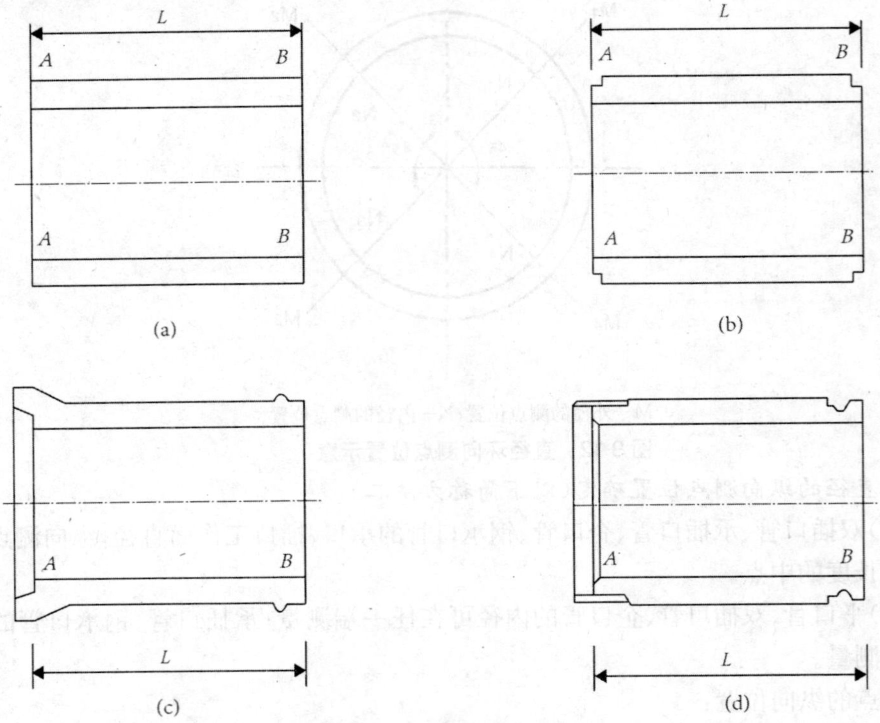

图 9-13　管子有效长度测量方法示意图

(3)数值修约：插口工作面直径的两个相邻测量值，分别修约到 1 mm。

5.承口深度、插口长度

(1)在与内径环向测点位置相对应的两个相邻位置，确定承口深度、插口长度的测点。

(2)用两把钢直尺测量，将一把钢直尺放在承口内壁或插口外壁与管子轴线平行，另一把紧贴管子的承口端面或插口端面，测量承口深度、插口长度各两个值，分别修约到 1 mm。

6.管子有效长度

(1)对平口管和双插口管，分别在管体外表面、内表面用钢卷尺测量，使钢卷尺紧贴管体外表面或内表面，并与轴线平行，管子两端 A、B 两点的最小距离即为管子的有效长度 L，见图 9-13(a)、(b)。

(2)对企口管、承插口管在管子内表面用钢卷尺测量，使钢卷尺紧贴管子内表面，并与轴线平行，管子承口立面 A 点、插口端面 B 点两点的最小距离为管子的有效长度，见图 9-13(c)。

(3)对钢承口管，在管子的内表面用钢卷尺和钢直尺测量，钢直尺紧贴管子承口立面，钢卷尺紧贴管子内表面，并与轴线平行，承口立面 A 点、插口端面 B 点两点的最小距离即为管子的有效长度，见图 9-13(d)。

(4)每个管子测量任意两个对边的有效长度，取平均值，修约到 1 mm。

7. 管壁厚度

目测管壁厚度是否均匀，在管壁厚度最大和最小处测量两个厚度值(浮浆层不计入内)：

(1)平口管任选一端，用钢直尺测量。

(2)企口管、双插口管任选一端，用钢直尺和角尺测量，见图 9-14(a)。

(3)柔性接口甲型、乙型承插口管、钢承口管、刚性接口承插口管，在插口端用钢直尺和角尺测量，见图 9-14(b)。

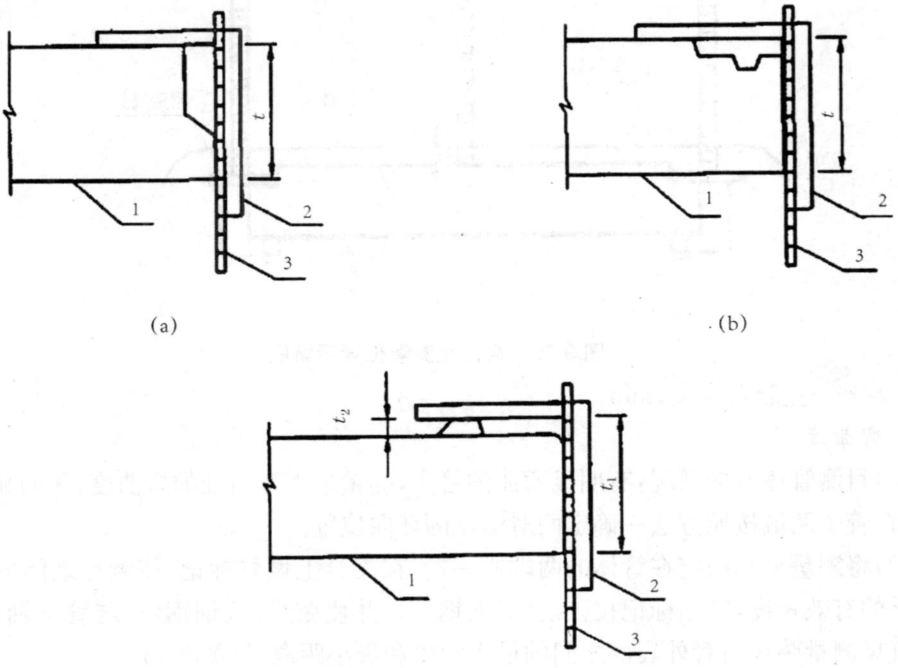

1—管壁；2—角尺；3—钢直尺；

t—管子壁厚；t_1—止胶台处壁厚；t_2—止胶台高度

图 9-14　管壁厚度测量位置示意图

(4)柔性接口丙型承插口管，在插口端用深度游标卡尺、钢直尺和角尺测量，见图 9-14(c)，管壁厚度按式(9-8)计算。

(5)每个管子测量最大和最小壁厚值，分别修约到 1 mm。

$$t=t_1-t_2 \tag{9-8}$$

式中　t——管壁厚度，mm；

t_1——止胶台处壁厚，mm；

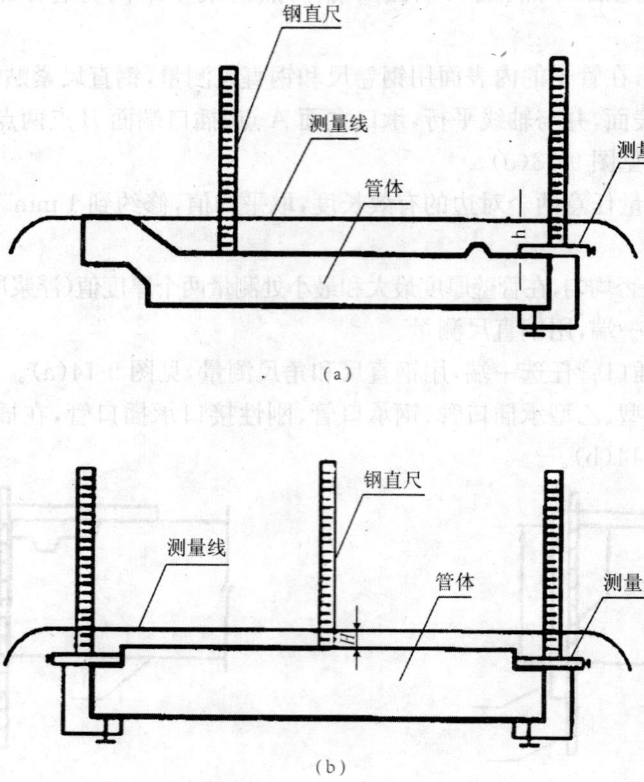

图 9-15　弯曲度测量位置示意图

t_2——止胶台高度，mm。

8. 弯曲度

(1)目测管体弯曲情况，有明显弯曲的管子，测量最大弯曲处的弯曲度；无明显弯曲的管子，在管子两端按照方法一确定两对测点的环向位置。

(2)将测量夹具固定在管体的两端或一端，在夹具上做好标记，使测点之间的距离等于管子的有效长度，紧贴标记拉弦线(或细钢丝)，并使弦线(或细钢丝)与管子轴线平行，用钢直尺测量弦线与管外表面之间的最大距离和最小距离，见图 9-15。

管子的弯曲度按式(9-9)计算：

$$\delta=\frac{H-h}{L}\times 100 \tag{9-9}$$

式中　δ——管子的弯曲度(%)，修约到 0.1%；

H——弦线与管子表面平直段的最大距离，mm；

h——弦线与管子表面平直段的最小距离，mm；

L——管子的有效长度，mm。

9. 端面倾斜

(1)在承口端面、插口端面按方法一任意确定两条相对的相互垂直的直径的测点("B"点)，清理管子内壁。

(2)端面倾斜允许偏差。通过插口端面的 4 个测点，测量管子的有效长度，以两组对边长度差的最大值为端面倾斜值。

(3)端面倾斜度。用一靠尺紧贴管端测点，宽座角尺的短边紧贴管子清理过的内壁，靠尺紧贴角尺长边，用钢直尺测量靠尺距管端另一测点的距离 S，见图 9-16。每端测两个值，分别修约到 1 mm。

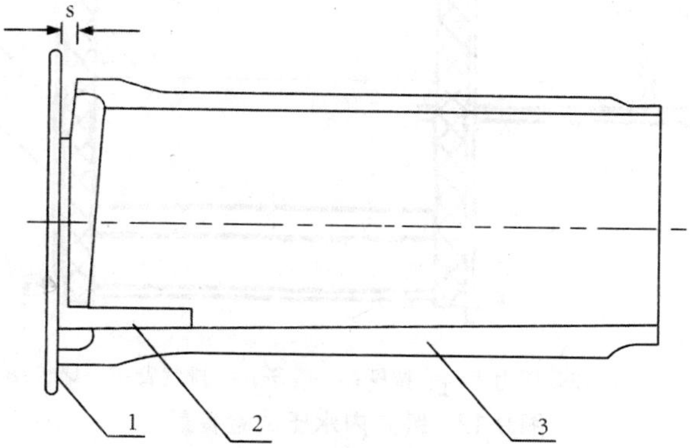

1—靠尺；2—宽座角尺；3—管子

图 9-16　端面倾斜测量方法示意图

端面倾斜度按式(9-10)计算：

$$\lambda=\frac{S}{D_{w/n}}\times 100 \tag{9-10}$$

式中　λ——端面倾斜度(%)，修约到 1%；

S——端面倾斜偏允许差，mm；

$D_{w/n}$——管子外径或内径，mm。

(三)内水压力试验

1. 试件

蒸汽养护的管子龄期不宜少于 14 d，自然养护的管子龄期不宜少于 28 d，允许试验前将管子湿润 24 h。

2. 试验装置

内水压试验装置目前国内产品主要有卧式和立式两种(见图 9-17、图 9-18)。

3. 试验步骤

(1)检查水压试检机两端的堵头是否平行、其中心线是否重合。

(2)水压试验机宜选用直径不小于 100 mm，分度值不大于 0.005 MPa，精度不低于 1.5 级的压力表，量程应满足管子检验压力的要求，加压泵能满足水压试验时的升压要求。

(3)对于柔性接口钢筋混凝土排水管，橡胶密封圈应符合有关标准的规定。

(4)擦掉管子表面的附着水，清理管子两端，使管子轴线与堵头中心对正，将堵头锁紧。

(5)管内充水直到排尽管内的空气，关闭排气阀。开始用加压泵加压，宜在 1 min 内均匀升至规定检验压力值保持 10 min。

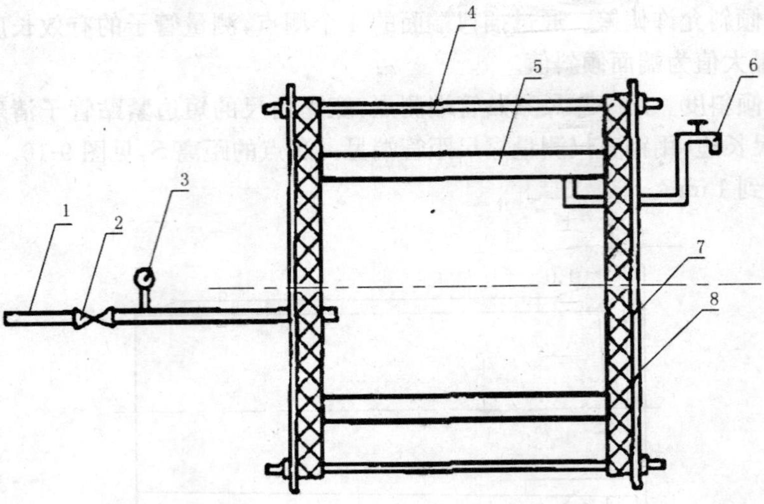

1—进水管；2—阀门；3—压力表；4—拉杆；5—管子；6—排气管；7—堵板；8—橡胶垫

图 9-17　卧式内水压试验装置

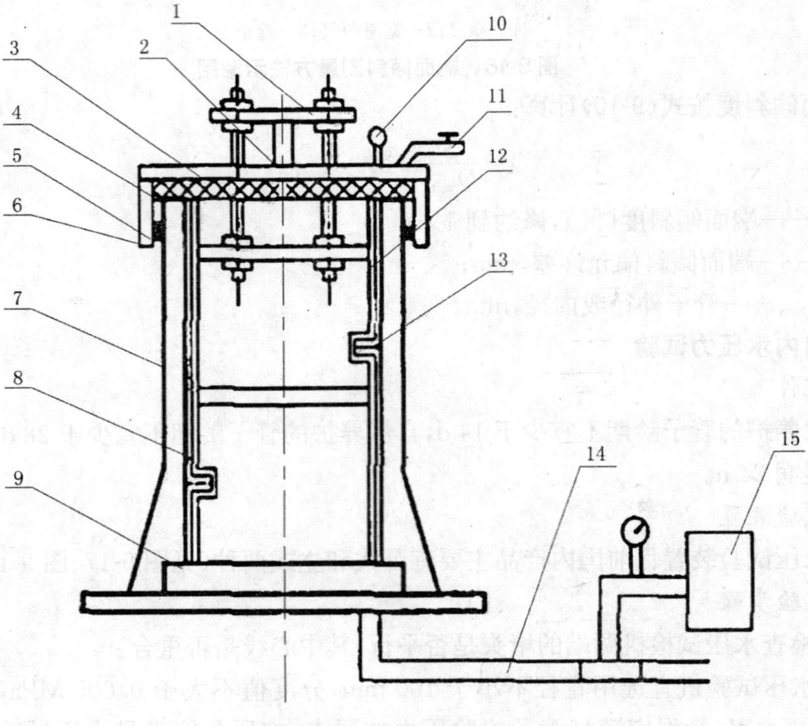

1—上顶梁；2—千斤顶；3—活动梁；4—胶垫；5—插口堵板；
6—胶圈；7—管子；8—内套筒；9—承口底盘；10—压力表；
11—排气孔；12—下顶梁；13—定位器；14—进、排水导管；15—电动压泵

图 9-18　立式内水压试验装置

(6)在升压过程中及规定的内水压力下，检查管子表面有无潮片及水珠流淌，检查管子接头是否滴水并作记录。若接头滴水允许重装。

(7)允许采用专用装置检查管体的内水压力和接头密封性。

(四)外压荷载

1. 试件

按 GB/T 11836、JC/T 640 或其他标准生产的混凝土和钢筋混凝土排水管的管子，或长度不小于 1 m 的圆柱体单元。

蒸汽养护的管子，龄期不宜少于 14 d，自然养护的管子龄期不宜少于 28 d。

2. 试验装置

采用三点试验法，通过机械压力的传递，试验管子的裂缝荷载和破坏荷载。

3. 试验步骤

(1)检查设备状况，设备无故障时方可使用。

(2)将试件放在外压试验装置的两个平行的下支承梁上，然后将上支承梁放在试件上，使试件与上、下支承梁的轴线相互平行，并确保上支承梁能在通过上、下支承梁中心线的垂直平面内自由移动。上、下支承梁应覆盖试件的有效长度，加荷点在管子全长的中点，见图 9-19、图 9-20。

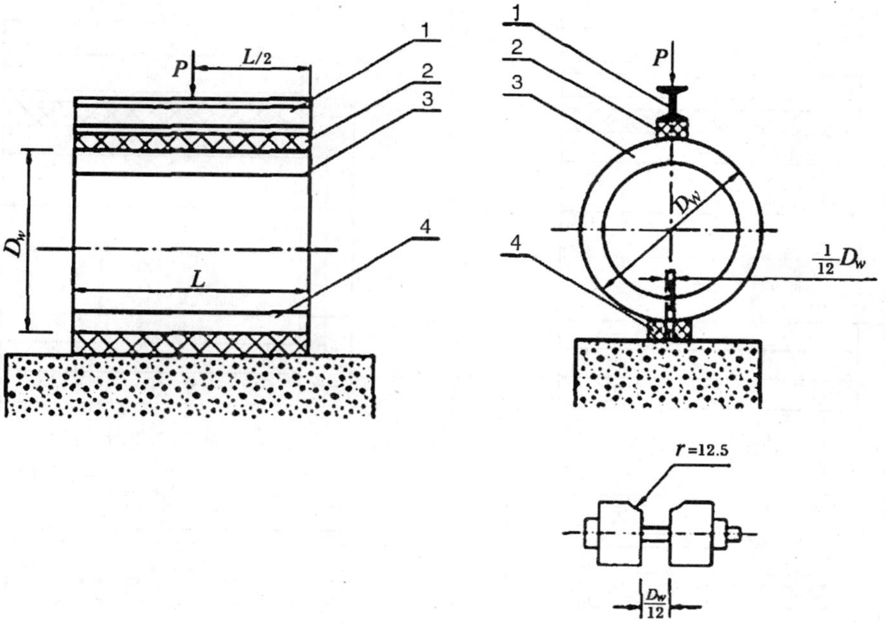

1—上支撑梁(工字钢梁)；2—橡胶垫；3—管子；4—下支撑梁(方木条)

图 9-19　外压荷载试验装置

对承插口管整根管子进行外压试验时，上、下梁应覆盖其平直段全长 L_P，加荷点在平直段中点。仲裁检验试件应采用切割长度不小于 1 m 的圆柱体单元，见图 9-20。

(3)通过上支承梁加载，可以在上支承梁上集中一点加荷，或者是采用两点同步加荷。

(4)开动油泵，使加压板与上支承梁接触，施加荷载于上支承梁。对混凝土排水管加荷速度约为每分钟 1.5 kN/m；对钢筋混凝土排水管加荷速度约为每分钟 30 kN/m。

(5)连续匀速加荷至标准规定的裂缝荷载的 80%，保持 1 min，观察有无裂缝，用读数显微镜测量其宽度；若没有裂缝或裂缝较小，继续按裂缝荷载的 10%加荷，保持 1 min，加荷至裂缝荷载，保持 3 min。

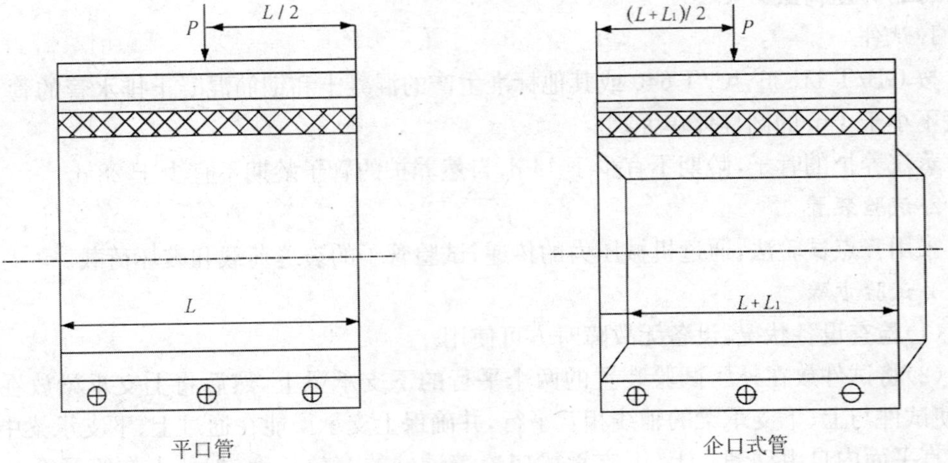

图 9-20　外压荷载试验装置加荷示意图

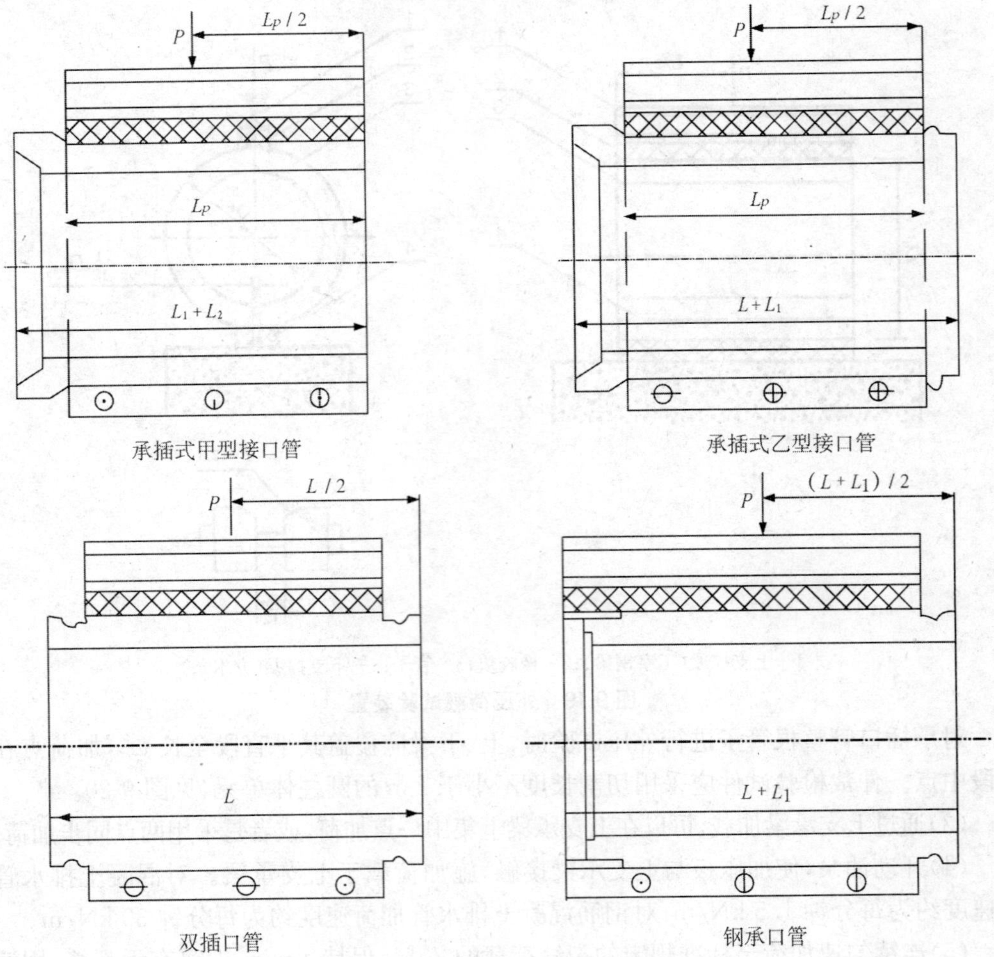

续图 9-20

若裂缝宽度仍小于 0.20 mm，需测定裂缝荷载时，继续按裂缝荷载的 5%分级加荷，每级保持 3 min，直到裂缝宽度达到或超过 0.20 mm。

(6)当裂缝宽度达到 0.20 mm 时的荷载为管子的裂缝荷载。加压结束时裂缝宽度达到 0.20 mm，裂缝荷载为该级荷载值；加压结束时裂缝宽度超过 0.20 mm，裂缝荷载为前一级的荷载值。

(7)按前述(4)条规定的加荷速度继续加荷至破坏荷载的 80%，保持 1 min，观察有无破坏；若未破坏，按破坏荷载的 10%继续分级加荷，保持 1 min，加荷至破坏荷载时，保持 3 min，检查破坏情况，如未破坏，继续按破坏荷载的 5%分级加荷，每级保持 3 min 直到破坏。

(8)管子失去承载能力时的荷载为破坏荷载，在加荷过程中管子出现破坏状态时，破坏荷载为前一级荷载；在规定的荷载持续时间内出现破坏状态时，破坏荷载为该级荷载与前一级荷载的平均值；当在规定的荷载持续时间结束后出现破坏状态时，破坏荷载为该级荷载值。

(9)结果计算。

外压荷载值按式(9-11)计算：

$$P=\frac{F}{L} \tag{9-11}$$

式中 P——外压荷载值，kN/m；

F——总荷载值，kN；

L——管子有效长度(承插式管为平直段全长 L_P 或圆柱体单元的长度)，m。

(五)外压荷载试验装置

(1)外压荷载试验装置由试验机架、加荷和显示量值的仪表组成，试验机应保证测量荷载的误差为±2%，加荷速度可控制。

(2)外压荷载试验装置示意见图 9-19。

(3)外压试验装置机架必须有足够的强度和刚度，保证荷载的分布不受任何部位变形的影响。在试验机的组成中，除固定部件外，另外还有上、下两个支承梁。上、下支承梁均可延长到试件的整个试验长度上。试验时，荷载通过刚性的上支承梁均匀地分布在试件上。

(4)上支承梁为一钢梁，钢梁的刚度应保证它在最大荷载下，其弯曲度不超过管子试验长度的 1/720，钢梁与管子之间放一条橡胶垫板，橡胶垫板的长度、宽度与钢梁相同，厚度不小于 25 mm，邵氏硬度为 45～60。

(5)下支承梁由两条硬木组合而成，其截面尺寸为宽度不小于 50 mm，厚度不小于 25 mm，长度不小于管子的试验长度。硬木制成的下支承梁与管子接触处应做成半径为 12.5 mm 的圆弧，两条下支承梁之间的净距离为管子外径的 1/12，但不得小于 25 mm，见图 9-19。

三、热塑性管材(PVC-U 双壁波纹管材)试验

新型管材中，我们经常用到的有聚氯乙烯管(PVC-U)、聚氯乙烯双壁波纹管、玻璃钢夹砂管(RPMP)、高密度聚乙烯(HDPE)、聚氯乙烯径向加筋管等，本节我们着重介绍经

常用到的聚氯乙烯(PVC-U)双壁波纹管材。

典型结构如图 9-21 所示。

(一)技术要求

1. 颜色

管材内外层应色泽均匀,颜色由供需双方协商确定。

2. 外观

管材内外壁不应有气泡、裂口、分解变色线及明显的杂质和不规则波纹。管材内壁应光滑,管材端面应平整并与轴线垂直。管材波谷区内外壁应紧密熔接,不应出现脱开现象。

3. 规格尺寸

管材长度一般为 6 m,也可由供需双方协商确定。管材长度(L)、有效长度(L_1)不允许有负偏差。

管材规格用公称尺寸 DN/ID 或公称尺寸 DN/OD 表示(见表 9-20、表 9-21)。

表 9-20　内径系列管材的尺寸　　(单位:mm)

公称尺寸 DN/ID	最小平均内径 $d_{im,min}$	最小层压壁厚 e_{min}	最小内层壁厚 $e_{l,min}$	最小承口接合长度 A_{min}
100	95	1.0	—	32
125	120	1.2	1.0	38
150	145	1.3	1.0	43
200	195	1.5	1.1	54
225	220	1.7	1.4	55
250	245	1.8	1.5	59
300	294	2.0	1.7	64
400	392	2.5	2.3	74
500	490	3.0	3.0	85
600	588	3.5	3.5	96
800	785	4.5	4.5	118
1 000	985	5.0	5.0	140

内径系列管材的尺寸应符合表 9-20 的要求,且承口最小平均内径应不小于管材的最大平均外径。表 9-20 中管材外径的最大值和最小值应符合下列公式计算的数值:

$$d_{e,min} \geqslant 0.994 \times d_e \quad (9\text{-}12)$$

$$d_{e,max} \leqslant 1.003 \times d_e \quad (9\text{-}13)$$

式中　d_e——管材生产商规定的外径,计算结果保留一位小数。

外径系列管材的尺寸应符合表 9-21 的要求,且承口最小平均内径($D_{im,min}$)应不小于管材的最大平均外径。

4. 物理力学性能

管材的物理力学性能应符合表 9-22 的规定。

表 9-21　外径系列管材的尺寸　（单位:mm）

公称尺寸 DN/ID	最小平均外径 $d_{em,min}$	最大平均外径 $e_{em,max}$	最小平均内径 $d_{im,min}$	最小层压壁厚 e_{min}	最小内层壁厚 $e_{l,min}$	最小承口接合长度 A_{min}
(100)	99.4	100.4	93	0.8		32
110	109.4	110.4	97	1.0		32
125	124.3	125.4	107	1.1	1.0	35
160	159.1	160.5	135	1.2	1.0	42
200	198.8	200.6	172	1.4	1.1	50
250	248.5	250.8	216	1.7	1.4	55
280	278.3	280.9	243	1.8	1.5	58
315	313.2	316.0	270	1.9	1.6	62
400	397.6	401.2	340	2.3	2.0	70
450	447.3	451.4	383	2.5	2.4	75
500	497.0	501.5	432	2.8	2.8	80
630	626.3	631.9	540	3.3	3.3	93
710	705.7	712.2	614	3.8	3.8	101
800	795.2	802.4	680	4.1	4.1	110
1 000	994.0	1 003.0	854	5.0	5.0	130

表 9-22　管材的物理力学性能

项　目		要　求	
密度(kg/m³)		≤1 550	
环刚度(kN/m²)	SN2	≥2	
	SN4	≥4	
	SN8	≥8	
	(SN12.5)	≥12.5	
	SN16	≥16	
冲击性能		TIR≤10%	
环柔性		试样圆滑,无破裂,两壁无脱开	DN≤400 内外壁均无反向弯曲
			DN>400 波峰处不得出现超过波峰高度 10%的反向弯曲
烘箱试验		无分层,无开裂	
蠕变比率		≤2.5	

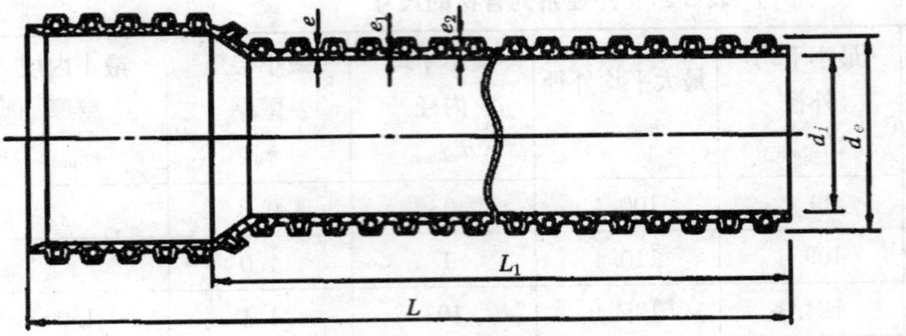

(a)带扩口管材结构示意图

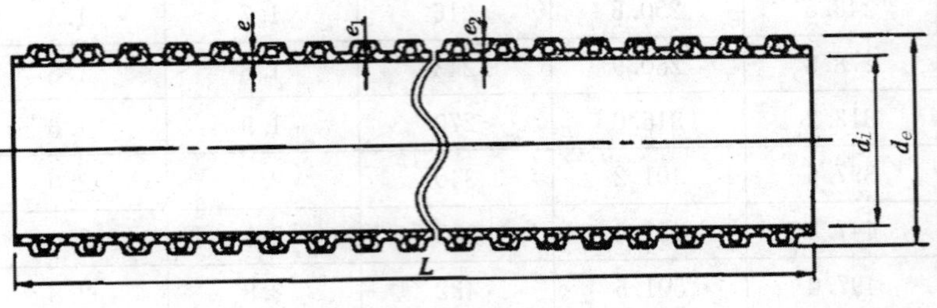

(b)带扩口管材结构示意图

图 9-21　管材结构示意图

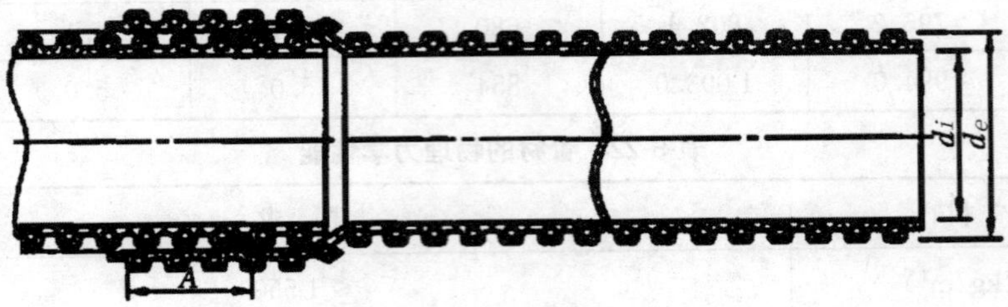

图 9-22　典型的弹性密封圈连接示意图

(二)试验方法

1.状态调节和试验环境

除另有规定外,试样应按 GB/T 2918—1998 规定,在 23 ℃±3 ℃环境中进行状态调节和试验,状态调节时间不应少于 24 h;平均外径大于 630 mm 的管材,状态调节时间不应少于 48 h。

2.颜色及外观

用肉眼观察。

3.尺寸

(1)长度。按图 9-21 所示位置,用精度不低于 0.5 cm 的量具测量管材长度 L。

(2)平均外径。按 GB/T 8806 的规定,用精度不低于被测值 0.1%的量具测量(测量位置见图 9-21)。以同一截面相互垂直的两外径的算术平均值作为管材的平均外径。

(3)平均内径。用精度不低于被测值 0.1%的量具测量,以同一截面相互垂直的两内径的算术平均值作为管材的平均内径。

(4)壁厚。将管材沿圆周进行不少于四等分的切割，按 GB/T 8806 的规定测量壁厚，读取最小值。

(5)承口平均内径。按图 9-22 所示，用精度不低于被测值 0.1%的量具测量承口相互垂直的两内径，以两内径的算术平均值作为测量结果。

(6)承口接合长度。按图 9-22 所示，用精度不低于 0.5 mm 的量具测量承口接合长度。

4. 环柔性

按 GB/T 9647—2003 规定进行。试验速度按管材的外径确定，压缩使试样产生至少 30%的径向变形后，观察试样是否保持圆滑，有无反向弯曲，是否破裂，两壁是否脱开。

5. 烘箱试验

(1)试样。取 300 mm±20 mm 长的管材 3 段，公称尺寸 DN≤400 mm 的管材，沿轴向切成两个大小相同的试样；公称尺寸 DN>400 mm 的管材，沿轴向切成四个大小相同的试样。

(2)试验步骤。将烘箱温度设定为 150 ℃±2 ℃，温度达到后，将试样置于烘箱内，并使试样不相互接触且不与烘箱壁接触。在 150 ℃±2 ℃下放置 30 min 后取出试样，取出时不应使试样损坏或变形，试样冷却至室温后观察有无分层或开裂。

6. 环刚度

用管材在恒速变形时所测得的力值和变形值确定环刚度。将管材试样水平放置，按管材的直径确定平板的压缩速度，用两个互相平行的平板垂直方向对试样施加压力。在变形时产生反作用力，用试样截面直径方向变形量为 $0.03d_i$ 时的力值计算环刚度。

1)仪器设备

a. 压缩试验机

试验机应能施加规定的压缩速率，具体见表 9-23。仪器能够通过两个相互平行的压板对试样施加足够的力和产生规定的变形；试验机的测量系统能够测量试样在直径方向上产生 1%～4%变形时所需要的力，精确到力值的 2%以内。

表 9-23　压缩速率

管材的公称直径 DN(mm)	压缩速率(mm/min)
DN≤100	2±0.4
100<DN≤200	5±1
200<DN≤400	10±2
400<DN≤1 000	20±2
DN>1 000	50±5

b. 压板

两块平整、光滑、洁净的钢板，在试验中不应产生影响试验结果的变形。

每块压板的长度至少应等于试样的长度。在承受负荷时，压板的宽度应至少比所接触试样最大表面宽 25 mm。

c. 量具

能够测量：

试样的长度(精确到 1 mm)；

试样的内径(精确到内径的 0.5%)；

在负载方向上试样的内径变化，精度为 0.1 mm，或变形的 1%，取较大值。

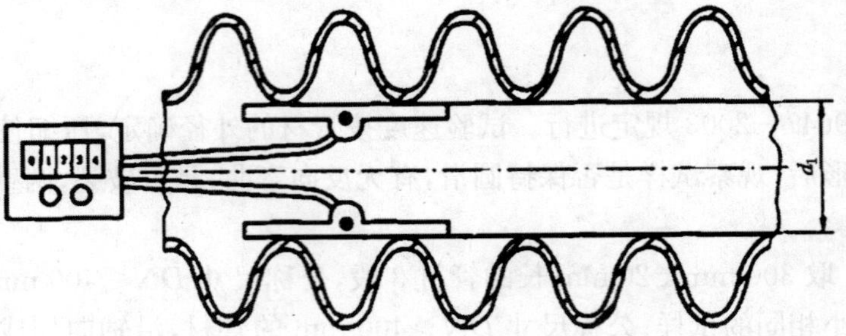

图 9-23　测量波纹管内径的典型装置

2)试样

a. 标记和样品的数量

切取足够长的管材，在管材的外表面，以任一点为基准，每隔 120°沿管材长度方向划线并分别做好标记。将管材按规定长度切割为 a、b、c 三个试样，试样截面垂直于管材的轴线。

注：如果管材存在最小壁厚线，则以此为基准线。

b. 试样的长度

试样的平均长度应满足以下要求：

(1)每个试样按表 9-24 的规定沿圆周方向等分测量 3～6 个长度值，计算其算术平均值为试样长度，精确到 1 mm。

表 9-24　长度的测量数

管材的公称直径 DN(mm)	长度测量数
$DN \leqslant 200$	3
$200 < DN < 500$	4
$DN \geqslant 500$	6

对于每个试样，在所有的测量值中，最小值不应小于最大值的 0.9 倍。

(2)公称直径小于或等于 1 500 mm 的管材，每个试样的平均长度应在 300 mm±10 mm。

(3)公称直径大于 1 500 mm 的管材，每个试样的平均长度不小于 0.2DN(单位为 mm)。

(4)有垂直肋、波纹或其他规则结构的结构壁管，切割试样时，在满足 a、b 或 c 的长度要求的同时(见图 9-24)，应使其所含的肋、波纹或其他结构最少。

切割点应在肋与肋、波纹与波纹或其他结构的中点。

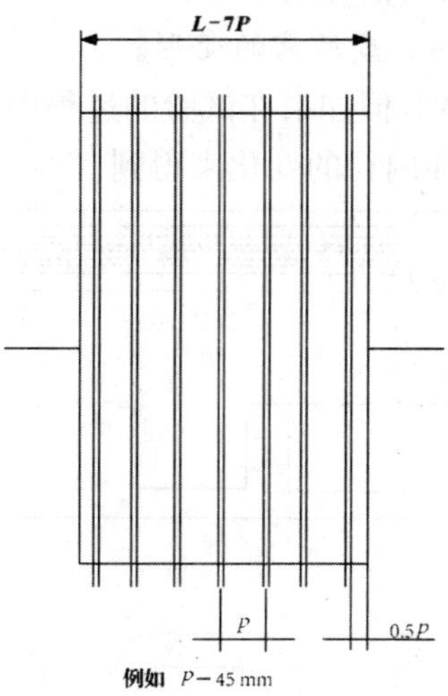

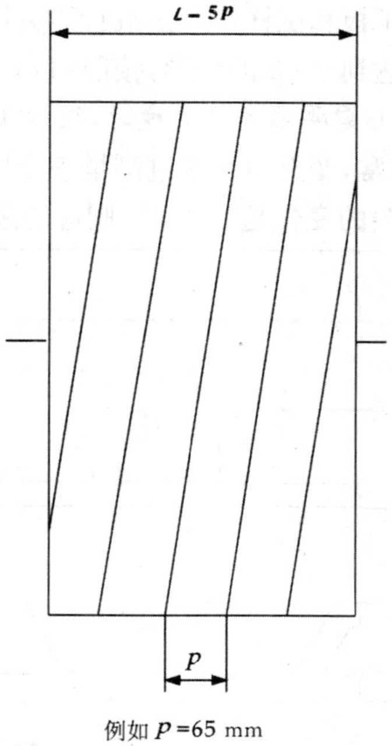

图 9-24　从垂直管肋切取的样品　　**图 9-25　从螺旋管切取的样品**

(5)对于螺旋管材(见图 9-25),切割试样,应在满足 a、b 或 c 的长度要求的同时,使其所含螺旋数最少。

带有加强肋的螺旋管和波纹管,每个试样的长度,在满足 a、b 或 c 的要求下,应包含所有数量的加强肋,肋数不少于 3 个。

c. 试样的内径

分别测量 a、b、c 三个试样的内径,应通过横断面中点处,每隔 45°依次测量 4 处,取算术平均值,每次的测量应精确到内径的 0.5%。

分别记录 a、b、c 每个试样的平均内径 d_{ia}、d_{ib}、d_{ic}。

按照式(9-14)计算三个值的平均值:

$$d_i=(d_{ia}+d_{ib}+d_{ic})/3 \tag{9-14}$$

d. 取样

试验应在产品生产出至少 24 h 后才可以进行取样。

对于型式检验或在有争议的情况下,试验应在生产出 21 d±2 d 进行。

3)试验步骤

(1)除非在其他标准中有特殊规定,测试应在 23 ℃±2 ℃条件下进行;

注 1:试验温度有可能对环刚度有一定的影响。

(2)如果能确定试样在某位置的环刚度最小,把试样 a 的该位置和压力机上板相接触,或把第一个试样放置时,把另两个试样 b、c 的放置位置依次相对于第一个试样转 120°和 240°放置。

(3)对于每一个试样,放置好变形测量仪并检查试样的角度位置。

放置试样时,使其长轴平行于压板,然后放置于试验机的中央位置。

使上压板和试样恰好接触且能夹持住试样，根据表 9-23 规定以恒定的速度压缩试样直到至少达到 0.03 的变形，按照(4)的规定正确记录力值和变形量。

注 2：当需要确定环柔度时，继续压缩直至达到环柔度所需的变形。

(4)通常，变形量是通过测量一个压板的位置得到，但如果在试验的过程中，管壁厚度(见图 9-26)的变化超过 10%，则应通过直接测量试样内径的变化来得到。

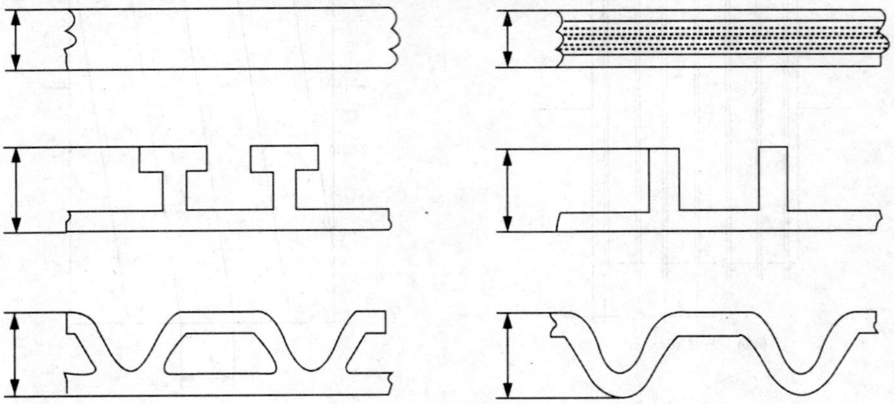

图 9-26　管壁厚度示例

典型的力/变形曲线图是一条光滑的曲线，否则意味着零点可能不正确，如图 9-27 所示，用曲线开始的直线部分倒推到和水平轴相交于(0,0)点(原点)并得到 0.03 正变形的力值。

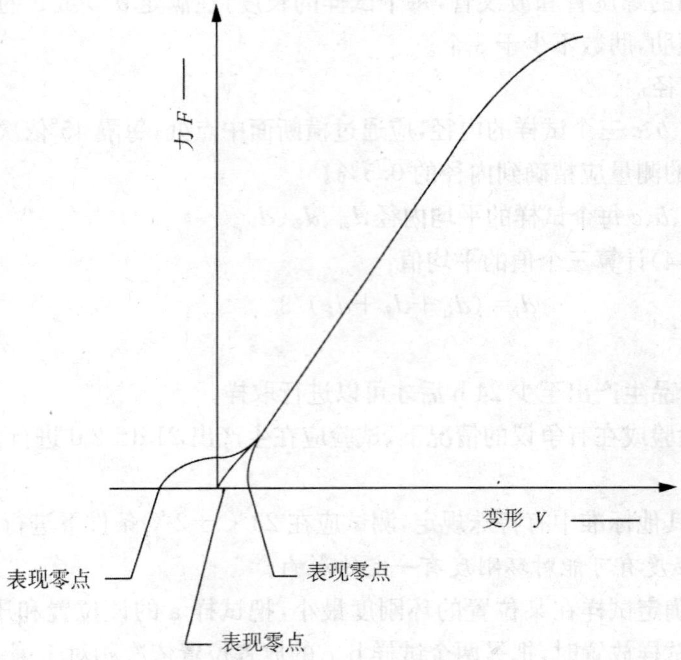

图 9-27　校正原点方法

(5)计算环刚度。

用下面的公式计算 a、b、c 每个试样的环刚度：

$$S_i=(0.0186+0.025Y_i/d_i)F_i/L_iY_i \tag{9-15}$$

式中　F_i——相对于管材 3.0%变形时的力值，kN；

L_i——试样长度，m；

Y_i——变形量，m，相对应于 3.0%变形时的变形量，如：

$$Y/d_i=0.03$$

计算管材的环刚度，单位为千牛每平方米（kN/m^2），在求三个值的平均值时，用以下公式：

$$S=(S_a+S_b+S_c)/3 \tag{9-16}$$

第四节　混凝土路面砖检测

本方法适用于路面和地面铺装的混凝土砖。

混凝土路面砖的公称厚度规格尺寸（mm）为 60、70、80、90、100、130、150。

混凝土路面砖的抗压强度（MPa）分为 C_c40、C_c50、C_c60 三个等级。抗折强度（MPa）分为 $C_f4.0$、$C_f5.0$、$C_f6.0$ 三个等级（见表 9-25）。

表 9-25　混凝土路面砖强度等级表

抗压强度（MPa）			抗折强度（MPa）		
抗压强度等级	平均值	单块最小值	抗折强度等级	平均值	单块最小值
C_c40	≥40.0	≥35.0	$C_f4.0$	≥4.00	≥3.20
C_c50	≥50.0	≥42.0	$C_f5.0$	≥5.00	≥4.20
C_c60	≥60.0	≥50.0	$C_f6.0$	≥6.00	≥5.00

一、抗压强度试验方法

（一）试验仪器

试验机可采用压力试验机或万能试验机。试验机的精度（示值相对误差）应不大于±1%。试件的预期破坏荷载值为量程的 20%～80%。试验机的上下压板尺寸应大于试件的尺寸。

（二）试样制备

（1）每组试件数量为 10 块。

（2）试件的两个受压面应平行、平整；否则应找平处理，找平层厚度小于或等于 5 mm。

（3）试验前用精度不低于 0.5 mm 的测量工具，测量试件实际受压面积或上表面受压面积。

（三）试验步骤

（1）清除试件表面的松动颗粒或粘渣，放入温度为室温水中浸泡 24 h±0.25 h。

（2）将试件从水中取出，用海绵或拧干的湿毛巾擦去附着于试件表面的水，放置在试验机下压板的中心位置(如图 9-28 所示)。

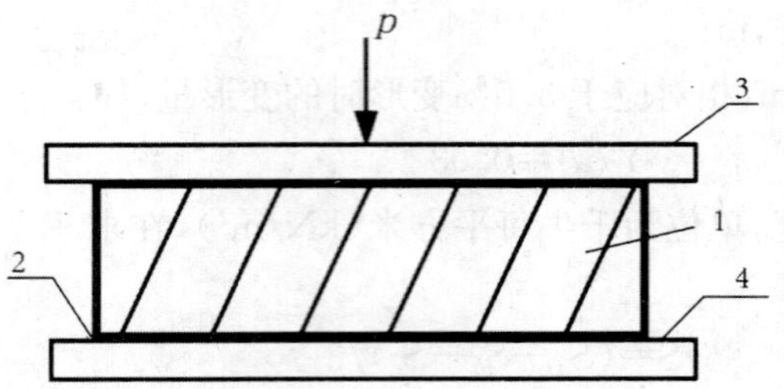

1—试件；2—抹面找平面；
3—试验机上压板；4—试验机下压板

图 9-28 抗压强度试验方法示意图

(3)启动试验机，连续、均匀地加荷，加荷速度为 0.4～0.6 MPa/s，直至试件破坏，记录破坏荷载(P)。

(4)试验结果的计算与评定抗压强度按式(9-17)计算：

$$C_c = \frac{P}{A} \tag{9-17}$$

式中 C_c——试件抗压强度，MPa；

P——试件破坏荷载，N；

A——试件实际受压面积，或上表面受压面积，mm^2。

试验结果以 10 块试件抗压强度的算术平均值和单块最小值表示，计算结果精确至 0.1 MPa。

二、抗折强度试验方法

试验机可采用抗折试验机、万能试验机或带有抗折试验架压力试验机。试验机的精度和量程要求与抗压强度试验方法的规定相同。

(一)试验仪器

支座的两个支承棒和加压棒的直径为 25～40 mm 的钢棒，其中一个支承棒应能滚动并可自由调整水平。

(二)试样制备

每组试件数量为 10 块。

(三)试验步骤

(1)清除试件表面的松动颗粒或粘渣，放入温度为室温水中浸泡 24 h±0.25 h。

(2)将试件从水中取出，用海绵或拧干的湿毛巾擦去附着于试件表面的水，沿着长度方向放在支座上(见图 9-29)，抗折支距(两支座的中心距离)为试件公称长度减去50 mm，两支座的两端面中心距试件端面为 25 mm±5 mm。在支座和加压棒与试件接触面之间应垫有 4 mm±1 mm 厚的胶合板垫层。

支座和加压棒的长度应满足试验的要求。

(3)启动试验机，连续、均匀地加荷，加荷速度为 0.04～0.06 MPa/s，直至试件破坏。

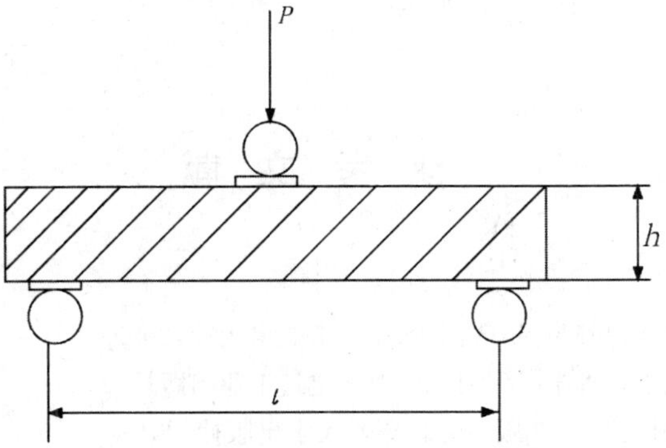

图 9-29　抗折强度试验方法示意图

记录破坏荷载(P)。

(四)试验结果的计算与评定

抗折强度按式(9-18)计算:

$$C_f = \frac{3Pl}{2bh^2} \tag{9-18}$$

式中　C_f——试件抗折强度,MPa;

P——试件破坏荷载,N;

l——两支座间距离,mm;

b——试件宽度,mm;

h——试件厚度,mm。

试验结果以10块试件抗折强度的算术平均值和单块最小值表示,计算结果精确至0.01 MPa。

参 考 文 献

[1] 刘林,刘承木. 城市概论[M]. 北京:中国建筑工业出版社,2009.
[2] 王德起,谭善勇. 城市管理学[M]. 北京:中国建筑工业出版社,2009.
[3] 邢振贤. 土木工程材料[M]. 2 版. 郑州:郑州大学出版社,2013.
[4] 何雄. 建筑材料质量检测[M]. 北京:中国广播电视出版社,2006.
[5] 徐培华,王安玲. 公路工程混合料配合比设计与试验技术手册[M]. 北京:人民交通出版社,2001.
[6] CJJ 1—2008 城镇道路工程施工与质量验收规范[S]. 北京:中国建筑工业出版社,2008.
[7] JTGE 51—2009 公路工程无机结合料稳定材料试验规程[S]. 北京:人民交通出版社,2009.
[8] JTJ 034—2000 公路路面基层施工技术规范[S]. 北京:人民交通出版社,2000.
[9] 邓学钧. 路基路面工程[M]. 北京:人民交通出版社,2006.
[10] JTGF 40—2004 公路沥青路面施工技术规范[S]. 北京:人民交通出版社,2004.
[11] JTGD 50—2006 公路沥青路面设计规范[S]. 北京:人民交通出版社,2006.
[12] JTGE 20—2011 公路工程沥青及沥青混合料试验规程[S]. 北京:人民交通出版社,2011.
[13] 李福普,李闯民,等. 公路工程沥青及沥青混合料试验规程释义手册[M]. 北京:人民交通出版社,2011.
[14] 胡钊芳. 沥青及沥青混合料试验[M]. 北京:人民交通出版社,2013.
[15] 梁锡三. 沥青混合料设计及质量控制原理[M]. 北京:人民交通出版社,2008.
[16] 沈金安. 沥青及沥青混合料[M]. 北京:人民交通出版社,2008.
[17] 张金升. 沥青材料[M]. 北京:化学工业出版社,2009.
[18] 张超,郑南翔,王建设,等. 路基路面试验检测技术[M]. 北京:人民交通出版社,2004.
[19] JTGE 60—2008 公路路基路面现场测试规程[S]. 北京:人民交通出版社,2008.
[20] 和松. 公路路基路面现场测试规程释义手册[M]. 北京:人民交通出版社,2008.
[21] 李福普,李闯民. 公路工程试验检测人员考试用书 材料[M]. 3 版. 北京:人民交通出版社,2014.
[22] 和松. 公路工程试验检测人员考试用书 公路[M]. 3 版. 北京:人民交通出版社,2014.
[23] 李宇峙,邵腊庚. 路基路面工程检测技术[M]. 北京:人民交通出版社,2003.
[24] 霍洪媛,赵红玲. 土木工程材料[M]. 北京:中国水利水电出版社,2012.